高等院校应用型人才培养规划教材

实战会计入门

达内教育集团 ◎ 编著

清华大学出版社
北 京

内 容 简 介

本书是达内教育集团旗下高端品牌英才添翼面向全国高校推出的财经类系列应用型教材。编写前期编者充分调研了各行各业财经类人才需求，并总结了近几年国家示范性高等院校财会类专业教学改革经验，由诸多具有多年财务经验及授课经验的一线讲师团队编著完成。

本书理论联系实践，在设计上分理论篇和实践篇，内容涵盖会计总论、会计科目与账户、复式记账、企业基本经济业务核算、账务处理程序、商品流通企业概述、手工实训、电算化概述以及电算化实训，详细阐明了会计学的基本理论、基本方法和基本应用技能，涉及会计理论入门、会计手工实训和会计电算化实训三个方面的内容，帮助初学者更好地实现会计入门，并提高其动手能力。

本书可作为高等院校会计学专业以及其他经济、管理类专业用书，也可供会计实际工作者、经济管理人员在职学习或参考。

图书在版编目（CIP）数据

实战会计入门/达内教育集团编著. —北京：清华大学出版社，2019
（高等院校应用型人才培养规划教材）
ISBN 978-7-302-52907-1

Ⅰ. ①实…　Ⅱ. ①达…　Ⅲ. ①会计学－高等学校－教材　Ⅳ. ①F230

中国版本图书馆 CIP 数据核字(2019)第 083532 号

责任编辑：刘志彬
封面设计：李伯骥
责任校对：宋玉莲
责任印制：丛怀宇
出版发行：清华大学出版社
　　网　　址：http://www.tup.com.cn，http://www.wqbook.com
　　地　　址：北京清华大学学研大厦 A 座　　**邮　　编：**100084
　　社 总 机：010-62770175　　**邮　　购：**010-62786544
　　投稿与读者服务：010-62776969，c-service@tup.tsinghua.edu.cn
　　质 量 反 馈：010-62772015，zhiliang@tup.tsinghua.edu.cn
　　课 件 下 载：http://www.tup.com.cn，010-62770175-4506
印 装 者：北京国马印刷厂
经　　销：全国新华书店
开　　本：185mm×260mm　　**印　张：**18.5　　**字　　数：**419 千字
版　　次：2019 年 7 月第 1 版　　**印　　次：**2019 年 7 月第 1 次印刷
定　　价：49.00 元

产品编号：082962-01

编 委 会

（委员会成员不分先后）

丛书序

在科技飞速发展的今天，面对一个信息爆炸、时间被切割为碎片的时代，渴求知识的学习者很容易无所适从，产生知识焦虑。在这一背景下，如何节省时间、少走弯路、快速地掌握一门技术并能够做到学以致用，是很多人关心的问题。这也是我们一直以来都在探索信息技术（IT）教学方法的原因。良好的教育是以人为本，从认知需求出发，以人的认知曲线为依据，根据人们发现知识的过程进行精心设计。

达内教育集团(简称达内)成立于 2002 年，2014 年成功在美国纳斯达克上市【美股交易代码：TEDU】。目前，达内教育集团在全国 60 个大中城市成立了 200 家学习中心，拥有员工近 1 万人，累计培训量达 60 万人次。该集团从创建之初就致力打造成一个教育生态链，业务来源于产业，服务于产业发展。业务领域覆盖职业教育全产业链，包括六大板块：高端职业教育、企业人才推荐及相关服务、Jobshow 招聘网站、达内精品在线 TMOOC、软件外包和少儿培训；打造覆盖 IT 全产业链的职业课程版图，开设 Java、大数据、云计算、人工智能、移动互联、软件测试、嵌入式、UI 设计、产品经理、Web 前端、VR、网络营销、高级电商等课程体系。为了推动中国校企合作、产融结合，推动高校职业教育改革，更好地为高校服务，达内推出“英才添翼”高端教育品牌，致力成为中国职业教育改革一站式解决方案提供商，以合作办学、合作育人、合作就业、合作发展为主线，提出了达内高校教学体系解决方案、达内高校全方位实习解决方案、达内高校大学生就业解决方案、企业级师资培训解决方案四大解决方案，实现产教共融协同发展，更好地培养高素质人才。

为了推动校企合作产教融合，培养综合应用型人才，强化学生的动手实践能力，达内教育集团推出“高等院校应用型人才培养规划教材”丛书。该丛书由达内教育集团的教学研发团队联合高等教育专家、IT 企业的行业及技术专家共同编写，不断在产、学、研三个层面创新自己的教育理念和教学方法。

一、“高等院校应用型人才培养规划教材”丛书优势

1. **每本书以人的认知曲线为依据，采用层层递进、阶梯教学方式：语法→示例→实例→案例，精心设计大量的应用案例**，使学生在学习过程中从易到难，深入浅出对知识点进行全面系统讲解，同时通过案例驱动强化动手能力。

2. 采用**思维导图**对课程和章节**知识点进行梳理**，便于理解和记忆。

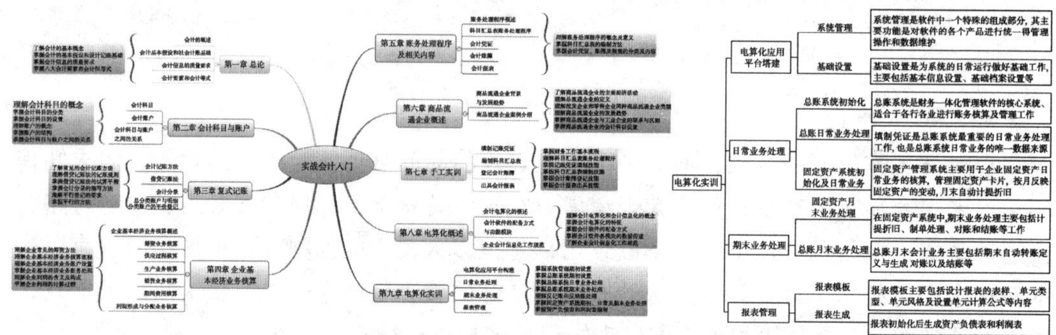

3. 每章配有目标、正文、总结和习题，使**教学内容和过程形成闭环**。

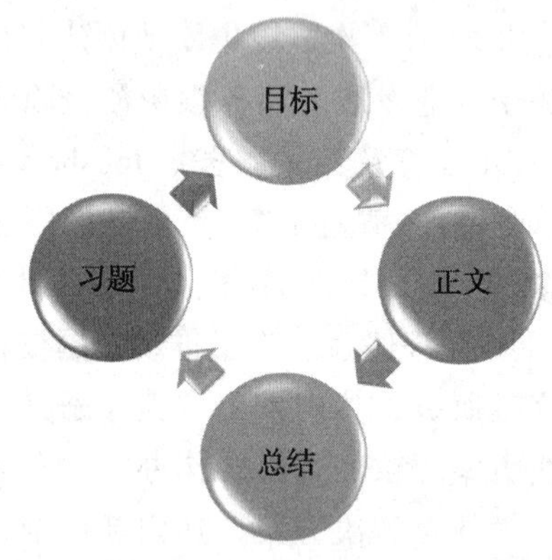

4. 作者均已从事多年相关专业的一线开发和教学，拥有丰富的教学和实践经验，**理论联系实践，紧跟企业需求**。每本书**凝聚研发团队多人心血，从设计到编写，严格按照研发规范、统一标准，每句话、每张图、每行代码、每个案例都反复推敲和研究，以保证质量**。

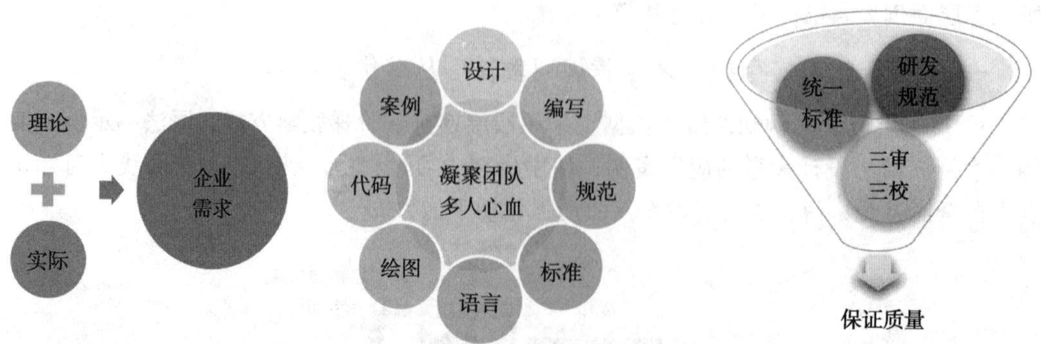

二、配套资源及服务

本系列教材提供以下相关配套资源：

◆ 教学 PPT 课件

◆ 源代码

◆ 习题答案

◆ 教学大纲

◆ 考试大纲

读者可以联系清华大学出版社或发邮件到 books@tedu.cn 免费领取。

三、致谢

“高等院校应用型人才培养规划教材”丛书的编写和整理工作由达内教育集团的教学研发团队完成，团队全体成员在编写过程中付出了辛勤的劳动。在此丛书出版之际，特别感谢给予我们大力支持和帮助的合作伙伴，感谢编委会中的高等教育专家、企业技术专家所给出的建议和指导，以及校企专业共建院校的师生给予的支持和鼓励，更要感谢参与本书编写的专家和老师们付出的辛勤劳动。除此之外，还有达内学员也参与了教材的试读工作，并从初学者角度对教材提供了许多宝贵的意见，在此表示衷心感谢。

四、意见反馈

限于时间和水平，书中难免存在不妥或疏漏之处，欢迎各界专家和读者朋友们来信提出宝贵意见。我们以最真诚的心希望能与读者共同交流、共同成长，待再版时日臻完善，是所至盼。

联系方式：

邮箱：books@tedu.cn

网址：www.tedu.cn

达内教育集团

2018 年 11 月

前言

2006 年 2 月 15 日财政部颁布了《企业会计准则——基本准则》及 38 项具体准则，10 月 30 日又颁布了 32 项具体准则及应用指南，并于 2007 年 1 月 1 日开始在上市公司全面施行，同时鼓励其他企业执行。新会计准则的修订颁布，使我国会计理论和会计实务操作逐渐与国际趋同，成为会计理论界和实务界的焦点。新会计准则对我国会计发展产生了深远影响，并推动了我国企业会计业务处理的重大变化。新会计准则实施 12 年来，为更好地服务市场经济发展，也在不断地修订与完善中。以此为特定背景，如何培养 21 世纪会计人才就成为当今高等会计教育的立足点。

编者在深刻领悟企业会计准则及其应用指南的基础上，根据高等院校人才培养目标和多年财务及教学经验，从资料收集、章节编排、特色定位、案例选择、章节练习等方面突出实用和够用的特点，注重会计基础理论和基本技能的培养。对于基本技能的培养，更是顺应财政部《关于全面推进我国会计信息化工作的指导意见》（财会[2009] 6 号）文件的指导精神，在传统手工实训的前提下加入了会计电算化实训。

本套教材内容选取简单实用，尽量拓宽知识面、增加信息量，紧跟政策与科学技术的发展，反映新准则、新方法和新技术，融教学方法于教材之中，并呈现以下四个方面的特性：

1. 适应性。本套教材的体系设置、内容安排，都与高等院校财经类专业的发展方向、培养目标、业务规格以及岗位职业能力需求相适应。教材根据人才培养目标构建新的理论教学体系和实践教学体系，以培养学生的专业应用能力。实训教学体系的完善是本套教材的一大亮点。

2. 先进性。在满足本学科知识的连贯性与专业课需要的前提下，精简理论的推导，删除陈旧内容。本套教材在编写的过程中，参阅了大量最新、最权威的文献资料，如中华人民共和国财政部 2006 年颁布的《企业会计准则》及其应用指南，中华人民共和国财政部主编的企业会计准则（合订本）2018 中国企业会计准则，中国注册会计师协会主编的 2018 年的《会计》《税法》《审计》《经济法》《财务管理》《战略成本管理》考试用书，财政与金融领域最新政策、法规和制度等，使本套教材适应当前经济发展需求。

3. 应用性。专业基础课教材以应用知识为主，达到为专业课服务的目的；专业课教材强调知识的应用，加强对专业能力的培养。

4. 通俗性。本套教材内容深入浅出，力戒文字抽象、深奥，有利于教师教学和学生自学。

本套教材的实训篇包含手工实训和电算化实训。其中，手工实训请根据给定的 Excel 实训模板完成，电算化实训需要通过电算化软件完成。考虑初学者的学习体验，至少需要完成 Excel 实训才能达到预期的教学效果。教师可根据实际教学情况和学校财务教学软件配备情况（本书不提供财务软件安装包），对电算化实训部分予以选学。

本书的编写和整理工作由达内教育集团有限公司完成，主要编写人员有郑燕、金菲菲、包令燕，赵克玲担任全书审核及统稿工作，研发小组全体成员在一年多的编写过程中付出了很多辛勤的汗水。除了研发小组成员，参与本书试读工作的还有达内教育集团多名学员，他们站在初学者的角度对本书提供了许多宝贵的修改意见，在此一并表示衷心的感谢。

在本套教材的编写过程中，各位编辑多次开会讨论，共商编写事宜，反复协商，达成共识，进而明确了本套教材的体系规划、设计思路、编写理念、应有特色和预定目标，力争使本套教材的起点高、立意新、注重实践、突出质量。限于时间和水平，书中难免有不妥之处，欢迎各界专家和读者朋友们给予宝贵意见，我们将不胜感激。

达内教育集团
2018 年 11 月

目录

实战会计入门课程思维导图

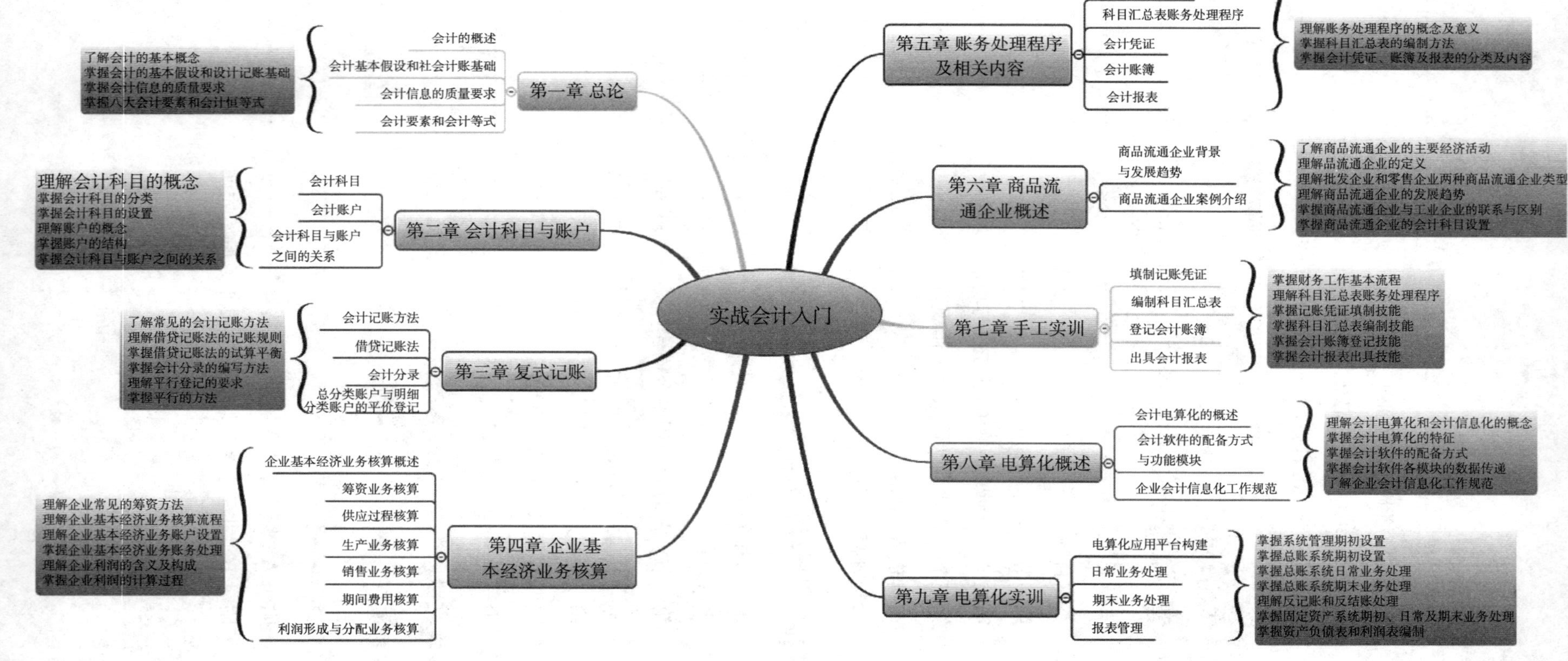

第一章 总论

1

本章思维导图

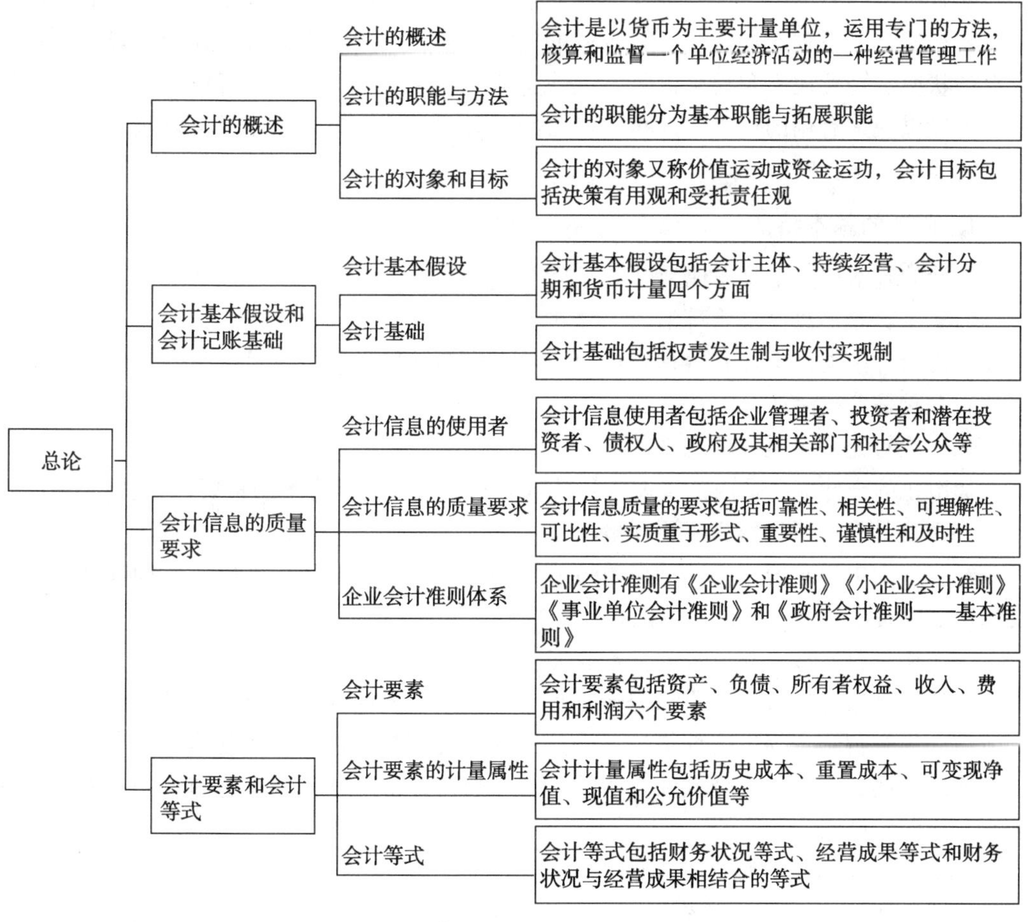

本章目标

- 了解会计的基本概念；
- 掌握会计的基本假设、会计记账基础；

- 掌握会计信息的质量要求；
- 掌握八大会计要素和会计恒等式。

第一节　会 计 概 述

一、会计的概念

会计是以货币为主要计量单位，运用专门的方法，核算和监督一个单位经济活动的一种经济管理工作。

随着经济的发展，会计已经成为现代企业的一项很重要的管理工作。企业的会计工作主要是通过一系列会计程序，对企业的经济活动和财务收支进行核算和监督，反映企业财务状况、经营成果和现金流量，反映企业管理层受托责任的履行情况，为会计信息使用者提供决策有用的信息，并积极参与经营管理决策，提高企业经济效益，促进市场经济的健康有序发展。

1. 会计的基本特征

会计的基本特征主要表现为以下五个方面：

（1）会计是一种经济管理活动

现代会计由财务会计和管理会计组成。提供会计信息的最终目的是强化经济管理，会计的本质是管理活动。

（2）会计是一个经济信息系统

货币化的会计信息是内部管理者和外部利益相关者进行决策的重要依据。

（3）会计是以货币作为主要计量单位

经济活动中通常使用劳动计量单位、实物计量单位和货币计量单位三种计量单位，会计需要以货币作为主要计量单位。

（4）会计具有核算和监督的基本职能

会计核算通过确认、计量、记录、报告，从数量上反映各单位已经发生或完成的经济活动，为经营管理提供会计信息；会计监督通过调节、指导、控制等方式，对特定主体经济活动的真实性、合理性和合法性进行考核与评价，并采取措施施加一定的影响，以实现预期的目标。

（5）会计采用一系列专门的方法

会计方法具体包括会计核算方法、会计分析方法和会计检查方法等。其中，会计核算方法是最基本的方法；会计分析方法和会计检查方法是在会计核算方法的基础上，利用提供的会计资料进行分析和检查。这些方法相互依存、相辅相成，形成一个完整的体系。

2. 会计的发展历程

会计的产生是随着人类社会生产的发展和经济管理的需要而产生、发展并不断得到完善。最早可以追溯到原始社会的“结绳记事”和“刻契记事”。

会计的发展可划分为古代会计、近代会计和现代会计三个阶段。现代会计按服务对象不同，主要分为财务会计和管理会计。

（1）古代会计阶段

古代会计阶段是从会计产生到 1494 年世界上第一部专门论述借贷复式簿记的书籍《算术、几何、比及比例概要》出现的阶段。

我国有关会计事项记载的文字，最早出现于商朝的甲骨文。大约在西周前后，我国初步形成了会计工作组织系统。在古代会计阶段，会计的特点是以实物和货币作为计量单位，作为生产职能的附带部分，以官厅会计为主，会计核算采用“单式记账法”。

（2）近代会计阶段

近代会计以复式记账法的产生和“簿记论”的问世为标志。1494 年，意大利数学家卢卡·帕乔利出版了《算术、几何、比及比例概要》一书，其中一章“簿记论”全面系统地介绍了威尼斯的复式记账法，并从理论上给予必要的阐述。该书推动了复式簿记在全球范围内的广泛传播，从而影响了许多国家的会计发展。该书的出版标志着近代会计的开始，卢卡·帕乔利也被誉为“会计之父”。

1853 年在英国成立的世界上第一个会计师协会——爱丁堡会计师公会，被认为是近代会计发展史上的第二个里程碑。

在近代会计阶段，会计以货币为主要计量单位；作为独立的管理职能，以企业会计为主；会计核算采用复式记账法，逐步形成了一套完整的会计核算方法，使会计成为一门独立的学科。

（3）现代会计阶段

20 世纪 20 年代末 30 年代初发生于美国的经济危机促成了《证券法》和《证券交易法》的颁布及对会计准则的系统研究和制定。财务会计准则体系的形成不仅奠定了现代会计法制体系和现代会计理论体系的基础，而且促进了传统会计向现代会计的转变。

进入 20 世纪 50 年代，随着生产社会化程度的提高，市场竞争日益激烈，会计工作的内容也由最初的计量、记录、核算，逐步拓展到经济预测、参与决策、规划未来、控制与评价经济活动等方面。1952 年，国际会计师联合会正式通过“管理会计”这一专业术语，标志着会计正式划分为财务会计和管理会计两大领域。

财务会计是对外会计，主要核算和监督企业的经济活动；管理会计是对内会计，主要在企业经营预测、决策分析、全面预算、责任会计和成本控制等方面发挥作用。

总而言之，经济越发展，会计越重要。

二、会计的职能与方法

会计的职能是指会计在经济管理过程中所具有的功能。从会计的本质来讲，会计核算和会计监督是会计的两项基本职能。

1. 基本职能

（1）核算职能

会计核算职能，又称会计反映职能，是指会计以货币为主要计量单位，对特定主体的经济活动进行确认、计量和报告。

- 确认是指运用特定的会计方法，以文字和金额同时描述某一交易事项，使其金额反映在特定主体财务报表中的会计程序。
- 计量是指确定会计确认中用以描述某一交易或事项的金额的会计程序。
- 报告是指在确认和计量的基础上，将特定主体的财务状况、经营成果和现金流量信息以财务报表等形式向有关各方报告。

（2）监督职能

会计监督职能，又称会计控制职能，是指对特定主体经济活动和相关会计核算的真实性、合法性和合理性进行监督检查。会计监督是一个过程，可以分为事前监督、事中监督和事后监督。

- 真实性审查是指检查各项会计核算是否根据实际发生的经济业务进行。
- 合法性检查是指检查各项经济业务是否符合国家有关法律法规，遵守财经纪律，执行国家的各项方针政策，以杜绝违法乱纪行为。
- 合理性审查是指检查各项财务收支是否符合客观经济规律及经营管理方面的要求，保证各项财务收支符合特定的财务收支计划，实现预算目标。

（3）会计核算与会计监督的关系

会计核算与会计监督是相辅相成、辩证统一的。会计核算是会计监督的基础，没有核算所提供的各种信息，监督就失去了依据；会计监督又是会计核算质量的保障，只有核算没有监督，就难以保证核算所提供信息的质量。

2. 拓展职能

随着生产力水平的日益提高，会计的职能也在不断丰富和发展。除了基本职能外，会计还具有预测经济前景、参与经济决策、评价经营业绩等职能。

（1）预测经济前景

会计预测是根据已有的会计信息和相关资料，对生产经济过程及其发展趋势进行定量或者定性地判断、预计和估测，找到财务方面的预定目标，作为下一个会计期间实行经济活动的指标。

（2）参与经济决策

会计决策是指会计按照提供的预测信息和既定目标，在多个备选方案中，帮助主管人员选择最佳方案的过程，为企业生产经营管理提供与决策有关的信息。

（3）评价经营业绩

会计评价是以会计核算资料为基础，结合其他相关资料，运用专门的方法，对经济活动的过程和结果进行分析，作出公正、真实、客观的综合评判。

3. 会计核算方法

会计核算方法是指对会计对象进行连续、系统、全面、综合的确认、计量和报告所采用的各种方法。

（1）会计核算方法体系

会计核算方法体系包括填制和审核会计凭证、设置会计科目和账户、复式记账、登记会计账簿、成本计算、财产清查、编制财务会计报告等方法组成。

（2）会计循环

会计程序从一个会计期间的期初开始至会计期末结束，并在各个会计期间循环往复，周而复始，故被称为会计循环。

从会计工作流程上看，会计循环由确认、计量和报告等环节组成。从会计核算的具体内容看，会计循环由填制和审核会计凭证、设置会计科目和账户、复式记账、登记会计账簿、成本计算、财产清查和编制财务会计报告组成，如图 1-1 所示。

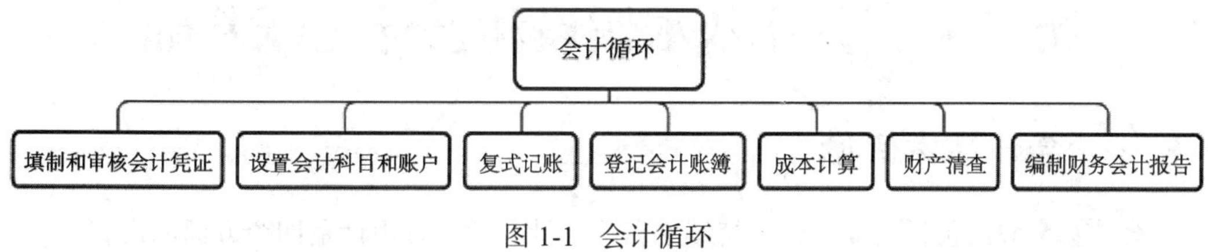

图 1-1　会计循环

三、会计的对象和目标

1. 会计对象

会计对象是指会计核算和监督的内容，具体是指社会再生产过程中能以货币表现的经济活动，又称价值运动或资金运动。

资金运动的具体内容如下：

（1）资金的投入（起点）

资金的投入包含企业所有者投入的资金（所有者权益）和债权人投入的资金（负债）两部分。前者属于企业所有者权益，后者属于企业债权人权益即企业负债。

（2）资金的循环与周转（资金的运用）

企业将资金运用于生产经营过程，形成资金的运动。资金投入企业之后，在供应、生产和销售等环节进行不断的循环和周转。

① 供应过程（储备资金），是生产的准备过程，如企业采购原材料等劳动对象，发生材料费、运输费、装卸费等材料采购成本，与供应单位发生货款的结算关系。

② 生产过程（生产资金、成品资金），在这个过程中，劳动者借助于劳动手段将劳动对象加工成特定产品，发生消耗原材料进行生产、向劳动者支付报酬、固定资产或无形资产计提折旧或摊销等结算关系。

③ 销售过程（货币资金），销售过程中，将生产的产品销售出去，发生相关销售费用以及同购货单位发生货款结算关系、同税务机关发生税务结算关系等。

企业的资金从货币资金形态开始，依次经过供应、生产和销售三个阶段，最后又回到货币资金形态，这种运动过程称为资金的循环。

（3）资金的退出

资金的退出包括缴纳税金、偿还债务和向所有者分配股利或利润。

2. 会计目标

会计目标主要包括以下两个方面的内容：

- 决策有用观：向财务会计报告使用者提供与企业财务状况、经营成果和现金流量等有关的会计信息。
- 受托责任观：反映企业管理层受托责任的履行情况，有助于财务报告使用者做出经济决策。

第二节　会计基本假设和会计记账基础

一、会计基本假设

会计基本假设包括会计主体、持续经营、会计分期和货币计量四个方面的内容。

1. 会计主体

会计主体是指会计核算和监督的特定单位，是指会计主体确认、计量和报告的空间范围。

在会计主体假设下，企业应当对其本身发生的交易或事项进行确认、计量和报告，反映企业本身所从事的各项生产经营活动。

（1）会计主体的区分

会计主体不仅要求会计核算分清经济业务是属于本企业还是其他企业，还要分清经济业务是属于本企业还是所有者。

（2）会计主体与法律主体并非对等的概念

一般而言，凡是法律主体必为会计主体，但会计主体不一定是法律主体。例如企业集团、企业、企业的分厂、企业的车间或者事业部，都可以成为会计主体，但不一定是法律主体。

2. 持续经营

持续经营是指在会计主体可以预见的未来，会按照当前的规模和状态继续经营下去，不会破产、也不会大规模削减业务。

如果判断企业不会持续经营下去，就应当改变会计确认、计量和报告的原则和方法，并在企业财务报告附注中作相应披露。

3. 会计分期

会计分期是指将一个会计主体持续经营的生产经营活动划分为若干相等的会计期间，以便分期结算账目和编制财务报告。

会计期间分为年度、半年度、季度和月度，且均按公历起讫日期确定。半年度、季度和月度称为会计中期。

由于会计分期，才产生了当期与其他期间的差别，从而形成了权责发生制和收付实现制不同的记账基础，进而出现了应收、应付、预收、预付、预提、待摊会计处理方法。

4. 货币计量

货币计量是指会计主体在会计核算过程中采用货币作为统一的计量单位，记录、核算会计主体的财务状况和经营成果。

在货币计量的前提下，我国的会计核算应以人民币作为记账本位币。业务收支以外币为主的企业也可选择某种外币作为记账本位币，但向外编报财务报告时，应折算为人民币反映。

二、会计基础

会计基础是指会计确认、计量和报告的基础，包括权责发生制和收付实现制。

1. 权责发生制

企业会计的确认、计量和报告应当以权责发生制为基础。

（1）权责发生制的定义

权责发生制也称应计制或应收应付制，该制度是以收入、费用是否发生而不是以款项是否收到或付出为标准来确认收入和费用的一种记账基础。

（2）权责发生制的两个凡是原则

凡是当期已经实现的收入和已经发生或应负担的费用，不论款项是否收付，都应当作为当期的收入和费用。

凡是不属于当期的收入和费用，即使款项已在当期收付，也不应作为当期的收入和费用。

2. 收付实现制

收付实现制是与权责发生制相对应的一种会计记账基础。

收付实现制也称现金制或现收现付制，是以款项的实际收付为标准来确认本期收入和费用的一种方法。

目前，我国政府与非营利组织会计一般采用收付实现制，事业单位除经营业务采用权责发生制之外，其他业务也采用收付实现制（但具体由财政部相关会计制度中具体规定）。

第三节　会计信息的质量要求

一、会计信息的使用者

会计信息使用者包括企业管理者、投资者和潜在投资者、债权人、政府及其相关部门和社会公众等。

二、会计信息的质量要求

会计信息质量要求是会计确认、计量和报告质量的保证，主要包括以下几个方面。

1. 可靠性

可靠性是对会计工作和会计信息质量最基本的要求，以实际发生的交易或者事项为依据进行会计确认，因此应做到内容要真实、数字要准确、资料要可靠。

2. 相关性

相关性要求企业提供的会计信息应当与财务报告使用者的经济决策需要相关，有助于财务报告使用者对企业过去、现在或者未来的情况作出评价或预测。

3. 可理解性

可理解性要求企业提供的会计信息应当清晰明了，便于财务报告使用者理解和使用。

4. 可比性

（1）纵向可比

可比性要求统一企业不同时期发生的相同或者类似的交易或者事项，应当采用一致的会计政策，不得随意变更。

（2）横向可比

企业的会计核算应当按照国家统一的会计制度的规定进行，不同企业发生的相同或者相似的交易或者事项，应当采用规定的会计政策，确保会计信息口径一致、相互可比。

可比性中的一致性要求并不意味着企业所选择的会计核算方法不能做任何变更，在符合一定条件的情况下，企业可以变更会计核算方法，但应在企业财务报告附注中作相应披露。

5. 实质重于形式

实质重于形式要求企业应当按照交易或者事项的经济实质进行会计确认、计量和报告，不应仅以交易或者事项的法律形式为依据，例如融资租赁。

6. 重要性

重要性要求凡对资产、负债、损益等有较大影响，并影响信息使用者做出合理判断的重要会计事项，必须按规定的会计方法和程序进行处理，并在财务报告中单独予以披露。

对于次要的会计事项，在不影响会计信息真实性和不至于误导信息使用者做出正确判断的前提下，可适当合并、简化处理。

7. 谨慎性

谨慎性也称稳健性或审慎性，是指企业在进行会计核算时，应当保持必要的谨慎，不得多计资产或收益、少计负债或费用，也不得计提秘密准备。

企业对可能发生的各项资产损失计提资产减值准备，固定资产采用加速折旧法计提折旧等就是体现了谨慎性要求。

8. 及时性

及时性要求企业对于已经发生的交易或者事项，应当及时进行会计确认、计量和报告，不得提前或者延后。

三、企业会计准则体系

1. 会计准则的构成

会计准则是反映经济活动、确认产权关系、规范收益分配的会计技术标准，是生成和提供会计信息的重要依据，也是政府调控经济活动、规范经济秩序和开展国际经济交往等的重要手段。

我国已颁布的会计准则有《企业会计准则》《小企业会计准则》《事业单位会计准则》和《政府会计准则——基本准则》。

2. 企业会计准则

企业会计准则体系自 2007 年 1 月 1 日起在上市公司范围内实施，鼓励其他企业执行。我国的企业会计准则体系包括基本准则、具体准则、应用指南和解释公告等。

（1）基本准则

基本准则是企业进行会计核算工作必须遵守的基本要求，是企业会计准则体系的概念基础。基本准则包括总则、会计信息质量要求、财务会计报表要素、会计计量、财务会计报告等内容。

（2）具体准则

具体准则是在基本准则的指导下，处理会计具体业务标准的规范。其具体内容分为一般业务准则、特殊业务准则和报告类准则。

（3）会计准则应用指南

应用指南从不同角度对企业具体准则进行细化，解决实务操作问题。包括具体准则解释部分、会计科目和财务报表部分。

（4）解释公告

解释公告主要为了深入贯彻实施企业会计准则，解决执行中出现的问题，同时实现会计准则持续趋同和等效。

3. 小企业会计准则

小企业一般是指规模较小或处于创业和成长阶段的企业，包括规模在规定标准以下的法人企业和自然人企业。

2011 年 10 月 18 日，财政部发布了《小企业会计准则》，要求符合适用条件的小企业自 2013 年 1 月 1 日起执行，并鼓励提前执行。

4. 事业单位会计准则

2012 年 12 月 6 日，财政部修订发布了《事业单位会计准则》。与《企业会计准则》相比，《事业单位会计准则》的主要特点有：

（1）采用收付实现制

要求事业单位采用收付实现制进行会计核算、部分另有规定的经济业务或事项才能采用权责发生制核算。

（2）将事业单位会计要素划分为资产、负债、净资产、收入、支出（或费用）五类

（3）事业单位应编制的会计报表

要求事业单位的会计报表至少包括资产负债表、收入支出表（或收入费用表）和财政补助收入支出表。

（4）政府会计准则

为了规范政府的会计核算，保证会计信息质量，2015 年 10 月 23 日，财政部发布了《政府会计准则——基本准则》，自 2017 年 1 月 1 日起，在各级政府、各部门、各单位施行。

我国的政府会计准则由政府会计基本准则、具体准则和应试指南三部分组成。

第四节　会计要素和会计等式

一、会计要素

会计要素是根据交易或事项的经济特征所确定的会计对象的基本分类，是会计对象的具体化，是从会计角度描述经济活动的基本要素。

会计要素包括资产、负债、所有者权益、收入、费用和利润六个要素。

1. 资产

（1）资产的含义

资产是由过去的交易或事项形成的、并由企业拥有或控制的、预期会给企业带来经济利益的资源。

（2）资产的特征

① 资产是过去的交易或事项形成的。即资产必须是现实的资产，而不能是预期的资产。

② 资产是企业拥有或控制的。

③ 资产预期会给企业带来经济利益。

（3）资产的确认条件

将一项资源确认为资产，需要符合资产的定义，还应同时满足以下两个条件：

① 与该资源有关的经济利益很可能流入企业；

② 该资源的成本或者价值能够可靠地计量。

（4）资产的分类

资产按流动性进行分类，可以分为流动资产和非流动资产。

- 流动资产是指预计在一个正常营业周期中变现、出售或耗用，或者主要为交易目的而持有，或者预计在资产负债表日起一年内（含一年）变现的资产，以及自资

产负债表日起一年内变换其他资产或者清偿负债的能力不受限制的现金或现金等价物。

- 非流动资产是指流动资产以外的资产，主要包括长期股权投资、固定资产、无形资产等。

2. 负债

（1）负债的含义

负债是指企业过去的交易或者事项所形成的、预期会导致经济利益流出企业的现时义务。

（2）负债的特征

① 负债是由企业过去的交易或事项形成的；

② 负债是企业承担的现时义务；

③ 负债的清偿预期会导致经济利益流出企业。

（3）负债的确认条件

① 与该义务有关的经济利益很可能流出企业；

② 未来流出的经济利益的金额能够可靠地计量。

（4）负债的分类

按偿还期限的长短，一般将负债分为流动负债和非流动负债。

流动负债是指预计在一个正常营业周期中偿还，或者主要为交易目的而持有，或者自资产负债表日起一年内（含一年）到期应予以清偿，或者企业无权自主地将清偿推迟至资产负债表日后一年以上的负债。

非流动负债是指流动负债以外的负债，主要包括长期借款、应付债券和长期应付款等。

3. 所有者权益

（1）所有者权益的含义

所有者权益是指企业资产减去负债后由所有者享有的剩余权益，也称为净资产、股东权益。

（2）所有者权益的特征

① 除非发生减资、清算或分配现金股利，企业不需要偿还所有者权益；

② 企业清算时，只有在清偿所有的负债后，所有者权益才返还给所有者；

③ 所有者凭借所有者权益能够参与企业利润的分配。

（3）所有者权益的确认条件

所有者权益的确认、计量主要取决于资产、负债的确认和计量。

（4）所有者权益的分类

所有者权益按照来源可以划分为实收资本（股本）、资本公积（资本溢价、股本溢价、其他资本公积）、其他权益工具（优先股、永续债）、其他综合收益（直接计入所有者权益的利得或损失）、留存收益（盈余公积和未分配利润）。

4. 收入

（1）收入的含义

收入是指企业在日常活动中形成的、会导致所有者权益增加的、与所有者投入资本无关的经济利益的总流入。

（2）收入的特征

① 收入是企业在日常活动中形成的；

② 收入会导致所有者权益的增加；

③ 收入是与所有者投入资本无关的经济利益的总流入。

（3）收入的确认条件

① 与收入相关的经济利益很可能流入企业；

② 经济利益的流入额能够可靠地计量。

（4）收入的分类

收入可以分为主营业务收入和其他业务收入，如图 1-2 所示。

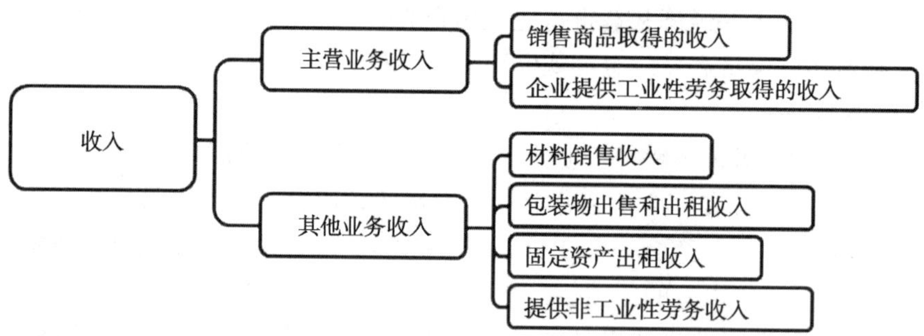

图 1-2　收入的分类

5. 费用

（1）费用的含义

费用是指企业在日常活动中所发生的、会导致所有者权益减少的、与向所有者分配利润无关的经济利益的流出。

（2）费用的特征

① 费用是企业在日常活动中发生的；

② 费用会导致所有者权益的减少；

③ 费用是向所有者分配利润无关的经济利益的总流出。

（3）费用的确认条件

① 与费用相关的经济利益很可能流出企业；

② 经济利益流出企业的结果会导致资产的减少或负债的增加；

③ 经济利益的流出额能够可靠地计量。

（4）费用的分类

费用可以分为生产成本和期间费用。常见的生产成本包括直接材料、直接人工和制造费用；常见的期间费用包括销售费用、管理费用和财务费用，如图 1-3 所示。

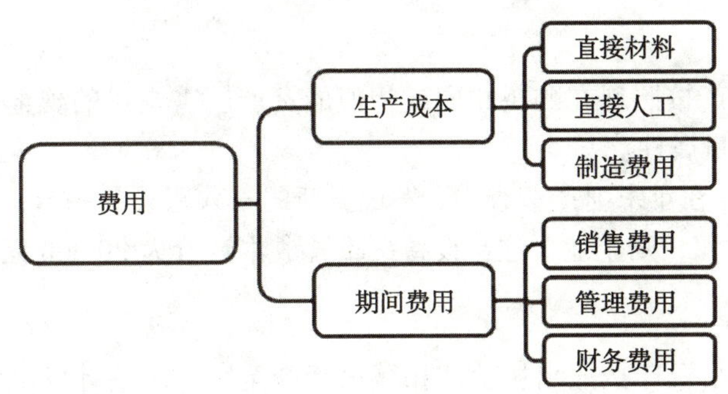

图 1-3　费用的分类

（5）期间费用与生产成本的区别

区别主要体现在：期间费用是资产的耗费，与一定的会计期间相联系，与产品生产无关；生产成本与产品生产相联系，是对象化了的费用，与会计期间无关。

6. 利润

（1）利润的含义

利润是指企业在一定期间的经营成果。利润反映收入减去费用、直接计入当期利润的利得减去损失后的净额。

（2）利润的确认条件

利润反映收入减去费用、直接计入当期利润的利得减去损失后的净额。利润金额的确定主要取决于收入、费用、利得和损失的金额。

（3）利润的分类

利润包括收入减去费用后的净额、直接计入当期损益的利得和损失等。其中，收入减去费用后的净额反映企业日常活动的经营业绩；直接计入当期损益的利得和损失反映企业非日常活动的业绩。企业应当严格区分收入和利得、费用和损失，以便全面反映企业的经营业绩。

二、会计要素的计量属性

会计计量属性是指会计要素的数量特征或外在表现形式，反映了会计要素金额的确定基础，主要包括历史成本、重置成本、可变现净值、现值和公允价值等。

1. 历史成本

历史成本是基本计量属性，资产按照购置时支付的现金计量，绝大多数资产按照历史成本入账。

【例 1-1】某企业购买不需要安装的设备一台，价款 1 000 000 元，另支付运输费 2 500 元，包装费 500 元，款项以银行存款支付，假设不考虑增值税。则该固定资产应按历史成本计价，其金额为 1 003 000（1 000 000+2 500+500）元。

2. 重置成本

重置成本是资产按照现在购买相同或相似的资产所需支付的现金的金额计量。盘盈的资产采用该种计量属性。

【例 1-2】 企业在年末财产清查中，发现全新的未入账设备一台，其同类固定资产的市场价格为 20 000 元，则企业对这台设备按重置成本计价为 20 000 元。

3. 可变现净值

可变现净值是指资产按照出售价款扣减该资产至完工时估计发生的成本、估计的销售费用以及相关税费后的金额计量，例如期末存货计提存货跌价准备。

4. 现值

现值是指对未来现金流量以恰当的折现率进行折现后的价值，是考虑资金时间价值的一种计量属性，例如期末应收账款计提坏账准备。

5. 公允价值

公允价值是指资产按照公平交易中熟悉情况的交易双方自愿进行资产交换和债务清偿的金额计量，例如交易性金融资产的期末计量。

三、会计等式

“会计等式”又称“会计恒等式”“会计方程式”或“会计平衡公式”。会计等式是表明各会计要素之间基本关系的等式，揭示了会计要素之间的内在联系。

会计等式是设置账户、复式记账和编制财务报表的理论依据。

1. 财务状况等式

资产 = 负债 + 所有者权益

该等式是会计的基本等式、静态等式、财务状况等式，也是复式记账法、编制资产负债表的理论依据。

2. 经营成果等式

收入 − 费用 = 利润

这一等式称为经营成果等式或动态会计等式，是编制利润表的依据。

3. 财务状况与经营成果相结合的等式

资金运动的动态状况最后必然反映到各项会计要素的变化上，从而使两个会计等式之间建立起钩稽关系。

资产 = 负债 + 所有者权益 +（收入 − 费用）

资产 = 负债 + 所者权益 + 利润

这一会计等式动态地反映了企业财务状况和经营成果之间的关系。

4. 经济业务对会计等式的影响

企业在生产经营过程中，每天都会发生多种多样、错综复杂的经济业务，从而引起各会计要素的增减变动，但并不影响会计等式的平衡关系，具体表现如下：

① 一项资产增加、另一项资产等额减少的经济业务；

② 一项资产增加、一项负债等额增加的经济业务；

③ 一项资产增加、一项所有者权益等额增加的经济业务；

④ 一项资产减少、一项负债等额减少的经济业务；

⑤ 一项资产减少、一项所有者权益等额减少的经济业务；

⑥ 一项负债增加、另一项负债等额减少的经济业务；

⑦ 一项负债增加、一项所有者权益等额减少的经济业务；

⑧ 一项所有者权益增加、一项负债等额减少的经济业务；

⑨ 一项所有者权益增加、另一项所有者权益等额减少的经济业务。

上述九类基本经济业务的发生均不影响财务状况等式的平衡关系。

本章总结

- 会计核算和会计监督是会计的两项基本职能。
- 会计的核算方法及会计循环。
- 会计基本假设包括会计主体、持续经营、会计分期和货币计量。
- 会计基础包括权责发生制和收付实现制。
- 会计信息质量包括可靠性、相关性、可理解性、可比性、实质重于形式、重要性、谨慎性、及时性。
- 会计要素包括资产、负债、所有者权益、收入、费用和利润六个要素。
- 会计计量属性包括历史成本、重置成本、可变现净值、现值和公允价值等。

本章习题

自学自测　扫描此码

2 第二章 会计科目与账户

本章思维导图

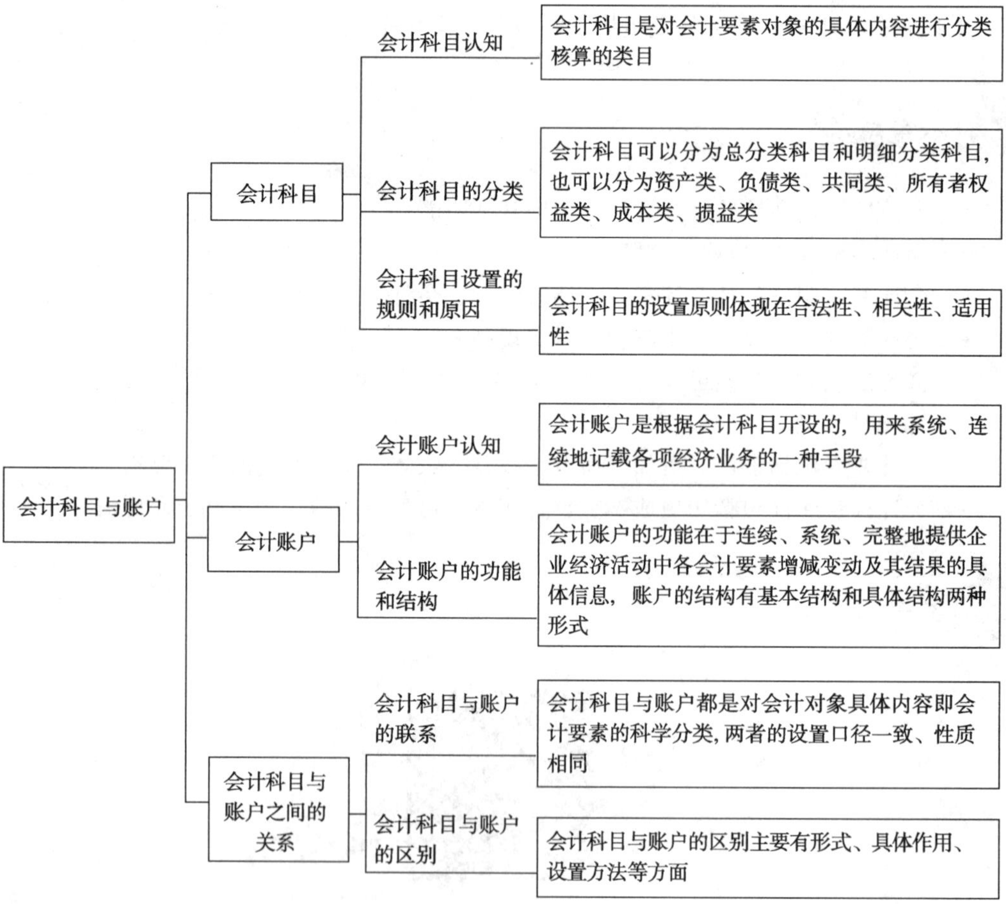

- 会计科目与账户
  - 会计科目
    - 会计科目认知：会计科目是对会计要素对象的具体内容进行分类核算的类目
    - 会计科目的分类：会计科目可以分为总分类科目和明细分类科目，也可以分为资产类、负债类、共同类、所有者权益类、成本类、损益类
    - 会计科目设置的规则和原因：会计科目的设置原则体现在合法性、相关性、适用性
  - 会计账户
    - 会计账户认知：会计账户是根据会计科目开设的，用来系统、连续地记载各项经济业务的一种手段
    - 会计账户的功能和结构：会计账户的功能在于连续、系统、完整地提供企业经济活动中各会计要素增减变动及其结果的具体信息，账户的结构有基本结构和具体结构两种形式
  - 会计科目与账户之间的关系
    - 会计科目与账户的联系：会计科目与账户都是对会计对象具体内容即会计要素的科学分类，两者的设置口径一致、性质相同
    - 会计科目与账户的区别：会计科目与账户的区别主要有形式、具体作用、设置方法等方面

本章目标

- 理解会计科目的概念；
- 掌握会计科目的分类；

- 掌握会计科目的设置；
- 理解账户的概念；
- 掌握账户的基本结构；
- 掌握账户的具体结构；
- 掌握会计科目与账户之间的关系。

第一节　会 计 科 目

一、会计科目认知

企业的经营业务错综复杂，即使只涉及一种会计要素，也往往需要反映具有不同性质和内容的对象。在会计核算中，若仅以会计要素作为会计数据的归类标准，则难以满足会计信息使用者的要求。如从银行提取备用金的业务，是资产内部的一增一减，但需要反映出企业银行存款的减少和库存现金的增加。因此，为了全面、系统地核算和监督企业的经济活动，就需要对会计要素作进一步详细的分类，即对会计要素进行再次划分，细分后的每一个具体内容都需要命名。

1. 会计科目的概念

会计科目是对会计要素对象的具体内容进行分类核算的类目。

企业在日常营运时，会产生各种经济活动，经济活动引起的会计对象、具体内容不同，管理要求也不同。为了全面、系统、分类地核算与监督各项经济业务的发生情况，以及由此而引起的各项资产、负债、所有者权益和各项损益的增减变动，就有必要按照各项会计对象分别设置会计科目。

会计科目是对会计要素的具体内容进行分类核算的项目，是进行会计核算和提供会计信息的基础。

2. 会计科目与会计要素之间的关系

会计科目是对会计要素的分类，而会计要素是对会计对象的分类。对会计对象进行分类，必须确定分类标志，而这些标志本身就是会计科目。会计对象的内容是多种多样的、错综复杂的，为了科学系统地对其进行反映和监督，必须先通过会计要素对会计对象进行分类，然后按类设置会计科目并登录账簿。

进一步按照会计科目对会计要素进行分类，才能提供满足报表使用者需要的所有信息。如：资产可以分类为银行存款、库存现金、固定资产、无形资产等。而更进一步，固定资产仍可划分为不同的类别，如：电脑、厂房、设备等，类别的不同可通过明细科目予以反映。分类核算不仅需要取得各项会计要素增减变化及其结果的总括数字，而且需要取得一系列更加具体的分类的数量指标，需要对各项会计要素按其经济内容或用途作进一步的分类，具体分类如图 2-1 所示。

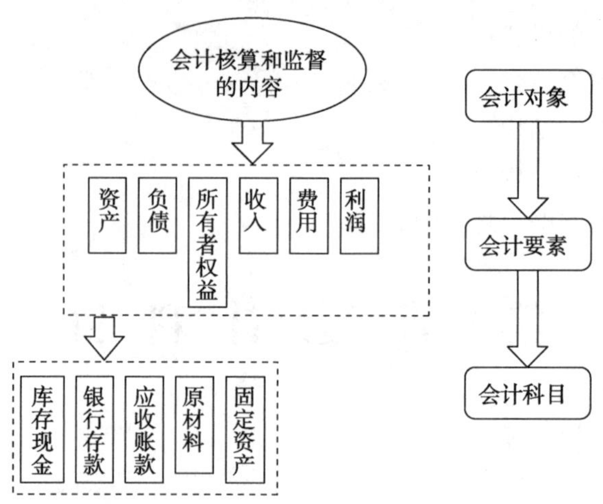

图 2-1　会计科目关系

二、会计科目的分类

会计科目分类是为了正确地掌握运用会计科目，了解会计科目的内容、用途和结构，就要根据一定的标准进行合理的分类。

1. 按提供信息的详细程度不同进行分类

会计科目按其所提供信息的详细程度及其统驭关系不同，分为总分类科目和明细分类科目。

（1）总分类会计科目

总分类会计科目，也称为总账科目或一级科目，是对会计要素具体内容进行总括分类、提供总括信息的会计科目，是进行总分类核算的依据。为了满足会计信息使用者对信息质量的要求，总账科目是由财政部颁布的《企业会计准则——应用指南》统一规定的。

为了明确会计科目的性质和所属类别，同时为了正确迅速地在会计电算化中输入、调用、处理和输出会计科目，我国财政部对会计科目进行了统一的编号。目前对总分类会计科目均采用 4 位数码的编号，会计科目编码规则如图 2-2 所示。

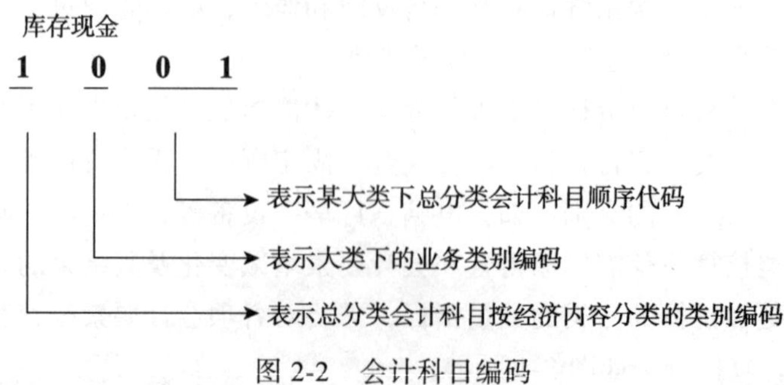

图 2-2　会计科目编码

（2）明细分类会计科目

明细分类会计科目，也称为明细科目，是在总账科目的基础上，对总账科目所反映的经济内容进行进一步详细分类的会计科目，以提供更详细、更具体会计信息的科目。

在“原材料”科目下，按材料类别开设“原料及主要材料”“辅助材料”“燃料”等二级科目。明细科目的设置，除了要符合财政部统一规定外，一般根据经营管理需要由企业自行设置。在“原料及主要材料”下，再根据材料规格、型号等开设三级明细科目。

（3）企业应用实例

实际工作中，并不是所有的总账科目都需要开设二级和三级明细科目。根据会计信息使用者所需不同信息的详细程度，有些只需设一级总账科目，有些只需要设一级总账科目和二级明细科目，不需要设置三级科目。除了会计制度规定设置的明细分类科目以外，企业可以根据经营管理的需要和经济业务的具体内容自行设置明细分类科目。“原材料”总账和明细账会计科目具体如表 2-1 所示。

表 2-1 “原材料”总账和明细账会计科目

总账科目（一级科目）	明细科目	
	二级科目（子目）	三级科目（细目）
原材料 1403	原料及主要材料	圆钢、角钢
	辅助材料	润滑剂、石炭酸
	燃料	汽油、原煤

2. 按反映经济内容的性质不同进行分类

按照会计科目的经济内容进行分类，遵循了会计要素的基本特征，将各项会计要素的增减变化分门别类进行归集。

（1）分类内容概况

会计科目按反映的经济内容的性质可以分为资产类、负债类、共同类、所有者权益类、成本类、损益类六大类，清晰反映了企业的财务状况和经营成果。

① 资产类会计科目。资产类科目是指用于核算资产增减变化，提供资产类项目会计信息的会计科目。资产按照流动性可以分为流动资产和非流动资产。

我国现行的《企业会计制度》规定的资产类科目包括现金、银行存款、其他货币资金、短期投资、短期投资跌价准备、应收票据、应收股利、应收利息、应收账款、其他应收款、坏账准备、预付账款、应收补贴款、物资采购、原材料、包装物、低值易耗品、材料成本差异、库存商品、委托加工物资、委托代销商品、受托代销商品、存货跌价准备、分期收款发出商品、待摊费用、长期股权投资、长期债权投资、长期投资减值准备、固定资产、累计折旧、固定资产减值准备、工程物资、在建工程、在建工程减值准备、固定资产清理、无形资产、无形资产减值准备、长期待摊费用、待处理财产损益等。

② 负债类会计科目。负债类科目是指用于核算负债增减变化，提供负债类项目会计信息的会计科目。

我国现行的《企业会计制度》规定的负债类科目包括短期借款、应付票据、应付账款、预收账款、代销商品款、应付工资、应付福利费、应付股利、应交税金、其他应交款、其他应付款、预提费用、长期借款、应付债券、长期应付款、专项应付款等。

③ 所有者权益类会计科目。所有者权益类科目是指用于核算所有者权益增减变化，提供所有者权益有关项目会计信息的会计科目。

我国现行的《企业会计制度》规定的所有者权益类科目包括实收资本（或股本）、资本公积、盈余公积、本年利润和利润分配等。

④ 共同类会计科目。新会计准则中的共同类科目是指既有资产性质，又有负债性质这样有共性的科目。共同类科目的特点需要从其期末余额所在方向界定其性质，共同类多为金融、保险、投资、基金等公司使用，包括清算资金往来、货币兑换、衍生工具、套期工具、被套期项目。

⑤ 成本类会计科目。成本类会计科目是指用于核算成本的发生和归集情况，提供成本相关会计信息的会计科目。

我国现行的《企业会计制度》规定的成本类科目包括生产成本、制造费用、劳务成本。

⑥ 损益类会计科目。损益类会计科目是指用于核算收入、费用的发生或归集，提供一定期间损益相关的会计信息的会计科目。

我国现行的《企业会计制度》规定的损益类科目包括主营业务收入、其他业务收入、投资收益、补贴收入、营业外收入、主营业务成本、税金及附加、其他业务支出、销售费用、管理费用、财务费用、营业外支出、所得税费用等。

按照经济内容分类性质不同进行区分的会计科目分类如表 2-2 所示。

表 2-2　会计科目分类表

分类	编号	具体科目
资产类(包括资产及备抵科目)	1	库存现金、银行存款、其他货币资金、预付账款、应收账款、应收票据、应收利息、应收股利、其他应收款、坏账准备、原材料、在途物资、库存商品、委托加工物资、材料成本差异、存货跌价准备、交易性金融资产、固定资产、累计折旧、固定资产清理、在建工程、工程物资、待处理财产损溢、长期待摊费用
负债类	2	短期借款、预收账款、应付账款、应付票据、应付职工薪酬、应交税费、应付股利、应付利息、其他应付款、长期借款、应付债券、长期应付款
所有者权益类	3	实收资本/股本、资本公积、盈余公积、利润分配、本年利润、其他综合收益
共同类	4	清算资金往来、货币兑换、衍生工具、套期工具、被套期项目
成本类	5	生产成本、制造费用、劳务成本、研发支出
损益类	6	主营业务收入、其他业务收入、主营业务成本、其他业务成本、管理费用、财务费用、销售费用、税金及附加、营业外收入、营业外支出、投资收益、资产减值损失、公允价值变动损益、所得税费用

（2）会计要素和会计科目分类对比

会计要素是对会计对象的具体分类，是会计对象的具体化，是反映会计主体财务状况和经营成果的基本单位。

分类对比简图如图 2-3 所示。

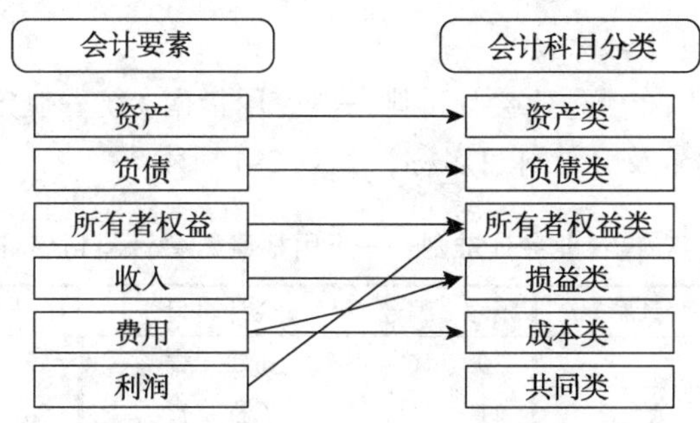

图 2-3 会计要素与会计科目分类简图

会计科目是对会计要素进行分类的项目，通过对会计要素内容的再分类，确定科学合理的会计科目，从而对经济活动进行连续、系统、全面的记录和反映，为信息使用者提供更为全面有效的信息。

分类对比具体会计科目如表 2-3 所示。

表 2-3 会计要素与会计科目分类对比表

会计要素分类			会计科目分类		
			会计科目名称	会计科目名称	会计科目名称
资产	流动资产	库存现金、银行存款 交易性金融资产 应收及预付款项 存货、其他应收款等	（一）资产类	（二）负债类	（四）成本类
	非流动资产	长期股权投资 固定资产 无形资产 工程物资、在建工程	库存现金 银行存款 应收账款 应收股利	短期借款 应付账款 预收账款 应付职工薪酬	生产成本 制造费用 劳务成本
负债	流动负债	短期借款 应付票据、应付账款 预收账款 应付职工薪酬 应付股利、应付利息 应交税费 其他应付款等	应收利息 其他应收款 坏账准备 材料采购 在途物资 原材料 库存商品 存货跌价准备	应交税费 应付利息 应付股利 其他应付款 长期借款 应付债券	（五）损益类 主营业务收入 其他业务收入 投资收益 营业外收入 主营业务成本 其他业务成本 税金及附加 销售费用
	非流动负债	长期借款 应付债券等	持有至到期投资 长期股权投资 长期应收款	（三）所有者权益类	管理费用 营业外支出 所得税费用
所有者权益	实收资本 资本公积 盈余公积 未分配利润		固定资产 累计折旧 工程物资 在建工程	实收资本 资本公积 盈余公积 本年利润	
收入	主营业务收入 其他业务收入		固定资产清理 无形资产	利润分配	（六）共同类
费用	主营业务成本、其他业务成本 销售费用、管理费用、财务费用		累计摊销 长期待摊费用		清算资金往来 货币兑换
利润	营业利润 利润总额 净利润		待处理财产损溢		衍生工具 套期工具 被套期项目

（3）会计科目编码及名称表

目前，根据财政部颁布《企业会计准则——应用指南》统一制定了企业实际工作中需要使用的会计科目、编号及会计科目名称，如表 2-4 所示。

表 2-4 《企业会计准则——应用指南》会计科目名称表

序号	编号	会计科目
一、资产类		
1	1001	库存现金
2	1002	银行存款
3	1012	其他货币资金
4	1101	交易性金融资产
5	1121	应收票据
6	1122	应收账款
7	1123	预付账款
8	1131	应收股利
9	1132	应收利息
10	1221	其他应收款
11	1231	坏账准备
13	1401	材料采购
15	1403	原材料
16	1404	材料成本差异
17	1405	库存商品
18	1412	包装物及低值易耗品
19	1471	存货跌价准备
20	1501	持有至到期投资
21	1502	持有至到期投资减值准备
22	1503	可供出售金融资产
23	1511	长期股权投资
24	1512	长期股权投资减值准备
25	1521	投资性房地产
26	1531	长期应收款
27	1601	固定资产
28	1602	累计折旧
29	1603	固定资产减值准备
30	1604	在建工程
31	1605	工程物资
32	1606	固定资产清理
33	1701	无形资产
34	1702	累计摊销
35	1703	无形资产减值准备
36	1711	商誉
37	1801	长期待摊费用
38	1901	待处理财产损溢
二、负债类		
39	2001	短期借款
40	2101	交易性金融负债
41	2201	应付票据
42	2202	应付账款
43	2203	预收账款
44	2211	应付职工薪酬
45	2221	应交税费
46	2231	应付利息
47	2232	应付股利
48	2241	其他应付款
49	2501	长期借款
50	2502	应付债券
51	2701	长期应付款
三、共同类		
52	3101	衍生工具
53	3201	套期工具
54	3202	被套期项目
四、所有者权益类		
55	4001	实收资本
56	4002	资本公积
57	4101	盈余公积
58	4103	本年利润
59	4104	利润分配
60	4201	库存股
五、成本类		
61	5001	生产成本
62	5101	制造费用
63	5201	劳务成本
64	5301	研发支出
六、损益类		
65	6001	主营业务收入
66	6051	其他业务收入
67	6101	公允价值变动损益
68	6111	投资损益
69	6301	营业外收入
70	6401	主营业务成本
71	6402	其他业务成本
72	6403	税金及附加
73	6601	销售费用
74	6602	管理费用
75	6603	财务费用
76	6701	资产减值损失
77	6711	营业外支出
78	6801	所得税费用
79	6901	以前年度损益调整

三、会计科目设置的规则和原因

会计科目的设置原则就是会计科目设置的目的，是确定一个独立核算单位会计科目体系的使用说明，会计科目的设置原则能够为企业设置出科学、合理、适用的会计科目。

1. 会计科目的设置原则

会计科目的设置原则主要体现在是否合法、有无相关、是否实用这三部分。

（1）合法性原则

设置会计科目要符合国家的会计法规体系的规定。国家的会计法规体系，体现了国家对财务会计工作的要求，因此，设计会计科目首先要以此为依据，符合《会计法》以及《企业会计准则》等规定，以便编制会计凭证、登记账簿、查阅账目、实行会计电算化。企业应当参照会计制度中统一规定的会计科目，根据自身的实际情况设置会计科目，但其设置的会计科目不得违反现行会计制度的规定。

（2）相关性原则

所设置的会计科目应为提供有关各方所需要的会计信息服务，既要保证企业进行经营管理、考核经营效益的要求，又要保证国家经营管理部门进行综合平衡、宏观调控和投资者、债权人及有关各方对企业经营和财务状况作出准确判断的需要，满足对外报告和对内管理的要求。

根据企业会计准则的规定，企业财务报告提供的信息必须满足对内对外各方面的需要，而设置会计科目必须服务于会计信息的提供，必须与财务报告的编制相协调、相联系。

（3）实用性原则

在合法性的基础上，企业应当根据组织形式、所处行业、经营内容、业务种类等自身特点，结合会计对象的特点，全面反映会计要素的内容，设置符合企业需要的会计科目。

工业企业是从事生产制造的企业，根据这一特点，工业企业必须设置反映生产过程的会计科目，如“生产成本”“制造费用”等科目；商品流通企业不生产产品，而是以商品买卖作为主要经营业务，故其应设置反映商品买卖过程的会计科目，如“库存商品”“销售费用”“主营业务收入”等；金融企业是从事货币经营的企业，主要经营存贷款业务，其会计科目应反映其行业特点，如设置“利息收入”“利息支出”“存放中央银行款项”等科目。

2. 会计科目设置的意义

会计科目是对会计要素的具体内容进行分类核算的标志，每一个会计科目都有明确的含义、核算范围。通过设置会计科目，对会计要素的具体内容进行了科学的分类，可以为会计信息使用者提供科学、详细的分类指标体系。在会计核算的各种方法中，设置会计科目占有重要的位置，决定着账户的开设、报表结构的设计，是一种基本的会计核算方法。

（1）组织会计核算的依据

会计科目是理解交易或事项的首要环节，依据会计科目理解和分析某一类别的交易或事项的发生发展过程，会计科目对具体项目进行分类，规范了相同类别业务的核算范围、核算内容、核算方法、核算要求，会计科目是正确组织会计核算的重要依据。

（2）编制记账凭证的前提

会计凭证是纳税人用来记录经济业务的发生和完成情况，明确经济责任，并据以登记账簿的书面证明。会计凭证是确定所发生的经济业务应记入何种科目以及分门别类登记账簿的凭据，会计凭证的组成要素中包括了会计科目，没有会计科目就无法编制会计凭证。

（3）设置账户和复式记账的基础

账户是根据会计科目设置的，会计科目是设置账户的依据，会计科目反映的内容就是账户登记的内容。复式记账要求每一笔经济业务在两个或两个以上相互联系的账户中进行登记，以反映资金运动的来龙去脉。

（4）成本计算与财产清查的保证

通过会计科目的设置，有助于成本核算，使各种成本的计算成为可能，而通过账面记录与实际结存的核对，又为财产清查、保证账实相符提供了必备的条件。会计科目为成本计算与财产清查提供了必要的保障。

（5）便于编制会计报表

会计确认和计量的最终目的是编制财务会计报告，向会计信息使用者提供决策有用的信息。而沟通会计确认、计量与报告之间的重要桥梁就是会计科目，财务报表中的各个项目与会计科目直接或间接相关，并根据会计科目的本期发生额或余额填列。

（6）事前进行会计监督

会计科目事前设置和规范核算的内容，起到事前控制的作用，会计科目是进行会计监督的重要手段。

第二节　会 计 账 户

一、会计账户认知

会计账户是根据会计科目开设的，用来系统、连续地记载各项经济业务的一种手段。每一个账户都有一个简明的名称，用以说明该账户的经济内容。会计账户就是用来记录经济交易或事项及其所引起的会计要素具体内容变动情况的一种工具。对会计对象划分类别并规定名称是必要的，但要全面、系统地记录和反映各项经济业务所引起的资产变动情况，还必须在分类的基础上借助于具体的形式和方法，这就是开设和运用账户。

1. 账户的概念

账户是根据会计科目设置的，具有一定格式和结构，用以分类反映会计要素增减变动情况及其结果的载体。账户以会计科目为名称，同时又具备一定的格式（即结构）。

设置账户是会计核算的重要方法之一。账户通常分为左右两方，一方记增加，另一方记减少，具体哪一方记增加，哪一方记减少，则取决于账户的性质、经济业务的类型和记录经济业务时采用的记账方法。

2. 账户的分类

账户的分类就是在了解账户特性的基础上，研究账户体系中各账户之间存在的共性，进一步探明各种账户的经济内容、用途结构及其在整个账户体系中的地位和作用，更准确地运用账户对企业的经济业务进行反映。

（1）按提供信息的详细程度不同进行分类

按提供信息的详细程度不同进行分类，会计账户可以分为总分类账户和明细分类账户，如图2-4所示。

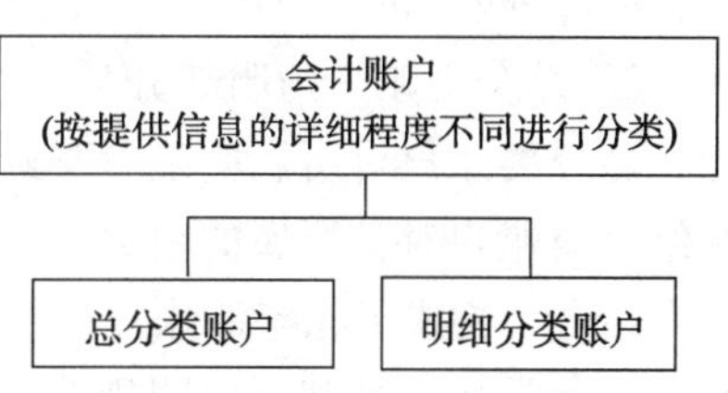

图2-4 按提供信息详细程度分类

① 总分类账户。总分类账户，也称“总账账户”或“一级账户”，是根据一级会计科目开设的，用以记录各会计要素具体内容增减变动总括情况的账户。总分类账户只以金额进行记录。总分类账户所提供的是综合资料，如“材料”总分类账户提供的是企业全部材料的增减变化及结存情况。

按照总分类账户进行的总括性的会计核算称总分类核算。各企业、机关和事业单位等，均应按一级会计科目开设总分类账户，进行总分类核算。总分类核算是明细分类核算和序时核算的概括和综合，可以全面概括地反映和监督各单位的资金运动。总分类账户所提供的资料是编制会计报表的主要依据，总分类账户的核算采取货币形式，进行金额核算，提供货币指标。

总分类账是指按照总分类科目设置，公允货币计量单位进行登记，用来提供总括核算资料的账户。亦是根据总分类科目开设账户，用来登记全部经济业务，进行总分类核算，提供总括核算资料的分类账簿。总分类账所提供的核算资料，是编制会计报表的主要依据，任何单位都必须设置总分类账。

总分类账一般采用订本式账簿。总分类账的账页格式，一般采用“借方”“贷方”“余额”三栏，根据实际需要，也可以在“借方”“贷方”两栏内增设“对方科目”栏。总分类账的账页格式，也可以采用多栏式格式，如把序时记录和总分类记录结合在一起联合账簿，即日记总账。

总分类账的登记依据和方法，主要取决于所采用的会计核算形式。其可以直接根据各种记账凭证逐笔登记，也可以先把记账凭证按照一定方式进行汇总，编制成科目汇总表或汇总记账凭证等，然后据以登记。

② 明细分类账户。明细分类账户是指用来提供某一总分类账户所属较为详细经济信息的账户，用来对会计要素的具体内容进行明细分类核算的账户。

在通常情况下，企业会计业务发生后，如果只是对其按会计要素和涉及的科目记入总账账户，仍然不能详细反映企业要了解的具体内容，或记录后不能满足业务分析需要。此时，就要对该项业务进行再一次的具体细分，即通过明细分类账户记录该业务的详细情况。

例如：应收账款项，如果只记录“应收账款”总账科目，不能得知是应收甲企业，还是应收乙企业的，那么在建立应收账款总分类账户的基础上，还要按客户的名称建立明细分类账户，以便于对应收账款进行管理。可见明细分类账是根据企业内部管理需要设置的，详细说明其业务情况的分类账户。

明细分类账户的特征为：只反映会计对象中某些方面的详细资料，其体系是分散的，是否设置明细账，要取决于管理的需要；既要提供价值信息，有的还要提供实物量和其他数据方面的信息；期末若有余额，要通过总分类账汇总才能作为编制资产负债表的依据，但部分明细账，如收入、支出类明细账也可以直接作为编制财务报表的数据依据。

③ 总分类账户与明细分类账户之间的关系。总分类账户与明细账户的关系可以概括为：总分类账户对所属明细分类账户起着控制和统驭作用，是明细分类账户的综合化；明细分类账户对其所属的总分类账户起详细的补充说明作用，是总分类账户的具体化。二者结合，构成了完整的账户应用体系。

总分类账户与其所属明细分类账户在总金额上应当相等；对企业所发生的每项经济业务，都要以会计凭证为依据，一方面记入有关总分类账户，另一方面记入有关明细分类账户，记录时要以相同方向、相等的金额在同一会计期间分别记入相关的总分类账户和相关明细分类账户。

（2）按反映经济内容的不同进行分类

账户按经济内容分类的实质是按照会计对象的具体内容进行的分类。账户按其经济内容分类是最基本的分类，是一切账户分类的基础。账户按经济内容的分类，直接反映了资金运动的静态账户和动态情况，完整地反映了资金运动的全貌，是企业编制财务会计报表的直接基础。

如前所述，经济组织的会计对象就其具体内容而言，可以归结为资产、负债、所有者权益、收入、费用和利润六个会计要素。由于利润一般隐含在收入与费用的配比中，因此从满足管理和会计信息使用者需要的角度考虑，与会计科目的分类相对应，账户按其反映的经济内容不同分为资产类账户、负债类账户、所有者权益类账户、成本类账户、损益类账户、共同类账户。

会计账户按照反映的经济内容分类如图 2-5 所示。

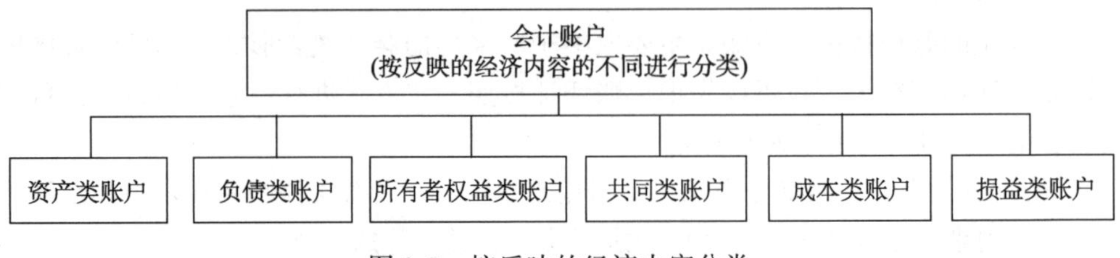

图 2-5　按反映的经济内容分类

① 资产类账户。资产类账户是用来核算和监督企业拥有或者控制的，能以货币计量的经济资源的增减变动及结余情况的账户。

资产类账户按照反映流动性快慢的不同，可以再分为流动资产类账户和非流动资产类账户。流动资产类账户主要有现金、银行存款、短期投资、应收账款、原材料、库存商品、待摊费用等；非流动资产类账户主要有长期投资、固定资产、累计折旧、无形资产、长期待摊费用等。

② 负债类账户。负债类账户是用来核算和监督企业承担的能以货币计量，需以资产或劳务偿付的债务的增减变动和结余情况的账户。

负债类账户按照反映流动性强弱的不同可以再分为流动性负债类账户和长期负债类账户。流动负债类账户主要有短期借款、应付账款、应付工资、应交税金、预提费用等；

长期账户主要有长期借款、应付债券、长期应付款等。

③ 所有者权益类账户。所有者权益类账户是用来核算和监督企业投资人对企业净资产所有权的增减变动和结余情况的账户。

所有者权益类账户按照来源和构成的不同可以再分为投入资本类所有者权益账户和资本积累类所有者权益账户。投入资本类所有者权益账户主要有实收资本、资本公积等；资本积累类账户主要有盈余公积、本年利润、利润分配等。

④ 共同类账户。共同类账户是反映具有资产和负债双重性质的账户。

共同类账户按余额的方向分为反映资产的账户和反映负债的账户。“衍生工具”“套期工具”“被套期项目”账户反映资产时期末余额在借方，反映负债的账户时期末余额在贷方。

⑤ 成本类账户。成本类账户是用来归集费用、计算成本的账户。

成本类账户按照是否需要分配可以再分为直接计入类成本账户和分配计入类成本账户。直接计入类成本账户主要有生产成本（即基本生产成本、辅助生产成本）等；分配计入类成本账户主要有制造费用等。

⑥ 损益类账户。损益类账户是指其在一定时期的发生额合计要在当期期末结转到“本年利润”账户，用以计算确定一定时期内损益的账户。

损益类账户反映营业损益的账户包括主营业务收入、其他业务收入、主营业务成本、其他业务成本、营业税金及附加、管理费用、销售费用、财务费用、投资收益、公允价值变动损益等账户；反映营业外收支的账户包括营业外收入、营业外支出；反映所得税的账户包括所得税费用。

二、会计账户的功能和结构

账户作为记录和反映经济业务活动的一种形式，其基本功能是便于对各项经济业务所引起的企业资产、负债、所有者权益、成本、损益的变动数额进行分门别类和有条不紊地进行归集、汇总。要使账户发挥其功能，不仅要确定其名称和进行分类，还要使其具备相应的结构。

1. 账户的功能

账户的功能在于连续、系统、完整地提供企业经济活动中各会计要素增减变动及其结果的具体信息。其中，会计要素在特定会计期间增加和减少的金额，分别称为账户的“本期增加发生额”和“本期减少发生额”，二者统称为账户的“本期发生额”。会计要素在会计期末的增减变动结果，称为账户的“余额”，具体表现为期初余额和期末余额，账户上期的期末余额转入本期，即为本期的期初余额；账户本期的期末余额转入下期，即为下期的期初余额。

账户的期初余额、期末余额、本期增加发生额和本期减少发生额统称为账户的四个金额要素。

期末余额 = 期初余额 + 本期增加发生额 − 本期减少发生额

账户的本期发生额属于“动态”经济指标范畴；账户的余额属于“静态”经济指标范畴。

2. 账户的结构

账户的结构是指账户的组成部分及其相互关系，账户的结构有基本结构和具体结构两种形式。

（1）账户的基本结构

会计账户的基本结构由三部分组成，即账户名称、账户方向、账户余额。

账户分为左方、右方两个方向，在借贷记账法下，其左方称为“借方”，其右方称为“贷方”。哪一方记录增加额，哪一方记录减少额，取决于账户的不同性质和结构。资产、成本、费用类账户借方登记增加额、贷方登记减少额；负债、所有者权益、收入类账户借方登记减少额、贷方登记增加额。

每个账户一般都有四个金额要素，即期初余额、本期增加发生额、本期减少发生额和期末余额。账户中登记本期增加的金额，称为本期增加发生额；登记本期减少的金额，称为本期减少发生额；本期增加发生额和本期减少发生额相抵后的差额，称为余额，余额按照时间不同，分为期初余额和期末余额，将本期的期末余额转入下一期，就是下一期的期初余额。

① 资产类账户结构。

期末余额 = 期初余额 + 本期借方发生额 − 本期贷方发生额

以“库存现金”为例，T 型账户如图 2-6 所示。

库存现金

借方	贷方
期初余额 本期增加额	本期减少额
期末余额	

图 2-6 “库存现金”T 型账户

② 负债、所有者权益类账户结构。

期末余额 = 期初余额 + 本期贷方发生额 − 本期借方发生额

以“短期借款”为例，T 型账户如图 2-7 所示。

短期借款

借方	贷方
本期减少额	期初余额 本期增加额
	期末余额

图 2-7 “短期借款”T 型账户

③ 收入类账户结构。

期末余额 = 期初余额 + 本期贷方发生额 − 本期借方发生额

本期收入净额在期末结转到“本年利润”账户贷方，损益类账户期末无余额。

以“主营业务收入”为例，T 型账户如图 2-8 所示。

④ 成本、费用类账户结构。

期末余额 = 期初余额 + 本期借方发生额 − 本期贷方发生额

本期成本、费用净额在期末结转到“本年利润”账户借方，损益类账户期末无余额。

以“主营业务收入”为例，T 型账户如图 2-9 所示。

（2）账户的具体结构

会计账户的具体结构是指账页的格式。账户要记录由于经济业务发生而引起各会计要素增减变动情况，必须拥有一定格式的账页。会计账户的具体结构是由会计要素的数量变化情况决定的。由于经济业务发生所引起的各会计要素的变动，从数量上看不外乎

主营业务收入

借方	贷方
本期减少额	本期增加额

图 2-8 “主营业务收入”T 型账户

管理费用

借方	贷方
本期增加额	本期减少额

图 2-9 “管理费用”T 型账户

是增加或减少两种情况，因此，会计账户结构也就相应分为左方、右方两个方向，如果一方反映增加数，另一方则反映减少数。同时为了反映其增减变化的结果，账户还需要设置反映结余数的部分。

账户的具体结构由“增加栏”“减少栏”和“余额栏”三部分构成。

对于一个完整的账户而言，除了必须有反映增加数、减少数和余额的栏目外，还应包括其他栏目，反映其他相关内容。一般来说，一个完整的账户结构应包括下列内容。

账户的具体结构的组成内容包括：

① 账户名称，即会计科目；

② 日期，即所依据记账凭证中注明的日期；

③ 凭证字号，即所依据记账凭证的编号；

④ 摘要，即经济业务的简要说明；

⑤ 金额，即增加额、减少额和余额。

以“银行存款”为例，账户具体结构如表 2-5 所示。

表 2-5 “银行存款”账户具体结构表

2017 年		凭证		摘要	借方	贷方	方向	余额
月	日	种类	号数					
11	1			期初余额			借	129 873.00
11	1	记	1	签发支票提现		2 000.00	借	127 873.00
11	8	记	3	缴纳 10 月税款		2 367.00	借	125 506.00
11	12	记	4	交 10 月份社保		23 172.00	借	102 334.00
11	15	记	5	发放上月工资		56 987.12	借	45 346.88
11	18	记	6	销售商品收入	92 733.36		借	138 080.24
11	30			本月合计	92 733.36	84 526.12	借	138 080.24

第三节 会计科目与账户之间的关系

一、会计科目与账户的联系

会计科目与账户都是对会计对象具体内容（会计要素）的科学分类，两者的设置口径一致、性质相同。会计科目决定了账户核算和控制的经济内容，会计科目的性质决定了账户的性质，会计科目是账户的名称，也是设置账户的依据。账户是会计科目的具体运用，账户的分类和会计科目的分类内容一致，二者开设的目的一致，都是为了对经济业务进行分类、整理，以提供管理所需要的会计信息。

二、会计科目与账户的区别

会计科目的作用主要是为了开设账户、填凭证所运用；而账户的作用主要是提供某一具体会计对象的会计资料，为编制会计报表所运用。会计科目与账户的区别主要体现在形式、具体作用、设置方法三个方面。

1. 存在形式不同

会计科目仅仅是账户的名称，不存在结构。账户有其特定的格式或结构，可用来连续、系统、全面地记录反映某种经济业务的增减变化及其结果，账户对应的结构，能够具体反映资金运行状况。账户比会计科目分类更为明细，内容更为丰富。

2. 具体作用不同

会计科目的具体作用主要表现为将会计对象的具体内容分为若干个相对独立的项目，而账户则是在会计科目的基础上，再赋予一定的结构，其能指明记账的方向，以核算各会计要素的增减变动和余额。

3. 设置方法不同

会计科目由国家统一制定，是会计制度的组成部分。而账户则是由各单位根据会计科目的要求，结合本单位的实际情况开设的。实际工作中，先有会计科目，后有账户。

会计科目和账户的对比如表 2-6 所示。

表 2-6　会计科目和账户对比表

	会计科目	账户
设立权限	国家统一规定	根据会计科目自行设定
作用	会计核算之前，事先确定的对经济业务进行分类核算的项目	经济业务发生之后所进行的分类记录
	说明其反映的经济内容	不仅说明其反映的经济内容，还可以反映经济业务的增减变化情况和结余情况
	设置账户和记账凭证的依据	编制财务会计报表的依据
结构	无	有
联系	两者都是对会计要素的科学分类 口径一致、性质相同 会计科目是名称，账户是具体运用	

- 会计要素是对会计对象的分类，会计科目是对会计要素的分类。

- 按提供信息的详细程度不同，会计科目分为总分类会计科目和明细分类会计科目。
- 按反映的经济内容的性质，会计科目可以分为资产类、负债类、共同类、所有者权益类、成本类、损益类六大类。
- 账户以会计科目为名称，具备一定的格式（即结构）。
- 账户的功能在于连续、系统、完整地提供企业经济活动中各会计要素增减变动及其结果的具体信息。
- 账户的结构有基本结构和具体结构两种形式。
- 会计账户的基本结构由三部分组成：账户名称、账户方向、账户余额。
- 会计账户的具体结构是由会计要素的数量变化情况决定的。
- 会计科目是账户的名称，账户是会计科目的具体运用。

自学自测　扫描此码

3 第三章 复式记账

本章思维导图

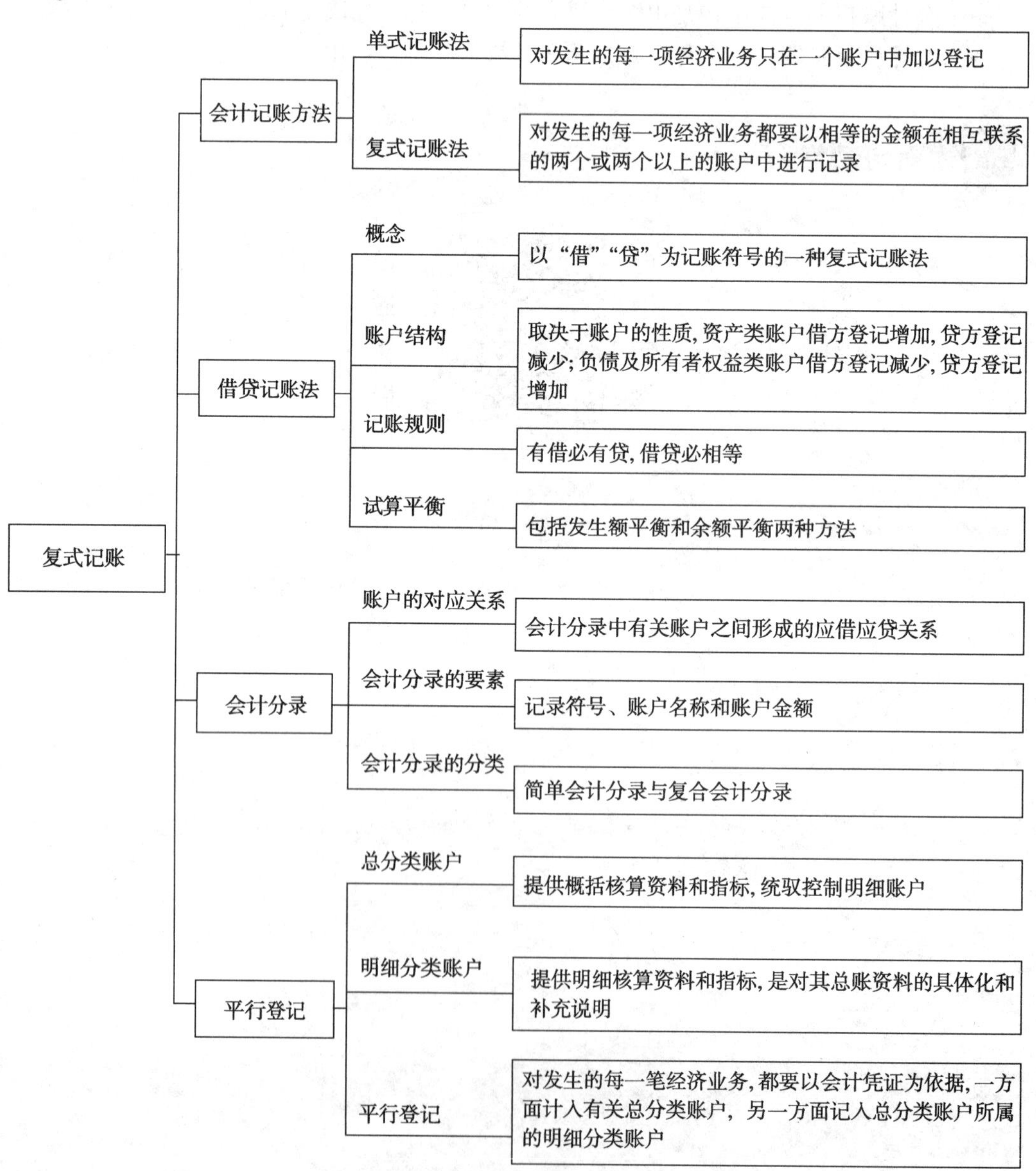

- 理解借贷记账法的记账规则；
- 掌握借贷记账法的试算平衡；
- 掌握会计分录的编写方法；
- 理解总分类账和明细分类账平行登记的要求；
- 掌握平行登记的方法。

第一节　会计记账方法

一、单式记账法

单式记账法是指对发生的每一项经济业务，只在一个账户中加以登记的记账方法。

单式记账法的记账手续简单，但没有一套完整的账户体系，账户之间的记录没有直接联系和相互平衡关系，不能全面、系统地反映各项会计要素的增减变动情况和经济业务的来龙去脉，也不便于检查账户记录的正确性和完整性。

二、复式记账法

复式记账法是指对发生的每一项经济业务，都要以相等的金额，在相互联系的两个或两个以上的账户中进行记录的记账方法。

现详述复式记账法的优点及其种类。

1. 复式记账法的优点

（1）能够分类记录

对于发生的每一项经济业务，都要在两个或两个以上的账户中相互联系地进行分类记录。这样，通过账户记录不仅可以全面、清晰地反映经济业务的来龙去脉，还能全面、系统地反映经济活动的过程和结果。

（2）可以试算平衡

由于每一项经济业务发生后，都是以相等的金额在有关账户中登记，因而可以对记录的结果进行试算平衡，以检查账户记录是否正确。

2. 复式记账法的种类

复式记账法主要有借贷记账法、增减记账法和收付记账法三种。

借贷记账法是目前国际上通用的记账方法。根据我国《企业会计准则》规定，自 1993 年 7 月 1 日起，企业应当采用借贷记账法记账。此种记账方法将在下节中详细讲述。

增减记账法是以“增”“减”为记账符号的复式记账法。我国于 20 世纪 60 年代开始在商业企业中使用增减记账法，后推广至其他行业，现已停止使用。

收付记账法是以“收”“付”为记账符号的复式记账法，被我国预算会计长期使用。

第二节 借贷记账法

一、借贷记账法的概念

借贷记账法是指以“借”“贷”为记账符号的一种复式记账法。“借”“贷”两个字为记账方向，分别代表账户的借方和贷方。借贷只是纯粹的记账方向符号，“借”表示增加还是“贷”表示增加，则取决于账户的性质及结构。

二、借贷记账法的账户结构

1. 资产类账户结构

资产类账户借方登记资产的增加数，贷方登记资产的减少数，余额一般在借方。例如“银行存款”账户，如图 3-1 所示，借方登记银行存款的收入数，贷方登记银行存款的支出数，余额在借方。

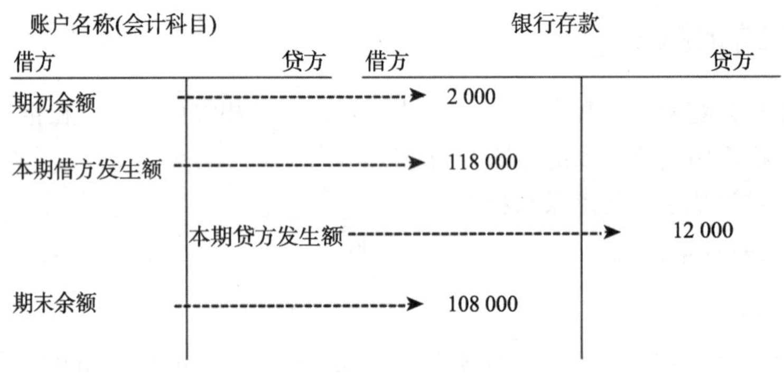

图 3-1 “银行存款”T 型账户

一定期间（月、季、年）内每个账户所登记的借方金额合计，称为借方本期发生额，所登记的贷方金额合计，称为贷方本期发生额。

资产类账户的期末余额计算公式如下：

借方期末余额 = 借方期初余额 + 借方本期发生额 − 贷方本期发生额

对于资产要素的备抵账户，如累计折旧、累计摊销、各种资产减值准备、坏账准备、存货跌价准备等，其账户结构是贷方登记增加，借方登记减少，余额一般在贷方。

2. 负债及所有者权益类账户结构

负债及所有者权益统称为权益，两者的账户结构是相同的，贷方登记增加数，借方登记减少数，余额一般在贷方。例如“应付职工薪酬”账户，如图 3-2 所示，贷方登记应付职工薪酬的应发数，借方登记应付职工薪酬的发放数，余额在贷方。

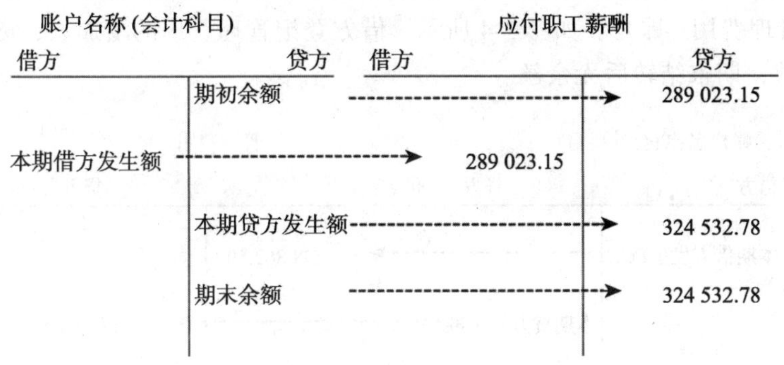

图 3-2 “应付职工薪酬”T 型账户

负债及所有者权益类账户的期末余额计算公式如下：

贷方期末余额 = 贷方期初余额 + 贷方本期发生额 − 借方本期发生额

3. 收入类账户的结构

企业取得的各项收入，不仅是已发生费用的补偿来源，而且也是所有者权益增加的一个主要因素。因此收入类账户的性质与所有者权益类账户相近，其结构与所有者权益类账户基本相同，即账户的贷方登记收入的增加数，借方登记收入的减少数或转销数，期末没有余额。例如“主营业务收入”账户，如图 3-3 所示，贷方登记主营业务收入的增加数，借方登记主营业务收入的转销数，期末结转后无余额。

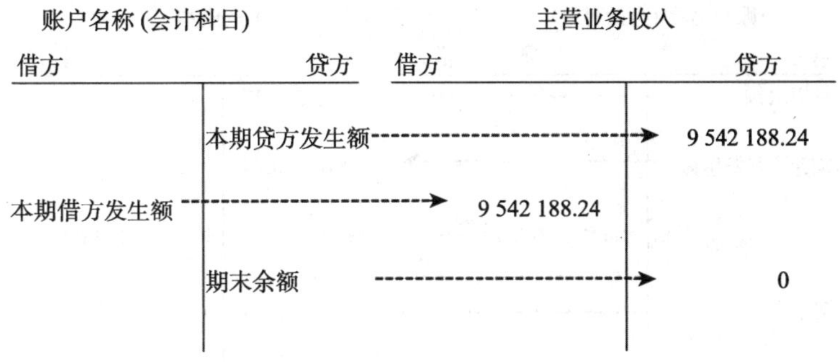

图 3-3 “主营业务收入”T 型账户

4. 成本费用类账户的结构

企业发生的各项成本费用实质上是处在转化或形成过程中的资产，随着产品的制造完工入库，生产过程中发生的成本费用将转化为产成品这项资产。所以成本费用类账户的性质与资产类账户相近，其结构与资产类账户基本相同，即借方登记成本费用的增加数，贷方登记成本费用的转销数，期末一般无余额。

成本费用类账户包括期间费用和成本类账户，账户具体结构如下：

（1）期间费用账户

期间费用账户借方登记费用的增加数，贷方登记费用的减少数或转销数，期末无余额。例如“管理费用”账户，如图 3-4 所示，借方登记管理费用的增加数，贷方登记管理费用的转销数，期末结转后无余额。

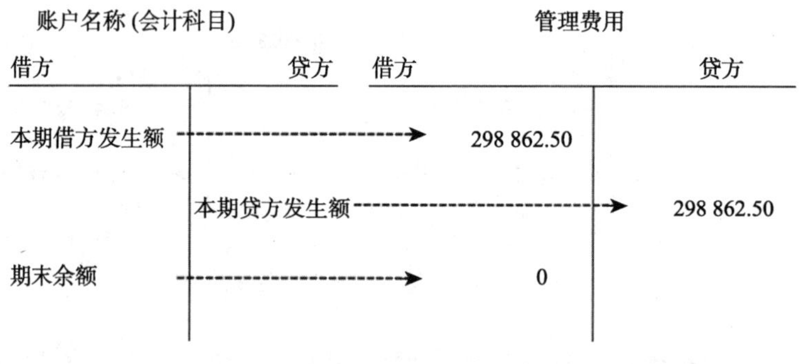

图 3-4 “管理费用”T 型账户

（2）成本类账户

成本类账户属于对象化的费用，与期间费用的会计核算存在差异。本书详细阐述“生产成本”和“制造费用”两个账户。

“生产成本”账户，如图 3-5 所示，借方登记本期产品生产耗费的材料费用、人工费用、分配结转的制造费用等。即本期增加数，贷方登记本期完工入库的产品成本即本期减少数，期末有余额则表示尚未制造完工的在产品成本。

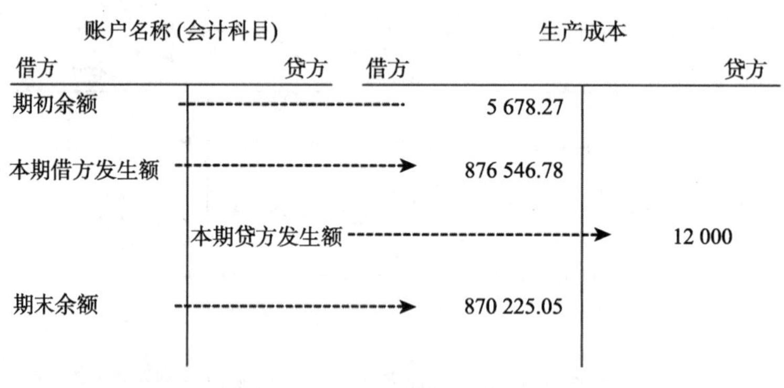

图 3-5 “生产成本”T 型账户

生产成本账户的期末余额计算公式如下：

借方期末余额 = 借方期初余额 + 借方本期发生额 − 贷方本期发生额

“制造费用”账户，如图 3-6 所示，借方登记本期制造费用的增加数，贷方登记制造费用的转销数，期末结转后无余额。

为了便于掌握各类账户的结构，故把各类账户借、贷两方登记的经济内容及余额方向归纳，如表 3-1 所示。

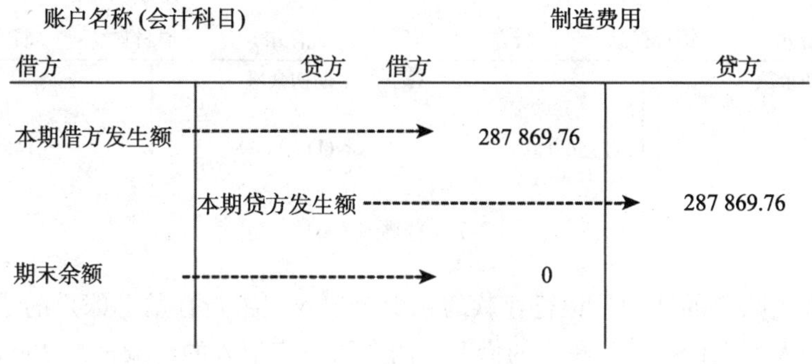

图 3-6 “制造费用”T 型账户

表 3-1 各类账户借贷方登记的经济内容及余额方向

账户名称		账户结构		
		借方	贷方	余额方向
资产类账户		增加数	减少数	借方
负债类账户		减少数	增加数	贷方
所有者权益类账户		减少数	增加数	贷方
损益类账户	收入类账户	减少数	增加数	无
	费用类账户	增加数	减少数	无

三、借贷记账法的记账规则

借贷记账法的记账规则是有借必有贷，借贷必相等。具体含义是指，每项经济业务都有记入借方的账户，也都必然有记入贷方的账户，并且记入借方账户的数额与记入贷方账户的数额必然相等。

运用借贷记账法的记账规则记录经济业务时，可以参照以下步骤：

首先，分析经济业务的内容，即明确经济业务的来龙去脉，确定其涉及的账户及类别；

其次，根据账户的结构，确定记账方向（借方或贷方），并确定应记金额；

最后，登记入账。

现以甲公司 2018 年 9 月发生的经济业务为例，说明借贷记账法的记账规则。

【例 3-1】 用银行存款 50 000 元购买原材料用于生产产品。

分析：这是一项资产减少另一项资产增加的经济业务，其涉及“银行存款”（资产类）账户和“原材料”（资产类）账户，前者增加 50 000 元，后者减少 50 000 元。

根据资产类账户的结构，银行存款的减少应记入“银行存款”账户的贷方，原材料的增加应记入“原材料”账户的借方。两个账户应记入的金额都是 50 000 元。

根据上述分析，把这项经济业务记入有关账户的结果，如图 3-7 所示。

【例 3-2】 用银行存款偿还长期借款 200 000 元。

分析：这是一项资产和负债同时减少的经济业务，其涉及“银行存款”（资产类）账户和“长期借款”（负债类）账户，两者都减少了 200 000 元。

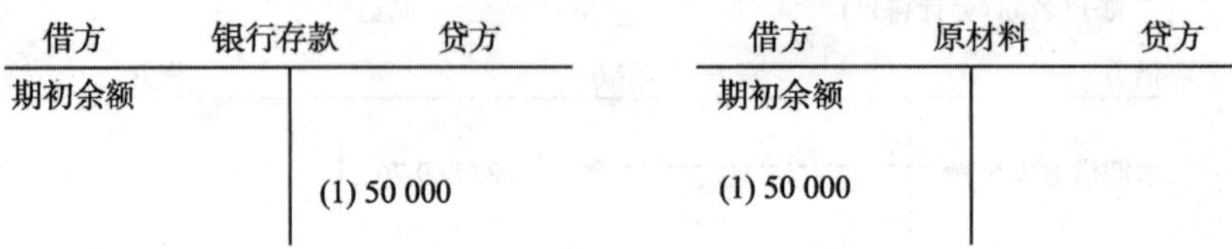

图 3-7 登账（一）

根据资产类账户的结构，银行存款的减少应记入“银行存款”账户的贷方，长期借款的减少应记入“银行存款”账户的借方。两个账户应记入的金额都是 200 000 元。

根据上述分析，把这项经济业务记入有关账户的结果，如图 3-8 所示。

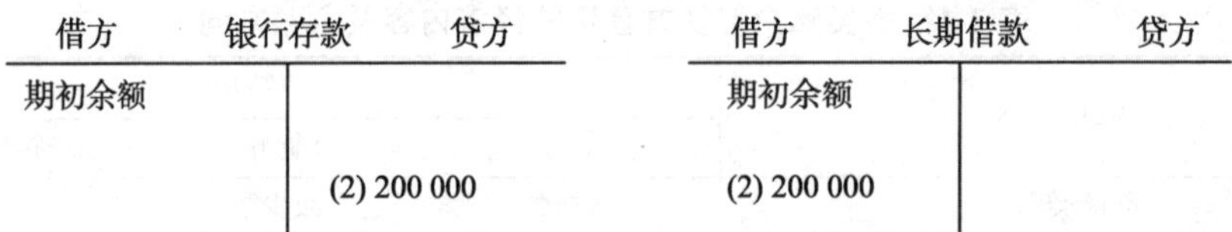

图 3-8 登账（二）

【例 3-3】 接受乙公司投入的新设备一台，价值 450 000 元。

分析：这是一项资产和所有者权益同时增加的经济业务，其涉及“固定资产”（资产类）账户和“实收资本”（所有者权益类）账户，两者都增加了 450 000 元。

根据资产类账户的结构，固定资产的增加应记入“固定资产”账户的借方，实收资本的增加应记入“实收资本”账户的贷方，两个账户应记入的金额都是 450 000 元。

根据上述分析，把这项经济业务记入有关账户的结果，如图 3-9 所示。

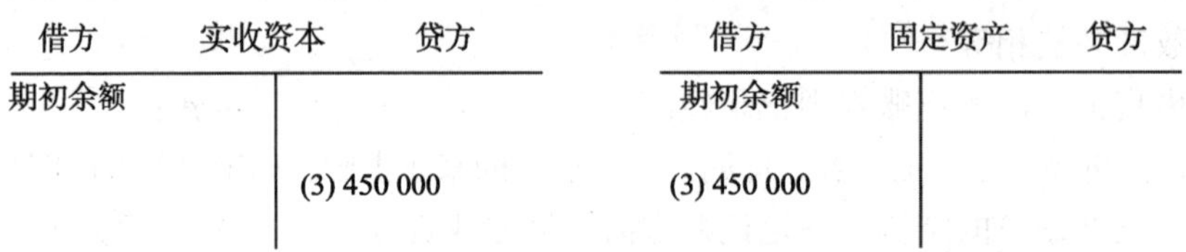

图 3-9 登账（三）

【例 3-4】从银行取得短期借款 50 000 元。

分析：这是一项资产和负债同时增加的经济业务，其涉及“银行存款”（资产类）账户和“短期借款”（资产类）账户，两者都增加了 50 000 元。

根据资产类账户的结构，银行存款的增加应记入“银行存款”账户的借方，短期借款的增加应记入“短期借款”账户的贷方，两个账户应记入的金额都是 50 000 元。

根据上述分析，把这项经济业务记入有关账户的结果，如图 3-10 所示。

【例 3-5】 从银行取得长期借款 550 000 元，直接偿还前欠丙单位的货款。

分析：这是一项负债内部一增一减的经济业务，其涉及“长期借款”（负债类）账户和“应付账款”（负债类）账户，前者增加了 550 000 元，后者减少了 550 000 元。

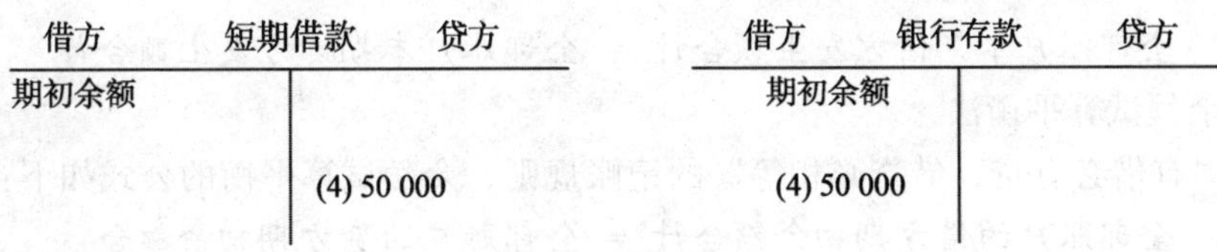

图 3-10　登账（四）

根据负债类账户的结构，长期借款的增加应记入“长期借款”账户的贷方，应付账款的减少应记入“应付账款”账户的借方，两个账户应记入的金额都是 550 000 元。

根据上述分析，把这项经济业务记入有关账户的结果，如图 3-11 所示。

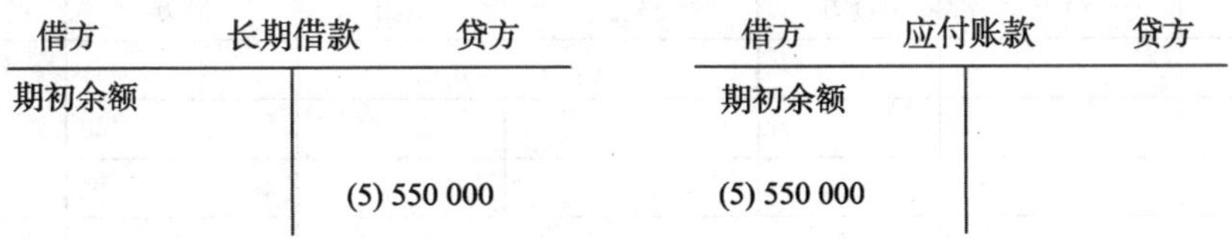

图 3-11　登账（五）

【例 3-6】 经双方商定，把应付丁单位的货款 600 000 元转作对公司的投资。

分析：这是一项负债减少，一项所有者权益增加的经济业务，其涉及“应付账款”（负债类）账户和“实收资本”（所有者权益类）账户，前者减少了 600 000 元，后者增加了 600 000 元。

根据负债类账户的结构，应付账款的减少应记入“应付账款”账户的借方，实收资本的增加应记入“实收资本”账户的贷方，两个账户应记入的金额都是 600 000 元。

根据上述分析，把这项经济业务记入有关账户的结果，如图 3-12 所示。

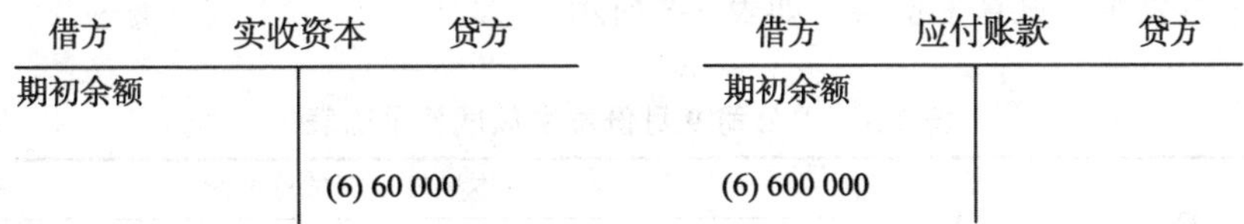

图 3-12　登账（六）

四、借贷记账法的试算平衡

1. 试算平衡的定义

试算平衡是根据会计基本等式的恒等关系和借贷记账法的借贷记账规则，检查账户记录是否正确的过程。

2. 试算平衡的分类

试算平衡分为发生额试算平衡和余额试算平衡两种方法。

（1）发生额试算平衡法

根据“有借必有贷，借贷必相等”的记账规则，发生额试算平衡的公式如下：

全部账户本期借方发生额合计 = 全部账户本期贷方发生额合计

（2）余额试算平衡法

根据“有借必有贷，借贷必相等”的记账规则，余额试算平衡的公式如下：

全部账户的借方期初余额合计 = 全部账户的贷方期初余额合计

全部账户的借方期末余额合计 = 全部账户的贷方期末余额合计

试算平衡表的格式，如表 3-2 所示。

表 3-2　试算平衡表

账户名称	期初余额		本期发生额		期末余额	
	借方	贷方	借方	贷方	借方	贷方
合计						

【例 3-7】 假定甲公司 2018 年 9 月发生的经济业务如例 3-1 至例 3-6 所示，不考虑期初余额，请编制该公司 8 月份的试算平衡表。

业务分析：

将本月所有经济业务涉及的会计账户，按照会计科目大表中会计要素的顺序进行排列。

将每个会计账户本月借方及贷方发生额累加。以“银行存款”为例，本月银行存款借方发生额为例 3-4 中的 50 000 元，贷方发生额为例 3-1 中的 50 000 元与例 3-2 中的 200 000 元之和 250 000 元。

将本月所有会计账户的借方发生额及贷方发生额累加，查看是否平衡。

编制本月发生额试算平衡表，如表 3-3 所示。

表 3-3　甲公司 9 月份发生额试算平衡表

账户名称	本期发生额试算平衡	
	借方	贷方
银行存款	50 000	250 000
原材料	50 000	
固定资产	450 000	
短期借款		50 000
应付账款	550 000	
长期借款	200 000	550 000
实收资本	600 000	1050 000
合计	1 900 000	1 900 000

3. 试算平衡的结论

一般而言，如果所有账户在一定期间内借方、贷方发生额合计不平衡，借方、贷方余额合计不平衡，则可以肯定本期内记账和结账有错误；如果平衡，则说明记账和结账可能正确，但不能就此断定记账肯定没有错误。

试算平衡不能发现全部记账过程中的错误和遗漏，因为有些错误并不影响借、贷方的平衡关系。以下情况难以通过试算平衡检查出来：

- 漏记某项经济业务，使本期借贷双方的发生额等额减少，借贷仍然平衡；
- 重记某项经济业务，使本期借贷双方的发生额等额虚增，借贷仍然平衡；
- 某项经济业务记录的应借应贷科目正确，但借贷双方金额同时多记或少记，且金额一致，借贷仍然平衡；
- 某项经济业务记错有关账户，借贷仍然平衡；
- 某项经济业务在账户记录中，颠倒了记账方向，借贷仍然平衡。

第三节　会 计 分 录

一、账户的对应关系

会计分录是指对每项经济业务事项标明其应借应贷的账户及其金额的记录，简称分录。在登记账户前，通过记账凭证编制会计分录，能够清楚地反映经济业务的归类情况，有利于保证账户记录的正确和便于事后检查。

一笔会计分录中有关账户之间形成的应借应贷关系，称作“账户的对应关系”，发生对应关系的账户称为“对应账户”。

二、会计分录的要素

每项会计分录的编写都包括记账符号、账户名称和账户金额等，可以归结为会计分录编写的三要素：

- 记账符号，即借方或贷方；
- 账户名称，即会计科目；
- 账户金额，即记录的金额。

三、会计分录的分类

按涉及账户的多少，会计分录可以分为简单会计分录和复合会计分录。

（1）简单会计分录

简单会计分录是只涉及一个账户借方和另一个账户贷方的会计分录，即一借一贷的会计分录。

（2）复合会计分录

复合会计分录是由两个以上对应账户所组成的会计分录，即一借多贷、多借一贷或多借多贷的会计分录。

复合分录是简单分录合并组成的，但是不能将没有相互联系的简单分录合并相加成多借多贷的会计分录。换言之，不同类型的经济业务不能简单地合并反映，发生不同类型经济业务必须逐项加以反映和记录。

四、会计分录的编写方法

初学者在编写会计分录时，应注意书写格式，建议按照编写步骤进行编写。

1. 会计分录的书写格式

编写会计分录时应先借后贷，借方在上，贷方在下，借贷错位；贷方记账符号、账户、金额都要比借方退后一格，表明借方在左，贷方在右。

2. 会计分录的编写步骤

初学者在编写会计分录时可以参照以下步骤：

① 涉及的账户，分析经济业务涉及哪些会计账户；

② 账户的性质，分析这些账户的性质，即这些账户各属于什么会计要素，位于会计等式的左边还是右边；

③ 增减变化情况，分析确定这些账户是增加了还是减少了，增减金额是多少；

④ 记账方向，根据账户的性质及其增减变化情况，确定应记入账户的借方还是贷方；

⑤ 根据会计分录的格式要求，编制完整的会计分录。

3. 编写示例

① 简单会计分录的编写

【例 3-8】 甲公司从开户银行提取备用金 10 000 元。

借：库存现金　　10 000

　　贷：银行存款　　10 000

② 复合会计分录的编写

【例 3-9】 甲公司从戊公司购入材料一批，已经验收入库，金额 100 000 元，税额 16 000 元，货税款尚未支付。

借：原材料　　100 000

　　应交税费——应交增值税（进项税额）　　16 000

　　贷：应付账款　　116 000

第四节　总分类账户与明细分类账户的平行登记

一、总分类账户与明细分类账户的关系

会计账户按其所提供会计核算指标的详细程度，可分为总分类账户和明细分类账户。企业生产经营管理所需的会计核算资料是多方面的，不仅要求会计核算能够提供总括的

会计核算资料，而且要求会计核算能够提供详细的经济指标。因此，企业既要设置总分类账户，进行总分类核算，又要设置明细分类账户，进行明细分类核算。

总分类账与明细分类账之间的关系，如表 3-4 所示。

表 3-4　总账与明细账的关系

分类	依据	特点	计量单位
总分类账户	根据总分类科目设置	提供概括核算资料和指标，统驭和控制着明细账户，是明细账户的统驭控制账户	只使用货币计量单位反映经济业务
明细分类账户	根据明细分类科目设置	提供明细核算资料和指标，是对其总账资料的具体化和补充说明，是总账的从属账户	除用货币计量反映经济业务外，必要时还需用实物计量或时间计量单位进行反映

注意：

1. 总账与其所属的明细账的核算内容相同，只不过反映内容的详细程度上有所不同。
2. 总分类账户和其所属明细分类账户在总金额上应当相等，两者相互补充、相互制约，从而可相互核对。

二、平行登记的概念

总分类账户与明细分类账户，两者登记的经济业务内容是相同的，只是详细程度不一样。因此，在会计核算中，要采取平行登记的方法。

所谓平行登记，是指对所发生的每一笔经济业务，都要以会计凭证为依据，一方面记入有关总分类账户，另一方面记入总分类账户所属的有关明细分类账户。

三、平行登记的要求

采用平行登记，不仅可以满足经营管理者对总括资料及详细核算资料的需要，同时通过总分类账户与明细分类账户的钩稽关系，可以检查账户记录的正确性，可见平行登记是企业内部牵制制度在会计核算上的具体运用。

1. 平行登记的要点

（1）依据相同

依据相同是指对于发生的经济业务事项，要依据相同的会计凭证，既要登记总账，又要登记总账所属的明细账。

（2）方向一致

方向一致是指对同一笔经济业务，在登记总分类账户和所属的明细分类账户时，其各自的记账方向必须一致。即如果总分类账户登记在借方，则明细分类账户也应登记在借方；如果总分类账户登记在贷方，则明细分类账户也应登记在贷方。

（3）期间相同

期间相同是指对同一笔经济业务，在同一会计期间内（如一个月度内），既要记入有关的总分类账户，又要记入其所属的有关明细分类账户，不能漏记或重记。在实际工作中，对于同一笔经济业务，总分类账户与明细分类账户的具体登记的时间可能有先有后，但在同一会计期间内，必须全部登记入账。

（4）金额相等

金额相等是指将同一笔经济业务记入总分类账户和所属的明细分类账户时，记入总分类账户的金额，应与记入所属明细分类账户的金额（或金额之和）相等。

2. 平行登记需要注意的问题

平行登记时需要注意，同一笔经济业务一方面记入总分类账，另一方面记入其所属明细分类账，在核算金额时，明细账一定是其所属的明细账之和。具体可用公式表示如下：

总账账户的期初余额 ＝ 所属明细账户期初余额合计

总账账户的本期发生额 ＝ 所属明细账本期发生额合计

总账账户的本期借方发生额 ＝ 所属明细账户本期借方发生额合计

总账账户的本期贷方发生额 ＝ 所属明细账户本期贷方发生额合计

总账账户的期末余额 ＝ 所属明细账户期末余额合计

四、平行登记的方法

现以乙公司 2018 年 12 月份发生的有关“原材料”账户的部分经济业务为例，说明总分类账户与明细分类账户的平行登记原理（假设不考虑增值税）。

【例 3-10】 甲公司 2018 年 12 月 1 日“原材料”账面余额为 280 000 元，其中，明细分类账户情况如表 3-5 所示。

表 3-5　月初原材料明细表

材料名称	数量	单价	金额
A 材料	7 000	30	210 000
B 材料	1 000	60	60 000
C 材料	20	500	10 000

1. 本月经济业务如下：

（1）12 月 5 日向某工厂购入 A 材料 5 000 千克，买价为 150 000 元；购入乙材料 2 000 千克，买价 120 000 元；购入丙材料 50 吨，买价 30 000 元，材料验收入库，用银行存款支付货款。

（2）本月仓库发出材料用于 x 产品生产，如表 3-6 所示。

表 3-6　本月原材料领用明细表

材料名称	数量	单价	金额
A 材料	12 000	30	360 000
B 材料	2 400	60	144 000
C 材料	30	600	18 000

2. 要求：请根据经济业务编写会计分录并完成“原材料”账户的平行登记。

3. 解析：

（1）编写会计分录

借：原材料——A 材料　　150 000
　　　　　——B 材料　　120 000
　　　　　——C 材料　　30 000
　贷：银行存款　　300 000

借：生产成本——x 产品　　522 000
　贷：原材料——A 材料　　360 000
　　　　　　——B 材料　　144 000
　　　　　　——C 材料　　18 000

（2）将月初余额及本期发生额登记“原材料”总分类账户与明细分类账户，如图 3-13 所示。

借方	原材料 贷方
期初余额: 280 000	
(1) 300 000	
	(2) 522 000
期末余额: 58 000	

借方	原材料-A材料 贷方
期初余额: 210 000	
(1) 150 000	
	(2) 360 000
期末余额: 0	

借方	原材料-B材料 贷方
期初余额: 60 000	
(1) 120 000	
	(2) 144 000
期末余额: 36 000	

借方	原材料-C材料 贷方
期初余额: 10 000	
(1) 30 000	
	(2) 18 000
期末余额: 22 000	

图 3-13 “原材料”账户总账与明细账登记

本章总结

- 会计记账方法有单式记账法和复式记账法两种。
- 借贷记账法是指以“借”“贷”为记账方向符号的一种复式记账法。
- 借贷记账法的记账规则：有借必有贷，借贷必相等。
- 资产类账户的结构是，借方登记资产的增加数，贷方登记资产的减少数，余额一般在借方。
- 负债及所有者权益统称为权益，两者的账户结构是相同的，贷方登记增加数，借方登记减少数，余额一般在贷方。
- 收入类账户的贷方登记收入的增加数，借方登记收入的减少数或转销数，期末没有余额。

- 费用类账户的借方登记费用的增加数，贷方登记费用的减少数或转销数，期末没有余额。
- 试算平衡包括发生额试算平衡法和余额试算平衡法两种方法。
- 会计分录的书写格式：先借后贷、上借下贷、借贷错位。
- 会计分录三要素：账户名称、记账方向及记账金额。
- 平行登记的要求依据相同、方向一致、期间相同及金额相等。

本章习题

自学自测

扫描此码

第四章 企业基本经济业务核算

4

- 企业基本经济业务核算
  - 企业基本经济业务核算概述
    - 企业基本经济业务核算的意义：为报表使用者提供经济决策所需要的信息
    - 企业基本经济业务核算的内容：包括资金筹集业务、供应过程业务、产品生产业务、产品销售业务、财务成果计算与分配业务
  - 筹资业务核算
    - 所有者权益筹资业务：所有者投入资本主要包括实收资本和资本公积
    - 负债筹资业务：负债筹资主要包括企业向债权人借入的资金和结算形成的负债资金等
  - 供应过程核算
    - 材料采购业务：企业在材料采购过程中需要向供应单位支付材料买价和发生的各项采购费用，由此构成材料的实际采购成本
    - 固定资产购建业务：固定资产购建业务包括固定资产的特征及构成，固定资产的折旧及折旧方法
  - 生产业务核算
    - 生产费用的构成：生产成本由直接材料、直接人工和制造费用三部分组成
    - 生产业务账户设置：生产业务主要涉及的账户包括资产类账户、负债类账户和成本类账户
    - 生产业务账务处理：主要包括产品成本的核算和归集
  - 销售业务核算
    - 商品销售收入的确认与计量：销售商品收入确认包括5个条件
    - 销售业务账务设置：销售业务需设置资产类、负债类以及损益类相关账户
    - 销售业务账务处理：销售商品业务分为四种情况进行账务处理
  - 期间费用核算
    - 期间费用的构成：期间费用构成包括管理费用、销售费用和财务费用
    - 账户设置：主要设置管理费用、销售费用和财务费用等账户
    - 账务处理：主要涉及管理费用、销售费用以及财务费用的账户处理
  - 利润形成与分配业务核算
    - 利润的构成：利润由营业利润、利润总额和净利润三个层次构成
    - 其他损益类账户的账务处理：主要阐述营业外收入、营业外支出、资产减值损失三个账户账务处理
    - 账户设置：主要阐述与利润形成与分配业务相关账户设置
    - 利润形成的账务处理：利润形成的账务处理主要涉及的是期末结转业务
    - 利润分配的账务处理：利润分配是按照国家有关规定，按顺序进行分配

- 理解企业常见的筹资方式；
- 掌握筹资业务的账务处理；
- 理解供应过程的核算流程；
- 掌握供应过程的账务处理；
- 理解生产业务的账户设置；
- 掌握生产业务的核算流程；
- 掌握生产过程的账务处理；
- 掌握不同销售方式下收入确认的账务处理；
- 掌握不同销售方式下成本结转的账务处理；
- 理解期间费用的含义及构成；
- 掌握期间费用的账务处理；
- 理解企业利润的含义及构成；
- 掌握企业利润的计算过程；
- 理解利润形成及利润分配的过程；
- 掌握利润形成及利润分配的账务处理。

第一节　企业基本经济业务核算概述

一、企业基本经济业务核算的意义

企业通过会计记录，核算和监督日常经济业务活动，掌握业务流和资金流的具体流向，从而为报表使用者提供经济决策所需要的信息。

二、企业基本经济业务核算的内容

随着现代经济的不断发展与科技迭代，我国市场经济中涌现出诸多行业。既有传统的商业行业、工业行业、房地产行业，又有时代潮流下的互联网行业、金融业、商业连锁行业、服务业等，其中，工业企业基本经济业务核算流程最为完善，如图 4-1 所示。

本书以工业行业为例，详细讲述该行业的基本经济业务核算。

1. 资金筹集业务

企业要独立地进行生产经营活动，自负盈亏，就必须拥有与生产经营规模相适应的资金。资金筹集是企业资金运动全过程的起点，而资金筹集的渠道，主要有两个，一是投资者投入的资金，形成企业的资本金；二是向债权人借入的资金，形成企业的负债。

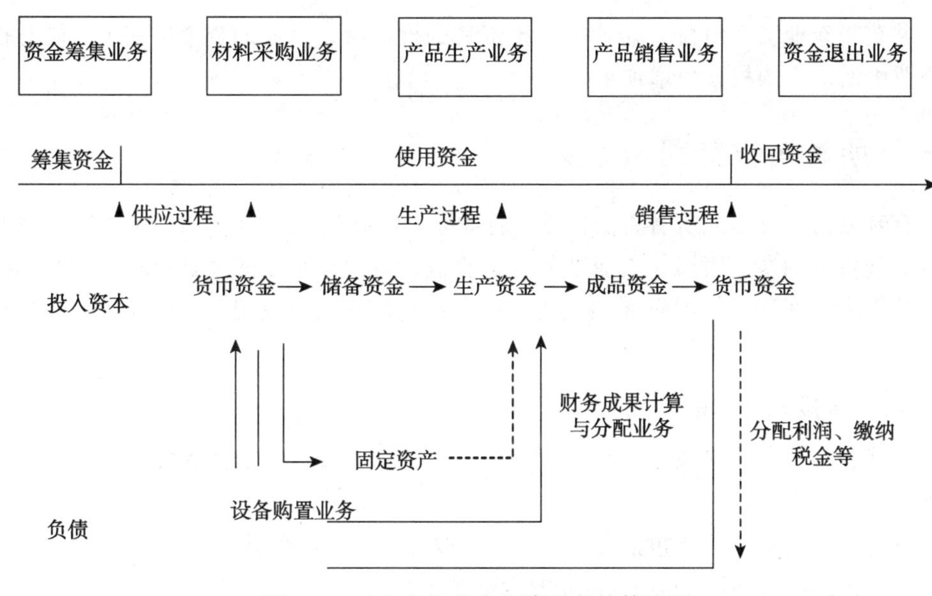

图 4-1　工业企业基本经济业务核算流程

2. 供应过程业务

企业筹集到发展所需要的资金，开始进入第二个业务流程，采购企业生产所需要的原材料以及车间所需要的机器设备等。

3. 产品生产业务

企业的原材料和机器设备准备妥当，开始进入第三个业务流程生产产品，然而生产业务是工业企业经营的核心，在这一过程中，需要关注生产费用的发生、归集和分配、产品生产成本的计算、完工产品的验收入库等。

4. 产品销售业务

企业产品生产完成，开始进入第四个业务流程产品销售，在这个阶段需要关注销售收入的确认、销售成本的结转以及发生的销售费用、交纳的相关税金及附加等。

5. 财务成果计算与分配业务

在这个阶段，企业会全面衡量生产经营过程中发生的收入、成本、费用等，计算盈亏、缴纳税金、进行利润分配等。

第二节　筹资业务核算

企业的成立，首先必须筹集到所需要的资金。企业筹集资金的方式可以分为权益筹资和债务筹资。其中，通过权益筹资方式筹集资金就是这里所指的吸收投资者的投资。投资者将资金投入企业，并成为企业的股东（或称为投资者），进而可以参与企业的经营决策、并获得企业盈利分配。企业吸收投资者的投资后，企业的资金增加了，同时投资者在企业中所享有的权益也增加了。

一、所有者权益筹资业务

所有者权益筹资形成所有者的权益（通常称为权益资本），包括投资者的投资及其增值，这部分资本的所有者既享有企业的经营收益，也承担企业的经营风险。所有者向企业投入的资本，在一般情况下无须偿还，可供企业长期周转使用，是企业重要的长期资金来源之一。

1. 所有者投入资本的构成

所有者投入资本按照投资主体的不同可以分为国家资本金、法人资本金、个人资本金和外商资本金等。

所有者投入的资本主要包括实收资本（或股本）和资本公积。

- 实收资本（或股本）是指企业的投资者按照企业章程、合同或协议的约定，实际投入企业的资本金以及按照有关规定由资本公积、盈余公积等转增资本的资金。
- 资本公积是企业收到投资者投入的超出其在企业注册资本（或股本）中所占份额的投资，以及直接计入所有者权益的利得和损失等。对于新成立的企业，投资者的出资额一般全部作为实收资本入账，投资者按出资比例享有权利并承担义务。

2. 账户设置

企业应通常设置以下账户对所有者投入资本业务进行核算。

（1）“实收资本（或股本）”账户

“实收资本”账户属于所有者权益类账户，用来核算企业接受投资者投入企业的资本额。其贷方核算企业实收资本的增加，借方核算企业实收资本的减少，期末贷方余额表示企业接受投资者投入资本（或股本）的余额。另外，本账户应按不同的投资者设置明细科目进行明细分类核算。

“实收资本”账户的结构和内容如图 4-2 所示。

借方　　　　实收资本	贷方
	期初余额
按法定程序报经批准减少的注册资本额	投资者投入的注册资本额 以资本公积或盈余公积转增资本的金额
	期末企业实收资本余额

图 4-2 “实收资本”账户的结构和内容

① 法人资本金，是指由企业法人以其可支配的资产或具有法人资格的事业单位或社会团体以国家允许用于经营的资产向企业投入的资本金。

② 个人资本金，是指社会个人或本企业内部职工以个人合法财产投入代理企业所形

成的资本金。

③ 外商资本金，是指外国和中国香港、澳门和台湾地区的投资者直接向中国大陆企业，或以购买人民币特种股票形式向中国大陆企业投入的资本金。

“股本”账户与“实收资本”账户类似，也属于所有者权益类账户，贷方登记股本的增加额，借方登记股本的减少额，期末余额在贷方，反映企业期末股本的总额。

（2）“资本公积”账户

“资本公积”账户属于所有者权益类账户，用以核算企业收到投资者出资额超出其在注册资本或股本中所占份额的部分，以及直接计入所有者权益的利得和损失等。该账户可按资本公积的来源不同，分别设置“资本溢价”“其他资本公积”进行明细核算。

“资本公积”账户贷方登记资本公积的增加额，借方登记资本公积的减少额。期末余额在贷方，反映企业期末资本公积的结余数额。

“资本公积”账户的结构和内容如图 4-3 所示。

借方　　　　资本公积	贷方
	期初余额
以资本公积转增资本的金额	出资额中资本溢价或股本溢价金额 增加的其他资本公积
	期末企业的资本共计结余数额

图 4-3 “资本公积”账户的结构和内容

3. 账务处理

接受现金资产投资的账务处理

【例 4-1】 A 公司注册成立，接受 B 公司投入现金 500 000 元，款项已通过银行转入。

分析：A 公司接受投资者投入资金，获得一笔银行存款，即一项资产增加，故借记“银行存款”；同时 A 公司接受投资者投入的资本增加，即一项权益增加，故贷记“实收资本”。A 公司会计人员应根据业务内容编制会计分录如下：

借：银行存款　　500 000

　　贷：实收资本——B 公司　　500 000

【例 4-2】 假设 A 公司按法定程序报经批准，减少注册资本 300 000 元（其中 B 公司拥有 40%的股份，C 公司拥有 60%的股份），款项已通过银行存款支付。

分析：A 公司减少注册资本的方式是向企业投资者支付一定金额的银行存款，所以 A 公司“银行存款”减少，即资产减少，故贷记“银行存款”；同时 A 企业接受投资者投资的金额相应减少，投资人在 A 公司的权益相应减少，故应借记“实收资本”。A 公司会计人员应根据上述业务内容编制会计分录如下：

借：实收资本——B 公司　　120 000

　　　　　　——C 公司　　180 000

　　贷：银行存款　　300 000

【例 4-3】 假设 A 公司注册资本 5 000 000 元，其中投资人甲、乙、丙分别认缴出资额 2 000 000 元、2 000 000 元、1 000 000 元。如果丙实际存入资金 1 500 000 元。会计分录如下：

借：银行存款　　5 500 000
　　贷：实收资本——甲　　2 000 000
　　　　　　　　——乙　　2 000 000
　　　　　　　　——丙　　1 000 000
　　　　　　资本公积　　500 000

（2）接受非现金资产投资的账务处理

企业接受以固定资产、原材料、无形资产等方式投入的资本，应按照投资合同或协议约定价值确认接受非现金资产的价值，并确定在注册资本中应该享有的份额。借记相应的资产类科目，按照应享有的份额贷记“实收资本”或“股本”科目，两者之间差额计入“资本公积——资本（股本）溢价”科目

【例 4-4】 假设 A 公司收到 B 公司作为投资者投入的设备一台，该设备所确认的价值为 60 000 元（假设不产生资本溢价）。这项业务应编制会计分录如下：

借：固定资产　　60 000
　　贷：实收资本　　60 000

二、负债筹资业务

负债筹资形成债权人的权益（通常称为债务资本），主要包括企业向债权人借入的资金和结算形成的负债资金等，这部分资本的所有者享有按约收回本金和利息的权利。借入的资金必须按预定的借款用途使用、定期支付利息并到期归还本金。

1. 负债筹资的构成

企业自有资金不足以满足企业经营运转需要时，可以通过从银行或其他金融机构借款的方式筹集资金，并按借款协议约定的利率承担支付利息及到期归还借款本金的义务。因此，企业借入资金时，一方面银行存款增加，另一方面负债也相应增加。为核算企业因借款而形成的负债，企业应设置“短期借款”和“长期借款”两个科目。

短期借款和长期借款都是从银行或者其他金融机构等借入的款项，企业之间的欠款，不属于短期借款或者长期借款。

短期借款是指企业为了满足其生产经营对资金的临时性需要而向银行或其他金融机构等借入的偿还期限在一年以内（含一年）的各种借款。

长期借款是指企业向银行或其他金融机构等借入的偿还期限在一年以上（不含一年）的各种借款。如从各专业银行、商业银行取得的贷款，除此之外，还包括向财务公司、投资公司等金融企业借入的款项。

2. 账户设置

企业通常设置以下账户对负债筹资业务进行核算。

（1）“短期借款”账户

“短期借款”账户属于负债类账户，用来核算企业向银行或其他金融机构等借入的期限在一年以下（含一年）的各种借款。企业从银行或其他金融机构借款时，应贷记本科目；企业归还借款时，借记本科目；本科目期末贷方余额反映企业尚未偿还的短期借款本金。企业应当按照借款种类、贷款人和币种进行明细分类核算。

“短期借款”账户的结构和内容如图 4-4 所示。

借方	短期借款　　　　　　贷方
	期初余额
企业归还的短期借款本金额	企业借入的各种短期借款
	期末企业尚未偿还的短期借款

图 4-4　“短期借款”账户结构和内容

（2）“财务费用”账户

“财务费用”账户属于损益类（费用）账户，用来核算企业为筹集生产经营所需资金等而发生的各项筹资费用，包括利息支出（减利息收入）、汇兑差额以及相关的手续费等。企业确认发生筹资费用时，记本科目的借方；发生利息收入时贷记本科目；期末，企业应将本科目余额转入“本年利润”科目，结转后本科目应无余额。

“财务费用”账户的结构和内容如图 4-5 所示。

借方	财务费用　　　　　　贷方
企业发生的各种筹资费用	发生的应冲减财务费用的利息收入等 期末结转到“本年利润”账户的金额

图 4-5　“财务费用”账户的结构和内容

（3）“长期借款”账户

“长期借款”账户属于负债类账户，用来核算企业向银行或其他金融机构借入的期限在一年以上（不含一年）的各项借款（含本金及计提的借款利息）。企业借入长期借款及计提借款利息时，贷记本科目；归还长期借款本金及利息时，借记本科目；本科目期末贷方余额，反映企业尚未偿还的长期借款本金及利息的余额。企业应当按照贷款单位进行明细分类核算。

“长期借款”账户的结构和内容如图 4-6 所示。

借方	长期借款　　　　　　贷方
	期初余额
企业归还的长期借款的本金 支付的到期一次还本付息的长期借款利息 利息调整	企业借入的长期借款本金 计提的到期一次还本付息的长期借款的利息 利息调整
	期末企业尚未偿还的长期借款

图 4-6　“长期借款”账户的结构和内容

3. 账务处理

【例 4-5】2018 年 1 月 1 日 A 公司从 B 银行借入一年期借款 200 000 元，年利率 12%，每半年付息一次，到期一次还本。

分析：A 公司从 B 银行借入资金后，银行存款增加，即资产增加，故借记“银行存款”；同时 A 公司短期借款增加，即负债增加，故贷记“短期借款”。A 公司会计人员应根据上述业务内容编制如下会计分录：

借：银行存款　　200 000
　　贷：短期借款——B 银行　　200 000

企业借入上述短期借款后，必须承担支付利息的义务。例如，在 2018 年 6 月 30 日，A 公司应确认当年 1—6 月的利息费用。对于企业发生的利息费用，应通过“财务费用”科目进行核算。

【例 4-6】 2018 年 6 月 30 日，A 公司以存款支付银行上半年短期借款利息（200 000 ×12%×6/12=12 000 元）。

分析：企业在期末确认发生的利息费用时，即费用增加，故应借记“财务费用”；同时以银行存款支付利息，即银行存款减少，故应贷记“银行存款”。A 公司会计人员应根据上述业务内容编制如下会计分录：

借：财务费用　　12 000
　　贷：银行存款　　12 000

【例 4-7】 2018 年 12 月 31 日，A 公司以银行存款归还 B 银行短期借款本金 200 000 元及下半年利息 12 000 元。

分析：企业归还借款，则企业负债减少，故应借记“短期借款”；同时企业还应确认并支付下半年的借款利息，即财务费用增加，故应借记“财务费用”、贷记“银行存款”等科目。A 公司会计人员应根据上述业务内容编制如下会计分录：

借：短期借款——B 银行　　200 000
　　财务费用　　12 000
　　贷：银行存款　　212 000

【例 4-8】 2018 年 1 月 1 日，A 公司从 B 银行借入两年期借款 200 000 元，年利率 12%，到期一次还本付息。

分析：企业借入资金，则银行存款增加，故应借记“银行存款”；同时，企业也增加了一笔负债，故应贷记“长期借款”。A 公司会计人员应根据上述业务内容编制如下会计分录：

借：银行存款　　200 000
贷：长期借款——B 银行　　200 000

【例 4-9】 2018 年 12 月 31 日，A 公司确认本年长期借款的应计利息 24 000 元。

分析：企业借入款项后，必须承担支付利息的义务。虽然借款约定到期一次付息，但借款的受益期是整个借款期。因此，如果借款受益期跨了两个或两个以上的会计期间，应于每个会计期末确认应归属当期的利息费用及当期应承担、但未支付的利息债务。A 公司会计人员应根据上述业务内容编制如下会计分录：

借：财务费用　　24 000
　　贷：长期借款——B 银行　　24 000

第三节　供应过程核算

企业筹集到资金后，就必须购入设备、厂房、材料、工（器）具等，以备生产。通过物资采购业务，企业的财产物资增加了；同时因采购而支付了相应的存款或承担了相应的负债，即货币资金相应减少或负债相应增加。

一、材料采购业务

1. 材料采购成本构成

材料采购过程中，企业需要向供应单位支付材料买价和各项采购费用，由此构成材料的实际采购成本。其中，买价是指所采购的材料发票上注明的结算价格；采购费用一般包括运输费、装卸费、保险费、包装费、运输途中的合理损耗和入库前的挑选整理费用等。

在实际的工作中，企业也可以将发生的运输费、装卸费、保险费以及其他可归属于采购成本的费用等先进行归集，期末，按照所购材料的存销情况进行分摊。如果企业所购买的材料已验收入库，或者材料尚未验收入库但已为该项材料支付货款，则企业就拥有了该项材料的所有权，该项材料即可作为企业的一项资产加以确认。当生产车间或管理部门等领用材料时，该项材料则被作为一项成本或费用加以确认。

2. 账户设置

企业通常设置以下账户对材料采购业务进行核算。

（1）“在途物资”账户

“在途物资”账户属于资产类账户，用来核算实际成本法下企业在途材料的采购成本。在途材料是指企业购入尚在途中或虽已运达但尚未验收入库的购入材料的采购成本。其借方核算新增的在途材料成本，贷方核算因验收入库而转入“原材料”账户的在途材料成本，其借方余额表示尚未到达或尚未验收入库的在途材料的实际采购成本。本科目应当按照供应单位进行明细分类核算。

“在途物资”账户的结构和内容如图 4-7 所示。

借方　　　　在途物资	贷方
期初余额	
企业购入在途材料、商品等物资的实际采购成本	验收入库材料、商品等物资的实际采购成本
期末尚未验收入库的在途材料、商品等物资的实际采购成本	

图 4-7　“在途物资”账户的结构和内容

（2）“应付账款”账户

“应付账款”账户属于负债类账户，核算企业因购买材料、商品或接受劳务等经营活动应支付的款项。企业因购货而增加负债时，贷记本科目；企业因偿还货款而减少该负债时，借记本科目；期末余额表示尚未归还的货款。本科目应当按照不同的债权人进行明细分类核算。

“应付账款”账户的结构和内容如图 4-8 所示。

借方　　　　应付账款	贷方
	期初余额
实际归还供应单位的款项 开出商业汇票抵付应付账款的款项 已冲销的无法支付的应付账款	购买材料、商品和接受劳务等应付未付的款项
期末企业预付账款余额	期末企业尚未支付的应付账款余额

图 4-8　“应付账款”账户的结构和内容

（3）“应付票据”账户

“应付票据”账户属于负债类账户，核算企业购买材料、商品或接受劳务等而开出、承兑的商业汇票，包括银行承兑汇票和商业承兑汇票。企业开出、承兑商业汇票时，贷记本科目；企业以存款支付汇票款时，借记本科目；本科目期末贷方余额，反映企业尚未到期的商业汇票的票面金额。支付银行承兑汇票的手续费记入“财务费用”科目。

“应付票据”账户的结构和内容如图 4-9 所示。

借方　　　　应付票据	贷方
	期初余额
企业已经支付或者到期无力支付的商业汇票	企业开出、承兑的商业汇票
	企业尚未到期的商业汇票的票面金额

图 4-9　“应付票据”账户的结构和内容

（4）“应交税费”账户

“应交税费”账户负债类账户，核算企业按照税法规定计算应交纳的各种税费，包括增值税、消费税、所得税、资源税、土地增值税、城市维护建设税、房产税、土地使用税、车船税、教育费附加、矿产资源补偿费等。企业新增应交而未交的税费引起负债增加时，贷记本科目；企业实际支付税费引起负债减少时，借记本科目；本科目期末贷方余额，反映企业应交但尚未交纳的税费；期末如为借方余额，反映企业多交或尚未抵扣的税金。本科目应当按照应交税费的税种进行明细分类核算。

“应交税费”账户的结构和内容如图 4-10 所示。

一般纳税人为了核算企业应交增值税的发生、抵扣、交纳、退税以及转出等情况，应在“应交税费”科目下设置“应交增值税”明细科目，并在“应交增值税”明细账内

借方	应交税费 贷方
企业实际缴纳的各种税费	企业各种应交未交税费的增加额
期末企业多交或尚未抵扣的税费	期末企业尚未交纳的税费

图 4-10 “应交税费”账户的结构和内容

设置“进项税额”“销项税额”“进项税额转出”等专栏。

进项税额是指当期购进货物或接受应税劳务缴纳的增值税税额。对于购入的免税农产品等可以按买价和规定的扣除率计算进项税额，并准予从销项税额中抵扣。属于购进货物时即能认定进项税额不能抵扣的，直接将发票上注明的增值税额计入购入货物或接受劳务的成本。

销项税额是指增值税纳税人销售货物或应税劳务，按照销售额和适用税率计算并向购买方收取的增值税税额。

进项税额转出是指当纳税人购进的货物或接受的应税劳务不是用于增值税应税项目，而是用于非应税项目、免税项目或用于集体福利、个人消费等情况时，其支付的进项税就不能从销项税额中抵扣。

（5）“原材料”账户

“原材料”账户属于资产类账户，核算企业库存的各种材料（包括原料及主要材料、辅助材料、外购半成品、修理用备件、包装材料、燃料等）的计划成本或实际成本。企业因原材料验收入库而引起原材料增加时，借记本科目；企业因原材料领用等情况而引起原材料减少时，贷记本科目；本科目的期末借方余额，反映企业库存材料在计划成本或实际成本法下的余额。企业应当按照材料的保管地点（仓库）、材料的类别、品种和规格等进行明细分类核算。

“原材料”账户的结构和内容如图 4-11 所示。

借方	原材料 贷方
期初余额	
企业购入并已验收入库的材料成本	生产经营领用发出的材料成本
期末库存材料的成本	

图 4-11 “原材料”账户的结构和内容

3. 账务处理

（1）货款已经支付，发票账单已到，材料已验收入库

【例 4-10】A 公司从 B 公司购入 A 材料一批，增值税专用发票上记载的货款为 60 000 元，增值税税款为 9 600 元，B 公司替该企业垫付运费 200 元（代垫运费没有取得增值税专用发票，不能抵扣进项税额），全部货款已用转账支票支付，材料已验收入库。

A 企业应编制会计分录如下：

借：原材料——A 材料　　60 200

　　应交税费——应交增值税（进项税额）　　9 600

贷：银行存款　69 800

假如A公司为小规模纳税人，其账务处理应为

借：原材料——A材料　69 800

贷：银行存款　69 800

（2）货款尚未支付，材料已验收入库

如果货款尚未支付，发票账单已到，材料已验收入库。按相关发票凭证金额，借记“原材料”“应交税费——应交增值税（进项税额）”等科目，贷记“应付账款”“应付票据”等科目。

如果货款尚未支付，发票账单未到，材料已验收入库。月末按照暂估价入账，即借记“原材料”科目，贷记“应付账款”等科目。下月初作相反分录予以冲回，收到相关发票账单后再编制会计分录。

【例4-11】 A公司2018年12月从甲公司购入原材料一批，材料已验收入库，月末发票账单尚未收到，货款尚未支付，暂估价为110 000元。

A企业12月应编制会计分录如下：

借：原材料　110 000

贷：应付账款——暂估应付账款　110 000

2019年1月初作相反分录予以冲回：

借：应付账款——暂估应付账款　110 000

贷：原材料　110 000

2019年1月收到发票账单，货款100 000元，增值税16 000元，对方代垫保险费3 000元，款项已用银行存款支付。

A公司应编制会计分录如下：

借：原材料　103 000

应交税费——应交增值税（进项税额）　16 000

贷：银行存款　119 000

（3）货款尚未支付，发票账单已到，材料尚未验收入库

按支付的实际金额，借记“在途物资”“应交税费——应交增值税（进项税额）”等科目，贷记“应付账款”等科目。待材料入库后，借记“原材料”科目，贷记“在途物资”科目。

【例4-12】 假设A公司为小规模纳税人，向B公司购入甲材料一批，发票及账单已收到，货款10 000元，不考虑增值税，则A公司因购入材料增加了一笔负债，即“应付账款”增加，同时一笔资产“在途物资”增加，则A公司应编制如下会计分录：

借：在途物资——甲材料　10 000

贷：应付账款——B公司　10 000

待企业以存款支付上述货款时，再作还款分录如下：

借：应付账款——B公司　10 000

贷：银行存款　10 000

待企业购入的甲材料已收到，并验收入库。编制会计分录如下：

借：原材料——甲材料　　10 000

　　贷：在途物资—甲材料　　10 000

另外，付款企业还可以通过开出承兑的商业汇票作为承诺支付货款的形式，即在汇票上注明应支付的金额、支付的时间等交易信息，待票据到期时，再通过银行转账支付。

【例 4-13】 承例 4-12 假设 A 公司开出商业汇票偿付上述购入甲材料所欠的货款，则 A 公司“应付票据”增加，同时“应付账款”减少。

A 公司应编制如下会计分录：

借：应付账款——B 公司　　10 000

　　贷：应付票据——B 公司　　10 000

待票据到期，根据银行的付款通知再作还款分录如下：

借：应付票据——B 公司　　10 000

　　贷：银行存款　　10 000

企业应当设置“应付票据备查簿”，详细登记每一章商业汇票的种类、号数和出票日期、到期日期、票面余额、交易合同号、收款人姓名或单位名称以及付款日期和金额等资料。“应付票据”到期结清时，应当在备查簿内逐笔注销。

【例 4-14】 A 公司（一般纳税人）从 B 公司购入甲材料，价款 10 000 元，增值税率 16%，款项未付，材料尚未验收入库。

分析：一般纳税人企业购入材料时，不仅要向售货方支付货款，还要支付购进材料而应支付的增值税（进项税额）。企业支付了增值税（进项税额），表明企业应交的税金（负债）减少或可抵扣的税金（资产）增加。故本业务应编制会计分录如下：

借：在途物资——甲材料　　10 000

　　应交税费——应交增值税（进项税额）　　1 600

　　贷：应付账款——B 公司　　11 600

【例 4-15】 假设上例 A 公司（一般纳税人）所购入的材料验收入库。

分析：材料验收入库，则在途材料（资产）减少，而库存材料（资产）增加。故应编制分录如下：

借：原材料——甲材料　　10 000

　　贷：在途物资——甲材料　　10 000

注意：购入的材料全部验收入库并结转后，“在途物资”科目余额应为零。

二、固定资产购建业务

1. 固定资产概述

固定资产是指为生产商品、提供劳务、出租或经营管理而持有、使用寿命超过一个会计年度的有形资产。

（1）固定资产的特征

固定资产属于有形资产。固定资产具有实物特征，这一特征将固定资产与无形资产进行区分。

固定资产为生产商品、提供劳务、出租或者经营管理而持有。企业持有固定资产的目的是为生产商品、提供劳务、出租或者经营管理，而不是直接用于出售。

固定资产使用寿命超过一个会计年度。固定资产的使用寿命，是指企业使用该固定资产的预计期间，或者所能生产产品、提供劳务的数量。固定资产的使用寿命超过一个会计年度表明固定资产属于长期资产，随着使用、磨损和损耗，需要通过计提折旧的方式逐渐减少账面价值。

（2）固定资产成本的构成

固定资产的成本是指企业购建某项固定资产达到预定可使用状态前所发生的一切合理、必要的支出。

企业可以通过外购、自行建造、投资者投入、非货币性资产交换、债务重组、企业合并和融资租赁等方式取得固定资产。取得的方式不同，固定资产成本的具体构成内容及其确定方法也不尽相同。

2. 固定资产折旧概述

固定资产折旧是固定资产由于磨损和损耗而逐渐转移的价值。这部分转移的价值以折旧费的形式计入相关成本费用，并从企业的营业收入中得到补偿。因此，企业应当在固定资产的使用寿命内，按照确定的方法对应计折旧额进行系统分摊。其中，应计折旧额是指应当计提折旧的固定资产的原价扣除其预计净残值后的金额。已计提减值准备的固定资产，还应当扣除已计提的固定资产减值准备累计金额。

影响固定资产折旧的因素：

- 固定资产原价，即固定资产的成本。
- 固定资产的预计净残值，是指假定固定资产预计使用寿命已满，企业目前从该项资产处置中获得的扣除预计处置费用以后的金额。
- 固定资产减值准备，是指固定资产已计提的固定资产减值准备累计金额。
- 固定资产的使用寿命，是指企业使用固定资产的预计期间，或者该固定资产所能生产产品或提供劳务的数量。固定资产使用寿命的长短直接影响各期应计提的折旧额。

（1）固定资产折旧

固定资产应当按月计提折旧，并根据用途计入相关资产的成本或者当期损益。企业计提固定资产折旧时，应借记“制造费用”“管理费用”“销售费用”“在建工程”“其他业务成本”“研发支出”等科目，贷记“累计折旧”科目。

生产车间使用的固定资产，所计提的折旧应计入“制造费用”，并最终计入所生产的产品成本。

管理部门使用的固定资产，所计提的折旧应计入“管理费用”。

销售部门使用的固定资产，所计提的折旧应计入“销售费用”。

企业自行建造固定资产过程中使用的固定资产，所计提的折旧应计入“在建工程”。

企业研发无形资产时使用的固定资产，计提的折旧应计入“研发支出”。

经营租出的固定资产，所计提的折旧应计入“其他业务成本”。

未使用的固定资产，所计提的折旧应计入“管理费用”。

（2）固定资产折旧方法

企业应当根据与固定资产有关的经济利益的预期实现方式，合理选择固定资产折旧方法。折旧方法一经选定，不得随意变更。可选用的折旧方法包括年限平均法、工作量法、双倍余额递减法和年数总和法等。

① 年限平均法。年限平均法又称直线法，是将固定资产的应计折旧额均衡地分摊到固定资产预计使用寿命内的一种方法。使用这种方法计算的每期折旧额均相等。其计算公式为

年折旧额 =（固定资产原值 − 预计净残值）÷ 预计使用年限

月折旧额 = 年折旧额 ÷12

或年折旧额 = 固定资产原值×（1 − 净残值率）÷ 预计使用年限

= 固定资产原值×年折旧率

年折旧率 =（1 − 净残值率）÷ 预计使用年限×100%

月折旧率 = 年折旧率 ÷12

② 工作量法。工作量法是根据实际工作量计提固定资产折旧额的一种方法。这种方法弥补了年限平均法只考虑使用时间不考虑使用强度的缺点，其计算公式为

单位工作量折旧额 = 固定资产原值×（1 − 净残值率）÷预计总工作量

月折旧额 = 单位工作量折旧额×固定资产当月工作量

③ 双倍余额递减法。双倍余额递减法是指在不考虑固定资产残值的情况下，根据每期期初固定资产账面净值（固定资产账面余额减累计折旧）和双倍的直线法折旧率计算固定资产折旧额的一种方法。计算公式为

年折旧额 = 固定资产账面净值×100%

年折旧额 = 固定资产账面净值×年折旧率

④ 年数总和法。年数总和法是指将固定资产的原价减去预计净残值后的余额乘以一个逐年递减的变动折旧率计算每年折旧额的一种方法。年数总和法计算公式为

年折旧率 = 尚可使用年限÷预计使用年限的年数总和×100%

年折旧额 =（固定资产原值 − 预计残值）×年折旧率

不同的固定资产折旧方法，影响固定资产使用寿命期间内不同时期的折旧费用。固定资产在其使用过程中，因所处经济环境、技术环境以及其他环境均有可能发生很大的变化，企业至少应当于每年年度终了，对固定资产的使用寿命、预计净残值和折旧方法进行复核。若固定资产使用寿命、预计净残值和折旧方法的改变，应当作为会计估计变更。

3. 账户设置

（1）“固定资产”账户

“固定资产”账户属于资产类账户，核算企业持有固定资产的原价。企业应当按照固定资产类别和项目进行明细分类核算。当企业因购入或通过其他方式取得可直接投入使

用的固定资产时，借记本科目；因处置而减少固定资产时，贷记本科目；本科目期末借方余额，反映企业固定资产的账面原价。

“固定资产”账户的结构和内容如图 4-12 所示。

借方	固定资产　　　　　贷方
期初余额	
企业增加的固定资产原价	企业因处置固定资产等而减少的原价
期末固定资产的原价	

图 4-12　“固定资产”账户的结构和内容

（2）“累计折旧”账户

“累计折旧”账户属于资产类备抵账户，用以核算企业固定资产计提的累计折旧。该账户可按固定资产的类别或项目进行核算。

“累计折旧”账户贷方登记按月提取的折旧额，即累计折旧的增加额，借方登记因减少固定资产而转出的累计折旧。期末余额在贷方，反映期末固定资产的累计折旧额。

“累计折旧”账户的结构和内容如图 4-13 所示。

借方	累计折旧　　　　　贷方
	期初余额
因减少固定资产而转出的金额	企业按月计提的折旧额
	期末固定资产的累计折旧额

图 4-13 “累计折旧”账户的结构和内容

4. 账务处理

（1）固定资产的购入

企业购入的不需要安装的固定资产，是指企业购置的不需要安装直接达到预定可使用状态的固定资产。购入不需要安装的固定资产，应按购入时实际支付的全部价款，包括支付的买价、进口关税等相关税费，以及使固定资产达到预定可使用状态所发生的可直接归属于该资产的其他支出，作为固定资产的入账价值，借记“固定资产”“应交税费——应交增值税（进项税额）”科目，贷记“银行存款”等科目。

【例 4-16】 A 公司 2019 年 1 月购入不需要安装的生产设备一台，价款 10 000 元，支付的增值税为 1 600 元（符合增值税抵扣条件），包装费 300 元。款项以银行存款支付。

该固定资产的入账价值 = 10 000 + 300 = 10 300（元）

A 公司应编制会计分录如下：

借：固定资产　　10 300
　　应交税费——应交增值税（进项税额）　　1 600
　　贷：银行存款　　11 900

若购入的设备需要安装后才能使用，则购入的固定资产应先通过“在建工程”科目核算设备及安装成本，待安装完毕，设备可投入使用后，再将全部成本转入“固定资产”科目。

【例 4-17】 假设上例中购入的设备需要安装，安装费用为 500 元，以银行存款支付。

购入的设备因需要安装，故先记入“在建工程”；发生安装费用时，则“在建工程”成本增加，同时，银行存款减少；待安装完工时，则将“在建工程”借方发生额合计转入“固定资产”科目。

A 公司应编制会计分录如下：

① 购入设备时

借：在建工程	10 300	
应交税费——应交增值税（进项税额）	1 600	
贷：银行存款		11 900

② 发生安装费用时

借：在建工程	500	
贷：银行存款		500

③ 安装完工时

借：固定资产	11 800	
贷：在建工程		11 800

注意：工程完工并结转后，“在建工程”科目余额应为零。

（2）固定资产折旧

【例 4-18】 A 公司采用年限平均法提取固定资产折旧。2019 年 1 月“固定资产折旧计算表”中确定的应提折旧额为：车间 20 000 元，行政管理部门 6 000 元，销售部门 4 000 元。

A 企业应编制会计分录如下：

借：制造费用	20 000	
管理费用	6 000	
销售费用	4 000	
贷：累计折旧		30 000

第四节　生产业务核算

一、生产费用的构成

生产费用的发生过程，是产品成本的形成过程，因此生产费用是构成产品成本的基础。生产成本是生产过程中各种资源利用情况的货币表示，是衡量企业技术和管理水平的重要指标。

1. 生产成本的认知

产品生产业务的核算，主要涉及材料的领用、薪酬的确认与支付、生产费用的摊销与分配、生产设备折旧、完工产品成本的计算与入库等内容，即企业为生产产品而发生的成本。

产品成本的核算把一定时期内企业生产过程中所发生的费用，按其性质和发生地点，分类归集、汇总、核算，计算出该时期内生产费用发生总额，并按适当方法分别计算出各种产品的实际成本和单位成本。

2. 生产成本的组成

生产成本由直接材料、直接人工和制造费用三部分组成。生产成本组成情况如图 4-14 所示。

图 4-14　生产成本的组成

（1）直接材料

直接材料是指企业生产产品和提供劳务的过程中所消耗的、直接用于产品生产、构成产品实体的各种材料及主要材料、外购半成品以及有助于产品形成的辅助材料等。在生产过程中，劳动对象通过加工使之成为半成品或成品，则直接材料的使用价值随之变成了另一种使用价值。

（2）直接人工

直接人工是指生产过程中所耗费的人力资源，可用工资额和福利费等计算。直接人工主要包括职工工资和职工福利费。根据我国国家统计局的规定，工资总额包括以下六项内容：计时工资、计件工资、奖金、津贴和补贴、加班加点工资以及特殊情况下支付的工资。

（3）制造费用

制造费用是指生产过程中使用的厂房、车辆、机器设备、机物料和辅料等为生产间接发生的费用。其中，一部分是通过折旧方式计入成本；另一部分是通过维修、定额费用、机物料耗用和辅料耗用等方式计入成本。

通过“制造费用”账户核算各项生产单位的制造费用，对生产过程中发生的各项制造费用，应根据有关费用分配表及凭证登记“制造费用”账户及所属的明细账。由于制造费用的具体项目众多，按大类选择有代表性的项目说明制造费用的归集，具体包括间接材料费、各个生产单位管理人员的工资、职工福利费、水电费、办公费、机器折旧费、机物料消耗、劳动保护费、季节性生产和修理期间的停工损失等。

① 间接材料费是指企业生产单位在生产过程中耗用的，但不能或无法归入某一特定产品的材料费用。如机器的润滑油、修理备件等。

② 间接人工费用是指企业生产单位中不直接参与产品生产的或其他不能归入直接人工的那些人工成本，如修理工人工资、车间管理人员工资等。

③ 折旧费是指固定资产在使用中由于损耗而转移到成本费用中的那部分价值。固定资产折旧费的归集是通过将按月编制的各车间、部门折旧计算明细表汇总编制整个企业的“折旧费用分配表”进行的。

④ 低值易耗品是指不作为固定资产核算的各种劳动手段，包括一般工具、专用工具、管理用具、劳动保护用品等。生产单位耗用的低值易耗品，由于其价值低或容易损坏，一般不用像固定资产那样严格计算其转移价值，而是采用比较简便的方法将其费用一次或分次转入产品成本。

⑤ 其他支出是指上述各项支出以外的支出，如水电费、差旅费、运输费、办公费、设计制图费、劳动保护费等。

3. 生产成本的分类

在生产过程中，有一部分成本是可以直接确定其受益对象的，如直接材料、直接人工等；另外一部分成本，如设备折旧、车间管理人员和辅助人员的工资、其他机物料消耗等，这些不能直接判断是为哪个具体产品服务的，就要先在制造费用账户归集，期末再按一定的方法进行分配，计入相关产品成本。根据生产成本核算和成本管理的不同要求，将成本分成不同的类别，具体内容如下。

（1）按照计入方式的不同分类

按照计入方式的不同生产成本可以分为直接费用和间接费用。

① 直接费用，直接费用是指企业在生产产品的过程中所发生的直接材料耗费、直接人工工资和其他直接费用。

直接费用包括直接用于构成产品实体的原料、主要材料、外购半成品及有助于产品形成的辅助材料和其他材料费用；直接参加产品生产的工人工资以及按生产工人工资总额和规定的比例计算提取的职工福利费等；除直接材料费用和直接人工费用以外的，与生产产品有直接关系的费用。

直接费用应当按照其实际发生数进行核算，按照成本计算对象进行归集，直接计入产品的生产成本。

② 间接费用，间接费用是指应有生产成本负担的，不能直接计入各产品成本的有关费用。

企业各生产部门为组织和管理生产而发生的各项间接费用，包括工资和福利费、折旧费、修理费、办公费、水电费、物料消耗、劳动保护费以及其他制造费用。间接费用应当按一定的程序和方法进行分配，计入相关产品的生产成本。

企业为生产而耗用的一切从外部购入的原材料、半成品、辅助材料、包装物、修理用备件和低值易耗品等，按计入方式对生产成本的分类如图 4-15 所示。

（2）按照经济内容的不同分类

按照经济内容的不同可以分为外购材料、外购燃料、外购动力、工资、职工福利、折旧、利息、税金及其他支出等。

① 外购材料费用，是指企业为生产而耗用的一切从外部购入的原材料、半成品、辅助材料、包装物、修理用备件和低值易耗品等。

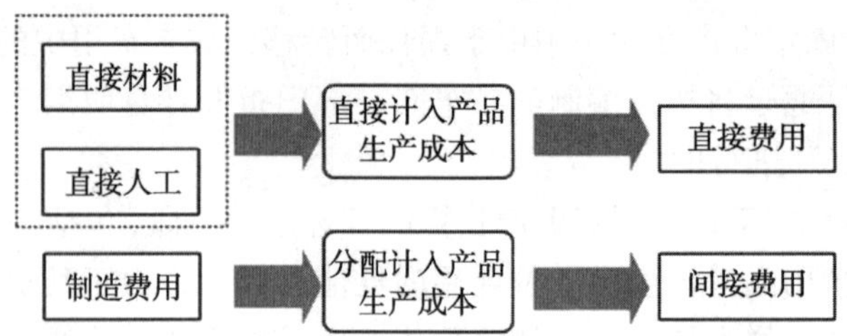

图 4-15　按计入方式生产成本分类

② 外购燃料费用，企业为进行生产而耗用的一切从外部购进的燃料。

③ 外购动力费用，企业为进行生产而耗用的从外部购进的各种动力。

④ 工资费用及职工福利费用，企业应计入生产费用的职工工资以及按照工资总额的一定比例提取的职工福利费。

⑤ 折旧费用，企业所拥有的或控制的固定资产按照使用情况计提的折旧费用。

⑥ 利息支出，企业为筹集生产经营资金而发生的利息支出。

⑦ 税金，企业应计入生产费用的各种税金，如房产税、车船税、土地增值税等。

⑧ 其他支出，指不属于以上各项目的费用支出，其中包括：

a. 水电费支出是指车间管理部门由于消耗水、电和照明用材料等而支付的非直接生产费用。

b. 差旅费支出是指按照规定报销生产车间职工因公外出的各种差旅费、住宿费、市内交通费、午餐补贴；按规定支付职工及其家属的调转、搬家费；按规定支付患职业病的职工去外地就医的交通费、住宿费、伙食补贴等。

c. 修理费支出是指生产车间所用固定资产的修理费用，包括大修理费用支出。

d. 租赁支出是指车间使用的从外部租入的各种固定资产，包括厂房、设备等按规定列支的租金。

e. 试验检验费是指生产车间发生的对材料、半成品、成品、仪器仪表等的各种试验及检验费。

f. 取暖费是指车间管理部门所支付的取暖费，包括取暖用燃料、蒸汽、热水、炉具等支出。

二、生产业务账户设置

为了反映和监督各种生产费用的发生、归集和分配，正确计算产品的生产成本，根据基本会计准则规定设置相应的账户。

1. 账户类型

生产业务主要涉及的账户包括资产类账户、负债类账户和成本类账户。

（1）资产类账户

资产类账户主要介绍原材料、库存商品、累计折旧。

①“原材料”账户。“原材料”账户用来核算企业在生产过程中经加工改变其形态或

性质并构成产品主要实体的各种原料及主要材料、辅助材料、燃料、修理备用件、包装材料、外购半成品等。

存货的组成部分品种、规格较多，为加强对原材料的管理和核算，需要对其进行科学的分类。收到来料加工装配业务的原料、零件等，应当设置备查簿进行登记。原材料可以按材料的保管地点（仓库）、材料的类别、品种和规格等进行明细核算。

“原材料”账户用于核算库存各种材料的收发与结存情况。在原材料按实际成本核算时，借方登记入库材料的实际成本，贷方登记发出材料的实际成本，期末余额在借方，反映“原材料”的T型账户如图4-16所示。

借方　　　　　　原材料	贷方
期初企业的库存材料	
购入、自制并已验收入库的材料	转入“生产成本”账户的生产经营领用材料
期末企业的库存材料	

图4-16 “原材料”T型账户

②“库存商品”账户。“库存商品”账户是企业用以核算已完成全部生产过程并已验收入库的商品，核算合乎标准规格和技术条件，可以按照合同规定的条件送交订货单位，或可以作为商品对外销售的产品以及外购或委托加工完成验收入库用于销售的各种商品，包括库存产成品、外购商品、存放在门市部准备出售的商品、发出展览的商品以及寄存在外的商品等。

“库存商品”按企业库存商品的种类、品种和规格设置明细账。企业生产的产成品一般应按实际成本核算，产成品的入库和出库，平时只记数量不记金额，期末计算入库产成品的实际成本。生产完成验收入库的产成品，按其实际成本，计入库存商品。“库存商品”明细账户设置是按企业库存商品的种类、品种和规格设置明细账。

“库存商品”账户借方表示生产完工并验收入库的商品成本，贷方表示因销售或其他原因发出的库存商品成本，期末余额一般在借方，表示期末库存商品的成本，反映“库存商品”的T型账户如图4-17所示。

借方　　　　　　库存商品	贷方
期初库存商品的成本	
完工并验收入库的库存商品成本	发出的库存商品成本
期末库存商品成本	

图4-17“库存商品”T型账户

③“累计折旧”账户。固定资产在使用过程中会发生耗损，其价值会逐渐减少，这种价值的减少就是固定资产折旧。固定资产价值发生减少，就应该把这部分减少的价值计算出来（即计提折旧），并在“累计折旧”账户中予以记录。折旧意味着固定资产价值

的减少，计提折旧后累计折旧增加了，固定资产的净值减少了。固定资产价值减少的同时引起费用的增加。

“累计折旧”账户属于资产类的备抵调整账户，其结构与一般资产账户的结构相反，贷方登记增加，借方登记减少，余额在贷方，代表企业固定资产的累计折旧额，反映“累计折旧”的T型账户如图4-18所示。

借方　　　　　　累计折旧	贷方
	期初固定资产已提折旧额
固定资产减少而转销的累计折旧或折旧的减少	本期计提的固定资产折旧金额
	期末现有固定资产计提的累计折旧

图4-18　“累计折旧”T型账户

（2）负债类账户

本节主要介绍“应付职工薪酬”账户。

应付职工薪酬是企业为获得职工提供的服务或解除劳动关系而给予各种形式的报酬或补偿，包括职工薪酬、离职后福利、辞退福利和其他长期职工福利等。

职工薪酬包括工资、奖金、津贴和补贴；货币性福利费和非货币性福利费；企业为职工支付给有关部门的社会性保险费；为职工交纳的职工住房公积金；有工会组织的企业按规定应提取的工会经费以及职工接受教育应由企业负担的各种培训费用；补偿及相关支出；企业提供给职工配偶、子女、受赡养人、已故员工遗属及其他受益人等的福利。

本科目可按“工资”“职工福利”“社会保险费”“住房公积金”“工会经费”“职工教育经费”“非货币性福利”“辞退福利”“股份支付”等进行明细核算。当企业计算并确认应付的职工薪酬时，贷记本科目；当企业实际支付职工薪酬时，借记本科目；本科目期末贷方余额，代表企业应付未付的职工薪酬，反映“应付职工薪酬”的T型账户如图4-19所示。

借方　　　　　　应付职工薪酬	贷方
	期初未支付的职工薪酬
当期实际支付的各种职工薪酬	已经分配计入成本费用的各项职工薪酬金额
	期末尚未支付的职工薪酬

图4-19　“应付职工薪酬”T型账户

（3）成本类账户

成本类账户主要包括生产成本账户和制造费用账户。

①“生产成本”账户。“生产成本”账户是成本计算类账户，当企业生产经营过程中发生各项直接的生产费用时，即生产成本增加，应借记本科目；企业生产经营因产品的

完工入库，或在产品减少时，应将完工产品的“生产成本”科目结转入“库存商品”科目；本科目期末借方余额，代表企业尚未加工完成的在产品的成本或生产性生物资产尚未收获的农产品成本，反映“生产成本”的T型账户如图4-20所示。

借方	生产成本　　　　贷方
期初未完工产品的成本	
产品的各项生产费用 期末结转进入的制造费用	完工入库产成品应结转的生产成本
期末尚未加工完成的在产品成本	

图4-20　“生产成本”T型账户

②“制造费用”账户。“制造费用”账户是成本计算类账户，当企业生产产品发生间接费用时，借记本科目；期末，将生产产品发生的间接费用在不同的产品之间分配并结转入“生产成本”科目时，贷记本科目；除季节性的生产性企业外，本科目期末应无余额，反映“制造费用”的T型账户如图4-21所示。

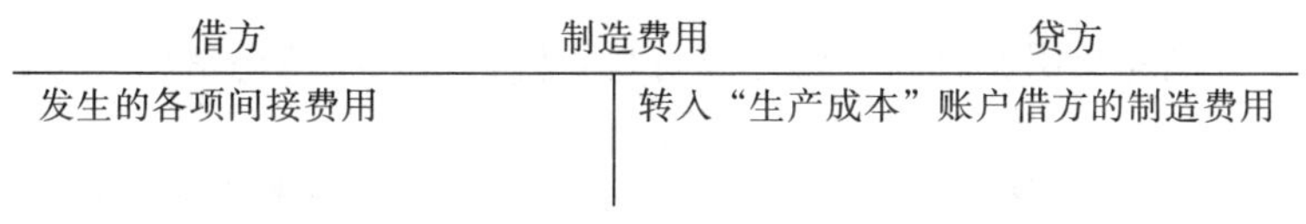

图4-21　“制造费用”T型账户

月末，企业应将本月累计发生的“制造费用”在不同的产品间进行分配，并将其转入相应产品的“生产成本”科目中去。间接生产费用的具体分配依据一般有产品数量、生产工时、产品体积、产品质量等。

2. 账户在经济业务中的应用

账户在经济业务中的应用主要体现在发出材料、发生应付职工薪酬、车间的间接支出等业务。

（1）账户在发出材料中的应用

由库管员填制一式三联的出库单，分别由库管员、领用部门和会计记账留存。出库的单据必须填写领用原料的名称、领用的时间、领用部门、领用数量、领用原料的金额、库管员签名、领用人签名。

① 产品领用原材料，将“原材料”科目转入“生产成本”科目，如图4-22所示。

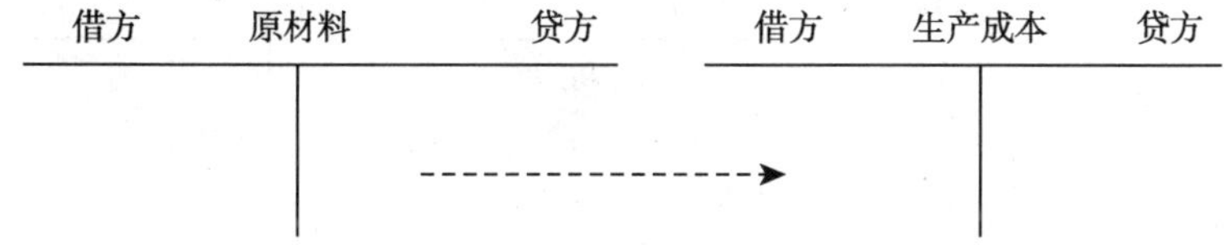

图4-22　发出材料①

② 车间领用原材料，将“原材料”科目转入“制造费用”科目，如图 4-23 所示。

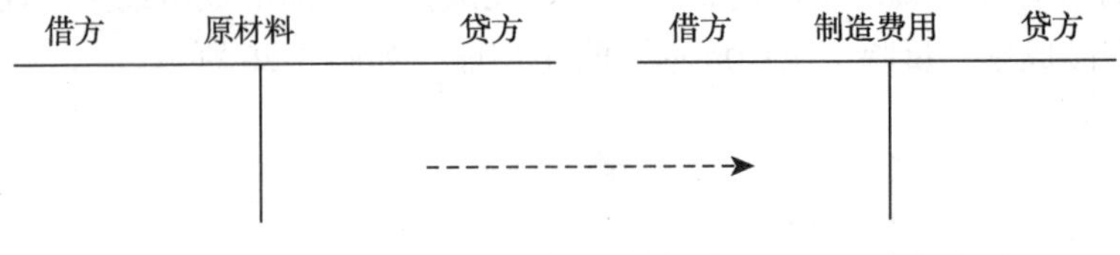

图 4-23　发出材料②

③ 行政管理部门领用原材料，将“原材料”科目转入“管理费用”科目，如图 4-24 所示。

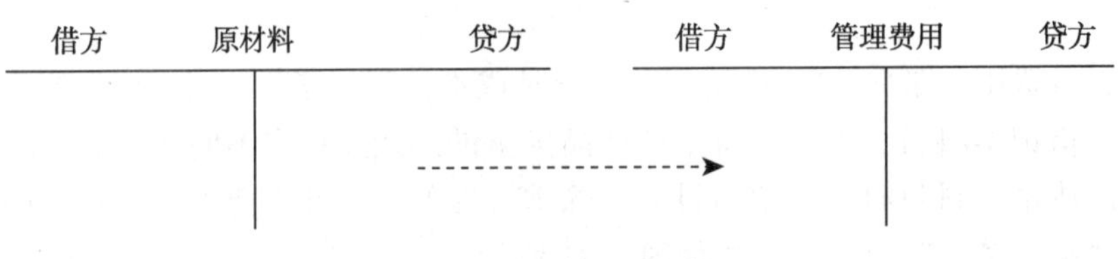

图 4-24　发出材料③

④ 专设销售机构领用原材料，将“原材料”科目转入“销售费用”科目，如图 4-25 所示。

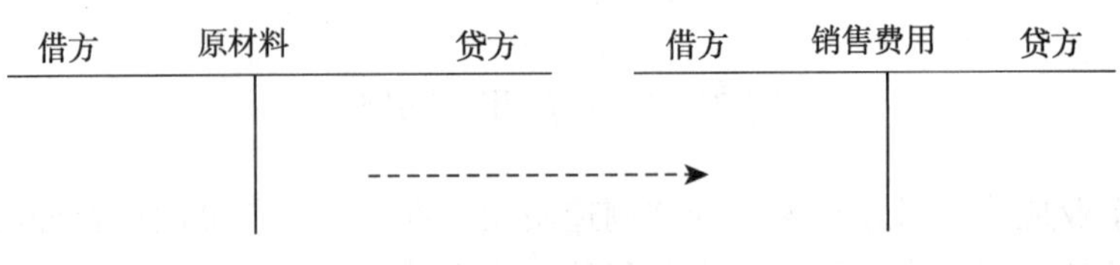

图 4-25　发出材料④

⑤ 工程建设领用原材料，将“原材料”科目转入“在建工程”科目，如图 4-26 所示。

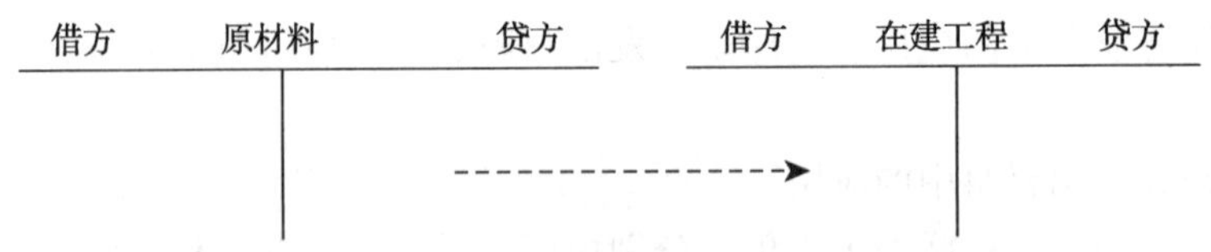

图 4-26　发出材料⑤

⑥ 直接对外销售原材料，将“原材料”科目转入“其他业务成本”科目，如图 4-27 所示。

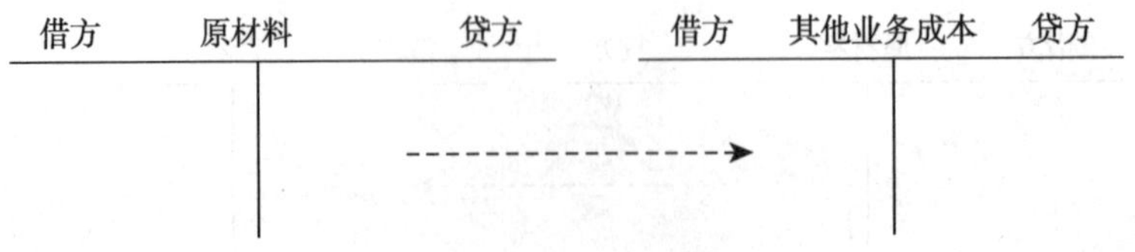

图 4-27　发出材料⑥

（2）账户在发生职工薪酬时的应用

企业应当根据职工提供服务的受益对象，对发生的职工薪酬分别按以下情况进行处理。

① 生产部门人员的职工薪酬，借记“生产成本”“劳务成本”等科目，贷记“应付职工薪酬”科目，将“应付职工薪酬”科目转入“生产成本”科目，如图 4-28 所示。

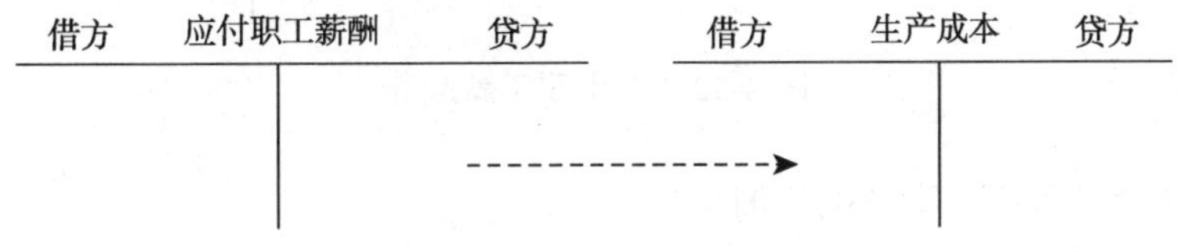

图 4-28　发生职工薪酬①

② 车间管理人员的职工薪酬，借记“制造费用”科目，贷记“应付职工薪酬”科目，将“应付职工薪酬”科目转入“制造费用”科目，如图 4-29 所示。

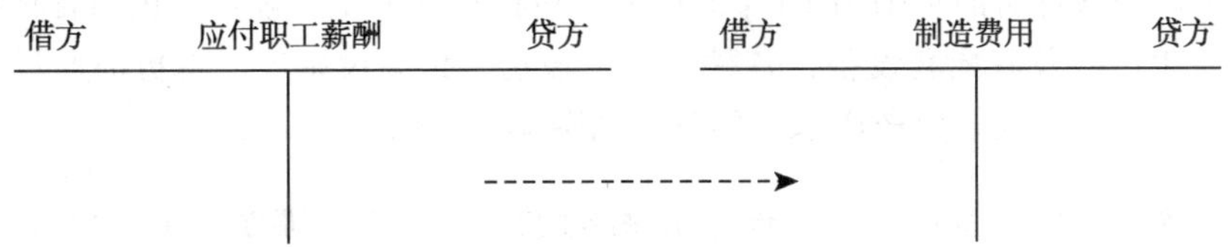

图 4-29　发生职工薪酬②

③ 销售人员的职工薪酬，借记“销售费用”科目，贷记“应付职工薪酬”科目，将“应付职工薪酬”科目转入“销售费用”科目，如图 4-30 所示。

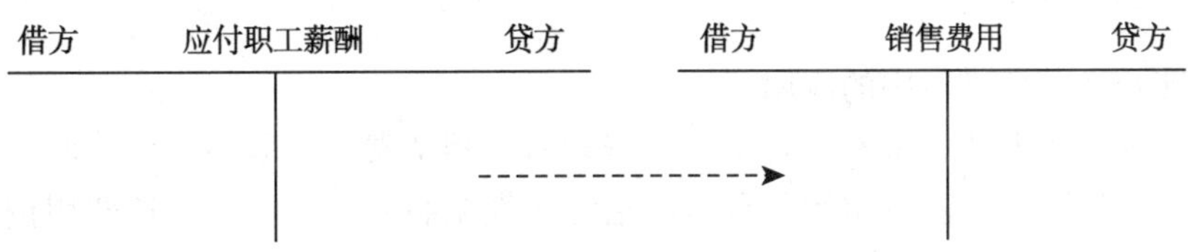

图 4-30　发生职工薪酬③

④ 应由在建工程、研发支出负担的职工薪酬，借记“在建工程”“研发支出”科目，贷记“应付职工薪酬”科目，将“应付职工薪酬”科目转入“在建工程”科目，如图 4-31 所示。

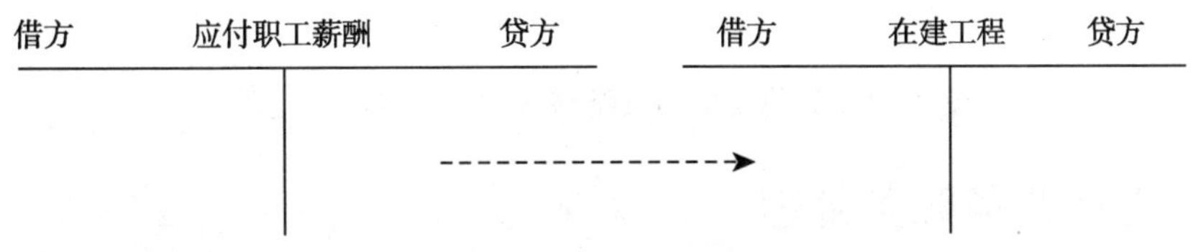

图 4-31　发生职工薪酬④

⑤ 因解除与职工的劳动关系给予的补偿，借记“管理费用”科目，贷记“应付职工

薪酬”将“应付职工薪酬”科目转入“管理费用”科目，如图 4-32 所示。

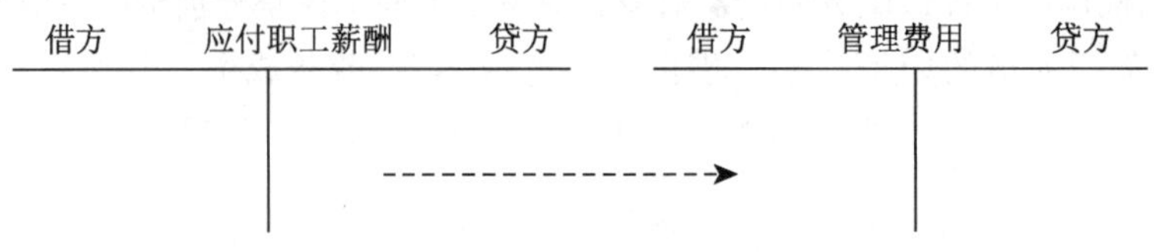

图 4-32　发生职工薪酬⑤

（3）机器设备等固定资产的折旧支出

机器设备等固定资产的折旧由于是产品生产发生的所有机器设备的折旧支出，不能直接归属于某一具体产品种类，因此生产使用的固定资产折旧，先记入“制造费用”科目，月末通过分配再转入“生产成本”科目。

机器、机械及其他生产设备等，具有使用年限较长等特性，折旧年限也应相对较长，此类固定资产的最低折旧年限为 10 年。机器、机械和其他生产设备，包括各种机器、机械、机组、生产线及其配套设备，各种动力、输送、传导设备等，将折旧通过“制造费用”科目进行归集转入“生产成本”科目，如图 4-33 所示。

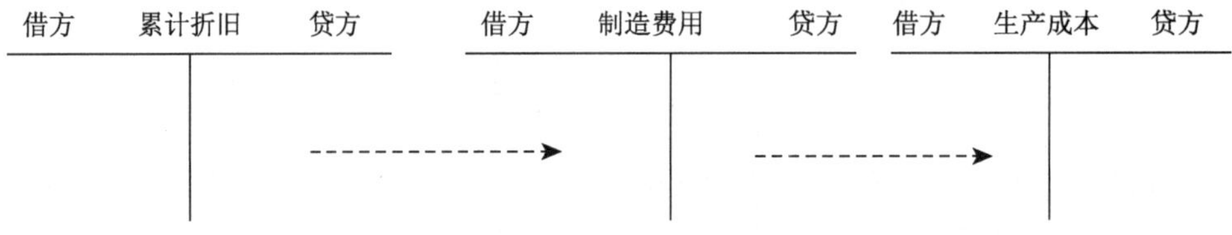

图 4-33　折旧归集结转至“生产成本”过程

（4）账户在其他支出中的应用

车间管理用的电费、水费、差旅费、修理费、租赁费、试验检验费、取暖费、办公费等，发生时先记入“制造费用”科目的借方，期末将共同负担的制造费用按照一定的标准分配计入各成本核算对象。

将其他支出通过“制造费用”进行归集转入“生产成本”，如图 4-34 所示。

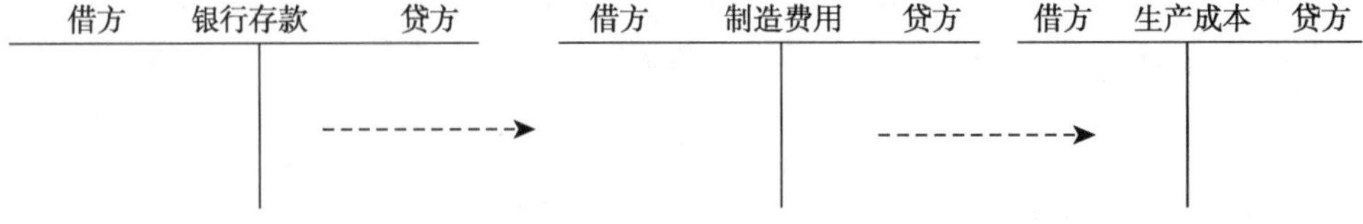

图 4-34　其他支出归集结转至“生产成本”过程

三、生产业务账务处理

产品成本核算是指定时期内企业生产过程中所发生的成本费用，按其性质和发生地点进行分类归集、汇总、核算，计算出该时期内生产费用发生总额，并按适当方法分别计算出各完工产品的单位成本、总成本等。

1. 生产过程中成本的计算

产品成本计算的一般程序是将企业发生的各种耗费按是否能计入产品成本分为生产费用和非生产费用；按权责发生制，区分生产费用是否是当期的生产费用，将生产费用在完工产品和在产品间进行分配，计算产品成本。计算当期生产费用的归集与分配如下：

（1）材料费用的归集与分配

无论是外购的还是自制的，发生材料费用时，对于直接用于产品生产、构成产品实体的原材料，分产品领用和部门领用，应根据领退料凭证直接计入相应产品成本的“直接材料”项目；对于不能区分产品领用的材料，如生产几种产品共同耗用的材料，需要采用适当的分配方法，分配计入各相关产品成本的“直接材料”成本项目。在消耗定额比较准确的情况下，通常采用材料定额消耗量比例或材料定额成本的比例进行分配，计算公式如下：

$$分配率 = \frac{材料实际总消耗量（或实际成本）}{各种产品材料定额消耗量（或定额成本）之和}$$

某种产品应分配的材料数量（或成本）= 该种产品的材料定额消耗量（或定额成本）× 分配率

【例 4-19】 A 公司 2018 年 12 月生产甲、乙两种产品领用某材料 4 400 千克，每千克 20 元。本月投产的甲产品为 200 件，乙产品为 250 件。甲产品的材料消耗定额为 15 千克，乙产品的材料消耗定额为 10 千克，实际领用材料总量 4 400 千克，但是已经规定生产甲、乙两种产品消耗的材料数量，这个数量和实际领用量不一致，基于这种情况，计算生产甲、乙两种产品定额消耗材料的数量：

甲产品的材料定额消耗量 = 200 × 15 = 3 000（千克）

乙产品的材料定额消耗量 = 250 × 10 = 2 500（千克）

甲、乙两种产品定额耗费材料的数量 = 3 000 + 2 500 = 5 500（千克）

计算实际领用材料占定额耗费材料的总量的比例，用得出的比例计算出甲、乙两种产品实际领用材料的数量：

材料消耗量分配率 = 4 400 ÷（3 000 + 2 500）= 0.8

甲产品分配负担的材料数量 = 3 000 × 0.8 = 2 400（千克）

乙产品分配负担的材料数量 = 2 500 × 0.8 = 2 000（千克）

计算甲、乙两种产品实际耗用材料的费用：

甲产品分配负担的材料费用 = 2 400 × 20 = 48 000（元）

乙产品分配负担的材料费用 = 2 000 × 20 = 40 000（元）

甲、乙产品分配负担的材料费用合计 = 48 000 + 40 000 = 88 000（元）

（2）职工薪酬的归集与分配

职工薪酬是企业在生产产品或提供劳务活动过程中所发生的各种直接和间接人工费用的总和。对于职工薪酬的分配，实务中通常有两种处理方法：一是按本月应付金额分配本月工资费用，该方法适用于月份之间工资差别较大的情况；二是按本月实付工资金额分配本月工资费用，该方法适用于月份之间工资差别不大的情况。

职工薪酬的归集，必须有一定的原始记录作为依据：计时工资，以考勤记录中的工作时间记录为依据；计件工资，以产量记录中的产品数量和质量记录为依据；计时工资和计件工资以外的各种奖金、津贴、补贴等，按照国家和企业的有关规定计算。

工资结算和支付凭证为工资结算单或工资单，为便于成本核算和管理，一般按车间、部门分别填制，是职工薪酬分配的依据；生产部门生产工人的职工薪酬，直接计入产品成本的“生产成本——直接人工”成本科目；不能直接计入产品成本的职工薪酬，按工时、产品产量、产值比例等方式进行合理分配，计入各种有关产品成本的“生产成本——直接人工”科目。相应的计算公式如下：

$$\text{直接人工成本分配率}=\frac{\text{本期发生的直接人工成本}}{\text{各产品耗用的实际工时（定额工时）之和}}$$

$$\text{某产品应负担的直接人工成本}=\text{该产品耗用的实际工时（或定额工时）数}\times\text{直接人工成本分配率}$$

如果取得各种产品的实际生产工时数据比较困难，而各种产品的单件工时定额比较准确，也可按产品的定额工时比例分配职工薪酬。

【例 4-20】 A 公司基本生产车间生产甲、乙两种产品，共支付生产工人职工薪酬 2 700 万元，按生产工时比例分配，甲产品的生产工时为 500 小时，乙产品的生产工时为 400 小时。

生产工资费用分配率= 2 700 ÷（500 + 400）= 3

甲产品应分配的职工薪酬 =500 × 3 = 1 500（万元）

乙产品应分配的职工薪酬 =400 × 3 = 1 200（万元）

（3）制造费用的归集和分配

在生产一种产品的车间中，制造费用可直接计入其产品成本。在生产多种产品的车间中，就要采用合理的分配方法，将制造费用分配计入各种产品成本，企业应根据制造费用的性质、产品的性质以及生产方式，结合自身的实际情况，对正常生产活动发生的制造费用，合理选择分配方法。由于企业各个生产车间或部门的生产任务、技术装备程度、管理水平和费用水准各不相同，因此制造费用的分配一般应按生产车间或部门进行。

企业应当根据制造费用的性质，合理选择分配方法。也就是说企业所选择的制造费用的分配方法，必须与制造费用的发生具有比较密切的相关性，并且使分配到每种产品上的制造费用金额基本合理，同时还应当适当考虑计算手续的简便。在各种产品之间分配制造费用的方法，通常有生产工人工时比例法、生产工人工资比例法、机器工时比例法和按年度计划分配率分配法等。企业具体选用哪种分配方法，由企业自行决定。分配方法一经确定，不得随意变更。如需变更，应当在附注中予以说明。

制造费用归集和分配应当通过“制造费用”科目进行。该科目应当根据有关凭证和前述各种成本分配表登记；此外还应按不同的车间设立明细账，账内按照成本项目设立专栏，分别反映各车间各项制造费用的发生情况和分配转出情况。基本生产车间发生的直接用于生产、但没有专设成本项目的各种材料成本以及用于组织和管理生产活动的各种材料成本，一般应借记“制造费用”科目，贷记“原材料”科目；基本生产车间管理人员的工资、福利费等职工薪酬，应记入“制造费用”科目和所属明细账的借方，同时贷记“应付职工薪酬”科目。

生产工人工时比例法，即按照各种产品所用生产工人实际工时数的比例分配制造费用。计算公式如下：

制造费用分配率 = 制造费用总额 ÷ 车间生产工人实际工时总数

某产品应负担的制造费用 = 该产品的生产工人实际工时数 × 制造费用分配率

【例 4-21】 A 公司基本生产车间甲产品机器工时为 40 000 小时，乙产品机器工时为 30 000 小时，水费、电费、机器设备的折旧费，合计发生制造费用 630 000 元。要求在甲、乙产品之间分配制造费用。

制造费用分配率 = 630 000 ÷（40 000 + 30 000）= 9

甲产品应负担的制造费用 = 40 000 × 9 = 360 000（元）

乙产品应负担的制造费用 = 30 000 × 9 = 270 000（元）

2. 生产过程核算的账务处理

产品生产业务的账务处理，主要涉及材料的领用、薪酬的确认与支付、生产费用的摊销与分配、生产设备等固定资产的折旧、完工产品成本的计算与入库等内容。

（1）生产过程中成本核算

① 领用原材料的账务处理。

【例 4-22】 A 公司生产甲产品领用原材料一批，材料成本 120 000 元，乙产品领用材料一批，成本 95 000 元。

分析：材料从仓库领出，则库存的“原材料”减少；同时，投入车间的在产品生产成本增加，故企业应编制会计分录如下：

借：生产成本——甲产品　　120 000

　　　　　——乙产品　　95 000

　贷：原材料　　215 000

车间领用生产原材料，材料成本为 20 000 元。

分析：物料从仓库领出，则库存的“原材料”减少；同时，投入车间在产品生产的间接成本增加，故企业应编制会计分录如下：

借：制造费用　　20 000

　贷：原材料　　20 000

② 工资薪酬的账务处理。

【例 4-23】 A 公司期末计算确认当期应付给生产人员的薪酬为 50 000 元，其中，甲产品直接生产人员薪酬 20 000 元，乙产品直接生产人员薪酬 16 000 元，车间间接生产人员薪酬 14 000 元。

分析：企业计算确认应付职工薪酬时，一方面表明企业产品生产费用增加，另一方面表明企业应付给职工的薪金增加，故应编制会计分录如下：

借：生产成本——甲产品　　20 000

　　生产成本——乙产品　　16 000

制造费用　　14 000
　贷：应付职工薪酬——工资　　50 000

A 公司以银行存款支付上述生产人员薪酬，同时代扣职工个人所得税 1 000 元。

分析：企业以银行存款支付职工薪酬，一方面企业支付职工薪酬引起银行存款减少，另一方面企业需要代扣职工的个人所得税，一项负债“应交税费”相应增加，故应编制会计分录如下：

借：应付职工薪酬——工资　　50 000
　贷：银行存款　　49 000
　　应交税费——应交个人所得税　　1 000

此外，企业管理部门人员、销售人员的职工薪酬费用，应分别由“管理费用”“销售费用”科目进行核算。

③ 制造费用的账务处理。

【例 4-24】 A 公司当月计提车间固定资产的折旧，共计 20 000 元。

分析：固定资产折旧是在固定资产用于产品生产过程而发生的价值损耗，企业对固定资产计提折旧，一方面表明企业所有在产品应承担的间接生产费用增加，即一项成本“制造费用”增加；另一方面表明固定资产的账面价值在减少，即固定资产的备抵科目“累计折旧”科目增加，故应编制如下会计分录：

借：制造费用　　20 000
　贷：累计折旧　　20 000

月末，企业应将本月累计发生的“制造费用”在不同的产品间进行分配，并将其转入相应产品的“生产成本”科目中去。间接生产费用的具体分配依据一般有产品数量、生产工时、产品体积、产品质量等。

【例 4-25】 A 公司当月累计发生的间接生产费用（由甲产品和乙产品共同承担）共计 54 000 元，其中甲产品应承担 60%，其余由乙产品承担。月末，企业将上述间接生产费用分别转入两种产品的“生产成本”科目。

分析：将间接生产费用分配转入产品的生产成本，则“制造费用”因分配结转而减少，“生产成本”因转入分配的“制造费用”而增加，故应编制如下会计分录：

借：生产成本——甲产品　　32 400
　生产成本——乙产品　　21 600
　贷：制造费用　　54 000

（2）完工产品成本结转的账务处理

企业产品完工入库时，将生产成本转入库存商品，借记“库存商品”科目，贷记“生产成本”科目；因出售等原因而减少库存商品时，贷记“库存商品”科目；本科目期末借方余额，反映企业库存商品的实际成本（或进价）或计划成本（或售价）。

【例 4-26】月末，投入的产品全部完工，A 公司完工甲产品一批，成本为 172 400 元；乙产品一批，成本为 132 600 元，验收入库，该批完工产品生产成本共计 305 000 元。

分析：产品完工入库，一方面表明库存商品增加，另一方面表明车间的在产品因完工而减少，故应编制分录如下：

借：库存商品——甲产品　　172 400
　　　　　　——乙产品　　132 600
　贷：生产成本——甲产品　　172 400
　　　　　　　——乙产品　　132 600

第五节　销售业务核算

一、商品销售收入的确认与计量

制造企业从产品验收入库开始，到销售给购买方为止的过程称为销售过程，企业生产出的产品，主要用途是用于销售。企业通过产品销售最终实现收入，获得相应的货款或债权。

获得销售收入的代价就是转让的商品所有权，即企业将库存商品转让给了客户，这种为取得销售收入而让渡的商品生产成本构成企业的一项费用，这就是产品的销售成本。企业收入与成本的差额就形成了企业的收益，并用于股东的分配或留存于企业继续用于生产经营。

企业在销售产品的过程中，还会发生其他的相关费用，如销售运杂费、产品广告费、销售机构的办公费等。企业在取得销售收入时，还应该按国家税法规定，计算并缴纳相关税费。只有实现的销售收入能够补偿销售成本和相应的费用，企业的经营才可以持续进行。

销售业务的账务处理涉及商品销售、其他销售等业务收入、成本、费用和相关税费的确认和计量等内容。

1. 销售商品收入确认的条件

销售商品收入同时满足下列条件的，才能予以确认。

（1）企业已将商品所有权上的主要风险和报酬转移给购货方

与商品所有权有关的风险，是指商品可能发生减值或毁损等形成的损失；与商品所有权有关的报酬，是指商品价值增值或通过使用商品等形成的经济利益。

判断企业是否已将商品所有权上的主要风险和报酬转移给购货方，应当关注交易的实质而不是形式，同时还要考虑所有权凭证的转移或实物的交付。如果与商品所有权有关的任何损失均不需要销货方承担，且与商品所有权有关的任何经济利益也不归销货方所有，就意味着商品所有权有关的主要风险和报酬转移给了购货方。

（2）企业没有保留与所有权相联系的继续管理权

对已售出的商品没有实施有效控制，卖方已经完成了所有主要的销售环节，并不再以行使所有权的方式继续参与所转让商品的管理或不再实际控制已转让的商品。

（3）收入的金额能够可靠地计量

该条件是指收入的金额能合理地估计，如果收入的金额不能合理估计就无法确认收入。企业在销售商品时，商品销售价格通常已经确定。由于销售商品过程中某些不确定因素的影响，也可能存在商品销售价格发生变动的情况。如果销售商品涉及现金折扣、商业折扣、销售折让等因素，还应当考虑这些因素后确定销售商品收入金额。如果企业从购货方应收的合同或协议价款延期收取具有融资性质，企业应按应收的合同或协议价款的公允价值确定销售商品收入金额。这些情况，新的商品销售价格未确定前通常不应确认销售商品收入。

（4）相关的经济利益很可能流入企业

相关的经济利益很可能流入企业，是指销售商品价款收回的可能性大于不能收回的可能性，即销售商品价款收回的可能性超过 50%。

（5）相关的已发生或将发生的成本能够可靠地计量

通常情况下，销售商品相关的已发生或将发生的成本能够合理地估计，如库存商品的成本、商品运输费用等。如果库存商品是本企业生产的，其生产成本能够可靠计量；如果是外购的，购买成本能够可靠计量。但当销售商品相关的已发生或将发生的成本不能合理估计时，企业不应确认收入，已收到的价款应确认为负债。

实际工作中，企业应按从购货方已收或应收的合同或协议价款确定销售商品收入金额。销售商品收入的计量具体涉及托收承付方式销售商品、预收款销售商品、委托代销商品、商品需要安装和检验销售、订货销售、以旧换新销售、销售退回及附有销售退回条件的销售商品、房地产销售、具有融资性质的分期收款销售商品、售后回购、售后租回等不同情况下的收入计量，以及现金折扣、商业折扣、销售折让等方面。

例如公司为推销一种新产品，承诺凡购买新产品的客户均有一个月的试用期，在试用期内如果对产品使用效果不满意，公司无条件给予退货。该种产品已交付买方，货款已收讫。

本例中，公司虽然已将产品售出，并已收到货款。但由于是新产品，甲公司无法估计退货的可能性，表明该产品所有权上的主要风险和报酬并未随实物的交付而发生转移，不能确认收入。只有在试用期结束后，才能表明与该产品所有权有关的风险和报酬已经转移给客户，在同时满足销售商品收入确认的其他条件时，公司才能确认收入。

2. 销售商品收入的计量

企业按照国家统一的会计制度确认收入或利得的时点早于按照增值税制度确认增值税义务发生的时点，实际发生纳税义务时，应将相关增值税销项税额计入“应交税费——应交增值税（销项税额）”科目，企业按照增值税制度确认收入或利得的时点借记“应收账款”，按照国家统一的会计制度确认收入或利得时，应扣除增值税销项税额后的金额确认收入。

二、销售业务账户设置

在销售过程中，要根据企业会计准则规定确认销售收入和确认销售成本等相关业务，需要根据会计准则设置相应的账户。

1. 资产类账户

本节主要介绍应收账款账户和应收票据账户。

（1）“应收账款”账户

“应收账款”账户属于资产类账户，指企业在正常的经营过程中因销售商品、产品、提供劳务等业务，应向购买单位收取的款项，包括应由购买单位或接受劳务单位负担的税金、代购买方垫付的各种运杂费等。应收账款是伴随企业的销售行为发生而形成的一项债权。因此应收账款的确认与收入的确认密切相关。通常在确认收入的同时，确认应收账款。该账户按不同的购货或接受劳务的单位设置明细账户进行明细分类核算。

应收账款表示企业在销售过程中被购买单位所占用的资金，企业应及时收回应收账款以弥补企业在生产经营过程中的各种耗费，保证企业持续经营；对于被拖欠的应收账款应采取措施，组织催收；对于确实无法收回的应收账款，凡符合坏账条件的，应在取得有关证明并按规定程序报批后，作坏账损失处理。

“应收账款”账户借方登记由于销售商品以及提供劳务等发生的应收账款，包括应收账款的价款、税款和代垫款等；贷方登记已经收回的应收款项。期末余额通常在借方，反映企业尚未收回的应收款项；如果期末余额在贷方，反映企业预收的款项，“应收账款”的 T 型账户如图 4-35 所示。

借方　　　　应收账款	贷方
期初应收回的款项	
本期发生的应收款项，包括应收取的价款、税款和代垫款等	已经收回的应收款项
期末尚未收回的应收款项	企业预收的款项

图 4-35　“应收账款” T 型账户

（2）“应收票据”账户

“应收票据”账户属于资产类账户，是指企业销售产品（或商品）采用承兑方式结算货款而收到的商业汇票。它是债务人和债权人之间的信用票据。该账户可以按照开出、承兑商业汇票的单位进行明细分类核算。

“应收票据”账户借方登记企业收到的应收票据的票面金额，贷方登记票据到期收回的应收票据的票面金额，期末余额在借方，代表企业持有的商业汇票的票面金额，反映“应收票据”的 T 型账户如图 4-36 所示。

借方　　　　应收票据	贷方
期初应收票据	
企业销售商品及提供劳务收到的应收票据	票据到期收回的应收票据
期末企业持有的商业汇票的票面金额	

图 4-36　“应收票据” T 型账户

企业应设置“应收票据备查簿”，逐笔登记商业汇票的种类、号数、出票日、票面金额、交易合同号、付款人、承兑人、背书人的姓名或单位名称、到期日、背书转让日、贴现日、贴现率和贴现净额，以及收款日、收款金额、退票情况等资料。商业汇票到期结清票款或退票后，在备查簿中应予注销。

2. 负债类账户

本节主要介绍预收账款和应交税费账户。

（1）“预收账款”账户

“预收账款”账户属于负债类账户，用于核算企业按照合同规定预收的款项。预收账款不多的情况，可以不设置本账户，将预收的款项直接记入“应收账款”账户的贷方，该账户可以按购货单位进行明细分类核算。

“预收账款”账户借方登记销售实现时，按实际收入转销的预收款项，贷方登记企业向购货单位预收的款项等。期末余额在贷方，反映企业预收的款项；如果期末余额出现在借方，则反映企业已转销但尚未收取的款项，“预收账款”的 T 型账户如图 4-37 所示。

借方	预收账款　　　　贷方
	期初余额
企业销售实现时按实际的收入转销的预收款项	企业向购货单位预收的款项
期末企业已转销但尚未收取的款项	企业预收的款项

图 4-37 “预收账款”T 型账户

（2）“应交税费”账户

由于企业必须按照国家规定履行纳税义务，对其经营所得依法缴纳各种税费。这些应缴税费应按照权责发生制原则进行确认、计提，在尚未缴纳之前暂时留在企业，形成一项负债，即应该上缴暂未向国家上缴的税费。企业应通过“应交税费”科目，总括反映各种税费的缴纳情况，并按照应交税费项目进行明细分类核算，“应交税费”的 T 型账户如图 4-38 所示。

借方	应交税费　　　　贷方
	期初余额
已经缴纳的各种税款	企业发生各种涉税事项而应缴纳的各种税款
	期末尚未缴纳的各种税款

图 4-38 “应交税费”T 型账户

增值税一般纳税人应在“应交增值税”明细账内设置“进项税额”“已交税金”“转出未交增值税”“减免税款”“销项税额”“出口退税”“进项税额转出”等专栏。应交增值税是指一般纳税人和小规模纳税人销售货物或者提供加工、修理修配劳务活动本期应交纳的增值税。一般纳税人本项目按销项税额与进项税额之间的差额填写。本章涉及"应交增值税"明细账内需要设置的三级明细科目如下：

①"进项税额"记录一般纳税人购进货物、加工修理修配劳务、服务、无形资产或不动产而支付或负担的、准予从当期销项税额中抵扣的增值税额。

②"销项税额"记录增值税一般纳税人销售货物和应交税劳务，按照销售额和适用税率计算并向购买方收取的增值税税额。在税率既定的前提下，销项税额的大小主要取决于销售额的大小。

③"转出未交增值税"记录一般纳税人月度终了转出当月应交未交的增值税额。

④"未交增值税"核算一般纳税人月度终了从"应交增值税"或"预交增值税"明细科目转入当月应交未交、多交或预缴的增值税额，以及当月交纳以前期间未交的增值税额。一般情况下，账户借方表示缴纳上个月未交的增值税额，贷方表示当月转入的未交金额，贷方余额反映的是增值税应交未交的余额。

3. 损益类账户

本节主要介绍主营业务收入、其他业务收入、主营业务成本、其他业务成本、税金及附加和销售费用账户。

（1）"主营业务收入"账户

"主营业务收入"账户属于损益类账户，用于核算企业在销售商品、提供劳务等日常活动中所产生的收入。该账户应按照主营业务的种类设置明细账，进行明细分类核算。

"主营业务收入" 账户贷方登记企业实现的主营业务收入，代表主营业务收入的增加额；借方登记期末按净额转入"本年利润"账户的金额，以及发生销售退回和销售折让时应冲减本期主营业务收入的金额。期末结转后，该账户无余额，反映"主营业务收入"的T型账户如图4-39所示。

借方　　　　主营业务收入	贷方
期末结转到"本年利润"账户的金额；本期发生销售退回或销售折让时应冲减的销售收入	企业销售商品、提供劳务等主营业务实现的收入

图4-39 "主营业务收入"T型账户

（2）"其他业务收入"账户

"其他业务收入"账户属于损益类账户，用以核算企业确认的除主营业务活动以外的其他经营活动实现的收入，包括出租固定资产、出租无形资产、出租包装物和商品、销售材料等。该账户可按其他业务的种类设置明细账户，进行明细分类核算。

其他业务收入是企业从事除主营业务以外的其他业务活动所取得的收入，具有不经常发生、每笔业务金额一般较小、占收入的比重较低等特点。

"其他业务收入"账户贷方登记企业实现的其他业务收入，即其他业务收入的增加额；借方登记期末转入"本年利润"账户的金额。期末结转后，该账户无余额，反映"其他业务收入”的 T 型账户如图 4-40 所示。

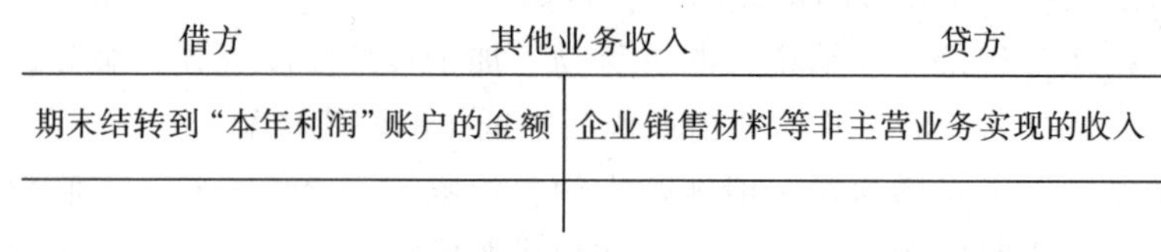

借方	其他业务收入 贷方
期末结转到“本年利润”账户的金额	企业销售材料等非主营业务实现的收入

图 4-40 “其他业务收入”T 型账户

（3）“主营业务成本”账户

“主营业务成本”账户属于损益类账户，用以核算企业销售商品、提供劳务等经常性活动所发生的成本。企业一般在确认销售商品、提供劳务等主营业务收入时，将已销售商品、已提供劳务的成本记入“主营业务成本”账户。该账户应按照主营业务的种类设置明细账，进行明细分类核算。

在计算出商品的实际销售成本之后，企业应按规定的要求进行结转销售成本的账务处理。在实际工作中，商品销售成本的结转时间有逐日结转和定期结转两种方式。一般来说，委托代销业务、直运商品销售业务应采用逐日结转方式，除此之外的其他销售业务都采用定期（按月或按季）结转方式。

“主营业务成本”账户借方登记企业因销售商品、提供劳务或让渡资产使用权等日常活动而发生的实际成本；贷方登记期末转入“本年利润”账户的金额。期末结转后，该账户无余额，反映“主营业务成本”的 T 型账户如图 4-41 所示。

借方	主营业务成本 贷方
企业因销售商品、提供劳务等主营业务发生的实际成本	期末结转到“本年利润”账户的金额

图 4-41 “主营业务成本”T 型账户

（4）“其他业务成本”账户

“其他业务成本”账户属于损益类账户，指企业确认的除主营业务活动以外的其他日常经营活动所发生的支出。其他业务成本包括销售材料的成本、出租固定资产的折旧额、出租无形资产的摊销额、出租包装物的成本或摊销额等。

“其他业务成本”账户借方登记其他业务的支出额；贷方登记期末转入“本年利润”账户的金额。期末结转后，该账户无余额，反映“其他业务成本”的 T 型账户如图 4-42 所示。

借方	其他业务成本 贷方
企业销售材料等非主营业务发生的购买实际成本	期末结转到“本年利润”账户的金额

图 4-42 “其他业务成本”T 型账户

（5）“税金及附加”账户

“税金及附加”账户属于损益类账户，指企业经营活动应负担的相关税费，包括消费税、城市维护建设税、教育费附加、资源税、房产税、城镇土地使用税、车船税、印花税等。

“税金及附加”账户借方登记企业应按规定计算确定的与经营活动相关的税费；贷方登记期末转入“本年利润”账户的与经营活动相关的税费。期末结转后，该账户无余额，反映“税金及附加”的T型账户如图4-43所示。

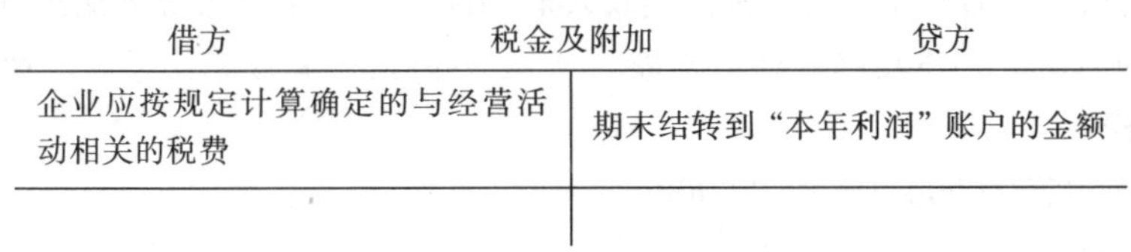

借方	税金及附加 贷方
企业应按规定计算确定的与经营活动相关的税费	期末结转到“本年利润”账户的金额

图4-43 “税金及附加”T型账户

（6）“销售费用”账户

“销售费用”账户属于损益类账户，指核算企业销售商品和材料、提供劳务的过程中发生的各种费用，包括保险费、包装费、展览费和广告费、商品维修费、预计产品质量保证损失、运输费、装卸费等以及为销售商品而专设的销售机构（含销售网点、售后服务网点等）的职工薪酬、业务费、折旧费等经营费用。企业发生的与专设销售机构相关的固定资产修理费用等后续支出，也在本科目核算，本科目可按费用项目进行明细分类核算。

“销售费用”账户借方登记企业在销售商品过程中发生各种经营费用；贷方登记期末转入“本年利润”科目的金额。期末结转后，该账户无余额，反映“销售费用”的T型账户如图4-44所示。

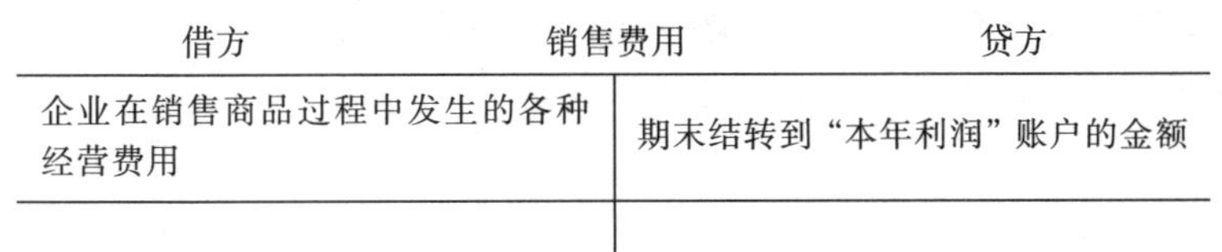

借方	销售费用 贷方
企业在销售商品过程中发生的各种经营费用	期末结转到“本年利润”账户的金额

图4-44 “销售费用”T型账户

三、销售业务账务处理

销售业务的账务处理涉及商品销售、其他销售等业务收入、成本、费用和相关税费的确认与计量等内容。

企业向外部销售商品，还包括产成品、材料等的买卖活动。在销售过程中，企业要将商品及时地销售出去，并收回货款以补偿在商品上所耗费的资金。企业在销售商品的过程中，还会发生各种销售费用和销售税金。

1. 销售商品的账务处理

销售商品业务包括如下四种情况：

（1）商品已经发出，同时收到货款

【例 4-27】 A 公司增值税一般纳税人 2018 年 12 月 5 日销售一批商品，增值税专用发票上注明售价 200 000 元，增值税为 32 000 元，款项已经收到，商品成本为 70 000 元，请编制上述业务的会计分录。

分析：A 公司将产品售出，款项也已收到，表明营业收入增加、银行存款增加；另外，作为一般纳税人的企业，新准则应按收入的 16%计算应缴纳的增值税销项税额，即在营业收入增加的同时，还应确认销项税额。故 A 公司应计算该笔业务应缴纳的增值税并编制分录如下：

销项税额 = 200 000 × 16% = 32 000

借：银行存款　　232 000

　　贷：主营业务收入　　200 000

　　　　应交税费——应交增值税（销项税额）　　32 000

分析：企业为获得收入，将库存商品的所有权出让，并交付了商品，表明企业库存商品减少、主营业务成本增加。故企业应编制如下会计分录：

借：主营业务成本　　70 000

　　贷：库存商品　　70 000

【例 4-28】 假设该公司是小规模纳税企业，适用增值税率 3%，将一批产品售出，售价（价税合计）103 000 元，收到款项，所售出库存商品的生产成本为 50 000 元，要求编制销售商品确认收入和结转成本的会计分录。

作为小规模纳税人企业，销售商品，收到款项，表现为营业收入的增加、银行存款的增加，售价为含税价，应按收入的 3%进行价税分离并分别确认主营业务收入和增值税额，计算应交税费。故企业应计算该笔业务应缴纳的增值税并编制分录如下：

应缴纳的增值税 = 103 000 ÷（1+3%）× 3% = 3 000 元

主营业务收入 = 103 000 − 3 000 = 100 000 元

借：银行存款　　103 000

　　贷：主营业务收入　　100 000

　　　　应交税费——应交增值税　　3 000

借：主营业务成本　　50 000

　　贷：库存商品　　50 000

（2）商品已经发出，货款未收

【例 4-29】 A 公司收到采购订单，2018 年 12 月 9 日销售一批商品，货款为 1 000 000 元，款项尚未收到，已办妥托收手续，适用的增值税税率为 16%。商品的成本为 800 000 元。要求编制销售商品确认收入和结转成本的会计分录。

分析：企业将产品售出，款项并未收到，表明企业营业收入增加、应收账款增加；另外，作为一般纳税人的企业，新准则应按收入的 16%计算应缴纳的增值税销项税额，确认销项税额。确认收入的同时，将库存商品的所有权出让、并交付了商品，表明企业库存商品减少、主营业务成本增加。故企业对该笔经济业务应编制的会计分录如下：

借：应收账款　　1 160 000

　　贷：主营业务收入　　1 000 000

　　　　应交税费——应交增值税（销项税额）　　160 000

借：主营业务成本　　800 000

　　贷：库存商品　　800 000

（3）商品已经发出，收到商业汇票

【例 4-30】 A 公司于 12 月 10 日销售商品，开出的增值税专用发票上注明售价为 600 000 元，增值税税率为 16%；商品已经发出，收到商业汇票一张；商品的成本为 420 000 元，要求编制销售商品确认收入、结转成本的会计分录。

分析：企业在销售商品时，购货方开具商业汇票，销售收入和资产中的应收票据增加，还应按适用的税率计算并代收增值税。故企业对该笔经济业务应编制的会计分录如下：

应交税费 = 600 000 × 16% = 96 000

应收票据 = 600 000 + 96 000 = 696 000

借：应收票据　　696 000

　　贷：主营业务收入　　600 000

　　　　应交税费——应交增值税（销项税额）　　96 000

借：主营业务成本　　420 000

　　贷：库存商品　　420 000

（4）预收货款后发出商品

购货方在商品尚未收到前按合同或协议约定分期付款，销货方在收到最后一次付款时才发货的销售方式。

销货方通常应在发出商品时确认收入，在此之前预收的货款应作为一项负债，记入“预收账款”科目或“应收账款”科目。

【例 4-31】 A 公司向 C 公司签订协议，12 月 12 日采用分期预收款方式向 C 公司销售一批货物，货物实际成本 250 000 元。该批货物的实际销售价格为 320 000 元，增值税税率 16%。C 公司签订协议日预付 50%货款（含税），余下部分 10 天后支付。A 公司收到余款后开具增值税专用发票，并交付货物。

分析：12 月 12 日预收货款，银行存款增加，企业是收款在先，发货在后，企业在发货前预收的货款，应作为企业的一项负债，故企业对该笔经济业务应编制的会计分录如下：

应交税费 = 320 000 × 16% = 51 200

预收款项 =（320 000 + 51 200）× 50% = 185 600

借：银行存款　　185 600

　　贷：预收账款　　185 600

分析：12 月 22 日收到余款，开具发票，交付货物，用收到的银行存款和预收账款确认主营业务收入，同时确认应交税费的增加。库存商品的所有权出让、并交付了商品，表明企业库存商品减少、主营业务成本增加。故企业对该笔经济业务应编制的会计分录如下：

借：预收账款　　185 600
　　银行存款　　185 600
　　贷：主营业务收入　　320 000
　　　　应交税费——应交增值税（销项税额）　　51 200
借：主营业务成本　　250 000
　　贷：库存商品　　250 000

2. 销售材料的账务处理

【例 4-32】 A 公司于 12 月 12 日将一批原材料售出，含税售价 81 200 元，收到购货方货款，原材料的成本为 57 800 元，要求编制销售材料确认其他收入和结转材料成本的会计分录。

分析：企业通过材料销售业务，取得了货款及代收的税款、并实现一笔其他业务收入，同时还产生一笔应交增值税，由于原材料出售是含税售价，需要进行价税分离。故 A 公司应计算该笔业务应缴纳的增值税并编制分录如下：

其他业务收入 ＝81 200÷（1+16%）＝70 000

应交税费 ＝70 000 × 16%＝11 200

借：银行存款　　81 200
　　贷：其他业务收入　　70 000
　　　　应交税费——应交增值税（销项税额）　　11 200

分析：企业为获得销售材料收入，将材料的所有权出让并交付，表明企业原材料减少、其他业务成本增加。故企业应编制如下会计分录：

借：其他业务成本　　57 800
　　贷：原材料　　57 800

3. 出租固定资产的账务处理

【例 4-33】 A 公司于 12 月 12 日将闲置的一台设备出租给 B 公司，租金每个月 3 000 元，每个月设备折旧 2 000 元，要求编制出租设备收取租金及计提折旧的会计分录。

分析：经营性租赁业务，是让渡资产的使用权，出租固定资产不是企业主要的经营业务，其他业务收入增加，同时银行存款增加。故企业对该笔经济业务应编制的会计分录如下：

借：银行存款　　3 000
　　贷：其他业务收入　　3 000

分析：被出租的固定资产的所有权仍然属于企业，故应由本企业计提折旧，这个折旧是换取其他业务收入的代价，其他业务成本增加。故企业对该笔经济业务应编制的会计分录如下：

借：其他业务成本　　2 000
　　贷：累计折旧　　2 000

4. 销售费用的账务处理

【例 4-34】 A 公司于 12 月 12 日为销售商品（或原材料），以现金支付产品运费 1 000 元，要求编制销售运费的会计分录。

分析：企业以现金支付销售运费，一方面现金减少，另一方面销售费用增加。故 A 公司应编制会计分录如下：

借：销售费用　　1 000

　　贷：库存现金　　1 000

A 公司计提销售部门当期固定资产折旧 1 000 元，要求编制销售部门折旧费的会计分录。

分析：企业计提固定资产折旧，一方面表明累计折旧增加；同时，因计提销售部门固定资产折旧所引起的固定资产价值减少记入“销售费用”的借方。故 A 公司应编制会计分录如下：

借：销售费用　　1 000

　　贷：累计折旧　　1 000

5. 月末增值税、税金及附加的账务处理

（1）月末增值税的结转

一般纳税人当期应纳增值税税额 ＝ 当期销项税额 － 当期进项税额

小规模纳税人当期应纳增值税税额 ＝ 当期销售额（不含税）× 征收率

【例 4-35】 计算 A 公司 2018 年 12 月的应纳增值税税额，并编制结转增值税的会计分录。

A 公司经计算当月增值税销项税额为 350 400，进项税额为 11 200，

应纳增值税税额为 350 400 – 11 200=339 200

由于应交增值税为贷方余额，说明 A 公司当月应向税务部门缴纳增值税，月末结转应缴纳的增值税（进、销差额）到未交增值税中（假定不考虑期初留底税额），次月缴纳税款，故 A 公司月末结转应交未交增值税的会计分录如下：

借：应交税费——应交增值税（转出未交增值税）　　339 200

　　贷：应交税费——未交增值税　　339 200

（2）税金及附加的核算

税务部门对负有增值税、消费税纳税义务的单位和个人征收城市维护建设税、教育费附加、地方教育费附加等税种。城市维护建设税是为城市公用事业、公共设施的维护和建设而征收的附加税。教育费附加是为加快地方教育事业，扩大地方教育经费的资金而征收的一项专用基金。

一般纳税人在市区，城市维护建设税征收比率为 7%，教育费附加征收比率为 3%，地方教育费附加征收比率为 2%。

附加税应纳税额=纳税人实际缴纳的增值税、消费税 × 适用税率

【例 4-36】 计算 A 公司 2018 年 12 月的应缴纳的城市维护建设税、教育费附加和地方教育费附加，并编制计提附加税种的会计分录。

例题中 A 公司以增值税为基数，计算应缴纳的附加税种如下：

城市维护建设税 = 339 200 × 7% = 23 744

教育费附加 = 339 200 × 3% = 10 176

地方教育费附加 = 339 200 × 2% = 6 784

故 A 公司月末应编制分录如下：

借：税金及附加　　40 704

　　贷：应交税费——应交城市维护建设税　　23 744

　　　　　　　——应交教育费附加　　10 176

　　　　　　　——应交地方教育费附加　　6 784

销售业务确认收入会涉及折扣销售中的商业折扣、现金折扣、销售折让、销售退回等特殊业务处理，还会涉及以物易物和包装物押金等，这些内容将在《实战会计进阶》中具体讲解。

第六节　期间费用核算

一、期间费用的构成

期间费用是指企业日常活动中不能直接归属于某个特定成本核算对象的，在发生时应直接计入当期损益的各项费用，包括管理费用、销售费用和财务费用。

管理费用是指企业为组织和管理企业生产经营活动所发生的各种费用。

销售费用是指企业在销售商品和材料、提供劳务的过程中发生的各种费用。

财务费用是指企业为筹集生产经营所需资金等而发生的筹资费用。

二、账户设置

企业通常设置以下账户对期间费用业务进行会计核算：

1.“管理费用”账户

“管理费用”账户属于损益类账户，用以核算企业为组织和管理企业生产经营活动所发生的各项费用。该账户可按费用项目设置明细账户，进行明细分类核算。

“管理费用”账户借方登记发生的各项管理费用，贷方登记期末转入“本年利润”账户的管理费用。期末结转后，该账户无余额。

“管理费用”账户的结构和内容如图 4-45 所示。

借方　　　　管理费用	贷方
企业为组织和管理生产经营活动所发生的各种管理费用	期末结转到“本年利润”账户的余额

图 4-45　“管理费用”账户的结构和内容

2.“销售费用”账户

“销售费用”账户属于损益类账户，用以核算企业发生的各项销售费用。该账户可按费用项目设置明细账户，进行明细分类核算。

“销售费用”账户借方登记发生的各项销售费用，贷方登记期末转入“本年利润”账户的销售费用。期末结转后，该账户无余额。

“销售费用”账户的结构和内容如图 4-46 所示。

借方　　　　销售费用	贷方
企业在销售产品和材料、提供劳务的过程中发生的各项费用	期末结转到“本年利润”账户的余额

图 4-46 “销售费用”账户的结构和内容

3.“财务费用”账户

“财务费用”账户属于损益类账户，用以核算企业为筹集生产经营所需资金等而发生的筹资费用，包括利息支出（减利息收入）、汇兑损益以及相关的手续费、企业发生的现金折扣或收到的现金折扣等。为购建或生产满足资本化条件的资产发生的应予以资本化的借款费用，通过“在建工程”“制造费用”等账户核算。该账户可按费用项目设置明细账户，进行明细分类核算。

“财务费用”账户借方登记手续费、利息费用等的增加额，贷方登记应冲减财务费用的利息收入及期末转入“本年利润”账户的财务费用等。期末结转后，该账户无余额。

“财务费用”账户的结构和内容如图 4-47 所示。

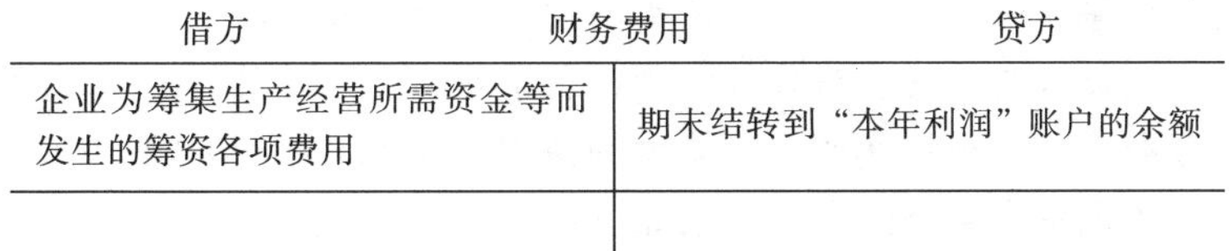

借方　　　　财务费用	贷方
企业为筹集生产经营所需资金等而发生的筹资各项费用	期末结转到“本年利润”账户的余额

图 4-47 “财务费用”账户的结构和内容

三、账务处理

1. 管理费用的账务处理

管理费用是指企业为组织和管理生产经营活动而发生的各项费用，包括企业在筹建期间发生的开办费、董事会和行政管理部门在企业的经营管理中发生的或者应由企业统一负担的公司经费（包括行政管理部门职工薪酬、物料消耗、低值易耗品摊销、办公费和差旅费等）、工会经费、董事会费（包括董事会成员津贴、会议费和差旅费等）、聘请中介机构费、咨询费（含顾问费）、诉讼费、业务招待费、房产税、车船税、土地增值税、印花税、矿产资源补偿费、技术转让费、研究费用、排污费等。

企业应通过“管理费用”科目核算管理费用的发生和结转情况。具体核算如下：

（1）企业在筹建期间发生的开办费，包括人员工资、办公费、培训费、差旅费、印刷费、注册登记费以及不计入固定资产成本的借款费用等。在实际发生时，借记“管理费用”科目，贷记“应付利息”“银行存款”等科目。

（2）行政管理部门人员薪酬，在确认行政管理部门人员的职工薪酬，借记“管理费用”科目，贷记“应付职工薪酬”科目。

（3）行政管理部门固定价值损耗，在计提行政管理部门的固定资产折旧时，借记“管理费用”科目，贷记“累计折旧”科目。

（4）企业生产车间（部门）和行政管理部门等发生固定资产修理费用（来自于生产车间的固定资产修理）等后续支出时，借记“管理费用”科目，贷记“银行存款”等科目。

（5）企业行政管理部门发生的办公费、水电费、差旅费等，以及企业发生的业务招待费、聘请中介机构费、咨询费、诉讼费、技术转让费、企业研究费用等其他费用，借记“管理费用”，贷记“银行存款”等科目。

【例 4-37】 A 公司 2018 年 12 月支付行政部差旅费 5 000 元，以现金支付。

分析：行政部发生的差旅费，按照部门归属记入“管理费用”总账科目，根据费用项目归属记入二级明细科目差旅费，属于费用要素的增加，记入“管理费用”科目的借方；以现金支付费用款，属于资产要素的减少，记入“库存现金”科目的贷方。

A 公司支付差旅费应编制的会计分录如下：

借：管理费用——差旅费　　5 000
　　贷：库存现金　　5 000

【例 4-38】 A 公司 2018 年 12 月就公司一项诉讼案件向律师事务所咨询，以银行存款支付咨询费 16 400 元。

分析：向律师事务所咨询发生的咨询费，按照部门归属记入“管理费用”总账科目，根据费用项目归属记入二级明细科目咨询费，属于费用要素的增加，记入“管理费用”科目的借方；以银行存款支付，属于资产要素的减少，记入“银行存款”科目的贷方。

A 公司支付咨询费应编制的会计分录如下：

借：管理费用——咨询费　　16 400
　　贷：银行存款　　16 400

2. 销售费用的账务处理

销售费用是指企业在销售商品和材料、提供劳务过程中发生的各项费用，包括保险费、包装费、展览费和广告费、商品维修费、预计产品质量保证损失、运输费、装卸费等，以及为销售本企业商品而专设的销售机构（含销售网点、售后服务网点等）的职工薪酬、业务费、折旧费等经营费用。企业发生的与专设销售机构相关的固定资产修理费用等后续支出，也计入销售费用。

企业应设置“销售费用”科目核算销售费用的发生与结转情况，具体核算如下：

（1）企业在销售商品过程中发生的包装费、保险费、展览费和广告费、运输费、装卸费等费用，应借记“销售费用”科目，贷记“库存现金”“银行存款”等科目；

（2）企业发生的为销售本企业商品而专设的销售机构的职工薪酬、业务费、折旧费、修理费等经营费用，应借记“销售费用”，贷记“应付职工薪酬”“银行存款”“累计折旧”等科目。

【例 4-39】 A 公司 2018 年 12 月，销售部为拓展市场，发生商场展览费 10 000 元，用银行存款支付。

分析：销售部发生的商场展览费，按照部门归属记入“销售费用”总账科目，根据费用项目归属记入二级明细科目展览费，属于费用要素的增加，记入“销售费用”科目的借方；以银行存款支付，属于资产要素的减少，记入“银行存款”科目的贷方。

A 公司支付咨询费应编制的会计分录如下：

借：销售费用——展览费　　10 000
　　贷：银行存款　　10 000

【例 4-40】 A 公司 2018 年 12 月 31 日，计算应支付本单位专设销售机构人员工资 24 000 元。

分析：专设销售机构的工资费用，按照部门归属记入“销售费用”总账科目，根据费用项目归属记入二级明细科目工资费用，属于费用要素的增加，记入“销售费用”科目的借方；一项应付未付的债务，属于负债要素的增加，记入“应付职工薪酬”科目贷方。

A 公司支付咨询费应编制的会计分录如下：

借：销售费用——工资费用　　24 000
　　贷：应付职工薪酬　　24 000

3. 财务费用的账务处理

财务费用是指企业为筹集生产经营所需资金等而发生的筹资费用，包括利息支出（减利息收入）、汇兑损益以及相关的手续费、企业发生或收到的现金折扣等。

企业应设置“财务费用”科目核算财务费用的发生和结转情况。具体核算如下：

企业发生的各项财务费用，借记“财务费用”科目，贷记“银行存款”“应付利息”等科目；企业发生应冲减财务费用的利息收入、汇兑损益、现金折扣，借记“银行存款”“应付账款”等科目，贷记“财务费用”科目。

【例 4-41】 A 公司 2018 年 12 月 31 日，收到开户银行送达的银行存款结息回单一份，结息金额 500 元。

分析：存款利息记入“财务费用”总账科目，根据费用项目归属记入二级明细科目利息收入，属于费用要素的减少，记入“财务费用”科目的借方；开户银行收到结息，计入“银行存款”总账科目，属于资产要素的增加，记入“银行存款”科目的借方。

A 公司收到利息收入应编制的会计分录如下：

借：银行存款　　500
　　贷：财务费用——利息收入　　500

【例 4-42】 A 公司 2018 年 12 月 15 日，通过开户银行向供应商支付上月材料款，发生汇款手续费 100 元。

分析：汇款手续费应记入“财务费用”总账科目，根据费用项目归属记入二级明细科目手续费，属于费用要素的增加，记入“财务费用”科目借方；手续费已随货款支付，记入“银行存款”总账科目，属于资产要素的减少，记入“银行存款”科目贷方。

A公司支付咨询费应编制的会计分录如下：

借：财务费用——手续费　　100

　　贷：银行存款　　100

第七节　利润形成与分配业务核算

一、利润的构成

利润是指企业在一定会计期间的经营成果，包括收入减去费用后的余额、直接计入当期损益的利得和损失等。

- 利得是指由企业非日常活动所形成的、会导致所有者权益增加的、与所有者投入资本无关的经济利益的总流入。
- 损失是指企业非日常活动形成的、会导致所有者权益减少的、与向所有者分配利润无关的经济利益的流出。

利润由营业利润、利润总额和净利润三个层次构成。

1. 营业利润

营业利润是指反映企业管理者经营业绩的指标。其计算公式如下：

营业利润 = 营业收入 − 营业成本 − 税金及附加 − 销售费用 − 管理费用 − 财务费用
　　　　− 资产减值损失 + 公允价值变动收益（−公允价值变动损失）
　　　　+ 投资收益（−投资损失）

其中：

营业收入 = 主营业务收入 + 其他业务收入

营业成本 = 主营业务成本 + 其他业务成本

资产减值损失是指企业计提各项资产减值准备所形成的损失；公允价值变动收益（或损失）是指企业交易性金融资产等公允价值变动所形成的应计入当期损益的收益（或损失）；投资收益（或损失）是指企业对外投资的收益（或损失）。

2. 利润总额

利润总额又称税前利润，是指营业利润加上营业外收入减去营业外支出后的金额。其计算公式如下：

利润总额 = 营业利润 + 营业外收入 − 营业外支出

其中，营业外收入是指企业发生的与日常活动无直接关系的各项利得，包括非流动资产处置利得、非货币性资产交换利得、债务重组利得、政府补助利得、盘盈利得、捐赠利得等；营业外支出是指企业发生的与日常活动无直接关系的各项损失，包括非流动资产处置损失、非货币性资产交换损失、债务重组损失、公益性捐赠支出、非常损失、盘亏损失等。

3. 净利润

净利润又称税后利润，是利润总额扣除所得税费用后的净额。其计算公式如下：

净利润 = 利润总额 – 所得税费用

二、账户设置

企业通常设置以下账户对利润形成与分配业务进行会计核算：

1.“本年利润”账户

“本年利润”账户属于所有者权益类账户，用以核算企业当期实现的净利润（或发生的净亏损）。企业期（月）末结转利润时，应将各损益类账户的金额转入本账户，结平各损益类账户。

“本年利润”账户贷方登记企业期（月）末转入的主营业务收入、其他业务收入、营业外收入和投资收益等；借方登记企业期（月）末转入的主营业务成本、其他业务成本、税金及附加、销售费用、管理费用、财务费用、营业外支出、投资损失和所得税费用等。上述结转完成后，余额如在贷方，即为当期实现的净利润；余额如在借方，即为当期实现的净损失。

年度终了，应将本年实现的净利润或（发生的净损失），转入“利润分配——未分配利润”账户的贷方（或借方），结转后本科目应无余额。

“本年利润”账户的结构和内容如图 4-48 所示。

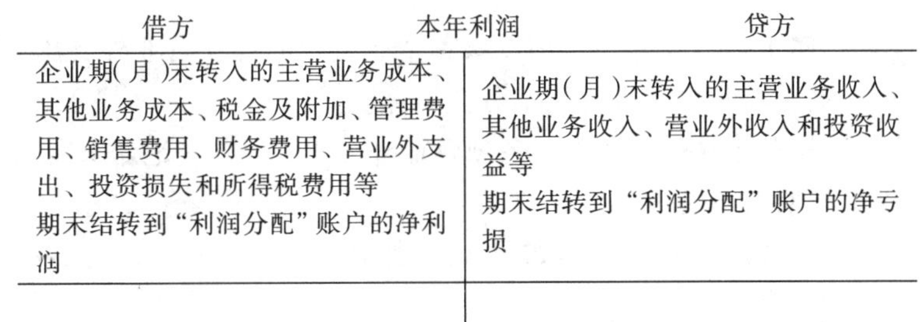

借方	贷方
企业期（月）末转入的主营业务成本、其他业务成本、税金及附加、管理费用、销售费用、财务费用、营业外支出、投资损失和所得税费用等 期末结转到“利润分配”账户的净利润	企业期（月）末转入的主营业务收入、其他业务收入、营业外收入和投资收益等 期末结转到“利润分配”账户的净亏损

图 4-48 “本年利润”账户的结构和内容

2.“投资收益”账户

“投资收益”账户属于损益类账户，用以核算企业确认的投资收益或投资损失。该账户可按投资项目设置明细账户，进行明细分类核算。

“投资收益”账户贷方登记实现的投资收益和期末转入“本年利润”账户的投资净损失；借方登记发生的投资净损失和期末转入“本年”利润账户的投资净收益。期末结转后，该账户无余额。

“投资收益”账户的结构和内容如图 4-49 所示。

借方	投资收益 贷方
企业发生的投资净损失 期末结转到“本年利润”账户的投资净收益	企业实现的投资收益 期末结转到“本年利润”账户的投资净损失

图 4-49 “投资收益”账户的结构和内容

3.“营业外收入”账户

“营业外收入”账户属于损益类账户，用以核算企业发生的各项营业外收入，该账户可按营业外收入项目设置明细账户，进行明细分类核算。

“营业外收入”账户贷方登记发生的各项营业外收入；借方登记期末转入“本年利润”账户的营业外收入。期末结转后，该账户无余额。

“营业外收入”账户的结构和内容如图 4-50 所示。

借方	营业外收入 贷方
期末结转到“本年利润”账户的营业外收入	企业发生的各项营业外收入

图 4-50 “营业外收入”账户的结构和内容

4.“营业外支出”账户

“营业外支出”属于损益类账户，用以核算企业发生的各项营业外支出，该账户可按营业外收入项目设置明细账户，进行明细分类核算。

“营业外支出”账户借方登记发生的各项营业外支出；贷方登记期末转入“本年利润”账户的营业外支出。期末结转后，该账户无余额。

“营业外支出”账户的结构和内容如图 4-51 所示。

借方	营业外支出 贷方
企业发生的各项营业外支出	期末结转到“本年利润”账户的营业外支出额

图 4-51 “营业外支出”账户的结构和内容

5.“所得税费用”账户

“所得税费用”账户属于损益类账户，用以核算企业确认的应从当期利润总额中扣除的所得税费用。

“所得税费用”账户借方登记企业应计入当期应交的所得税；贷方登记企业期末转入“本年利润”账户的所得税。期末结转后，该账户无余额。

“所得税费用”账户的结构和内容如图 4-52 所示。

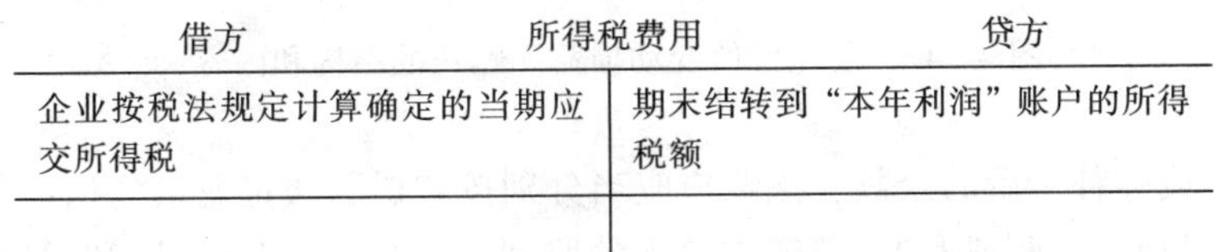

借方　　　　　　所得税费用	贷方
企业按税法规定计算确定的当期应交所得税	期末结转到“本年利润”账户的所得税额

图 4-52　“所得税费用”账户的结构和内容

6.“资产减值损失”账户

“资产减值损失”属于损益类账户，用以核算企业计提各项资产减值准备所形成的损失。该账户可按资产减值损失的项目设置明细账户，进行明细分类核算。

“资产减值损失”账户借方登记企业发生的各项资产减值损失；贷方登记企业已计提了资产减值准备、但相关资产的价值又得以恢复，需要在原已计提的减值准备金额内，恢复增加的金额；

期末，将本科目余额转入“本年利润”科目时，贷（或借）记本科目。期末结转后，该账户无余额。

“资产减值损失”账户的结构和内容如图 4-53 所示。

借方　　　　　　资产减值损失	贷方
企业计提各项资产减值准备所形成的损失	期末结转到“本年利润”账户的资产减值损失额

图 4-53　“资产减值损失”账户的结构和内容

7.“公允价值变动损益”账户

“公允价值变动损益”属于损益类账户，用以核算企业以各种资产，如投资性房地产、债务重组、非货币性资产交换、交易性金融资产等公允价值变动形成的应计入当期损益的利得或损失，即公允价值与账面余额之间的差额。

“公允价值变动损益”账户借方登记因公允价值变动而形成的损失金额和贷方发生额的转出额；贷方登记因公允价值变动而形成的收益金额和借方发生额的转出额。

期末，将本科目余额转入“本年利润”科目时，贷（或借）记本科目。期末结转后，该账户无余额。

“公允价值变动损益”账户的结构和内容如图 4-54 所示。

8.“利润分配”账户

“利润分配”账户属于所有者权益类账户，用以核算企业利润的分配（或亏损的弥补）

借方	公允价值变动损益	贷方
因公允价值变动形成的损失额 贷方发生额的转出额		因公允价值变动形成的收益额 借方发生额的转出额

图 4-54 “公允价值变动损益”账户的结构和内容

和历年分配（或弥补）后的余额。该账户应当分别按“提取法定盈余公积”“提取任意盈余公积”“应付现金股利或利润”“转作股本的股利”“盈余公积补亏”和“未分配利润”等进行明细分类核算。

“利润分配”账户借方登记实际分配的利润额，包括提取的盈余公积和分配给投资者的利润，以及年末从“本年利润”账户转入的全年发生的净亏损；贷方登记用盈余公积弥补的亏损额等其他转入数，以及年末从“本年利润”账户转入的全年实现的净利润。

年末，应将“利润分配”账户下的其他明细账户的余额转入“未分配利润”明细账户，结转后，除“未分配利润”明细账户可能有余额外，其他各个明细账户均无余额。

“未分配利润”明细账户的贷方余额为历年累计的未弥补亏损，即留待以后年度弥补的亏损。

“利润分配”账户的结构和内容如图 4-55 所示。

借方	利润分配	贷方
企业提取的盈余公积 分配给投资者的利润 转入的净亏损		用盈余公积弥补的亏损额等其他转入的净利润
企业历年累积的未弥补亏损		企业历年累积的未分配利润

图 4-55 “利润分配”账户的格式和内容

9.“盈余公积”账户

“盈余公积”属于所有者权益类账户，用以核算企业从净利润中提取的盈余公积。该账户应当分别按“法定盈余公积”“任意盈余公积”等科目进行明细分类核算。

“盈余公积”账户贷方登记提取的盈余公积，即盈余公积的增加额；借方登记实际使用的盈余公积，即盈余公积的减少额。期末余额在贷方，反映企业结余的盈余公积。

“盈余公积”账户的结构和内容如图 4-56 所示。

借方	盈余公积	贷方
		期初余额
企业实际使用的盈余公积		企业提取的盈余公积
		企业结余的盈余公积

图 4-56 “盈余公积”账户的结构和内容

10. “应付股利”账户

“应付股利”账户属于负债类账户，用以核算企业分配的现金股利或利润。该账户可按投资者进行明细分类核算。

“应付股利”账户贷方登记应付给投资者的股利或利润，即应付股利的增加额；借方登记实际支付给投资者的股利或利润，即应付股利的减少额。期末余额在贷方，反映企业应付未付的现金股利或利润。

“应付股利”账户的结构和内容如图 4-57 所示。

借方　　　　应付	股利　　　　贷方
	期初余额
企业实际支付给投资者的股利或利润	企业应付给投资者的股利或利润
	企业期末应付未付的现金股利或利润

图 4-57 “应付股利”账户的结构和内容

三、其他损益类账户的账务处理

除了前面所述经营业务，企业还会发生其他一些非经常性事项。如资产减值业务、非流动资产的处置与交换业务、对外投资业务、债务重组业务等。这些业务的发生会导致企业资产等会计要素发生变化，从而需要进行相应的会计核算。

现阐述“营业外收入”“营业外支出”“资产减值损失”三个账户的账务处理：

1. 营业外收入的账务处理

【例 4-43】 A 公司欠 B 公司 200 000 元货款，因 A 公司财务困难，经双方协商，B 公司同意减免 A 公司 50 000 元的债务，剩余货款通过银行转账支付。

分析：A 公司以 150 000 元偿还 B 公司的 200 000 元债务，因此一项负债“应付账款”减少 200 000 元，一项资产“银行存款”减少 150 000 元；A 公司因 B 公司减免而不需要偿付的 50 000 元则构成了 A 公司的债务重组收益，即一项收入“营业外收入”增加。

A 公司应编制会计分录如下：

借：应付账款——B 公司　　　　200 000
　　贷：银行存款　　　　150 000
　　　　营业外收入——债务重组收益　　　　50 000

2. 营业外支出的账务处理

【例 4-44】 A 公司应收 C 公司货款 100 000 元，但因 C 公司财务困难，经双方协商，A 公司同意减免 C 公司 10 000 元的债务，剩余货款已经通过网上银行收取。

分析：A 公司收回 C 公司前欠货款，一项资产“银行存款”增加 90 000 元，同时另一项资产“应收账款”减少 100 000 元；A 公司对 C 公司减免的 10 000 元则构成了 A 公司的债务重组损失，即一项费用“营业外支出”增加。

A公司应编制会计分录如下：

借：银行存款　　90 000
　　营业外支出——债务重组损失　　10 000
　　贷：应收账款——C公司　　100 000

3. 资产减值损失的账务处理

【例4-45】 A公司2018年年末应收账款的账户余额为100 000元，根据账龄分析法，A公司应计提坏账准备20 000元。

分析：“坏账准备”是“应收账款”的备抵科目。一项费用增加，记入“资产减值损失”科目的借方，一项资产应收账款处于减少的准备状态，记入“坏账准备”科目的贷方。

A公司应编制会计分录如下：

借：资产减值损失　　20 000
　　贷：坏账准备　　20 000

“坏账准备”账户属于资产类账户，是应收账款的备抵科目，用以核算企业应收款项的坏账准备，可按应收款项的类别进行明细分类核算。

资产负债表日（期末），若应收款项发生减值，按应减记的金额，贷记本科目。本期应计提的坏账准备大于“坏账准备”账面余额的，应按其差额计提；应计提的坏账准备小于“坏账准备”账面余额的差额作相反的会计分录。对于确实无法收回的应收款项，按管理权限报经批准后作为坏账的，转销应收款项时，应借记本科目。本科目期末贷方余额，反映企业已计提但尚未转销的坏账准备。本科目具体计算方法将在《实战会计进阶》中详细讲解。

四、利润形成及所得税费用的账务处理

利润形成的过程也是损益类账户结转的过程，同时也会涉及企业当年所得税费用的计提问题，现分别阐述：

1. 利润形成的账务处理

利润形成的账务处理主要涉及的是期末结转业务。期末，将损益类账户的贷方（或借方）余额转入“本年利润”账户的借方或贷方。结转后，损益类账户的余额为零。

【例4-46】 承接本章例4-6、例4-7、例4-9、例4-18、例4-27、例4-29、例4-30、例4-31、例4-32、例4-33、例4-34、例4-36、例4-37、例4-38、例4-39、例4-40、例4-41、例4-42、例4-43、例4-44、例4-45，将有关损益类账户的结账前余额汇总如表4-1所示，请编制结转损益类账户的会计分录。

分析：损益类账户分为收入类账户和费用类账户。对于收入类账户因发生时贷记该账户，所以结转时应借记该账户，同时贷记“本年利润”账户；对于费用类账户因发生借记该账户，所以结转时应贷记该账户，同时借记“本年利润”账户。

表 4-1　损益类账户结账前余额

账户名称	结账前余额（元）	
	借方	贷方
主营业务收入		2 120 000
其他业务收入		73 000
营业外收入		50 000
主营业务成本	1 540 000	
其他业务成本	59 800	
税金及附加	40 704	
销售费用	36 000	
管理费用	21 400	
财务费用	47 600	
营业外支出	10 000	
资产减值损失	20 000	
合计	1 775 504	2 243 000

A 公司应编制会计分录如下：

（1）结转损益类账户贷方余额

借：主营业务收入　　2 120 000
　　其他业务收入　　73 000
　　营业外收入　　50 000
　　贷：本年利润　　2 243 000

（2）结转损益类账户借方余额

借：本年利润　　1 775 504
　　贷：主营业务成本　　1 540 000
　　　　其他业务成本　　59 800
　　　　税金及附加　　40 704
　　　　销售费用　　36 000
　　　　管理费用　　21 400
　　　　财务费用　　47 600
　　　　营业外支出　　10 000
　　　　资产减值损失　　20 000

（3）通过以上两个分录，计算得出 A 公司的利润总额。

利润总额 ＝2 243 000 – 1 775 504 = 467 496 元

2. 所得税费用的账务处理

根据企业会计准则的规定，所得税费用是指应交所得税和递延所得税之和，即：

所得税费用 ＝ 应交所得税 ＋ 递延所得税

企业应通过“所得税费用”科目，核算企业所得税费用的确认及其结转情况，期末应将“所得税费用”账户的余额转入“本年利润”账户，借记“本年利润”科目，贷记“所得税费用”科目，结转后本账户应无余额。

应交所得税是指按照税法规定计算确定的针对当期发生的交易或事项应缴纳的所得税金额。递延所得税的内容将在《实战会计进阶》课程中详述。

【例 4-47】 承上例，A 公司 2018 年实现利润总额 467 496 元。假定本公司全年无纳税调整事项，适用的所得税税率为 25%，请计提该公司当年的所得税费用。

分析：

应纳税所得额 ＝ 利润总额 ＋（或－）纳税调整事项 ＝ 467 496 + 0 = 467 496 元

应交所得税 ＝ 利润总额 × 所得税率 ＝ 467 496 × 25% = 116 874 元

所得税费用 ＝ 应交所得税 ＋ 递延所得税 ＝ 116 874 + 0 = 116 874 元

对于会计分录的编写，在确认所得税费用时，一项费用“所得税费用”增加，应借记该科目，同时一项负债“应交税费”增加，应贷记该科目；实际缴纳所得税时，一项费用“所得税费用”减少，应借记该科目，同时一项资产“银行存款”减少，应贷记该科目；年末结转所得税费用时，应借记“本年利润”科目，贷记“所得税费用”科目。

A 公司应编制会计分录如下：

（1）确认所得税费用时

借：所得税费用　　116 874

　　贷：应交税费——应交企业所得税　　116 874

（2）实际上交所得税时

借：应交税费——应交企业所得税　　116 874

　　贷：银行存款　　116 874

（3）年末，结转“所得税费用”账户余额时

借：本年利润　　116 874

　　贷：所得税费用　　116 874

五、利润分配的账务处理

利润分配是指企业根据国家有关规定和企业章程、投资者协议等，对企业当年可供分配利润指定其特定用途和分配给投资者的行为。利润分配的过程和结果不仅关系到每个股东的合法权益是否得到保障，而且还关系到企业的未来发展。

按照我国有关规定，利润分配应按下列顺序进行。

1. 计算可供分配的净利润

企业在利润分配前，应根据本年净利润（或亏损）、年初未分配利润（或亏损）以及其他转入的金额（如盈余公积）等项目，计算可供分配的利润，即：

可供分配的利润 ＝ 净利润（或净亏损）＋ 年初未分配利润
－ 弥补以前年度的亏损 ＋ 其他转入的金额

如果可供分配的利润为负数（即累计亏损），则不能进行后续分配；如果可供分配的利润为正数（即累计盈利），则可进行后续分配。

会计期末，企业应将当年实现的净利润转入“利润分配——未分配利润”科目，即借记“本年利润”科目，贷记“利润分配——未分配利润”科目，如为净亏损，则作相反分录。

【例 4-48】 承上例，期末 A 公司将 2018 年实现的净利润转入“利润分配”账户。

分析：净利润 = 利润总额 – 所得税费用 = 467 496 – 116 874 = 350 622 元

对于会计分录的编写，需要考虑“本年利润”作为结转损益类科目的过渡科目，期末若有盈余，则会出现贷方余额，按照会计法要求期末需要要结平该账户。本例中有净利润，一项所有者权益“本年利润”账户减少，应借记该科目，另一项所有者权益“利润分配– 未分配利润”账户增加，应贷记该科目。

A 公司应编制会计分录如下：

借：本年利润　　350 622

　　贷：利润分配——未分配利润　　350 622

2. 提取法定盈余公积

按照《公司法》的有关规定，公司应当按照当年净利润（抵减年初累计亏损后）的10%提取法定盈余公积，提取的法定盈余公积累计额超过注册资本 50% 以上的，可以不再提取。

企业提取法定盈余公积时，借记“利润分配——提取法定盈余公积”科目，贷记“盈余公积——法定盈余公积”科目；提取任意盈余公积时，借记“利润分配——提取任意盈余公积”科目，贷记“盈余公积——任意盈余公积”科目。

3. 提取任意盈余公积

公司提取法定盈余公积后，经股东大会或者股东大会决议，还可以从净利润中提取任意盈余公积。

【例 4-49】 承上例，A 公司 2018 年实现税后利润为 367 122 元（不存在年初累计亏损），公司股东大会决定按 10%提取法定盈余公积，按 5% 提取任意盈余公积。

分析：法定盈余公积 = 净利润 × 10% = 350 622 × 10% = 35 062.20 元

任意盈余公积 = 净利润 × 5% = 350 622 × 5% = 17 531.10 元

对于会计分录的编写，需要考虑盈余公积来源于净利润，所以属于所有者权益内部的一增一减。一项所有者权益“利润分配”减少，应借记该科目，同时需要明细到二级科目；另一项所有者权益“盈余公积”增加，应贷记该科目，也需要明细到二级科目。

A 公司应编制会计分录如下：

借：利润分配——提取法定盈余公积　　35 062.20

　　　　　　——提取任意盈余公积　　17 531.10

　　贷：盈余公积——法定盈余公积　　35 062.20

　　　　　　　　——任意盈余公积　　17 531.10

4. 向投资者分配利润（或股利）

企业可供分配的利润扣除提取的盈余公积后，形成的可供投资者分配的利润，即：

可供投资者分配的利润 = 可供分配的利润 – 提取的盈余公积

企业可采用现金股利、股票股利和财产股利等形式向投资者分配利润（或股利）。关于股票股利和财产股利的内容将在《实战会计进阶》课程中详述。

企业根据股东大会或类似机构审议批准的利润分配方案，按应支付的现金股利或利润，借记“利润分配——应付现金股利”科目，贷记“应付股利”等科目。

【例 4-50】 2018 年年末，根据 A 公司董事会审议批准，宣告发放现金股利 100 000 元，假定不考虑其他因素，请编制相关会计分录。

分析：对于会计分录的编写，需要考虑现金股利来源于净利润，所以属于权益内部的一增一减。一项所有者权益“利润分配”减少，应借记该科目户，同时需要明细到二级科目；另一项负债“应付股利”增加，应贷记该科目。

A 公司应编制会计分录如下：

借：利润分配——应付现金股利　　100 000
　　贷：应付股利　　100 000

5. 企业未分配利润的形成

年度终了，企业应将“利润分配”科目所属其他明细科目的余额转入该科目“未分配利润”明细科目。

结转已分配的利润，借记“利润分配——未分配利润”科目，贷记“利润分配——提取法定盈余公积”“利润分配——提取任意盈余公积”“利润分配——应付现金股利”等科目。

结转后，“利润分配”科目中除“未分配利润”明细科目外，所属其他明细科目无余额。“未分配利润”明细账户的贷方余额表示累积未分配的利润，该账户如果出现借方余额，则表示累积未弥补的亏损。

【例 4-51】 承例 4-49、例 4-50，2018 年年末 A 公司结转已分配的利润，请编制相关会计分录。

分析：对于会计分录的编写，需要考虑会计法要求期末结平“利润分配”除未分配利润科目外的所有二级明细科目，因此属于所有者权益同科目内部的一增一减。即“利润分配——未分配利润”科目减少，应借记该科目；“利润分配”除未分配利润外其余二级明细科目增加，应贷记该科目。

A 公司应编制会计分录如下：

借：利润分配——未分配利润　　152 593.30
　　贷：利润分配——提取法定盈余公积　　35 062.20
　　　　　　　　——提取任意盈余公积　　17 531.10
　　　　　　　　——应付现金股利　　100 000.00

- 企业基本经济业务核算包括资金筹集业务、供应过程业务、产品生产业务、产品

销售业务、财务成果计算与分配业务。

- 企业筹集资金的方式可以分为权益筹资和债务筹资。
- 权益筹资主要包括实收资本（或股本）和资本公积。
- 负债筹资业务主要包括短期借款和长期借款。
- 生产成本由直接材料、直接人工和制造费用三部分组成。
- 制造费用月末归集后转入生产成本，期末无余额。
- 期间费用包括管理费用、销售费用和财务费用。
- 管理费用用以核算企业为组织和管理企业生产经营活动所发生的各项费用。
- 销售费用用以核算企业在销售商品和材料、提供劳务的过程中发生的各种费用。
- 财务费用用以核算企业为筹集生产经营所需资金等而发生的筹资费用。
- 利润是指企业在一定会计期间的经营成果，包括收入减去费用后的余额、直接计入当期损益的利得和损失等。
- 利润由营业利润、利润总额和净利润三个层次构成。
- 营业利润是指反映企业管理者经营业绩的指标。
- 利润总额又称税前利润，是指营业利润加上营业外收入减去营业外支出后的金额。
- 净利润又称税后利润，是利润总额扣除所得税费用后的净额。
- 年度终了，企业应将“利润分配”科目所属其他明细科目的余额转入该科目“未分配利润”明细科目。
- 结转后，“利润分配”科目中除“未分配利润”明细科目外，所属其他明细科目无余额。

自学自测  扫描此码

5 第五章 账务处理程序及相关内容

本章思维导图

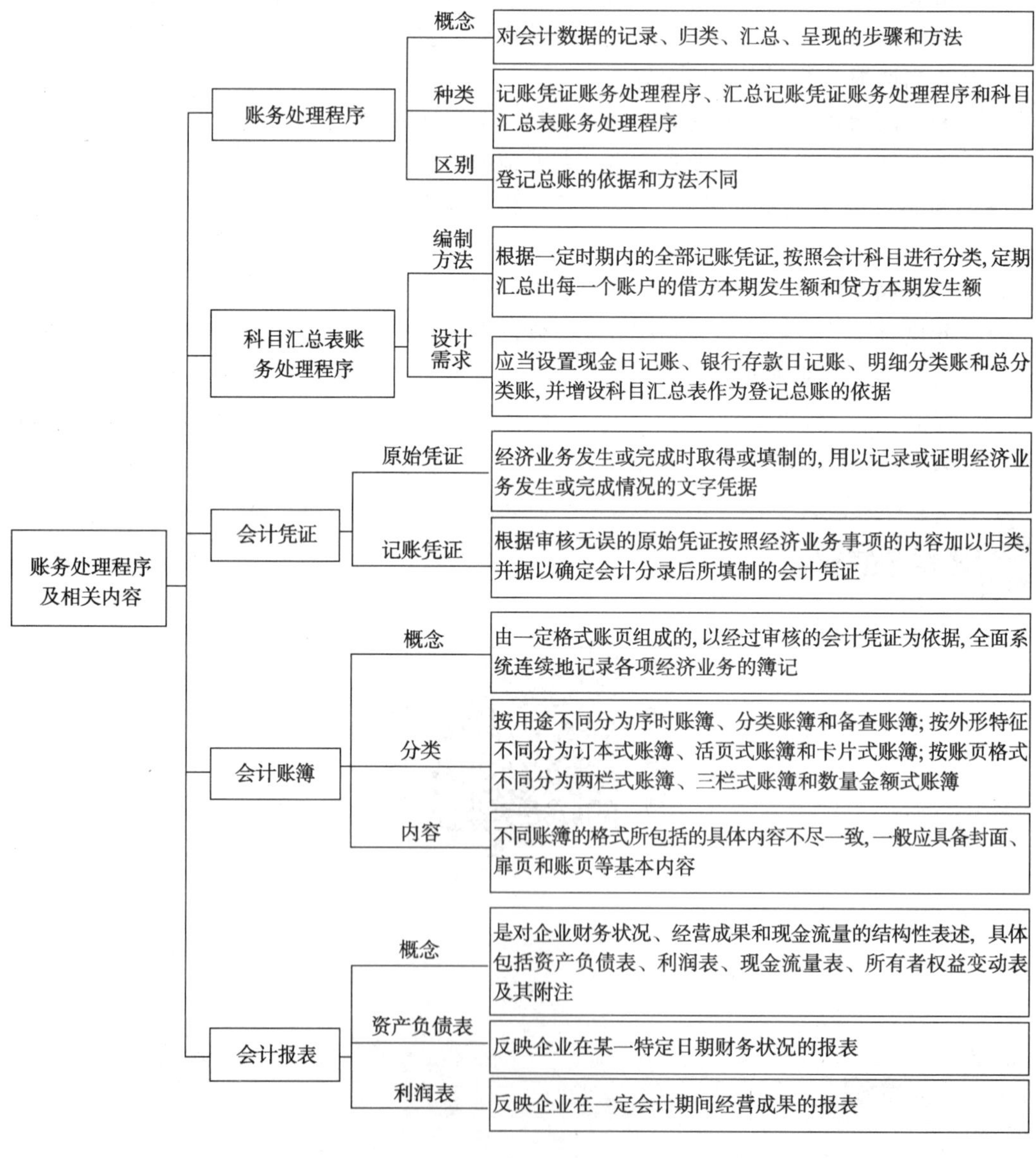

- 理解账务处理程序的概念及意义；
- 掌握科目汇总表的编制方法；
- 掌握会计凭证的分类及内容；
- 掌握会计账簿的分类及内容；
- 掌握会计报表的分类及内容。

随着科学技术的飞速发展，现代市场经济在互联网浪潮下日新月异，会计作为反映和监督企业经济管理活动的重要手段，其核算方式不断更新迭代。在现代企业会计核算中，电算化核算方式已经越来越成熟。对于初学者而言，了解会计核算方式的发展演变及财务工作流程，能够更好地理解电算化账务处理程序的设计思路。基于此，本章详细介绍传统手工核算方式下的账务处理程序及会计数据载体。

第一节　账务处理程序概述

一、账务处理程序的概念与意义

账务处理程序也称会计核算组织程序或会计核算形式，是指对会计数据的记录、归类、汇总、呈现的步骤和方法，即从原始凭证的整理、汇总，记账凭证的填制、汇总，日记账、明细分类账、总分类账的登记，到最后编制会计报表的步骤和方法。

账务处理程序是企业会计制度设计的一项重要内容。科学、合理地选择适合本单位的账务处理程序有利于规范会计工作，保证会计信息加工过程的严密性，提高会计信息质量；有利于保证会计记录的完整性和正确性，增强会计信息的可靠性；有利于减少不必要的会计核算环节，提高会计工作效率，保证会计信息的及时性。

二、账务处理程序的种类

在会计实践中，不同的账簿组织和记账方法及其不同的结合方式，形成了不同种类的账务处理程序。企业常用的账务处理程序主要有记账凭证账务处理程序、汇总记账凭证账务处理程序和科目汇总表账务处理程序等。各种账务处理程序的区别在于登记总账的依据和方法不同。

1. 记账凭证账务处理程序

记账凭证账务处理程序是指对发生的经济业务，先根据原始凭证或汇总原始凭证填制记账凭证，再直接根据记账凭证登记总分类账的一种账务处理程序。

2. 汇总记账凭证账务处理程序

汇总记账凭证账务处理程序是指先根据原始凭证或汇总原始凭证编制记账凭证，定期根据记账凭证分类编制汇总收款凭证、汇总付款凭证和汇总转账凭证，再根据汇总记账凭证登记总分类账的一种账务处理程序。

3. 科目汇总表账务处理程序

科目汇总表账务处理程序，又称记账凭证汇总表账务处理程序，是指根据记账凭证定期编制科目汇总表，再根据科目汇总表登记总分类账的一种账务处理程序。

三、不同账务处理程序的分析与比较

1. 记账凭证账务处理程序

记账凭证账务处理程序的优点是简单明了，总分类账能详细反映经济业务状况，方便会计核对与查账；但登记总分类账的工作量较大，也不利于分工。因此，一般适用于规模较小、经济业务较简单的企业。

2. 汇总记账凭证账务处理程序

汇总记账凭证账务处理程序的优点是能通过汇总记账凭证中有关科目的对应关系，了解经济业务的来龙去脉，而且可大大地简化登记总分类账的工作量；但汇总转账凭证是根据每一账户的贷方而不是按经济业务类型归类汇总的，故不利于会计分工。因此，一般适用于规模较大、经济业务较多的企业。

3. 科目汇总表账务处理程序

科目汇总表账务处理程序的优点是定期编制的科目汇总表，依据科目汇总表登记总分类账，可大大地简化登记总分类账的工作量；通过科目汇总表的编制，可进行发生额试算平衡，及时发现差错。但科目汇总表是定期汇总计算每一账户的借方、贷方发生额，并不考虑账户间的对应关系，所以在科目汇总表和总分类账中，不能明确反映账户的对应关系，不便于了解经济业务的具体内容。因此，主要适用于经济业务量较大的企业。

在传统手工核算方式下，企业在选择账务处理程序时需要结合本单位的实际情况，考虑本单位的生产经营活动特点和规模，满足本单位会计核算的要求。

本书以科目汇总表账务处理程序为例，详细讲解传统手工核算方式下的财务工作流程。

第二节　科目汇总表账务处理程序

科目汇总表，又称记账凭证汇总表，是企业通常定期对全部记账凭证进行汇总后，按照不同的会计科目分别列示各账户借方发生额和贷方发生额的一种汇总凭证。任何格式的科目汇总表，都只反映各个账户的本期借方发生额和本期贷方发生额，不反映各个账户的对应关系。

一、科目汇总表的编制方法

科目汇总表是根据一定时期内的全部记账凭证，按照会计科目进行分类，定期汇总出每一个账户的借方本期发生额和贷方本期发生额，填写在科目汇总表的相关栏内。

在编制科目汇总表时，首先将汇总期内各项经济业务所涉及的会计科目填在科目汇总表的“会计科目”栏内；其次，根据汇总期内所有记账凭证，按会计科目分别加计借方发生额和贷方发生额，将其汇总数填在各相应会计科目的“借方”和“贷方”栏；最后按会计科目汇总后，应加总借、贷方发生额，进行发生额试算平衡。

需要注意，科目汇总表上应注明据以编制的各种记账凭证的起讫字号。

科目汇总表的编制时间，应根据业务量而定。业务多的可以每日汇总，业务较少的可以定期汇总，可分为 5 天、10 天、半个月等定期汇总编制。

现举例说明科目汇总表的具体编制方法。

【例 5-1】 根据 Y 公司 2018 年 5 月发生的经济业务编制相关会计分录、登记 T 型账户并编制科目汇总表。具体经济业务略。

1. 编制相关会计分录

（1）借：定资产　　100 000
　　　贷：实收资本　　100 000

（2）借：银行存款　　60 000
　　　贷：长期借款　　60 000

（3）借：原材料　　5 000
　　　贷：银行存款　　5 000

（4）借：利润分配　　100 000
　　　贷：盈余公积　　100 000

2. 登记 T 型账户

根据上述会计分录登记 T 型账户，如图 5-1 所示。

借方	银行存款 贷方
期初余额：0 (2) 60 000	(3) 5 000
期末余额：55 000	

借方	原材料 贷方
期初余额：0 (3) 5 000	
期末余额： 5 000	

借方	固定资产 贷方
期初余额：0 (1) 100 000	
期末余额：100 000	

借方	长期借款 贷方
	期初余额：0 (2) 60 000
	期末余额：60 000

借方	实收资本 贷方
	期初余额：0 (1) 100 000
	期末余额： 100 000

借方	盈余公积 贷方
	期初余额：0 (4) 100 000
	期末余额：100 000

借方	利润分配 贷方
(4) 100 000	期初余额：0
期末余额：100 000	

图 5-1　填写 T 字账户

3. 编制科目汇总表

编制完成的科目汇总表，如表 5-1 所示。

表 5-1　科目汇总表

2018 年 5 月 31 日　　　　字第 1 号

会计科目	本期发生额	
	借方	贷方
银行存款	60 000	5 000
原材料	5 000	0
固定资产	100 000	0
长期借款	0	60 000
实收资本	0	100 000
盈余公积	0	100 000
利润分配	100 000	0
合计	265 000	265 000

二、设计要求

在科目汇总表账务处理程序下，要求定期将记账凭证编制成科目汇总表，然后根据科目汇总表登记总分类账。

采用科目汇总表账务处理程序时，应当设置现金日记账、银行存款日记账、明细分类账和总分类账。日记账和总账可采用三栏式；明细分类账可根据需要采用三栏式、数量金额式和多栏式。

记账凭证一般使用收款凭证、付款凭证和转账凭证三种格式，也可采用通用记账凭证，但应增设科目汇总表，以作为登记总分类账的依据。

三、基本内容

科目汇总表账务处理程序的基本内容，如图 5-2 所示。

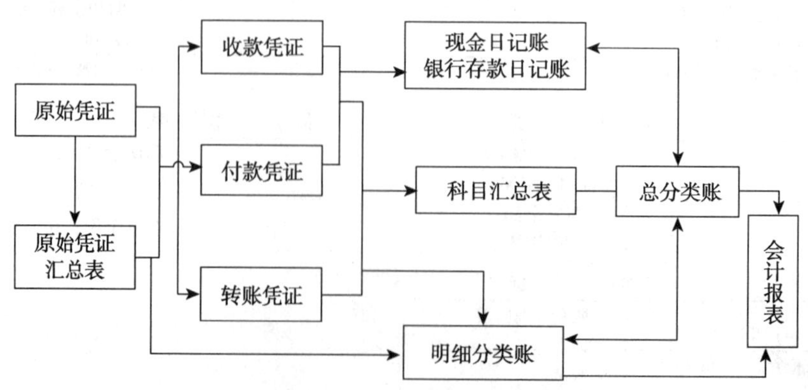

图 5-2　科目汇总表账务处理程序

科目汇总表账务处理程序的记账步骤如下：

① 根据原始凭证或原始凭证汇总表填制记账凭证（收款凭证、付款凭证及转账凭证）；

② 根据收款凭证和付款凭证逐笔登记现金日记账和银行存款日记账；

③ 根据原始凭证、原始凭证汇总表或记账凭证登记各种明细分类账；

④ 根据记账凭证定期编制科目汇总表；

⑤ 月末根据编制的科目汇总表登记总分类账；

⑥ 月末将现金日记账、银行存款日记账的余额，以及各种明细分类账余额的合计数，分别与总分类账中相关账户的余额核对相符；

⑦ 月末根据核对无误的总分类账和明细分类账的相关资料，编制会计报表。

2. 常用会计数据载体

在科目汇总表账务处理程序中涉及的原始凭证、汇总原始凭证、收款凭证、付款凭证、转账凭证、科目汇总表、日记账、总分类账、明细分类账及会计报表，都属于会计核算的专用载体，也是手工核算方式下必要的记账工具。

本章接续章节将详细介绍不同类型的记账工具。

第三节　会 计 凭 证

一、会计凭证概述

1. 会计凭证的概念

会计凭证简称凭证，是记录经济业务、明确经济责任的书面证明，也是登记账簿的依据。

填制和审核会计凭证是会计核算的方法之一，是会计工作的开始，是对经济业务进行核算和监督的重要环节。

2. 会计凭证的种类

会计凭证按照编制的程序和用途不同，分为原始凭证和记账凭证。原始凭证是编制记账凭证的依据，记账凭证是登记账簿的依据。

二、原始凭证

1. 原始凭证的概念

原始凭证又称单据，是在经济业务发生或完成时取得或填制的，用以记录或证明经济业务发生或完成情况的文字凭据。原始凭证是会计资料中具有法律效力的一种证明文件。

2. 原始凭证的分类

（1）原始凭证按照来源不同可以分为外来原始凭证和自制原始凭证

外来原始凭证是指在经济业务发生或完成时，从其他单位或个人直接取得的原始凭证。例如购货发票、飞机票、火车票、银行收付款通知单等，如图 5-3 所示。

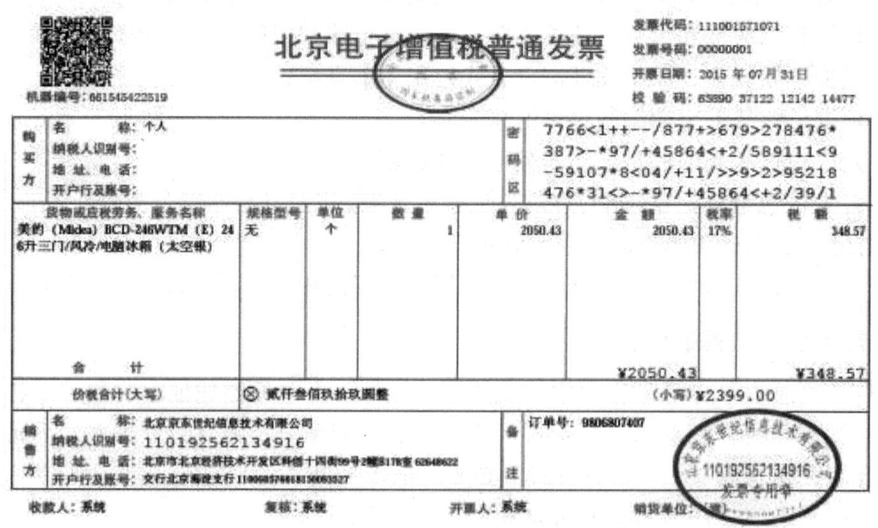

北京电子增值税普通发票

机器编号：661545422519

发票代码：111001571071
发票号码：00000001
开票日期：2015 年 07 月 31 日
校 验 码：63890 37122 12142 14477

购买方	名　　称：个人 纳税人识别号： 地 址、电 话： 开户行及账号：	密码区	7766<1++--/877+>679>278476* 387>-*97/+45864<+2/589111<9 -59107*8<04/+11/>>9>2>95218 476*31<>-*97/+45864<+2/39/1

货物或应税劳务、服务名称	规格型号	单位	数量	单价	金额	税率	税额
美的（Midea）BCD-246WTM（E）246升三门/风冷/电脑冰箱（太空银）	无	个	1	2050.43	2050.43	17%	348.57
合　　计					¥2050.43		¥348.57
价税合计（大写）	⊗ 贰仟叁佰玖拾玖圆整				（小写）¥2399.00		

销售方	名　　称：北京京东世纪信息技术有限公司 纳税人识别号：110192562134916 地 址、电 话：北京市北京经济技术开发区科创十四街99号2幢B178室 62648622 开户行及账号：[illegible]	备注	订单号：9806807407

收款人：系统　　复核：系统　　开票人：系统　　销货单位：（章）

图 5-3　购货发票

自制原始凭证简称自制凭证，是指由本单位内部经办业务的部门和人员，在执行或完成某项经济业务时填制的原始凭证。例如销售发票、领料单、开工单、成本计算单等，如表 5-2 所示的成本计算单。

表 5-2　发出材料成本计算单

明细	日期	数量（吨）	单价	金额
期初				
购入				
合计				
加权平均单价				
发出				
合计				

凡是不能证明经济业务已经完成的文件或证明，不能作为会计核算的依据，即不是原始凭证，如经济合同、材料请购单、生产通知单、银行对账单等；未经对方单位签章，不具备法律效力的凭证，或不具备凭证基本内容的白条，也同样不能作为原始凭证。

（2）按照填制手续及内容不同可以分为一次凭证、累计凭证和汇总凭证

① 一次凭证是指一次填制完成、只记录一笔经济业务的原始凭证。例如领料单、收料单等都是一次性凭证。

② 累计凭证是指在一定时期内多次记录发生的同类型经济业务的原始凭证，是多次有效的原始凭证。例如工业企业用的限额领料单，如表 5-3 所示，就是一种典型的累计凭证。

表 5-3　限额领料单

<table>
<tr><td rowspan="2">材料编号</td><td rowspan="2">材料名称</td><td rowspan="2">规格</td><td rowspan="2">计量单位</td><td rowspan="2">计划投产量</td><td rowspan="2">单位
消耗定额</td><td rowspan="2">领用限额</td><td colspan="3">实领</td></tr>
<tr><td>数量</td><td>单价</td><td>金额</td></tr>
<tr><td></td><td></td><td></td><td></td><td></td><td></td><td></td><td></td><td></td><td></td></tr>
<tr><td></td><td></td><td></td><td></td><td></td><td></td><td></td><td></td><td></td><td></td></tr>
<tr><td rowspan="2">领料日期</td><td colspan="4">领用</td><td colspan="4">退料</td><td rowspan="2">限额
结余</td></tr>
<tr><td>数量</td><td>领料人</td><td colspan="2">发料人</td><td>数量</td><td>退料人</td><td colspan="2">领料人</td></tr>
<tr><td></td><td></td><td></td><td colspan="2"></td><td></td><td></td><td colspan="2"></td><td></td></tr>
<tr><td></td><td></td><td></td><td colspan="2"></td><td></td><td></td><td colspan="2"></td><td></td></tr>
<tr><td></td><td></td><td></td><td colspan="2"></td><td></td><td></td><td colspan="2"></td><td></td></tr>
</table>

③ 汇总凭证是指对一定时期内反映经济业务内容相同的若干张原始凭证，按照一定标准综合填制的原始凭证。例如工资汇总表、耗用材料汇总表、差旅费报销单等就是汇总凭证。

3. 原始凭证的基本内容

一张完整的原始凭证应当包括原始凭证的名称、填制原始凭证的日期、接收原始凭证的单位名称、经济业务内容（含数量、单价和金额等）、填制单位签章、有关人员签章以及凭证附件等。

4. 原始凭证的填制要求

（1）记录要真实

原始凭证的填制，要由填制人或经办人根据经济业务的实际执行或完成情况填写，不得伪造或编造。

（2）内容要完整

原始凭证填制的内容必须完整、齐全。凭证的填制日期、经济业务的内容、数量、金额都必须认真填写，不得遗漏。

（3）手续要完备

单位自制的原始凭证必须要有经办单位领导人或者其他指定人员的签名或盖章；对外开出的原始凭证必须加盖本单位的公章；从外部取得的原始凭证，必须盖有填制单位的公章；从个人取得的原始凭证，必须有填制人员的签名盖章。

（4）书写要清楚规范

原始凭证的填制不得使用未经国务院公布的简化汉字，大小写金额必须相符且填写规范。

原始凭证大小金额不一致，不能入账，此凭证无效；小写金额前要填写人民币符号“¥”，人民币符号“¥”与阿拉伯数字之间不得留有空白；金额数字一律填写到角、分，无角分的写“00”或符号“-”，有角无分的，分位写“0”，不得用符号“-”；大写金额前未印有“人民币”字样的，应加写“人民币”三个字，“人民币”字样和大写金额之间不得留有空白；大写金额到元或角为止的，后面要写“整”或“正”字：如小写金额¥2189.00，大写金额应写成“人民币贰仟壹佰捌拾玖元整”；大写金额到分的，后面不应写“整”或“正”字。

（5）编号要连续

对于预先印有编号的原始凭证，在写坏作废时，应加盖“作废”戳记，不得撕毁。

（6）不得涂改、刮擦、挖补

原始凭证有错误的，不包括金额有错误，应当由出具单位重开或更正，更正处应加盖出具单位的印章；原始凭证金额有错误的，应当由出具单位重开，不得在原始凭证上更正。

（7）填制要及时

各类原始凭证一定要及时填写，并按规定的程序及时送交会计部门，由会计部门加以审核，并以此作为依据填制记账凭证，不得因为任何原因拖延，以避免延误会计核算的正常进行，保证会计资料的时效性。

5. 原始凭证的审核内容

为了正确反映和监督各项经济业务，确保会计资料真实、正确和合法，必须对原始凭证进行严格认真的审核。原始凭证的审核内容包括以下 6 个方面：

（1）真实性审核

原始凭证作为会计信息的基本信息源，其真实性对会计信息的质量具有决定性的影响。对原始凭证真实性的审核主要包括凭证日期是否真实、业务内容是否真实、数据是否真实等。对外来原始凭证，必须有填制单位的公章和填制人员签章；对自制原始凭证，必须有经办部门和经办人员的签名或盖章。

（2）合法性审核

合法性审核主要是审核原始凭证所记载的经济业务是否符合国家的政策法令、制度办法等规定要求，是否履行了规定的凭证传递和审核程序，是否有贪污腐败等行为。

（3）合理性审核

合理性审核主要是审核原始凭证所记载的经济业务是否符合企业生产经营活动的需要，是否符合有关的计划和预算等。

（4）完整性审核

完整性审核主要是审核原始凭证格式是否符合规定要求，各项要素是否齐全，内容是否完整，有关人员签章是否齐全，凭证联次是否正确等。

（5）正确性审核

正确性审核主要是审核原始凭证各项数字金额的计算及填写是否正确，大小写金额是否一致，数字和文字的书写是否清楚，有无刮、擦、挖、补、涂改、伪造等现象。

（6）及时性审核

及时性是保证会计信息质量的基础。为此，要求在经济业务发生或完成时及时填制有关原始凭证，及时进行凭证的传递。

原始凭证审核后，应按以下原则处理：

对于完全符合要求的原始凭证，应及时据以编制记账凭证入账；对于真实、合法、合理但内容不够完整、填写有错误的原始凭证，应退回给有关经办人员，由经办人员负责将有关凭证补充完整、更正错误或重开后，再办理正式会计手续；对于不真实、不合法的原始凭证，会计机构和会计人员有权不予接受，并向单位负责人报告。

三、记账凭证

1. 记账凭证的概念

记账凭证又称记账凭单，是会计人员根据审核无误的原始凭证按照经济业务事项的内容加以归类，并据以确定会计分录后所填制的会计凭证。

2. 记账凭证的分类

（1）记账凭证按其用途可分为专用记账凭证和通用记账凭证

专用记账凭证是指分类反映经济业务的记账凭证。这种记账凭证按其反映经济业务的内容不同，又可以分为收款凭证、付款凭证和转账凭证。

收款凭证是指用于记录库存现金和银行存款收款业务的会计凭证，如图 5-4 所示。收款凭证是根据有关库存现金和银行存款收入业务的原始凭证编制的，可以分为库存现金收款凭证和银行存款收款凭证。

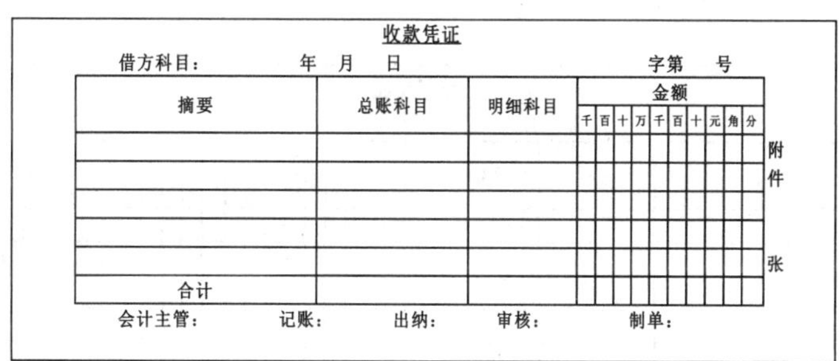

收款凭证

借方科目：　　年　月　日　　字第　号

摘要	总账科目	明细科目	金额									
			千	百	十	万	千	百	十	元	角	分
合计												

附件　张

会计主管：　记账：　出纳：　审核：　制单：

图 5-4　收款凭证

付款凭证是指用于记录库存现金和银行存款付款业务的会计凭证，如图 5-5 所示。付款凭证是根据有关库存现金和银行存款付出业务的原始凭证填制的，可以分为库存现金付款凭证和银行存款付款凭证。

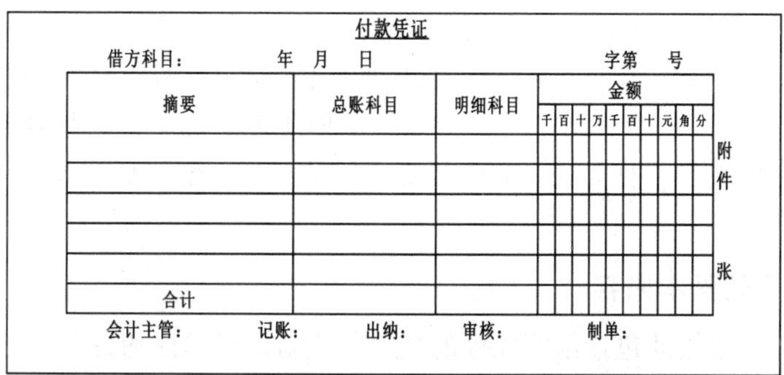

付款凭证

借方科目：　　年　月　日　　字第　号

摘要	总账科目	明细科目	金额									
			千	百	十	万	千	百	十	元	角	分
合计												

附件　张

会计主管：　记账：　出纳：　审核：　制单：

图 5-5　付款凭证

对于同时涉及现金和银行存款的业务，为避免重复入账，只编制“付款凭证”，不编制“收款凭证”。

转账凭证是指用于记录不涉及库存现金和银行存款业务的会计凭证，如图 5-6 所示。转账凭证是根据不涉及库存现金和银行存款收付的有关转账业务的原始凭证填制的。

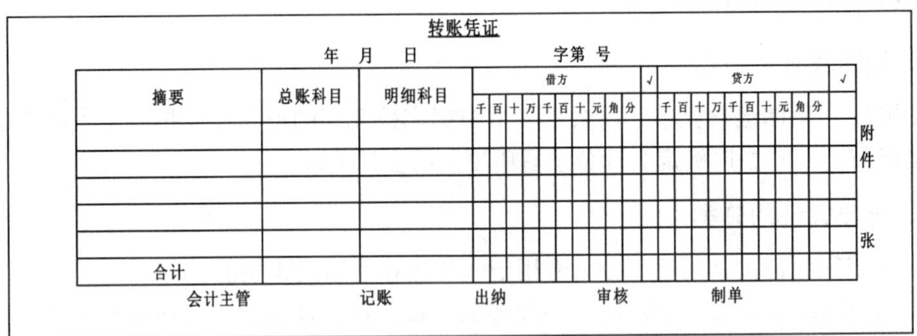

转账凭证

年 月 日 字第 号

摘要	总账科目	明细科目	借方										√	贷方										√	
			千	百	十	万	千	百	十	元	角	分		千	百	十	万	千	百	十	元	角	分		
																									附件
																									张
合计																									

会计主管 记账 出纳 审核 制单

图 5-6 转账凭证

在业务少、凭证不多的小型企业，为简化凭证手续，可以使用通用记账凭证，如图 5-7 所示。通用凭证不再细分为收款、付款、转账三类凭证，其格式和填制方法与转账凭证相同，记录发生的各种经济业务。

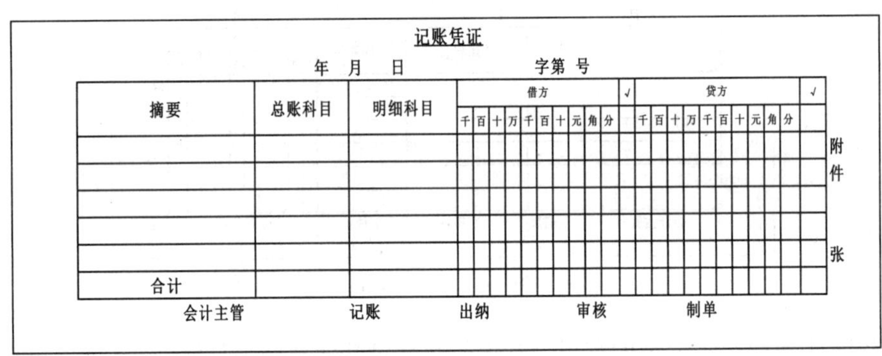

记账凭证

年 月 日 字第 号

摘要	总账科目	明细科目	借方										√	贷方										√	
			千	百	十	万	千	百	十	元	角	分		千	百	十	万	千	百	十	元	角	分		
																									附件
																									张
合计																									

会计主管 记账 出纳 审核 制单

图 5-7 记账凭证

（2）记账凭证按其填列会计科目的数目可分为单式记账凭证和复式记账凭证

① 单式记账凭证是指将每一张记账凭证只填列经济业务事项所涉及的一个会计科目及其金额的记账凭证。填列借方科目的称为借项凭证，填列贷方科目的称为贷项凭证。

② 复式记账凭证是指将每一笔经济业务事项所涉及的全部科目及其发生额均在同一张记账凭证中反映的一种凭证。收款凭证、付款凭证、转账凭证和通用凭证都属于复式记账凭证。

3. 记账凭证的基本内容

一张完整的记账凭证包括记账凭证的名称、填制记账凭证的日期、记账凭证的编号、经济业务事项的内容摘要、经济业务事项所涉及的会计科目及其记账方向、经济业务事项的金额、记账标记、所附原始凭证的张数以及会计主管、记账、审核、出纳、制单等有关人员的签章等。

4. 记账凭证的编制要求

编制记账凭证必须符合以下要求：

（1）填制内容

编写记账凭证时，要确保记账凭证的各项内容都已准确填列，包括记账日期、凭证编号、业务摘要、会计科目、金额、附件张数及相关责任人签字等。

（2）凭证编号

记账凭证可以统一编号，也可以按收付转凭证分别编号。一笔经济业务需要填制两张以上记账凭证的，可以采用分数编号法编号。例如一项转账业务，按业务排序为第5项，需要填制4张记账凭证，编号应为：转5 1/4号、转5 2/4号、转5 3/4号及转5 4/4号。

（3）填制依据

记账凭证可以根据每一张原始凭证填制或根据若干张同类原始凭证汇总编制，也可以根据原始凭证汇总表填制，但不得将不同内容和类别的原始凭证汇总填制在一张记账凭证上。

（4）附件张数

除结账和更正错误的记账凭证可以不附原始凭证外，其他记账凭证必须附有原始凭证。

（5）空行注销

填制经济业务事项后，如有空行，应当自金额栏最后一笔金额数字下的空行处至合计数上的空行处划线注销。

在填制记账凭证时，无论哪些内容发生错误，都需要重新填制，不允许划线注销后在原记账凭证上继续填写。

5. 记账凭证的审核内容

记账凭证的审核主要包括内容是否真实（与原始凭证是否相符）、项目是否齐全、科目是否正确、金额是否正确以及书写是否正确等。

在记账凭证审核中如发现错误，应立即查明原因，按规定加以更正。只有审核无误的记账凭证才能作为登记账簿的依据。

6. 原始凭证与记账凭证的区别

原始凭证与记账凭证虽然都属于会计凭证，但是差别显著，具体表现在以下方面：

（1）填制人员不同

原始凭证大多是由本单位或外单位的业务经办人员填制的，而记账凭证则一律是由本单位的会计人员填制的。

（2）填制依据不同

原始凭证是根据已经发生或完成的经济业务填制的，而记账凭证则是根据经审核后的原始凭证填制的。

（3）填制方式不同

原始凭证只是经济业务发生或完成情况的原始证明，而记账凭证则要依据会计科目对已经发生或完成的经济业务进行初步分类、整理。

（4）发挥作用不同

原始凭证是填制记账凭证的依据，而记账凭证则是登记会计账簿的依据。

第四节　会计账簿

一、会计账簿概述

1. 会计账簿的概念

会计账簿是指由一定格式账页组成的，以经过审核的会计凭证为依据，全面系统连续地记录各项经济业务的簿记。会计账簿是由若干账页组成的一个整体，而开设于账页上的账户则是这个整体上的个别部分，因此账簿和账户的关系是形式和内容的关系。

2. 会计账簿的意义

设置和登记账簿是编制会计报表的基础，是连接会计凭证与会计报表的中间环节，在会计核算中具有重要意义。

合理的设置和登记账簿，可以系统地记录和提供企业经济活动所需的各类数据，能够加强企业经济核算，改善企业经营管理。

二、会计账簿的分类

在会计账簿体系中，有各种不同功能和作用的账簿，这些账簿各自独立、又相互补充。为了便于了解和使用，必须从不同的角度对会计账簿进行分类。

1. 会计账簿按用途分类

会计账簿按其用途不同，可分为序时账簿、分类账簿和备查账簿。

（1）序时账簿

序时账又称日记账，是按经济业务发生或完成时间的先后顺序进行登记的账簿。按序时账记录的内容不同，又分为普通日记账和特种日记账。

普通日记账是用来逐笔记录全部经济业务的序时账簿。即把每天发生的各项经济业务逐日逐笔地登记在日记账中，并确定会计分录，然后据以登记分类账。

特种日记账是用来逐笔记录某一经济业务的序时账簿。目前在我国，大多数单位一般只设现金日记账和银行存款日记账，如表 5-4 所示。

（2）分类账簿

分类账是对全部经济业务按照会计要素的具体类别设置分类账户进行登记的账簿。分类账簿按其反映指标的详细程度分为总分类账簿和明细分类账簿。

表 5-4　库存现金日记账

年		凭证		摘要	对方科目	借方金额	贷方金额	方向	余额
月	日	字	号						

总分类账簿按照总分类账户分类登记全部经济业务事项，简称总账；明细分类账簿按照明细分类账户分类登记经济业务事项，简称明细账。

（3）备查账簿

备查账簿简称备查账，是对某些不能在序时账簿和分类账簿中进行登记或者登记不够详细的经济业务事项进行补充登记时使用的账簿，又称为辅助账簿。备查账簿没有固定格式，可由各单位根据管理的需要自行设计。如租入固定资产登记簿、应收票据备查簿、受托加工来料登记簿等。

2. 会计账簿按外形特征分类

会计账簿按其外形特征不同，可以分为订本式账簿、活页式账簿和卡片式账簿。

（1）订本式账簿

订本式账簿也称订本账，是指在账簿启用前就把具有账户基本结构并连续编号的若干张账页，固定装订成册的账簿。

订本式账簿可以避免账页散失，防止账页被随意抽换，比较安全；由于账页固定，不能根据需要增加或减少，不便于按需要调整各账户的账页，也不便于分工记账。所以这种账簿一般适用于总分类账、现金日记账和银行存款日记账。

（2）活页式账簿

活页式账簿也称活页账，是指年度内账页不固定装订成册，而是将其放置在活页账夹中的账簿。当账簿登记完毕之后（通常是一个会计年度结束之后），才能将账页予以装订，加具封面，并给各账页连续编号。

活页式账簿可以随时取放，便于账页的增加和重新排列，也便于分工记账；但是其账页容易散失和被随意抽换。各种明细分类账一般采用活页账。

（3）卡片式账簿

卡片式账簿又称卡片账，是指由许多具有一定格式的卡片组成，存放在一定卡片箱内的账簿。卡片账的卡片一般装在卡片箱内，不用装订成册，随时可存放，也可跨年度长期使用。

卡片式账簿便于随时查阅，也便于按不同要求归类整理，不易损坏；但是其账页容易散失和随意抽换。因此，在使用时应对账页连续编号，并加盖有关人员的印章，卡片箱应由专人保管，更换新账后也应封扎保管，以保证其安全。

在我国，单位一般只对固定资产和低值易耗品等资产明细账采用卡片式账簿。

3. 会计账簿按账页格式分类

会计账簿按其账页的格式不同，可以分为两栏式账簿、三栏式账簿、多栏式账簿和数量金额式账簿。

（1）两栏式账簿

两栏式账簿是指只有借方和贷方两个基本金额栏目的账簿。普通日记账和转账日记账一般采用两栏式。

（2）三栏式账簿

三栏式账簿是指设有借方、贷方和余额三个基本金额栏目的账簿。各种日记账、总分类账以及资本、债权、债务明细分类账都可采用三栏式账簿。三栏式账簿格式如表 5-5 所示。

表 5-5　总分类账三栏式格式

总分类账

本账页数	
本户页数	

（　　）科目

年		凭证		摘要	对方科目	借方金额	贷方金额	方向	金额
月	日	字	号						

（3）多栏式账簿

多栏式账簿是指在账簿的两个金额栏目借方和贷方按需要分设若干专栏的账簿。该账簿专栏设置在借方还是贷方或是两方同时设置专栏，以及专栏的数量等，均应根据需要确定。收入、成本、费用明细账一般采用这种格式的账簿，例如主营业务收入、管理费用、应交税费、生产成本、制造费用明细账等。多栏式账簿格式如表 5-6 所示。

表 5-6　多栏式账簿格式

本账页数	___　___
本户页数	___　___

科目名称（　　）　___　___

年		凭证		摘要	借方	贷方	方向	金额	借（　　）方金额分析
月	日	字	号						

（4）数量金额式账簿

数量金额式账簿是指在账页中分设“借方”“贷方”和“余额”三大栏，并在每一大栏内分设数量、单价和金额等三小栏的账簿，数量金额式账簿能够反映出财产物资的实物数量和价值量。原材料、库存商品、产成品等明细分类账一般都采用数量金额式账簿。数量金额式账簿格式如表 5-7 所示。

表 5-7　数量金额式账簿格式

<table>
<tr><td colspan="5">最高存量（　　）
最低存量（　　）
编号（　　）
规格（　　）</td><td colspan="6">___　___
___
________科目
___　___</td><td colspan="3">本账页数（　　）
本户页数（　　）
单位（　　）
名称（　　）</td></tr>
<tr><td colspan="2">年</td><td colspan="2">凭证</td><td rowspan="2">摘要</td><td colspan="3">借方</td><td colspan="3">贷方</td><td colspan="3">余额</td></tr>
<tr><td>月</td><td>日</td><td>字</td><td>号</td><td>数量</td><td>单价</td><td>金额</td><td>数量</td><td>单价</td><td>金额</td><td>数量</td><td>单价</td><td>金额</td></tr>
<tr><td></td><td></td><td></td><td></td><td></td><td></td><td></td><td></td><td></td><td></td><td></td><td></td><td></td><td></td></tr>
<tr><td></td><td></td><td></td><td></td><td></td><td></td><td></td><td></td><td></td><td></td><td></td><td></td><td></td><td></td></tr>
<tr><td></td><td></td><td></td><td></td><td></td><td></td><td></td><td></td><td></td><td></td><td></td><td></td><td></td><td></td></tr>
<tr><td></td><td></td><td></td><td></td><td></td><td></td><td></td><td></td><td></td><td></td><td></td><td></td><td></td><td></td></tr>
</table>

三、会计账簿的内容

1. 会计账簿的基本内容

各种账簿所记录的经济内容不同，账簿的格式又多种多样，不同账簿的格式所包括的具体内容也不尽一致，但各种账簿一般应具备封面、扉页和账页等基本内容。

① 封面主要用于标明账簿的名称，如现金日记账、银行存款日记账、总分类账、应收账款明细账等。

② 扉页主要用于标明会计账簿的使用信息，如科目索引、账簿启用和经管人员一览表等。

③ 每张账页上都应载明记账日期、凭证种类、凭证号数、经济业务摘要、账户的名称（即会计科目）、金额及方向、总页次和分页次等。

2. 会计账簿的启用

启用会计账簿时，账簿封面上应写明单位名称和账簿名称，并在账簿扉页上附启用表。

启用表内容包括启用日期、账簿页数、记账人员、会计机构负责人、会计主管人员，并加盖名章和单位公章；记账人员、会计机构负责人、会计主管人员调动工作时，应当注明交接日期、经办人员或者监交人员姓名，并由交接双方签名或者盖章，如表 5-8 所示。

表 5-8 账簿启用登记表

<table>
<tr><td colspan="2">使用者名称</td><td colspan="4"></td><td>印章</td></tr>
<tr><td colspan="2">账簿编号</td><td colspan="4"></td><td rowspan="7"></td></tr>
<tr><td colspan="2">账簿页数</td><td colspan="4">本账簿共计使用　　页</td></tr>
<tr><td colspan="2">启用日期</td><td colspan="4">年　月　日</td></tr>
<tr><td colspan="2">截止日期</td><td colspan="4">年　月　日</td></tr>
<tr><td rowspan="3">责任者盖章</td><td>出纳</td><td>审核</td><td>主管</td><td colspan="2">部门领导</td></tr>
<tr><td></td><td></td><td></td><td colspan="2"></td></tr>
<tr><td></td><td></td><td></td><td colspan="2"></td></tr>
<tr><td colspan="7">交接记录</td></tr>
<tr><td rowspan="2">姓名</td><td colspan="3" rowspan="2">交接日期</td><td rowspan="2">交接盖章</td><td colspan="2">监交人员</td></tr>
<tr><td>职务</td><td>姓名</td></tr>
<tr><td rowspan="2"></td><td colspan="3">经管　年　月　日</td><td></td><td></td><td></td></tr>
<tr><td colspan="3">交出　年　月　日</td><td></td><td></td><td></td></tr>
<tr><td rowspan="2"></td><td colspan="3">经管　年　月　日</td><td></td><td></td><td></td></tr>
<tr><td colspan="3">交出　年　月　日</td><td></td><td></td><td></td></tr>
<tr><td rowspan="2"></td><td colspan="3">经管　年　月　日</td><td></td><td></td><td></td></tr>
<tr><td colspan="3">交出　年　月　日</td><td></td><td></td><td></td></tr>
<tr><td>印花税票</td><td colspan="6"></td></tr>
</table>

第五节 会 计 报 表

一、财务报表概述

1. 财务报表及其目标

财务报表是对企业财务状况、经营成果和现金流量的结构性表述。

财务会计报告的目标是向财务会计报告使用者提供与企业财务状况、经营成果和现金流量等有关的会计信息，反映企业管理层受托责任的履行情况，有助于财务会计报告使用者做出经济决策。

财务报表使用者通常包括投资者、债权人、政府及其有关部门和社会公众等。

2. 财务报表的组成

财务报表应当包括资产负债表、利润表、现金流量表、所有者权益变动表及其附注。

3. 财务报表的分类

（1）按财务报表编制期间的不同，可以分为中期财务报表和年度财务报表

中期财务报表包括月报、季报和半年报等；年度财务报表应当包括资产负债表、利润表、现金流量表和附注。

一套完整的财务报表至少应当包括资产负债表、利润表、现金流量表和附注。

（2）按财务报表反映财务活动的不同，可以分为静态财务报表和动态财务报表

资产负债表属于静态财务报表，利润表、所有者权益变动表和现金流量表属于动态财务报表。

（3）按财务报表的报送对象不同，分为对外财务报表和对内财务报表

对外财务报表包括资产负债表、利润表、现金流量表、所有者权益变动表及其附注，需要按企业会计准则的要求编制，有统一的格式和指标体系。

对内财务报表主要是管理报表，是企业自行设计、编制的报表，没有统一的格式和指标体系。

（4）按财务报表编制范围的不同，可以分为个别财务报表和合并财务报表

个别财务报表是指独立核算的企业用来反映其自身财务状况、经营成果和现金流量情况的财务报表。

合并财务报表是指由母公司编制的，以母公司和子公司组成的企业集团为会计主体，反映整个企业集团财务状况、经营成果和现金流量情况的财务报表。

二、资产负债表

1. 资产负债表概述

资产负债表是反映企业在某一特定日期财务状况的报表。通过资产负债表可以提供某一特定日期资产总额及其结构，表明企业拥有或控制的资源及其分布情况；可以提供某一日期负债总额及其结构，表明企业未来需要用多少资产或劳务清偿债务以及清偿时间；反映所有者所拥有的权益，据以判断资本保值、增值的情况以及对负债的保障程度。

2. 资产负债表的格式

资产负债表由表头和表体两部分组成，如表 5-9 所示。表头部分应列明报表名称、编表单位名称、资产负债表日和人民币金额单位；表体部分反映资产、负债和所有者权益的内容，是资产负债表的主体和核心，各项资产、负债按流动性排列，所有者权益项目按稳定性排列。

资产负债表主要有账户式和报告式两种。根据我国《企业会计准则》的规定，我国企业的资产负债表采用账户式结构，即左侧列示资产，右侧列示负债和所有者权益。

资产负债表的具体编制方法详见手工实训。

表 5-9 资产负债表

资产负债表

会企 01 表

编制单位：　　　　年　　月　　日　　　　单位：元

资产	期末余额	年初余额	负债和所有者权益（或股东权益）	期末余额	年初余额
流动资产：			流动负债：		
货币资金			短期借款		
以公允价值计量且其变动计入当期损益的金融资产			以公允价值计量且其变动计入当期损益的金融负债		
衍生金融资产			衍生金融负债		
应收票据及应收账款			应付票据及应付账款		
预付款项			预收款项		
其他应收款			应付职工薪酬		
存货			应交税费		
持有待售资产			其他应付款		
一年内到期的非流动资产			持有待售负债		
其他流动资产			一年内到期的非流动负债		
流动资产合计			其他流动负债		
非流动资产：			流动负债合计		
可供出售金融资产			非流动负债：		
持有至到期投资			长期借款		
长期应收款			应付债券		
长期股权投资			其中：优先股		
投资性房地产			永续债		
固定资产			长期应付款		
在建工程			预计负债		
工程物资			递延收益		
生产性生物资产			递延所得税负债		
油气资产			其他非流动负债		
无形资产			非流动负债合计		
开发支出			负债合计		
商誉			所有者权益（或股东权益）：		
长期待摊费用			实收资本（或股本）		
递延所得税资产			其他权益工具		
其他非流动资产			其中：优先股		
非流动资产合计			永续债		
			资本公积		
			减：库存股		
			其他综合收益		
			盈余公积		
			未分配利润		
			所有者权益（或股东权益）合计		
资产总计			负债和所有者权益（或股东权益）总计		

三、利润表

1. 利润表概述

利润表是反映企业在一定会计期间经营成果的报表。通过利润表可以反映企业一定会计期间收入的实现情况；反映企业一定会计期间的费用耗费情况；反映企业经营活动成果的实现情况，据以判断资本保值、增值等情况。

2. 利润表的格式

利润表通常包括表头和表体两部分，如表 5-10 所示。表头应列明报表名称、编表单位名称、财务报表涵盖的会计期间和人民币金额单位等内容；利润表的表体，反映形成经营成果的各个项目和计算过程。

表 5-10　利　润　表

会企 02 表

编制单位：　　　　年　　月　　　　单位：元

项目	本月金额	本年累计金额
一、营业收入		
减：营业成本		
税金及附加		
销售费用		
管理费用		
研发费用		
财务费用		
其中：利息费用		
利息收入		
资产减值损失		
加：其他收益		
投资收益（损失以“－”号填列）		
其中：对联营企业和合营企业的投资收益		
公允价值变动收益（损失以“－”号填列）		
资产处置收益（损失以“－”号填列）		
二、营业利润（亏损以“－”号填列）		
加：营业外收入		
减：营业外支出		
三、利润总额（亏损总额以“－”号填列）		
减：所得税费用		
四、净利润（净亏损以“－”号填列）		
（一）持续经营净利润（净亏损以“－”号填列）		
（二）终止经营净利润（净亏损以“－”号填列）		
五、其他综合收益的税后净额		
六、综合收益总额		
七、每股收益		
（一）基本每股收益		
（二）稀释每股收益		

利润表主要有单步式和多步式两种。根据我国《企业会计准则》规定，我国企业的利润表采用多步式格式。

利润表的具体编制方法详见手工实训。

本章总结

- 账务处理程序也称会计核算组织程序或会计核算形式，是指对会计数据的记录、归类、汇总、呈现的步骤和方法。
- 科目汇总表账务处理程序，又称记账凭证汇总表账务处理程序，是指根据记账凭证定期编制科目汇总表，再根据科目汇总表登记总分类账的一种账务处理程序。
- 原始凭证又称单据，是指经济业务发生或完成时取得或填制的，用以记录或证明经济业务的发生或完成情况的文字凭据。
- 记账凭证又称记账凭单，是会计人员根据审核无误的原始凭证按照经济业务事项的内容加以归类，并据以确定会计分录后所填制的会计凭证。
- 会计账簿是指由一定格式账页组成的，以经过审核的会计凭证为依据，全面系统连续地记录各项经济业务的簿记。
- 财务报表应当包括资产负债表、利润表、现金流量表、所有者权益变动表及其附注。
- 资产负债表是反映企业在某一特定日期财务状况的报表。
- 利润表是反映企业在一定会计期间经营成果的报表。

本章习题

第六章 商品流通企业概述

6

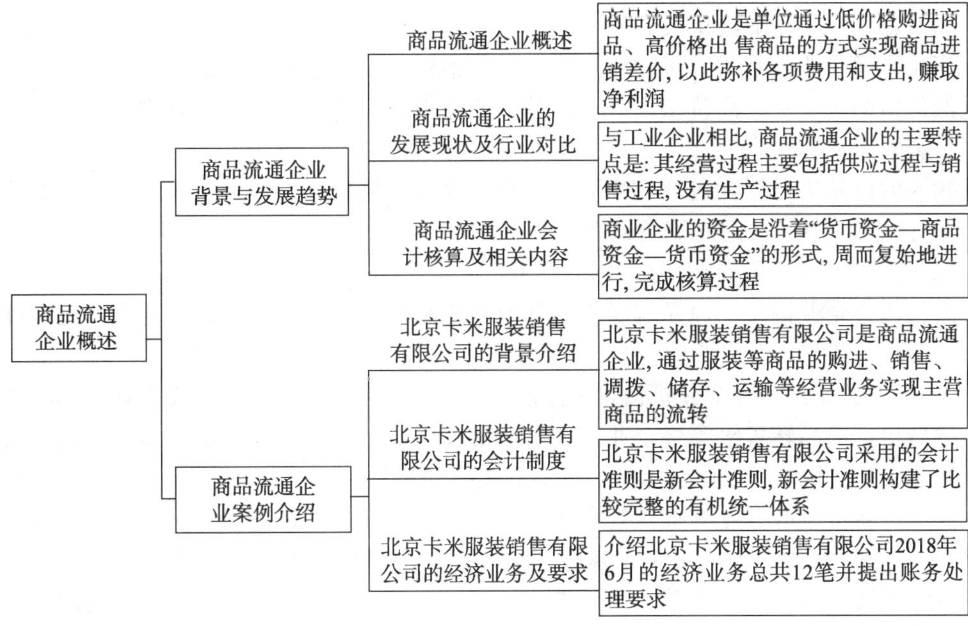

- 了解商品流通企业的主要经济活动；
- 理解商品流通企业的定义；
- 理解批发企业和零售企业两种商品流通企业类型；
- 理解商品流通企业的发展趋势；
- 掌握商品流通企业与工业企业的联系与区别；
- 掌握商品流通企业的会计科目设置。

第一节　商品流通企业背景与发展趋势

一、商品流通企业概述

商品流通企业的主要经济活动是组织商品流通，即商品的购进、销售、调拨和储存，将社会产品从生产领域转移到消费领域，以促进工农业生产的发展和满足人民生活的需要，从而实现商品的价值并获得盈利。

1. 商品流通企业介绍

对商品流通企业的介绍需要从定义和分类两大部分进行阐述。

（1）商品流通企业的定义

商品流通企业就是买进货物，然后转手卖给别人，从事商品购销活动的企业单位，通过低价格购进商品、高价格出售商品的方式实现商品进销差价，以此弥补各项费用和支出，赚取净利润。

我国的商品流通企业包括：商业、粮食、物资、供销、外贸、医药、石油、烟草、图书发行以及从事其他商品流通的企业。

（2）商品流通企业的类型

商品流通企业按其在商品流通中所处的地位和作用的不同，商品流通企业通常可以分为批发企业和零售企业两种。

① 批发企业是一种中介机构，这种企业先从制造企业或者其他批发企业那里购买商品，然后再把商品转售给零售企业或者其他批发企业。批发企业处于商品流通的起点或中间环节，是组织城乡之间、地区之间商品流通的桥梁。

我国在城市中有专业的批发公司和贸易中心。批发公司是自主经营的经济实体，贸易中心可以是经济联合体，也可以是独立体，实行开放式经营，自由购销，跨区经营，促使货物流通，提高经济效益。为了扩大批发商品的辐射面，还开设了基层批发企业，积极开展批发和代批业务，以方便边远地区、小型零售企业和个体经营者。

② 零售企业也是一种中介机构，这种企业先从制造企业或者批发企业那里购买商品，然后再将商品转售给消费者。很多零售企业既销售商品，又提供服务。

零售企业按其经营商品种类的多少，可分为专业性零售商店和综合性零售商店。专业性零售商店是指专门经营某一类或几类商品的零售企业，如钟表、眼镜、交通器材、照相器材、金银首饰等商店。综合性零售商店是指经营商品类别繁多的零售企业，如百货、食品、服装鞋帽、五金、日用杂货等。

商品流通企业可以分为批发企业和零售企业两种类型，如图 6-1 所示。

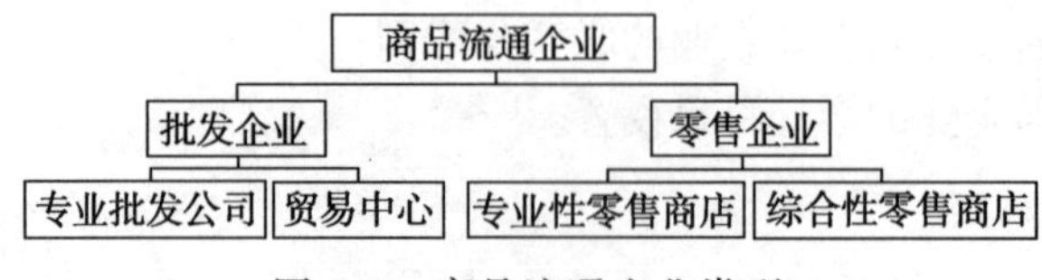

图 6-1　商品流通企业类型

2. 商品流通企业的特征

商品流通企业的特征主要体现在行业特征和经营特点。

（1）商品流通企业的行业特征

①以商品的购、销、运、存为基本业务。商品流通企业则主要是通过对商品的购进和销售以及因此而必需的运输和储存业务，完成商品由生产领域到消费领域转移的过程，满足消费的需要。商品的购进、运输、储存、销售也是流通过程中的重要环节，每个环节在流通过程中各自处于不同的地位，起着不同的作用。合理组织商品流通的基本经济业务，是实现流通的基本要求，是提高流通经济效益的重要途径，也是商品流通企业的基本职能。

②对经营的商品基本上不进行加工或只进行浅度加工。商品流通企业的主要职能是组织商品的流通，实现商品的使用价值和价值，商品流通企业对经营的商品基本上不进行加工或只进行浅度加工，商品经过流通过程，其使用价值和外部形态不发生变化。

③实现商品使用价值的运动和价值形态的变化。进入流通领域，商品流通企业通过购进、运输、储存、销售等一系列流通活动，将商品由生产企业转移到消费者或用户手中，完成商品的空间位移和价值形态变化。商品的使用价值保持不变，商品的价值在购进和销售中也保持不变。在这一过程中，商品流通企业要投入一定的物化劳动和活劳动，从而发生一定的流通费用。

④商品流通企业的利润主要来自生产企业的让渡。从形式上看，商业利润表现为商品售卖价格高于购买价格的余额，是在流通领域内产生的。但事实上，资本在流通领域内是不能自行增值的。流通中单纯的加价绝对不是商业利润的真正源泉，而只能是商品流通企业获取商业利润的方式。

由于商品流通企业专门为生产企业经营推销商品的业务，为生产企业节约了大量的商品流通费用，加速了资金的周转，因此，生产企业就必须把一部分利润让渡给商品流通企业，作为商业利润。这一让渡是由商品的价格差额来实现的。即生产企业按照生产价格把商品卖给流通企业，商品流通企业再按商品的批发价格或零售价格把商品出售给消费者，从而获得商业利润。

⑤经营周期短，资金周转快。商品流通企业对经销的商品基本上不进行加工，免去了机器设备和厂房的支出，资金除部分用于物流环节中仓储、运输机械的购置外，其余大部分垫支于经销的商品。在商品流通企业的资金结构中，流动资金占的比重较生产企业要大。流动资金比固定资金的周转要快得多，商品流通企业的资金周转速度比生产企业要快。

商流和物流的分离加速了商品流通企业的资金周转。商流和物流的分离是流通企业为加快流通速度、降低流通费用而经常采用的举措。物流较商流持续时间长、费用高，在商流环节不变的情况下，通过商流和物流的分离，减少物流环节，可以大大缩短经营周期，加快资金周转。

⑥商品流通企业比生产企业更接近市场。生产企业主要从事生产，谋求生产的专业化利益。流通企业专职于交易，谋求交易的专业化利益，是交易的专业化提供者，其产

出直接表现为商品交易。

（2）商品流通企业的经营特点

商品流通企业通过商品购进、销售、调拨、储存、运输等经营业务实现商品流转，其中购进、销售和储存是完成商品流通的三个基本环节，调拨和运输等活动都是围绕商品购销展开的。

①商品购进是指商品流通企业为了销售而通过货币结算取得商品所有权的交易行为，是商品流通的起点。商品购进过程，也就是货币资金转变为商品资金的过程。

凡是不通过货币结算而收入的商品，或者不是为销售而购进的商品，都不属于商品购进的范围，如收回加工的商品、溢余的商品、收回销售退回的商品和购货单位拒收的商品、因财产交接而接受的商品和其他单位赠送的样品、为收取手续费替其他单位代购的商品以及购进专供本单位自用的商品等。

②商品销售是指商品流通企业通过货币结算而售出商品的交易行为，是商品流转的终点。商品销售过程，也就是商品资金转变为货币资金的过程。通过销售收回的货币资金，实现了商品所有权由经营者向消费者的转移。商品流通企业取得的销售收入不仅能够抵补商品购销活动中垫支的全部支出，补偿商品流通企业经营活动中发生的各种耗费，而且还能取得合理的经营利润。

凡是不通过货币结算而发出的商品，则不属于商品销售的范围，如发出加工的商品、损耗和短缺的商品、进货退出的商品和退出拒收的商品、因财产交接而交出的商品和赠送其他单位的样品、采用代收手续费方式替其他单位代销的商品、虽已发出但仍属于本单位所有的委托代销商品和分期收款发出商品等。

③商品储存是指商品流通企业购进的商品在销售以前在企业的停留状态，以商品资金的形态存在于企业之中。商品存储是商品购进和销售的中间环节，也是商品流转的重要环节。商品存储包括库存商品、委托代销商品、分期收款发出商品和购货方拒收的代管商品等。

与工业企业等其他行业的经营活动相比较，商品流通企业的经营特点如表 6-1 所示。

表 6-1　商品流通企业的经营特点

序号	描述
1	经营活动的主要内容是商品购销
2	商品资产在企业全部资产中占有较大的比例，是企业资产管理的重点
3	企业营运中资金活动的轨迹“货币—商品—货币”

二、商品流通企业的发展现状及行业对比

在市场经济体制下，商品流通企业是商品实现交换的媒介，通过其经营活动，使商品的使用价值和价值得以实现，满足人们不断增长的物质文化生活的需要。因此，在经济生活中商品流通企业具有重要的地位和作用。商品流通企业的发展水平、竞争实力也是一个国家经济综合实力的重要表现。

1. 商品流通企业的发展趋势

连锁经营，商品流通规模不断扩大，市场竞争日趋激烈，在多种经济成分和经营方式并存的情形下，提高流通效率，降低流通成本，强化服务增值，发展连锁经营，增强市场竞争力大量集中采购、配送，与工业生产企业、农副产品基地直接挂钩，有利于减少中间环节，降低进货成本，增强竞争能力；实行规范化科学经营管理，有利于降低费用，提高企业效益；采购和销售分离，有利于防止假冒伪劣商品，净化流通秩序；统一进货，规模经营，有利于通过降低成本和费用稳定市场物价，抑制通货膨胀。

物流配送推动商业设施投资的规模与建设不断发展，各种商品交易市场、配送中心、物流中心、加工储运中心的联系，在流通中的作用较为显现，物流体系建设正在带动传统仓储批发业向现代流通业发展。

电子商务为实现流通业的跨越式发展创造了机会与可能。首先，电子商务改变了企业的成长模式。在传统的商业模式中，流通效率和竞争优势的取得主要是靠经营规模和管理技术，而规模与技术的背后又主要取决于资本实力的较量。电子商务所依托的信息经济、网络经济打破了以往经济增长的法则，其核心在很大程度上用数字的传输替代了相当一部分传统的物质运动和信息交换方式，替代了人们面对面必须付出大量时间和交易成本。

2. 商品流通企业与工业企业对比

与工业企业相比，商品流通企业的主要特点是，其经营过程主要包括供应过程与销售过程，没有生产过程。

（1）商品流通企业与工业企业的联系

商品流通企业与工业企业的核算存在着相同之处，两者之间的联系如表 6-2 所示。

表 6-2　商品流通企业与工业企业的联系

联系	
主要计量单位相同	商品流通企业和工业企业会计核算都是以货币作为主要的计量单位
会计目标相同	商品流通企业和工业企业会计核算都是以提高经济效益作为最终目标；在将提高经济效益作为最终目标的前提下，以满足会计信息使用者的需要作为会计核算的具体目标
基本职能相同	商品流通企业和工业企业会计的基本职能都是组织会计核算和进行会计监督
遵循的会计准则和会计制度相同	商品流通企业和工业企业组织会计核算都是遵循《企业会计准则》和《企业会计制度》

（2）商品流通企业与工业企业的区别

商品流通企业与工业企业相比，其主要特点是经营过程主要包括采购过程与销售过程，没有商品的生产过程。因为缺少了商品的生产过程，也就致使商品流通企业会计与工业企业会计存在着区别，具体区别如表 6-3 所示。

表 6-3　商品流通企业与工业企业的不同点

区别	商品流通企业会计	工业企业会计
核算和管理的对象不同	会计的核算与管理对象是商品购、销、存全过程	会计的核算与管理对象主要是产品的形成过程
成本计算范围及方法不同	对于企业在组织商品购、销、存业务活动及管理企业过程中所发生的各项费用开支，不直接认定为到某种产品中去，而是采取以下三种方式：①分期计入期间费用处理；②一次计入采购成本；③计入进货费用	对于为生产加工某种产品所发生的活劳务和物化劳动消耗计入产品成本，而所发生的与产品生产加工没有直接关系的费用支出，则作为期间费用计入当期收益，不作为产品成本的内容
盈利性质不同	经营盈利是工业企业让渡的一部分产品的增值，并扣除在商品购、销、存过程中的必要耗费后的余额	经营盈利是工业企业员工为社会创造的那部分价值，体现为高于生产成本的增值

三、商品流通企业会计核算及相关内容

在商品购进过程中，主要经济业务是采购商品，使企业货币资金转换为商品资金形态；在商品储存过程中，企业购进的商品以商品资金的形态存在于企业之中，企业购进的商品以商品资金的形态存在于企业之中；在商品销售过程中卖出商品，又使商品资金形态再转换为货币资金形态。在商品经营过程中，要消耗一定的人力、物力和财力，用货币来表现就是商品流通费用。在销售过程中，又获得销售收入和经营成果。商业企业的资金是沿着“货币资金—商品资金—货币资金”的形式，周而复始地进行，完成核算过程。

1. 商品流通企业的会计对象与会计要素

明确商品流通企业的核算对象和商品流通企业的会计要素，是商品流通企业会计核算的前提。

（1）会计对象

会计对象是会计所要核算和监督的内容。商品流通企业的经济活动主要是组织商品流通，把产品从生产领域转移到消费领域。商品流通企业的经营活动过程，主要包括商品购进、储存和销售三个过程。

商品流通业在商品购销活动中，发生支付工资及经营费用、货款核算、成本核算、上交税费、利润分配等经济业务，都是商品流通企业会计所要核算和监督的内容，即商品流通业务会计的对象。

完整地理解和把握企业的会计对象还需注意两点：第一，在企业生产经营活动开始前，要从一定的渠道和来源取得一定数量的资金；第二，一个经营过程结束后，企业会有一部分资金因种种原因退出企业的经营过程，不再参加企业的资金循环和周转，例如偿还借款、支付税费、向投资者分配利润等。

（2）会计要素

会计要素是对会计对象进行的基本分类，商品流通企业的会计要素主要包括六部分：

资产、负债、所有者权益、收入、费用、利润。

①资产是由过去的交易或事项形成的，并由企业拥有或者控制的资源，预期会给企业带来经济利益。经济利益是指直接或间接地流入企业的现金及现金等价物。不能给企业带来经济利益的，不能确认为资产。

资产按其实物形态不同，可以分为有形资产和无形资产。现金、存货、固定资产等属于有形资产；专利权、商标权等属于无形资产。资产是商品流通企业从事商品经营活动所必须具备的物质基础。

②负债是企业过去的交易或事项形成的现时义务，履行该义务预期会导致经济利益流出企业。

负债是企业筹措资金的重要渠道，可以解决企业经营过程中遇到的资金短缺困难；又是企业经营过程中必须重视的一种风险，负债过大，无法按期偿还，会导致企业经营失败。

③所有者权益是企业在资产中享有的经济利益，其金额为资产减去负债后的余额。所有者权益包括实收资本（或股本）、资本公积、盈余公积和未分配利润，实收资本和资本公积是由企业所有者直接投入的，盈余公积和未分配利润是企业在生产经营过程中实现的利润留存在企业所形成的，因而又合称为留存收益。

④收入是指企业在销售商品、提供劳务及让渡资产使用权等日常活动中所形成的经济利益的总流入。

会计要素定义是确定会计对象属性的标准。准确理解会计要素的定义是进行会计核算的重要前提。例如，销售商品、销售包装袋、分期收款销售、打折促销、将取出商品后的包装纸箱作为废品出售等，各种情况下能否确定为企业的收入，确认收入的时间，要遵循收入的定义去判定，收入具有的基本特征如图 6-2 所示。

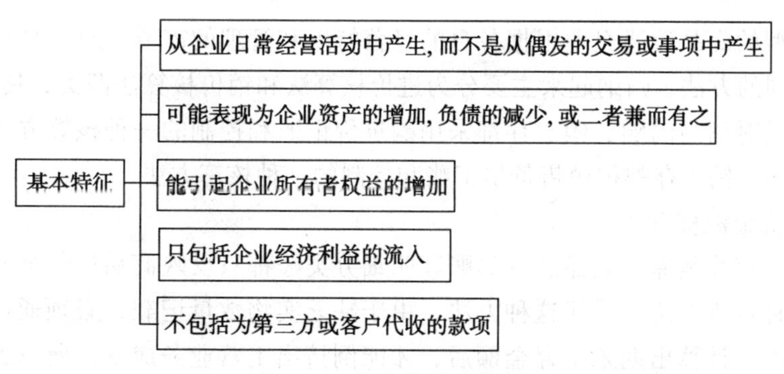

图 6-2 收入的基本特征

⑤费用是指企业为销售商品、提供劳务等日常活动所发生的经济利益的流出。费用通常由物化劳动转移价值和活劳动耗费的价值两部分构成。费用按照其在经营活动中的作用不同，可以分为直接费用和期间费用两种。

⑥利润是指企业一定期间的经营活动的成果。利润包括营业利润、利润总额和净利润。

资产、负债、所有者权益三个要素构成一组，形成反映一定日期财务状况的平衡公式：

资产 = 负债 + 所有者权益

平衡公式从静态描述了资产及资产要求权的水平，这三个要素构成资产负债表，故称为资产负债表要素或静态要素。

收入、费用、利润三个要素构成另一组，形成反映一定期间经营成果的平衡公式：

利润 = 收入 − 费用

这三个要素构成了利润表，故称之为利润表要素或动态要素。

2. 商品流通企业的会计科目设置

商品流通企业为了全面、系统地核算和监督各项会计要素的增减变化情况，分门别类地为经济管理和有关会计信息使用者提供会计核算资料，就需要设置会计科目。

会计科目就是对会计六大要素的进一步分类。如资产可划分为库存现金、银行存款、原材料、固定资产等会计科目；负债可划分为短期借款、应付账款、长期借款等会计科目；所有者权益可划分为实收资本、盈余公积、利润分配等会计科目。

商品流通企业单位的资金运动总是体现在资金的增减变化中，通过设置会计科目，可以把资金的增减变化分门别类地予以反映，保证商品流通企业能取得经济管理所需的会计核算资料，并可以为编制会计报表、进行会计分析和会计检查提供客观、真实、可靠的资料。为了保证会计核算资料在全国范围内口径统一，便于国家经济宏观调控部门对会计资料的综合汇总和分析利用，会计科目的名称、编号、核算内容和科目对应关系都由国家统一规定，各企业、单位必须按照国家统一规定的会计科目来设置账户，对其各项经济业务进行日常核算，以正确、全面、系统反映各企业、单位的生产经营活动。

根据商品流通企业经营特点，将会计科目按经济内容进行分类，如表 6-4 所示。

3. 商品流通企业的会计核算方法

不同类型的商品流通企业根据各自的经营特点和管理的需要，对商品流转的核算采用了各种不同的方法，归纳起来主要分为进价核算法和销价核算法两类，具体分为 4 种。进价核算法是对商品的购、销、存都采用购进价记账和控制的一种核算方法；售价核算法是对商品购、销、存都按销售价格记账和控制的一种核算方法。

（1）进价金额核算法

进价金额核算是库存商品总分类账和明细分类账都只反映商品进价金额，不反映事物数量的一种核算方法。采用这种方法，由于缺乏实物数量记载，必须通过对库存商品进行实地盘点，计算出期末结存金额后，才能倒挤出主营业务成本，所以也称为“进价记账盘存计销”。其特点如表 6-5 所示。

（2）数量进价金额核算法

数量进价金额核算是指库存商品总分类账和明细分类账除均按商品进价金额反映外，同时明细分类账还必须反映商品实物数量的一种核算方法。采用这种方法，可以根据已销商品的数量按进价结转主营业务成本，数量进价金额核算法的特点如表 6-6 所示。

表 6-4 商品流通企业会计科目名称表

编号	会计科目	编号	会计科目	编号	会计科目
	一、资产类	1604	在建工程	4102	一般风险准备
1001	库存现金	1605	工程物资	4103	本年利润
1002	银行存款	1606	固定资产清理	4104	利润分配
1012	其他货币资金	1701	无形资产	4201	库存股
1101	交易性金融资产	1702	累计摊销		四、成本类
1121	应收票据	1703	无形资产减值准备	5001	生产成本
1122	应收账款	1711	商誉	5101	制造费用
1123	预付账款	1801	长期待摊费用	5201	劳务成本
1131	应收股利	1811	递延所得税资产	5301	研发支出
1132	应收利息	1901	待处理财产损溢	5401	工程施工
1221	其他应收款		二、负债类	5402	工程结算
1231	坏账准备	2001	短期借款		五、损益类
1401	材料采购	2101	交易性金融负债	6001	主营业务收入
1402	在途物资	2201	应付票据	6011	利息收入
1403	原材料	2202	应付账款	6021	手续费及佣金收入
1404	材料成本差异	2203	预收账款	6051	其他业务收入
1405	库存商品	2211	应付职工薪酬	6041	汇兑损益
1406	发出商品	2221	应交税费	6101	公允价值变动损益
1407	商品进销差价	2231	应付利息	6111	投资损益
1408	委托加工物资	2232	应付股利	6301	营业外收入
1411	周转材料	2241	其他应付款	6401	主营业务成本
1471	存货跌价准备	2401	递延收益	6402	其他业务成本
1501	持有至到期投资	2501	长期借款	6403	税金及附加
1502	持有至到期投资减值准备	2502	应付债券	6601	销售费用
1503	可供出售金融资产	2701	长期应付款	6602	管理费用
1511	长期股权投资	2711	专项应付款	6603	财务费用
1512	长期股权投资减值准备	2801	预计负债	6701	资产减值损失
1521	投资性房地产	2901	递延所得税负债	6711	营业外支出
1531	长期应收款		三、所有者权益类	6801	所得税费用
1601	固定资产	4001	实收资本	6901	以前年度损益调整
1602	累计折旧	4002	资本公积		
1603	固定资产减值准备	4101	盈余公积		

表 6-5 进价金额核算法的特点

序号	描述
1	“库存商品”账户的总账与明细账皆按购进价金额记账，平时不记数量，只记增加金额
2	建立实物负责制，库存商品明细账都按实物负责人分类
3	商品销售后按实际收到的货款登记销售收入，平时不计算结转商品销售成本，也不注销库存商品
4	对于商品的升溢、损耗及所发生的价格变动，平时不做账务处理
5	月末对商品进行实地盘点时，按一定的方法计算结存商品的金额，从而算出销售商品的成本，计算公式如下： 本期商品的销售成本 = 期初库存商品成本 + 本期购进商品成本 − 期末库存商品成本

表 6-6　数量进价金额核算法的特点

序号	描述
1	库存商品的总账和明细账都按商品的原购进价格记账：总账反映库存商品的进价总额；明细账反映各种商品的实物数量和进价金额
2	库存商品明细账按商品的品名、规格、等级等分类，分别核算各种商品购进、发出、结存的数量和金额
3	定期与业务、仓管部门对商品数量与金额进行核对，并对实物进行盘点，做到账账相符和账实相符
4	根据商品流通企业的经营特点和管理要求，采用适当的方法定期或随时计算和结转已销售出去商品的进价成本

（3）售价金额核算法

售价金额核算法是指库存商品总分类账和明细分类账都只反映商品销售金额，不反映实物数量的一种核算方法。采用这种方法，库存商品的结存数量，只能通过对库存商品进行实地盘点来掌握，营业柜组或门市部对其经营的商品承担经济责任。财会部门通过商品的售价来控制营业柜组或门市部的商品。由于这种方法是建立在实物负责制基础上的，所以也称为“售价金额核算实物负责制”，其特点如表 6-7 所示。

表 6-7　售价金额核算法的特点

序号	描述
1	建立实物负责制，把所经营的商品按品种、规格、类别及管理的需要等划分为多个实物负责小组，并确定实物负责人，实物负责人对其所经营的商品负全部经济责任
2	售价记账、金额控制，把所经营的商品按品种、规格、类别及管理的需要等划分为多个实物负责小组，并确定实物负责人，实物负责人对其所经营的商品负全部经济责任
3	设置商品进销差价科目，把所经营的商品按品种、规格、类别及管理的需要等划分为多个实物负责小组，并确定实物负责人，实物负责人对其所经营的商品负全部经济责任
4	月末通过实地盘点，对库存商品的数量及价值进行核算，并与账面资料进行核对，揭示账实的差额，做到账实相符

（4）数量售价金额核算法

数量售价金额核算是指库存商品总分类账和明细分类账除均按商品售价金额反映外，同时明细分类账还必须反映商品实物数量的一种核算方法。采用这种方法，必须按商品的品名、规格设置明细账，以便能随时掌握各种商品的结存数量，其特点如表 6-8 所示。

表 6-8　数量售价金额核算法

序号	描述
1	库存商品的总账和明细账都按商品的销售价格记账，明细账既记实物数量，也记商品的售价额
2	对于库存商品购进价与销售价之间的差额是通过设置“商品进销差价”账户进行调整，月终按商品的存销比例计算已销商品的进价成本
3	在数量售价金额核算法下，当商品销售价格发生变动时，就需要对库存商品进行盘点，及时调整库存商品的金额和差价，工作量较大

第二节 商品流通企业案例介绍

一、北京卡米服装销售有限公司的背景介绍

1. 公司概况

北京卡米服装销售有限公司成立于2016年6月2日，主要经营范围：服装、运动套装、童装、童鞋、针纺织品、皮革制品、羽绒制品、箱包、玩具、饰品、工艺品、木制品、袜子、帽子、礼品、钟表、眼镜，文具体育用品的销售。

卡米服装是商品流通企业，通过服装等商品的购进、销售、调拨、储存、运输等经营业务实现主营商品的流转，其中购进、销售和储存是完成主营商品流通的三个基本环节，调拨和运输等活动都是围绕主营商品购销而展开的，不涉及生产。

公司采用产品自主设计、生产外包、直营销售与特许加盟相结合的经营模式，致力于品牌建设与推广、营销网络建设和供应链管理，组织旗下自有品牌时尚休闲服装产品的设计、生产和销售，并通过线下店铺渠道和互联网电子商务平台开展自有品牌的推广和相关时尚休闲商品的销售，卡米服装公司信息如表6-9所示。

表6-9 卡米服装公司信息

企业名称	北京卡米服装销售有限公司
纳税人识别号	914201021980081182
公司地址	北京市亦庄经济技术开发区98号
公司电话	010-87654321
注册资本	200万元
公司类型	有限责任公司
开户银行	中国工商银行北京市分行开发区支行
银行账号	6222 3134 2486 5550 271
行业类别	商业

2. 公司的组织架构

企业组织结构是进行企业流程运转、部门设置及职能规划等最基本的结构依据。企业各级行政单位从上到下实行垂直领导，下属部门只接受一个上级的指令，各级主管负责人对所属单位的一切问题负责，结构比较简单，责任分明，命令统一，北京卡米服装销售有限公司的组织架构如图6-3所示。

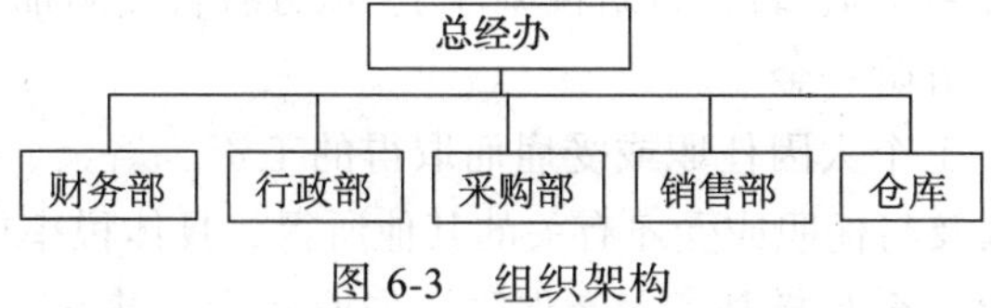

图6-3 组织架构

公司的部门设计是在公司的主营业务上展开的，共设置六个部门及相应的职位，其中人员设置安排如表6-10所示。

表 6-10　部门人员设置

总经办	总经理	肖明	销售部	销售经理	杨云
财务部	财务经理	杨萍		销售组长	王佳
	会计	于玉丽		销售组长	李璐
	出纳	李天		销售员	刘涛
行政部	行政经理	何洋		销售员	吴静仪
	文员	杨超		销售员	张云
	文员	谢小莉		销售员	李想
	司机	李平	仓库	主管	王莉
采购部	采购经理	何建		保管员	张小新
	采购员	杨明莉		保管员	刘玲
	采购员	张龙		保管员	宋毅
	采购员	李茹		保管员	权伟

二、北京卡米服装销售有限公司的会计制度

1. 会计准则

北京卡米服装销售有限公司采用新会计准则。新会计准则构建了比较完整的财务体系，全面确立了为报告使用者做出科学决策提供真实、可靠、公允相关会计信息的企业财务报告目标，既实现了与国际会计惯例的趋同，也兼顾了中国的实际情况和会计习惯。

新会计准则体现国家统一的会计制度，而会计制度是国务院财政部门根据《会计法》制定的有关会计核算、会计监督、会计机构和会计人员以及会计工作管理的制度，卡米服装严格按照新会计准则的规定安排企业的日常活动。

2. 涉及税种及税率

（1）增值税

增值税是以商品（含应税劳务）在流转过程中产生的增值额作为计税依据而征收的一种流转税，基于增值额或价差为计税依据的税种。

本公司为增值税一般纳税人，增值税税率为 16%。

（2）附加税种

城市维护建设税、教育费附加、地方教育费附加是以纳税人实际缴纳的增值税、消费税的税额为计税依据，依法计征的税费，具有附加税性质。城市维护建设税税款专门用于城市的公用事业和公共设施的维护建设。教育费附加是国家为扶持教育事业发展，计征用于教育的政府性基金。

城市维护建设税税率 7%、教育费附税率 3%、地方教育费附加税率 2%。

（3）个人所得税、五险一金

①个人所得税。员工个人因任职或受雇而取得的工资、薪金、奖金、年终加薪、劳动分红、津贴、补贴以及与任职或受雇有关的其他所得，具体税率如表 6-11 所示。

②五险一金。五险一金是指基本养老保险、失业保险、基本医疗保险、工伤保险、生育保险和住房公积金。以上各险种按职工上年缴费月平均工资的相应比例计算，按月缴纳，具体上缴比例如表 6-12 所示。

表 6-11　工资、薪金七级超额累进税率表

全月应纳税所得额	税率	速算扣除数（元）
全月应纳税所得额不超过 1 500.00 元	3.00%	0.00
全月应纳税所得额超过 1 500.00 元至 4 500.00 元	10.00%	105.00
全月应纳税所得额超过 4 500.00 元至 9 000.00 元	20.00%	555.00
全月应纳税所得额超过 9 000.00 元至 35 000.00 元	25.00%	1 005.00
全月应纳税所得额超过 35 000.00 元至 55 000.00 元	30.00%	2 755.00
全月应纳税所得额超过 55 000.00 元至 80 000.00 元	35.00%	5 505.00
全月应纳税所得额超过 80 000.00 元	45.00%	13 505.00
应纳税所得额 ＝ 扣除三险一金后月收入 － 扣除标准（扣除标准为 3 500.00 元/月）		
应纳个人所得税税额 ＝ 应纳税所得额 × 适用税率 － 速算扣除数		

表 6-12　社会保险及住房公积金上缴比例

险种	单位	个人
养老保险	19%	8%
医疗保险	9%+1%大额互助基金	2%+3%大额互助基金
失业保险	0.8%	0.2%
工伤保险	0.50%	
生育保险	0.8%	
住房公积金	6%	6%

3. 存货核算

（1）先进先出法

存货采用实际成本法核算，发出商品成本采用先进先出法核算。先进先出法是以先购入的存货应先发出这样一种存货实物流动假设为前提，并按这种假定的存货流转程序对发出存货和期末存货进行计价的方法。

（2）成本核算

采购存货过程中发生的“进货费用”（运输、装卸、保险费等）计入存货成本。

存货的采购成本包括购买价款、相关税费、运输费、装卸费、保险费以及其他可归属于存货采购成本的费用。对于一般纳税人而言，采购成本不包含进项税额。

（3）固定资产

固定资产折旧采用平均年限法，预计残值率 5%，具体固定资产折旧情况如表 6-13 所示。

表 6-13　固定资产折旧计算表

名称	类别	使用部门	数量	预计使用年限	原值	残值率	已使用月数	累计折旧
大众轿车	运输设备	行政部	1	4	200 000.00	5%	32	126 666.56
联想电脑	办公设备	行政部	1	3	2 000.00	5%	32	1 688.96
		财务部	3		6 000.00			5 066.56
		销售部	2		4 000.00			3 377.92
		仓库	1		2 000.00			1 688.96
		采购部	1		2 000.00			1 688.96
合计					216 000.00			140 177.92

4. 账务处理程序

卡米服装采用“科目汇总表账务处理程序”，每月汇总一次。

科目汇总表账务处理程序，是指根据记账凭证定期编制科目汇总表，再根据科目汇总表登记总分类账的一种账务处理程序。

5. 期初余额明细表

卡米服装销售的期初余额情况如表 6-14 所示。

表 6-14 期 初 余 额

科目名称	单位	数量	单价	期初余额	
				借方	贷方
库存现金				1 000.00	
银行存款				2 225 661.64	
工行				2 225 661.64	
应收账款				700 000.00	
艾弗森商贸有限公司				410 000.00	
德胜百货				50 000.00	
宏胜服装城				240 000.00	
其他应收款				16 142.40	
个人（社保）				10 190.40	
个人（住房公积金）				5 952.00	
预付账款				85 000.00	
北京微树云科技有限公司				85 000.00	
库存商品				468 000.00	
女士连衣裙	套	1 500	120	180 000.00	
男士西装	套	1 800	160	288 000.00	
固定资产				216 000.00	
大众轿车				200 000.00	
联想电脑				16 000.00	
累计折旧					140 177.92
运输设备					126 666.56
办公设备					13 511.36
应付账款					80 000.00
上海洛施服装销售有限公司					80 000.00
应交税费					7 054.12
应交个人所得税					697.00
未交增值税					5 676.00
应交城建税					397.32
应交教育附加费					170.28
应交地方教育费附加					113.52
应付职工薪酬					136 003.20
工资					99 200.00
社保					30 851.20
住房公积金					5 952.00
实收资本					2 000 000.00
盈余公积					260 087.00
本年利润					350 047.00
利润分配					738 434.80
				3 711 804.04	3 711 804.04

三、北京卡米服装销售有限公司的经济业务及要求

1. 2018 年 7 月发生如下经济业务，业务原始单据详见附录 3。

（01）01 日，签发现金支票，提取现金 2 000.00 元，以备日常开支之需。

（02）05 日，从北京艾美服装销售有限公司购进女士连衣裙 2 000.00 套，单价 100.00 元/套；男士西装 3 000.00 套，单价 180.00 元/套，单到货到款未付。

（03）08 日，网上申报缴纳上月税费，缴纳税费合计 7 054.12 元。

（04）12 日，缴纳上月社保、住房公积金。

（05）15 日，发放上月工资。

（06）18 日，北京天蓝国际有限公司采购女士连衣裙 3 000.00 套，单价 280.00 元/套；男士西装 4 200.00 套，单价 350.00 元/套，款项通过网银收取。

（07）19 日，结转当期销售产品成本。

（08）月末，企业按平均年限法计提固定资产折旧。

（09）月末，计提当月职工薪酬。

（10）月末，结转当月应交增值税。

（11）月末，计提当月税金及附加。

（12）月末，结转当月期间损益。

2. 账务处理要求

（1）请根据 2018 年具体经济业务及业务原始凭证编制记账凭证；

（2）登记 T 型账户并编制科目汇总表；

（3）开设账簿，登记该企业的日记账、明细账以及总账；

（4）编写资产负债表和利润表；

（5）做好凭证的装订、账簿、报表的归档工作。

实训所需资料及账务处理将在第七章手工实训详细讲解。

本章总结

- 商品流通企业就是买进货物，然后转手卖给别人，从事商品购销活动的企业单位。
- 商品流通企业通常可以分为批发企业和零售企业两种。
- 商品流通企业通过商品购进、销售、调拨、储存、运输等经营业务实现商品流转。
- 商品流通企业的经济活动主要是组织商品流通，把产品从生产领域转移到消费领域。
- 商品流通企业根据各自的经营特点和管理的需要分为进价核算法和销价核算法两种。

本章习题

自学自测
扫描此码

第七章 手工实训

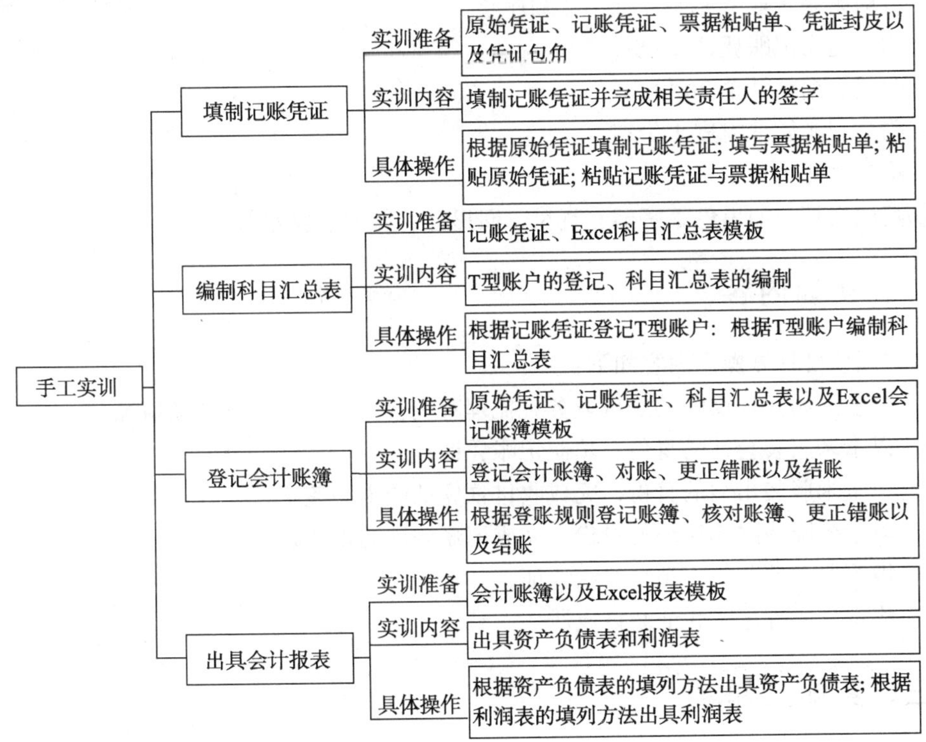

本章目标

本章实训内容围绕第六章商品流通企业案例，以科目汇总表账务处理程序为主线，以 Excel 作为实训工具，通过传统手工账方式，结合四个实训项目讲解商品流通企业财务工作基本流程。

- 掌握财务工作基本流程；
- 理解科目汇总表账务处理程序；
- 掌握记账凭证填制技能；
- 掌握科目汇总表编制技能；

- 掌握会计账簿登记技能；
- 掌握会计报表出具技能。

实训一　填制记账凭证

一、实训准备

北京卡米服装有限公司使用通用记账凭证，2018 年 7 月有关经济业务的原始凭证详见附录 3。具体准备如下：

①裁剪附录 3 业务原始凭证，按顺序整理；

②购买通用记账凭证 20 份；

③购买票据粘贴单 20 份；

④购买记账凭证封皮 1 份；

⑤购买凭证包角 1 张；

⑥其他文具，如黑色签字笔、直尺、回形针、剪刀、胶水等。

二、实训内容

本实训项目具体操作内容如下：

- 分析原始凭证反映的经济业务，梳理对应会计要素的增减变动情况；
- 以卡米服装会计的身份，填制记账凭证；
- 以卡米服装出纳的身份，完成收付款凭证的出纳签字；
- 以卡米服装财务经理的身份，完成记账凭证的审核；
- 填写票据粘贴单，粘贴原始凭证；
- 将本月所有记账凭证装订成册。

三、具体操作

1. 根据原始凭证填制记账凭证

（1）业务分析（以业务 1 为例）

签发现金支票提取现金，系企业日常经济业务。当企业零星支付的现金不足时，需要出纳填写提现申请单，等待单位相关领导审核批准；审核批准后，出纳按规范开具现金支票，持现金支票前往开户银行提取现金。此笔经济业务引起资产要素内部的一增一减，编制会计分录如下：

借：库存现金　　2 000

贷：银行存款——工商银行　　2 000

（2）填制记账凭证的注意事项

①填制日期，在实务工作中填制日期为记账日期。本例中默认业务发生日当天完成

记账，即填列业务发生日当天的日期。

②凭证字号，根据单位业务数量按顺序编号，不得空号。

③摘要，需要用简洁明了的文字完整反映经济业务全貌。

④会计科目，即会计分录中涉及的账户名称，根据业务实际填写一级科目及明细科目。

⑤账户金额，借方金额及贷方金额需要分行列示以反映记账的方向及金额。

⑥空行注销，借方金额及贷方金额需要归至合计栏，并划通栏对角线注销空行。

⑦附件张数，根据原始凭证的张数确定，实务中也可以按报销单据数填列。

⑧责任人签字，相关责任人按财务制度要求及时签字。

制单由单位会计（于玉丽）负责；收款凭证、付款凭证需要出纳（李天）签字；审核和制单不能是同一人，本例中只有于玉丽担任会计职务，由财务经理（杨萍）完成审核；记账（登记会计账簿）由单位会计（于玉丽）完成，登记账簿后在记账凭证上签字并做登账标识（√）；会计主管需要对当月所有记账凭证的正确性负责，本例由财务经理（杨萍）完成。

（3）根据业务 1 填制记账凭证，如图 7-1 所示。

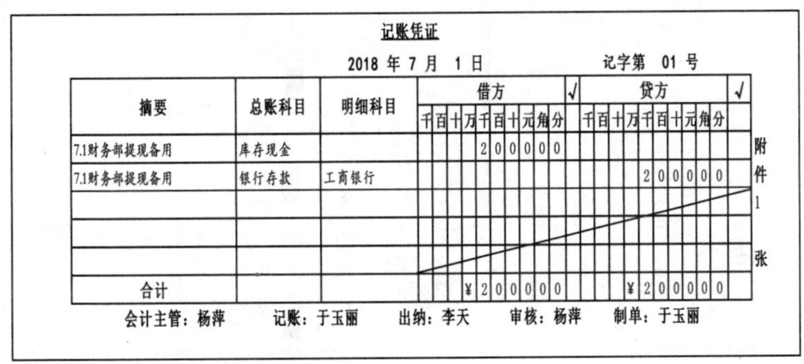

记账凭证

2018 年 7 月 1 日　　　　记字第 01 号

摘要	总账科目	明细科目	借方										√	贷方										√
			千	百	十	万	千	百	十	元	角	分		千	百	十	万	千	百	十	元	角	分	
7.1财务部提现备用	库存现金						2	0	0	0	0	0												
7.1财务部提现备用	银行存款	工商银行																2	0	0	0	0	0	
合计						¥	2	0	0	0	0	0					¥	2	0	0	0	0	0	

附件 1 张

会计主管：杨萍　记账：于玉丽　出纳：李天　审核：杨萍　制单：于玉丽

图 7-1　业务 1 记账凭证

2. 填写票据粘贴单

填写票据粘贴单时金额应人民币小写，前面须加人民币符号；人民币符号和金额之间不得留有空白；单据张数依据原始单据的具体张数填列，如图 7-2 所示。

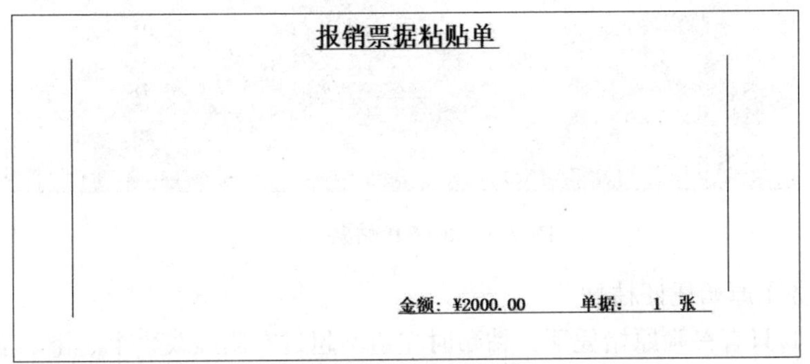

报销票据粘贴单

金额：¥2000.00　　单据：　1 张

图 7-2　报销票据粘贴单

3. 粘贴原始凭证

（1）粘贴原则

当存在大量原始凭证时，可以采用鱼鳞状贴票。即从粘贴单右上角起，由上至下粘贴第一列票据，第一列粘贴完毕，再顺次粘贴第二列，如图 7-3、图 7-4 和图 7-5 所示。

图 7-3　鱼鳞状贴票（一）

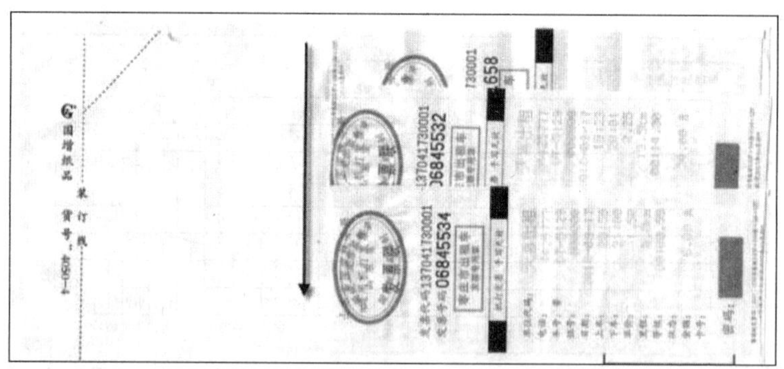

图 7-4　鱼鳞状贴票（二）

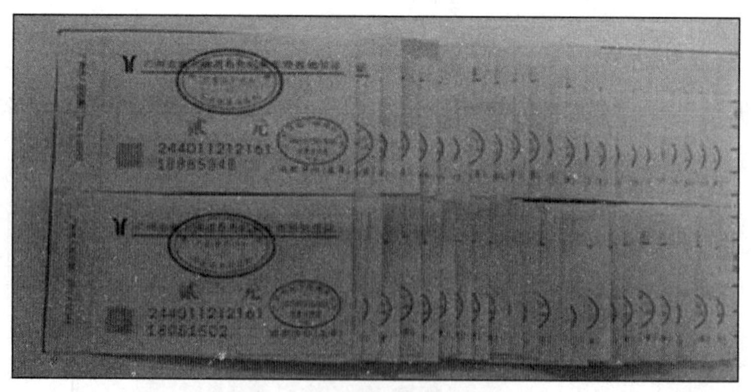

图 7-5　鱼鳞状贴票（三）

（2）业务 1 原始凭证粘贴

因业务 1 只有一张原始凭证，粘贴时左边不超过左侧虚线，上、下、右不超过票据粘贴单即可，如图 7-6 所示。

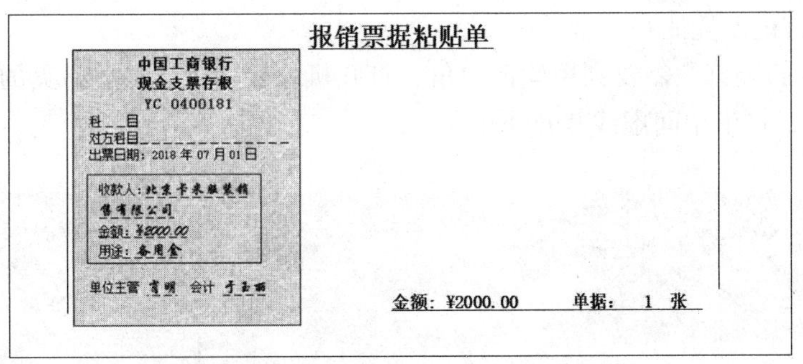

报销票据粘贴单

中国工商银行
现金支票存根
YC 0400181
科＿＿目
对方科目
出票日期：2018 年 07 月 01 日

收款人：北京卡米服装销售有限公司
金额：¥2000.00
用途：备用金

单位主管 肖明　会计 于玉丽

金额：¥2000.00　单据：1 张

图 7-6　业务 1 原始凭证粘贴

4. 粘贴记账凭证与票据粘贴单

粘贴原则：以票据粘贴单左侧虚线为粘贴边界，记账凭证的左边界和上边界与票据粘贴单对齐，原始凭证上的所有信息须展示完整，在票据粘贴单左上角处完成两张单据的粘贴。记账凭证与票据粘贴单粘贴，如图 7-7 所示。

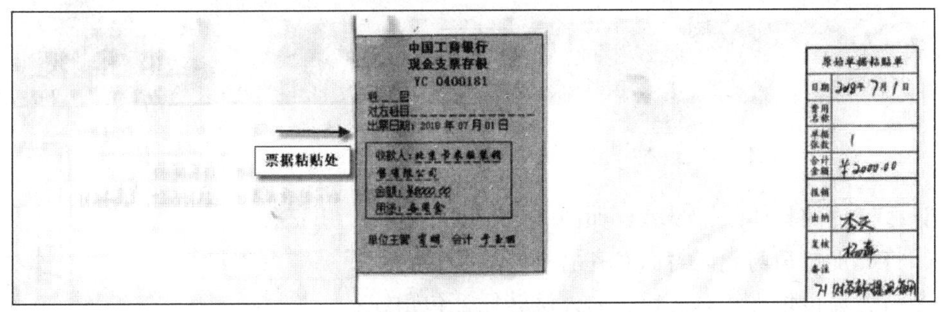

票据粘贴处

中国工商银行
现金支票存根
YC 0400181
科＿＿目
对方科目
出票日期：2018 年 07 月 01 日
收款人：北京卡米服装销售有限公司
金额：¥2000.00
用途：备用金
单位主管 肖明　会计 于玉丽

原始单据粘贴单

日期	2018年7月1日
费用名称	
单据张数	1
合计金额	¥2000.00
报销	
出纳	李天
复核	杨华
备注	

图 7-7　记账凭证与票据粘贴单粘贴

请参照上例完成剩余经济业务记账凭证的填制及原始单据的粘贴工作

5. 装订记账凭证

（1）填写会计凭证封面

记账凭证作为重要的会计档案，月底待所有记账凭证填制完毕后，需要装订归档。根据本月记账实际，合理填写会计凭证封面，如图 7-8 所示。

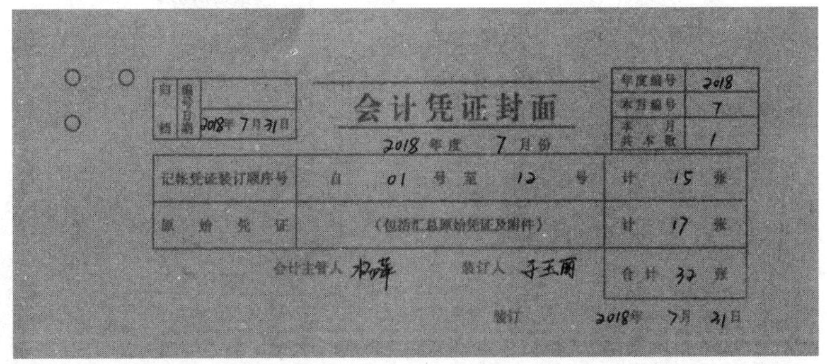

会计凭证封面

2018 年度　7 月份

年度编号	2018
本月编号	7
本月共本数	1

记账凭证装订顺序号	自 01 号至 12 号	计 15 张
原始凭证	（包括汇总原始凭证及附件）	计 17 张

会计主管人 杨华　装订人 于玉丽　合计 32 张

装订 2018年 7月 31日

图 7-8　会计凭证封面

（2）装订记账凭证

记账凭证的装订，需要利用凭证包角、打孔机、胶水等工具，常见的三角形包角，如图 7-9 所示，可沿中间虚线裁开使用。

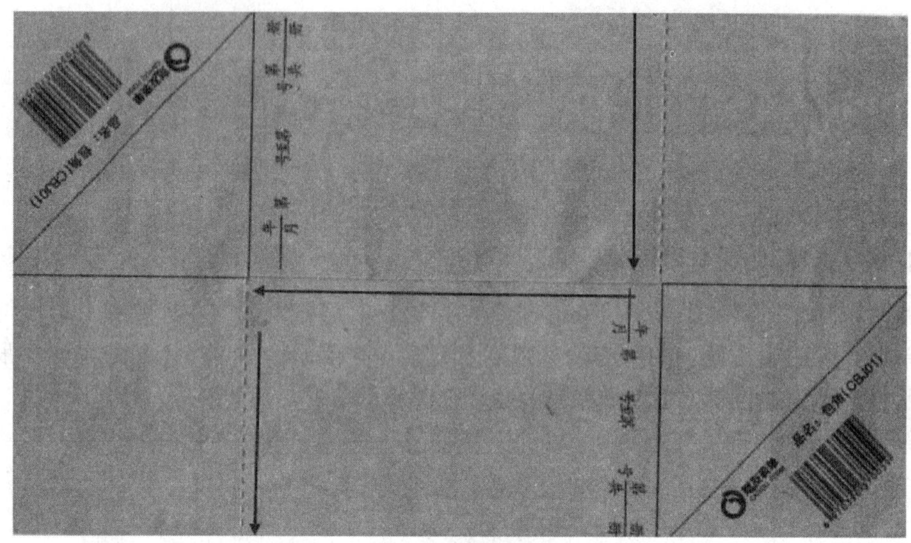

图 7-9　三角形包角

记账凭证的具体装订步骤，如图 7-10 所示。

①将凭证包角与凭证封面对齐后打装订孔；

②沿凭证包角虚线对折后，向外翻转凭证包角线；

③将凭证包角线紧贴凭证两边包折；

④将底部相交包角纸用胶水粘合。

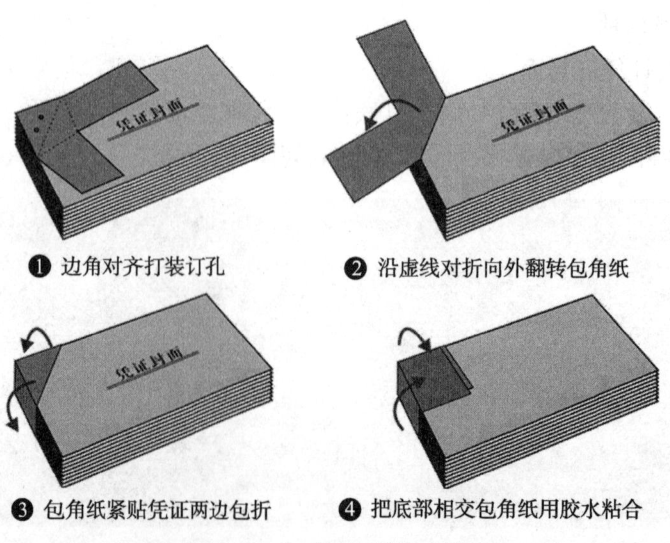

图 7-10　记账凭证装订图解

实训二　编制科目汇总表

一、实训准备

本实训建立在记账凭证填制和装订的基础上，请利用给定的 Excel 科目汇总表模板完成。

二、实训内容

本实训包含 2 个实训项目：

（1）电子版 T 型账户的登记；

（2）电子版科目汇总表的编制。

三、具体操作

1. 登记 T 型账户

纸质 T 型账户的登记在前述第三章已经详述，本实训利用 Excel T 型账户电子模板完成。所有会计账户按会计要素性质分为 3 个 sheet 页，即资产类、负债及所有者权益类、损益类。现详述电子版 T 型账户的登记规则：

（1）资产类账户登记规则

期初余额在借方，本期增加额登记在借方，本期减少额登记在贷方，期末余额在借方。请参照“应收账款”T 型账户登记规则，如图 7-11 所示。图例中数据纯属虚构，与本案例无关。

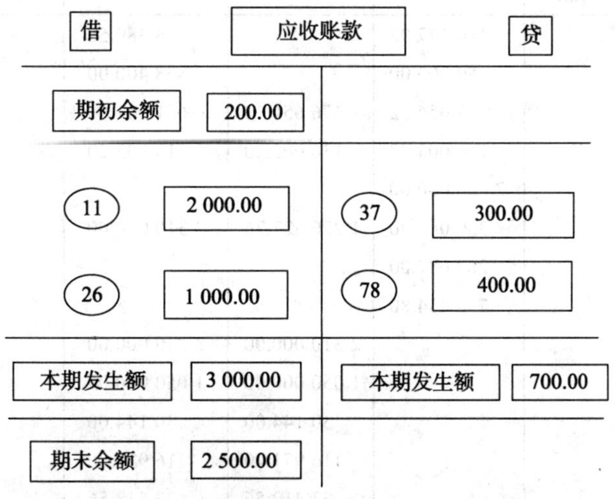

图 7-11　“应收账款”T 型账户登记示例

（2）负债类账户登记规则

期初余额在贷方，本期增加额登记在贷方，本期减少额登记在借方，期末余额在贷方。

（3）损益类账户登记规则

费用类账户无期初余额，本期增加额登记在借方，本期结转额登记在贷方，无期末余额；收入类账户无期初余额，本期增加额登记在贷方，本期结转额登记在借方，无期末余额。

请根据给定的 Excel T 型账户模板完成所有会计账户的登记工作。

2. 编制科目汇总表

科目汇总表的编制参照如下顺序：

（1）根据会计科目大表顺序，排列本月经济业务所涉及的所有会计账户；

（2）根据各会计账户 T 型账户的金额，登记科目汇总表；

（3）分别计算各会计账户的期末余额；

（4）计算本月所有会计账户的期初余额、本期发生额及期末余额合计数。

编制完成的科目汇总表，如表 7-1 所示。

表 7-1　北京卡米服装 7 月科目汇总表 01

账户名称	期初余额		本期发生额		期末余额	
	借方	贷方	借方	贷方	借方	贷方
库存现金	1 000.00		2 000.00		3 000.00	
银行存款	2 225 661.64		2 679 600.00	144 360.32	4 760 901.32	
应收账款	700 000.00				700 000.00	
其他应收款	16 142.40		16 142.40	16 142.40	16 142.40	
预付账款	85 000.00				85 000.00	
库存商品	468 000.00		740 000.00	1 050 000.00	15 000.00	
固定资产	216 000.00				216 000.00	
累计折旧		140 177.92		4 380.56		144 558.48
应付账款		80 000.00		858 400.00		938 400.00
应交税费		7 054.12	376 654.12	651 641.00		282 041.00
应付职工薪酬		136 003.20	136 003.20	13 003.20		136 003.20
实收资本		2 000 000.00				2 000 000.00
本年利润		350 047.00	1 220 527.76	2 310 000.00		1 439 519.24
盈余公积		260 087.00				260 087.00
利润分配		738 434.80				738 434.80
主营业务收入			2 310 000.00	2 310 000.00		
主营业务成本			1 050 000.00	1 050 000.00		
税金及附加			30 144.00	30 144.00		
管理费用			116 971.20	116 971.20		
销售费用			23 412.56	23 412.56		
合计	3 711 804.04	3 711 804.04	8 701 455.24	8 701 455.24	5 939 043.72	5 939 043.72

实训三　登记会计账簿

一、实训准备

本实训建立在记账凭证填制和科目汇总表编制的基础上，请利用给定的 Excel 会计账簿模板完成登账工作。

二、实训内容

本实训包含 4 个实训项目：

①登记会计账簿；

②核对会计账簿；

③更正错账；

④结账。

三、具体操作

1. 会计账簿的登记规则

①登记会计账簿时，应当将会计凭证的日期、编号、业务内容摘要、金额和其他有关资料逐项记入账簿中。

②登记完毕后，要在记账凭证上签名或者盖章，并注明登账符号表示已经过账。

③账簿中书写的文字和数字上面要留有适当空格，不要写满格，一般应占格距的 1/2。

④登记账簿要用蓝黑墨水或者碳素墨水书写，不得使用圆珠笔或者铅笔书写（本实训案例利用 Excel 电子表格，选择黑色字体）。

⑤下列情况，可以用红色墨水记账：

a. 按照红字冲账的记账凭证，冲销错误记录；

b. 在不设借贷等栏的多栏式账页中，登记减少数；

c. 在三栏式账户的余额前，如未印明余额方向的，在余额栏内登记负数余额；

d. 根据国家统一的会计准则的规定可以用红字登记的其他会计记录。

⑥各种账簿应按页次顺序连续登记，不得跳行、隔页；如果跳行、隔页应当将空行、空页划线注销，或者注明“此行空白”“此页空白”字样，并由记账人员签名或者盖章。

⑦凡需要结出余额的账户，结出余额后，应当在“借或贷”等栏内写明“借”或“贷”等字样；没有余额的账户，应在“借或贷”栏内写“平”字，并在“余额”栏用“0”表示。

⑧每一账页登记完毕结转下页时，应当结出本页合计数及余额，写在本页最后一行和下页第一行有关栏内，并在摘要栏内注明“承前页”字样。

⑨对需要结计本月发生额的账户，结计“过次页”的本页合计数应当为自本月初起

至本月末至的发生额合计数；对需要结计本年累计发生额的账户，结计“过次页”的本页合计数应当为自年初起至本月末止的累计数。对既不需要结计本月发生额，也不需要结计本年累计发生额的账户，可以只将每页末的余额结转次页。

⑩每一账页登记完毕结转下页时，无须编制记账凭证。

2. 会计账簿的登记方法

（1）日记账的登记方法

现金日记账由出纳人员根据库存现金收付有关的记账凭证，按时间顺序逐日逐笔进行登记。对于从银行提取现金的业务，规定只填制银行存款的付款凭证，不填制库存现金的收款凭证。所以从银行提取现金的收入数，应根据银行存款的付款凭证登记。

现金日记账和银行存款日记账必须每日结出余额。

计算公式：本日余额 = 上日余额 + 本日收入 − 本日支出

本案例中“银行存款——工行”日记账的登记方法，如图 7-12 所示。

银行存款-工行日记账

月	日	凭证号数	摘要	借方	贷方	方向	余额
7	1		上期结转			借	2227973.00
	1	记01	签发现金支票提现		2000.00	借	2225973.00
	8	记03	缴纳6月税款		5676	借	2220297.00
	8	记03	缴纳6月税款		1378.12	借	2218918.88
	12	记04	缴纳6月份社保		41041.6	借	2177877.28
	12	记04	缴纳6月份社保		11904	借	2165973.28
	15	记05	发放上月工资		82360.6	借	2083612.68
	18	记06	向天蓝国际销售服装	2679600.00		借	4763212.68
	31		本月合计	2679600.00	144360.32	借	4763212.68

图 7-12 “银行存款——工行”日记账

（2）明细分类账的登记方法

明细分类账根据记账凭证、原始凭证或汇总原始凭证逐日逐笔或定期汇总登记。常见的明细账的账页格式有三栏式、数量金额式和多栏式三种，具体登记示例如下：

本案例中“应交税费——应交个人所得税”三栏式明细账的登记方法，如图 7-13 所示。

应交税费明细账-应交个人所得税

月	日	凭证号数	摘要	借方	贷方	方向	余额
7	1		上期结转			贷	697
	8	记03	缴纳6月份税款	697		贷	0.00
	15	记05	发放6月份工资		697	贷	697.00
	31		本月合计	697	697	贷	697.00

图 7-13 “应交税费——应交个人所得税”明细账

本案例中“库存商品——男士西服”数量金额式明细账的登记方法，如图 7-14 所示。

库存商品-男士西装

2018年		凭证	摘要	借方			贷方			余额		
月	日	号数		数量	单价	金额	数量	单价	金额	数量	单价	金额
7	1		上期结转							1800.00	160.00	288000.00
	5	记02	采购商品款项尚未支付	3000.00	180.00	540000.00				1800.00 3000.00	160.00 180.00	828000.00
	19	记07	结转销售产品成本				1800.00 2400.00	160.00 180.00	720000.00	600.00	180.00	108000.00
	31		本月合计	3000.00	180.00	540000.00	4200.00		720000.00	600.00	180.00	108000.00

图 7-14 “库存商品——男士西服”数量金额式明细账

本案例中“主营业务收入”多栏式明细账登记方法，如图 7-15 所示。

主营业务收入明细账

月	日	凭证号数	摘要	借方	贷方	方向	余额	收入项目	
								男士西装	女士连衣裙
7	18	记06	向天蓝国际销售服装款已收		1470000.00	贷	1470000.00	1470000.00	
	18	记06	向天蓝国际销售服装款已收		840000.00	贷	2310000.00		840000.00
	31	记12	结转期间损益	840000.00		贷	1470000.00		840000.00
	31	记12	结转期间损益	1470000.00		平	-	1470000.00	
	31		本月合计	2310000.00	2310000.00	平	-	-	-

图 7-15 “主营业务收入”借方多栏式明细账

（3）总分类账的登记方法

总分类账登记的依据和方法，主要取决于所采用的账务处理程序，本案例采用科目汇总表账务处理程序，根据科目汇总表 01 登记总分类账。

总分类账的账页格式有三栏式和多栏式两种。总分类账最常用的格式为三栏式，设置为借方、贷方和余额三个基本金额栏目。本案例采用三栏式账页格式，不同会计要素三栏式总账账簿的登记方法如下：

本案例中资产类账户“库存商品”三栏式总账的登记方法，如图 7-16 所示。

库存商品

月	日	摘要	借方	贷方	方向	余额
7	1	期初余额			借	468000.00
	31	科汇01	740000.00	1050000.00	借	158000.00
	31	本月合计	740000.00	1050000.00	借	158000.00

图 7-16 “库存商品”三栏式总账

本案例中负债类账户“应付职工薪酬”三栏式总账登记方法，如图 7-17 所示。

应付职工薪酬

月	日	摘要	借方	贷方	方向	余额
7	1	期初余额			贷	136003.20
	31	科汇01	136003.20	136003.20	贷	136003.20
	31	本月合计	136003.20	136003.20	贷	136003.20

图 7-17 “应付职工薪酬”三栏式总账

本案例中所有者权益类账户“本年利润”类三栏式总账登记方法，如图 7-18 所示。

本年利润

月	日	摘要	借方	贷方	方向	余额
7	1	期初余额			贷	350047.00
	31	科汇01	1220527.76	2310000.00	贷	1439519.24
	31	本月合计	1220527.76	2310000.00	贷	1439519.24

图 7-18 “本年利润”三栏式总账

本案例中损益类账户“销售费用”三栏式总账登记方法，如图 7-19 所示。

销售费用

月	日	摘要	借方	贷方	方向	余额
7	31	科汇01	23412.56	23412.56	平	-
	31	本月合计	23412.56	23412.56	平	-

图 7-19 “销售费用”三栏式总账

根据给定的 Excel 会计账簿电子模板完成所有会计账簿的登记工作。

3. 对账

每个会计期末，记账工作结束后，需要通过对账以发现存在的问题。对账通常包括账证核对、账账核对、账实核对三方面。

（1）账证核对

账证核对是指核对会计账簿记录与原始凭证、记账凭证的时间、凭证字号、内容、金额是否一致，记账方向是否相符。一般是在日常编制凭证和记账过程中进行，检查所记账目是否正确。账证核对也是追查会计记录正确与否的最终途径。月终时，如果发现账证不符时，也可以再将账簿记录与有关会计凭证进行核对，以保证账证相符。

（2）账账核对

①总分类账簿有关账户的余额核对。总分类账各账户的借方期末余额合计数与贷方期末余额合计数应核对相符。

②总分类账簿与所属明细分类账簿核对。总分类账的借方、贷方本期发生额和期末余额与所属明细分类账的借方、贷方本期发生额和期末余额之和应核对相符。

③总分类账簿与序时账簿核对。现金日记账和银行存款日记账期末余额应与总分类账的库存现金、银行存款期末余额核对相符。

④明细分类账簿之间的核对。会计部门财产物资明细分类账期末余额与财产物资保管和使用部门的有关财产物资明细分类账期末余额应核对相符。

（3）账实核对

①现金日记账账面余额与库存现金数额是否相符。现金日记账账面余额应每天同库存现金实际库存数相核对，不准以借条抵充库存现金或挪用库存现金，做到日清月结。

②银行存款日记账账面余额与银行对账单的余额是否相符。银行存款日记账的账面余额，应同开户银行寄送企业的银行对账单相核对，一般至少一个月核对一次。

③各项财产物资明细账账面余额与财产物资的实有数额核对是否相符。如原材料、产成品、固定资产等。

④有关债权、债务明细账账面余额与对方单位的账面记录是否相符。如应收款、应付款、银行借款等结算款项以及上交税费等，应定期寄送对账单同有关单位进行核对。

在本实训案例中，主要进行账证核对及账账核对，如发现错误，请参照下述错账更正方法更正错账。

4. 更正错账

会计期末对账工作结束后，需要对发现的错账予以更正。账簿记录发生错误，不准涂改、挖补、刮擦或者用药水消除字迹，不准重新抄写。错账更正方法通常有划线更正法、红字更正法和补充登记法等三种。

（1）划线更正法

记账凭证填制正确，在记账或结账过程中发现账簿记录中文字或数字有错误，应采用划线更正法。具体做法是：先在错误的文字或数字上划一条红线，表示注销，划线时必须使用原有字迹仍可辨认；然后将正确的文字或数字用蓝字写在划线处的上方，并由记账人员在更正处盖章，以明确责任。

对于文字的错误，可以只划去错误的部分，并更正错误的部分，对于错误的数字，应当全部划红线更正，不能只更正其中的个别错误数字。例如，把“3 457”元误记为“8 457”元时，应将错误数字“8 457”全部用红线注销后，再写上正确的数字“3 457”，而不是只删改一个“8”字。如记账凭证中的文字或数字发生错误，在尚未过账前，也可用划线更正法更正。

（2）红字更正法

在记账以后，如果发现记账凭证中应借、应贷科目或金额发生错误时，可以用红字更正法进行更正。具体做法是：先用红字金额，填写一张与错误记账凭证内容完全相同的记账凭证，且在摘要栏注明“更正某月某日第 × 号凭证”，并据以用红字金额登记入账，以冲销账簿中原有的错误记录，然后再用蓝字重新填制一张正确的记账凭证，登记入账。这样，原来的错误记录便得以更正。

红字更正法一般适用于以下两种情况：

①记账后，如果发现记账凭证中的应借、应贷会计科目有错误，可以用红字更正法予以更正。

【例 7-1】 车间领用甲材料 2 000 元用于一般消耗。

填制记账凭证时，误将借方科目写成“生产成本”，并已登记入账。原错误记账凭证为

借：生产成本　　2 000

　　贷：原材料　　2 000

发现错误后，用红字填制一张与原错误记账凭证内容完全相同的记账凭证：

借：生产成本 [2 000]

　　贷：原材料 [2 000]

用蓝字填制一张正确的记账凭证：

借：制造费用 2 000

　　贷：原材料 2 000

②记账后，如果发现记账凭证和账簿记录中应借、应贷的账户没有错误，只是所记金额大于应记金额。对于这种账簿记录的错误，更正的方法是：将多记的金额用红字填制一张与原错误记账凭证会计科目相同的记账凭证，并在摘要栏注明“更正某月某日第×号凭证”，并据以登记入账，以冲销多记的金额，使错账得以更正。

【例 7-2】 承例 **7-1**，假设在编制记账凭证时应借、应贷账户没有错误，只是金额由 2 000 元写成了 20 000 元，并且已登记入账。

该笔业务只需用红字更正法编制一张记账凭证，将多记的金额 18 000 元用红字冲销即可。编制的记账凭证为

借：制造费用 [18 000]

　　贷：原材料 [18 000]

（3）补充登记法

在记账之后，如果发现记账凭证中应借、应贷的账户没有错误，但所记金额小于应记金额，造成账簿中所记金额也小于应记金额，这种错账应采用补充登记法进行更正。更正的方法是：将少记金额用蓝笔填制一张与原错误记账凭证会计科目相同的记账凭证，并在摘要栏内注明“补记某月某日第×号凭证”并予以登记入账，补足原少记金额，使错账得以更正。

【例 7-3】承例 **7-2**，假设在编制记账凭证时应借、应贷账户没有错误，只是金额由 2 000 元写成了 200 元，并且已登记入账。

该笔业务只需用补充登记法编制一张记账凭证，将少记的金额 1 800 元补足便可。其记账凭证为

借：制造费用 1 800

　　贷：原材料 1 800

错账更正的三种方法中红字更正法和补充登记法都是更正因记账凭证错误而产生的记账错误，如果非因记账凭证的差错而产生的记账错误，只能用划线更正法更正。

以上三种方法仅适用当年内记账凭证填写错误或者账簿登记错误两种情形。

如果发现以前年度记账凭证中有错误（指会计科目和金额）并导致账簿登记出现差错，需要用蓝字或黑字填制一张更正的记账凭证。因错误的账簿记录已经在以前会计年度终了进行结账或决算，不可能将已经决算的数字进行红字冲销，只能用蓝字或黑字凭证对除文字外的一切错误进行更正，并在更正凭证上特别注明“更正××年度错账”的字样。

5. 结账

结账，是在把一定时期内发生的全部经济业务登记入账的基础上，按规定的方法将

各种账簿的记录进行小结，计算本期所有会计账户发生额和期末余额的一种方法。

本案例中，在完成登记会计账簿的基础上，如对账没有错误或发现错误已经更正，可以开展结账工作。

（1）结账的程序

①将本期发生的全部经济业务事项登记入账，并保证其正确性；

②根据权责发生制的要求，调整有关账项，合理确定本期应计的收入和应计的费用；

③将损益类账户转入“本年利润”账户，结平所有损益类账户；计算确定本期的成本、利润或亏损，把经营成果在账上反映出来；

④结算出资产、负债和所有者权益账户的本期发生额和余额，并结转下期，作为下期的期初余额。

（2）结账的种类

根据结账时间的不同，可分为月结、季结和年结三种。本实训案例只涉及月结，注意具体结账方法。

（3）结账的方法

①不需要按月结计发生额的账户，每次记账后，都要在该行余额栏内随时结出余额，每月最后一笔余额即为月末余额。月末结账时只需在最后一笔经济业务记录之下通栏划单红线即可，无须再结计一次余额。

②现金日记账、银行存款日记账和需要按月结计发生额的收入、费用等明细账，每月结账时，需要结出本月发生额和月末余额，在摘要栏内注明“本月合计”字样，并在下面通栏划单红线。

③需要结计本年累计发生额的某些明细账户，先按照需按月结计发生额的明细账进行月结，再在“本月合计”行下的摘要栏内注明“本年累计”字样，并结出自年初起至本月末止的累计发生额，再在下面通栏划单红线。12 月末的“本年累计”就是全年累计发生额，全年累计发生额下面通栏划双红线。

④总账账户平时只需结计月末余额，不需要结计本月发生额。每月结账时，应将月末余额计算出来并写在本月最后一笔经济业务记录的同一行内，并在下面通栏划单红线。年终结账时，要将所有总账账户结计全年发生额和年末余额，在摘要栏内注明“本年累计”字样，并在“本年累计”行下划双红线。

⑤年度终了结账时，有余额的账户，要将其余额结转到下一会计年度，并在摘要栏内注明“结转下年”字样；在下一会计年度新建有关会计账簿的第一行余额栏内填写上年结转的余额，并在摘要栏内注明“上年结转”字样。

本实训案例采用 Excel 电子表格完成，月结账划线可采用红色边框完成。

实训四　出具会计报表

一、实训准备

本实训建立在记账凭证填制、科目汇总表编制及账簿登记的基础上，请利用给定的

Excel 报表模板完成。

二、实训内容

本实训包含 2 个实训项目：

（1）出具资产负债表；

（2）出具利润表。

三、具体操作

1. 资产负债表的编制方法

资产负债表是根据“资产 = 负债 + 所有者权益”这一会计恒等式编制而成，各项目均需填列“期初余额”和“期末余额”两栏。

资产负债表“期初余额”栏内各项数字，一般应根据上期资产负债表的“期末余额”栏内所列数字填列；资产负债表“期末余额”栏内各项数字，其填列方法如下：

（1）根据总账账户的余额填列

①根据总账账户的余额直接填列，绝大多数项目都是根据总账账户的余额直接填列的。例如“交易性金融资产”“短期借款”“应付票据”“应付职工薪酬”等。

②根据几个总账账户的余额计算填列，例如货币资金项目。

“货币资金”项目 = 库存现金 + 银行存款 + 其他货币资金

（2）根据有关明细账户的余额计算填列

例如应收票据及应收账款、预收款项、预付款项、应付票据及应付账款等。

“应收票据及应收账款”项目 = 应收票据明细科目借方余额 +
应收账款明细科目借方余额 + 预收账款明细科目借方余额

“预收款项”项目 = 预收账款明细科目贷方余额 + 应收账款明细科目贷方余额

“预付款项”项目 = 预付账款明细科目借方余额 + 应付账款明细科目借方余额

“应付票据及应付账款”项目 = 应付票据明细科目贷方余额 +
应付账款明细科目贷方余额 + 预付账款明细科目贷方余额

（3）根据总账账户和其明细账户的余额分析计算填列

例如“长期借款”项目，需要根据“长期借款”总账账户余额扣除其所属的明细账户中反映的将于一年内到期的长期借款部分计算填列。

一年内即将到期的非流动负债列示于流动负债中的“一年内到期的非流动负债”项目。

（4）根据有关科目的余额减去其备抵科目余额后的净额填列

例如“固定资产”项目，“无形资产”项目等。

“固定资产”项目 = 固定资产 − 累计折旧 − 固定资产减值准备

“无形资产”项目 = 无形资产 − 累计摊销 − 无形资产减值准备

（5）综合运用上述填列方法分析填列

例如存货项目、应收账款项目、预付款项等。

“存货”项目 = 原材料 + 在途物资(材料采购) + 周转材料 + 生产成本 + 库存商品 + 发出商品 − 存货跌价准备

应收票据及应收账款项目=(应收票据 + 应收账款 + 预收账款)明细科目借方余额 − 坏账准备

预付款项项目=(应付账款 + 预付账款)明细科目借方余额 − 坏账准备

2. 本实训案例资产负债表编制方法详述

(1)资产类会计项目填列方法

①“货币资金”项目：根据库存现金、银行存款和其他货币资金科目的期末余额计算填列，其他货币资金科目无余额，根据库存现金和银行存款科目期末借方余额合计数填列 4 763 901.32。

②“应收票据及应收账款”项目：根据应收票据科目、应收账款科目和预收账款明细账期末借方余额合计数，扣减坏账准备科目后的余额填列，应收票据科目、预收账款明细账借方无余额及坏账准备科目无余额，填列应收账款科目期末借方余额 700 000.00。

③“预付款项”项目：根据应付账款科目和预付账款明细账期末借方余额合计数，减去坏账准备科目后的余额填列，应付账款明细账借方无余额，坏账准备科目无余额，填列预付账款科目期末借方余额 85 000。

④“其他应收款”项目：根据应收利息、应收股利和其他应收款科目期末借方余额减去坏账准备科目后的余额填列，应收利息、应收股利及坏账准备科目无余额，填列其他应收款科目期末借方余额 16 142.40。

⑤“存货”项目：根据原材料、在途物资(或材料采购)、周转材料、生产成本、库存商品及发出商品等科目的期末借方余额合计数扣减存货跌价准备科目后的余额填列。除库存商品科目外，其他科目无余额，填列库存商品科目期末借方余额 158 000.00。

⑥“固定资产”项目：根据固定资产科目期末余额，减去累计折旧和固定资产减值准备科目期末余额后的金额，以及固定资产清理科目的期末余额填列，固定资产减值准备和固定资产清理科目无余额，填列固定资产减去累计折旧后的余额 71 441.52。

(2)负债类会计项目填列方法

①“应付票据及应付账款”项目：根据应付票据科目、应付账款科目和预付账款明细账期末贷方余额的合计数填列，应付票据科目、预付账款明细账期末贷方无余额，填列应付账款期末贷方余额 938 400。

②“应付职工薪酬”项目：填列应付职工薪酬科目期末贷方余额 136 003.20。

③“应交税费”项目：填列应交税费科目期末贷方余额 282 041.00。

(3)所有者权益类会计项目填列方法

①“实收资本”项目：填列实收资本科目期末贷方余额 2 000 000.00。

②“盈余公积”项目：填列盈余公积科目期末贷方余额 260 087.00。

③“未分配利润”项目：根据本年利润科目和利润分配明细账贷方期末余额合计数填列，合计为 2 177 954.04。填列完成的资产负债表，如表 7-2 所示。

表 7-2　北京卡米服装销售有限公司资产负债表

资产负债表

会企 01 表

编制单位：北京卡米服装销售有限公司　　2018 年 7 月 31 日　　单位：（元）

资产	期末余额	年初余额（略）	负债和所有者权益（或股东权益）	期末余额	年初余额（略）
流动资产：			流动负债：		
货币资金	4 763 901.32		短期借款		
以公允价值计量且其变动计入当期损益的金融资产			以公允价值计量且其变动计入当期损益的金融负债		
衍生金融资产			衍生金融负债		
应收票据及应收账款	700 000.00		应付票据及应付账款	938 400.00	
预付款项	85 000.00		预收款项		
其他应收款	16 142.40		应付职工薪酬	136 003.20	
存货	158 000.00		应交税费	282 041.00	
持有待售资产			其他应付款		
一年内到期的非流动资产			持有待售负债		
其他流动资产			一年内到期的非流动负债		
流动资产合计	5 723 043.72		其他流动负债		
非流动资产：			流动负债合计	1 356 444.20	
可供出售金融资产			非流动负债：		
持有至到期投资			长期借款		
长期应收款			应付债券		
长期股权投资			其中：优先股		
投资性房地产			永续债		
固定资产	71 441.52		长期应付款		
在建工程			预计负债		
工程物资			递延收益		
生产性生物资产			递延所得税负债		
油气资产			其他非流动负债		
无形资产			非流动负债合计	-	
开发支出			负债合计	1 356 444.20	
商誉			所有者权益（或股东权益）：		
长期待摊费用			实收资本（或股本）	2 000 000.00	
递延所得税资产			其他权益工具		
其他非流动资产			其中：优先股		
非流动资产合计	71 441.52		永续债		
			资本公积		
			减：库存股		
			其他综合收益		
			盈余公积	260 087.00	
			未分配利润	2 177 954.04	
			所有者权益（或股东权益）合计	4 438 041.04	
资产总计	5 794 485.24		负债和所有者权益（或股东权益）总计	5 794 485.24	

单位负责人：肖明　　财务负责人：杨萍　　制表人：于玉丽

3. 利润表的编制方法

利润表各个项目均需填列“上期金额”和“本期金额”两栏。

利润表“上期金额”栏内各项数字，一般应根据上年该期利润表的“本期金额”栏内所列数字填列；利润表“本期金额”栏内各项数字，其填列方法如下：

“本期金额”栏根据“主营业务收入”“其他业务收入”“主营业务成本”“其他业务成本”“税金及附加”“销售费用”“管理费用”“财务费用”“资产减值损失”“公允价值变动损益”“投资收益”“营业外收入”“营业外支出”“所得税费用”等科目的发生额分析填列。

其中，“营业利润”“利润总额”“净利润”等项目根据该表中相关项目计算填列。计算公式如下：

营业利润 = 营业收入 − 营业成本 − 税金及附加 − 销售费用 − 管理费用 −
财务费用 − 资产减值损失 + 公允价值变动收益
（或 − 公允价值变动损失）+ 投资收益（或 − 投资损失）

其中：

营业收入 = 主营业务收入 + 其他业务收入
营业成本 = 主营业务成本 + 其他业务成本
利润总额 = 营业利润 + 营业外收入 − 营业外支出
净利润 = 利润总额 − 所得税费用

4. 本实训案例利润表编制方法详述

（1）“营业收入”项目：根据主营业务收入和其他业务收入总账账户期末贷方余额计算填列，其他业务收入无余额，填列主营业务收入期末贷方余额 2 310 000.00。

（2）“营业成本”项目：根据主营业务成本和其他业务成本总账账户期末借方余额计算填列，其他业务成本无余额，填列主营业务成本期末借方余额 1 050 000.00。

（3）“税金及附加”项目：填列税金及附加总账账户期末借方余额 30 144.00。

（4）“销售费用”项目：填列销售费用总账账户期末借方余额 23 412.56。

（5）“管理费用”项目：填列管理费用总账账户期末借方余额 116 971.20。

经过多步式计算完成后的利润表，如表 7-3 所示。

表 7-3　北京卡米服装销售有限公司利润表

利润表　　　　会企 02 表

编制单位：北京卡米服装销售有限公司　　2018 年 7 月　　单位：（元）

项目	本期金额	上期金额（略）
一、营业收入	2 310 000.00	
减：营业成本	1 050 000.00	
税金及附加	30 144.00	
销售费用	23 412.56	

续表

项目	本期金额	上期金额（略）
管理费用	116 971.20	
研发费用		
财务费用		
其中：利息费用		
利息收入		
资产减值损失		
加：其他收益		
投资收益（损失以“－”号填列）		
其中：对联营企业和合营企业的投资收益		
公允价值变动收益（损失以“－”号填列）		
资产处置收益（损失以“－”号填列）		
二、营业利润（亏损以“－”号填列）	1 089 472.24	
加：营业外收入		
减：营业外支出		
三、利润总额（亏损总额以“－”号填列）	1 089 472.24	
减：所得税费用		
四、净利润（净亏损以“－”号填列）	1 089 472.24	
（一）持续经营净利润（净亏损以“－”号填列）		
（二）终止经营净利润（净亏损以“－”号填列）		
五、其他综合收益的税后净额		
六、综合收益总额		
七、每股收益		
（一）基本每股收益		
（二）稀释每股收益		

单位负责人：肖明　　　　财务负责人：杨萍　　　　制表人：于玉丽

本章总结

科目汇总表账务处理程序起于记账凭证的填制，其重点是科目汇总表的编制，依据科目汇总表登记总账，依据原始凭证或原始凭证汇总表、记账凭证登记明细账，最后出具会计报表。

- 记账凭证的填制需要保证要素完整、数据准确。
- 充分利用 Excel 数据公式等功能完成不同账页格式的会计账簿登记工作。
- 充分利用 Excel 跨表引用等功能完成财务报表的出具工作。
- 本实训项目采用 Excel 作为实训工具，相对于传统的纸质载体，可以提高工作效率。

8 第八章 电算化概述

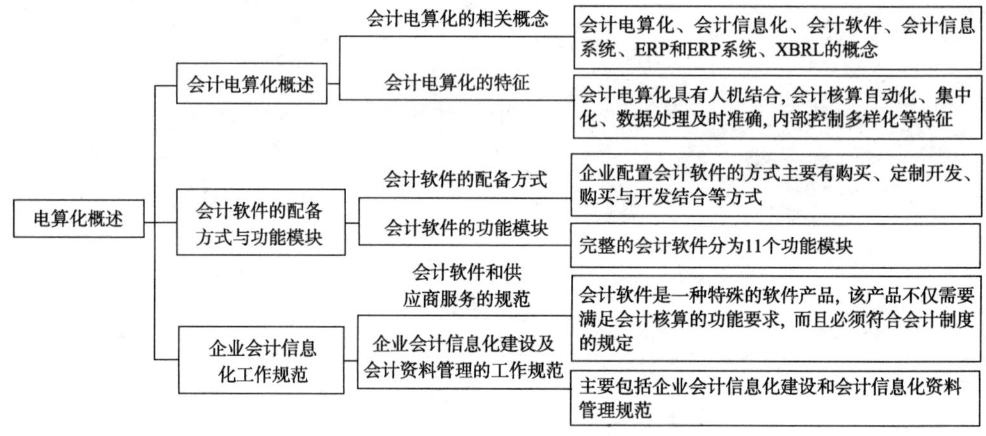

- 理解会计电算化和会计信息化的概念；
- 掌握会计电算化的特征；
- 掌握会计软件的配备方式；
- 掌握会计软件各模块的数据传递；
- 了解企业会计信息化工作规范。

第一节　会计电算化概述

我国会计电算化是从 20 世纪 80 年代开始起步的，当时会计电算化正处于实验试点和理论研究阶段。在这一阶段早期，财政部于 1979 年拨款 500 万元，用于长春第一汽车制造厂进行会计电算化试点工作，由此拉开了我国会计电算化工作的序幕，1981 年 8 月，中国人民大学和第一汽车制造厂在长春市召开的“财务、会计、成本应用电子计算机专题讨论会”上，正式提出了“会计电算化”的概念。

一、会计电算化的相关概念

1. 会计电算化

随着我国会计电算化事业的发展，由此产生的会计电算化的概念也在不断发展。会计电算化的概念可以从广义和狭义两个层面理解。

狭义概念是指以电子计算机为主体的电子信息技术在会计工作中的应用。具体来说，就是通过会计软件操作计算机代替手工完成或手工难以完成的会计工作。

广义概念是指与实现会计工作电算化有关的所有工作，包括会计软件的开发应用及其软件市场的培育、会计电算化人才的培训、会计电算化的宏观规划和管理、会计电算化制度建设等。

2. 会计信息化

随着企业信息化和会计电算化的深入发展，“会计电算化”逐步向“会计信息化”的高级阶段迈进。1999 年 4 月初，在深圳召开的“会计信息化理论专家座谈会”上，与会专家提出了“会计信息化”这一概念。

会计信息化是指企业利用计算机、网络通信等现代信息技术手段开展会计核算，以及利用上述技术手段将会计核算与其他经营管理活动有机结合的过程。

相对于会计电算化而言，会计信息化是一次质的飞跃。

会计电算化解决的是利用电子信息技术进行会计核算和报告工作的相关问题；会计信息化则是在会计电算化的基础上，以构建和实施有效的企业内部控制为指引，集成管理企业的各种资源和信息。所以，会计电算化是会计信息化的初级阶段，是会计信息化的基础工作。

3. 会计软件

会计软件是指企业使用的，专门用于会计核算、财务管理的计算机软件、软件系统或者其功能模块。

（1）会计软件具有的功能

①为会计核算、财务管理直接采集数据；

②生成会计凭证、账簿、报表等会计资料；

③对会计资料进行转换、输出、分析、利用。

（2）会计软件的分类

①根据会计软件的适用范围不同分类，可以将会计软件划分为通用会计软件和专用会计软件。

通用会计软件是指软件公司为会计工作而专门设计开发，并以产品形式投入市场的应用软件。

专用会计软件一般是由使用单位根据自身会计核算与管理的需要，自行开发、委托其他单位开发或和其他单位联合开发、专供本单位使用的会计软件。

②按用户结构不同分类，可以将会计软件划分为单用户会计软件和多用户（网络）

会计软件。

单用户会计软件是指将会计软件安装在一台或几台计算机上，每台计算机的会计软件单独运行，生成的数据只存储在各自的计算机中，计算机之间不能直接实现数据交换和共享。

多用户（网络）会计软件是指将会计软件安装在一个多用户系统的主机（或计算机网络服务器）上，该系统中各个终端（工作站）可以同时运行软件，且不同终端上的会计操作人员能够共享会计信息。

4. 会计信息系统

会计信息系统（Accounting Information System，AIS），是指利用信息技术对会计数据进行采集、存储和处理，完成会计核算任务，并提供会计管理、分析与决策相关会计信息的系统，其实质是将会计数据转化为会计信息的系统，是企业管理信息系统的一个重要子系统。

会计信息系统根据信息技术的影响程度，划分为手工会计信息系统、传统自动化会计信息系统、现代会计信息系统；根据其功能和管理层次的高低，划分为会计核算系统、会计管理系统、会计决策支持系统。

5. ERP 和 ERP 系统

（1）ERP 系统

ERP（Enterprise Resource Planning），译为“企业资源计划”。ERP 是指利用信息技术，一方面将企业内部所有资源整合在一起，另一方面将企业与其外部的供应商、客户等市场要素有机结合，实现对企业的物资资源（物流）、人力资源（人流）、财务资源（财流）和信息资源（信息流）等资源进行一体化管理（即“四流一体化”或“四流合一”）。

ERP 的核心思想是供应链管理，强调对整个供应链的有效管理，提高企业配置和使用资源的效率。

（2）ERP 系统

ERP 系统通过利用计算机网络等现代技术，实现了企业内部甚至企业间的业务集成，在实现高效、实时地共享企业事务处理系统间数据资源的同时，实现应用的协同工作，并将一个个孤立的应用集成起来，形成一个协调的企业信息和管理系统。会计信息系统是 ERP 系统的子系统，包括财务会计和管理会计两大子系统。

6. XBRL

XBRL（eXtensible Business Reporting Language 的简称，译为“可扩展商业报告语言”），是一种基于可扩展标记语言（Extensible Markup Language）的开放性业务报告技术标准。

（1）XBRL 的作用及优势

XBRL 的主要作用在于将财务和商业数据电子化，促进了财务和商业信息的显示、分析和传递。XBRL 通过定义统一的数据格式标准，规定了企业报告信息的表达方法。

企业应用 XBRL 的优势主要有：

①提供更为精确的财务报告与更具可信度和相关性的信息；

②降低数据采集成本，提高数据流转及交换效率；

③帮助数据使用者更快捷方便地调用、读取和分析数据；

④使财务数据具有更广泛的可比性；

⑤增加资料在未来的可读性与可维护性；

⑥适应变化的会计准则制度的要求。

（2）我国 XBRL 的发展历程

我国的 XBRL 发展始于证券领域。

2002 年 5 月中国证监会在研究上市公司电子化信息披露问题时，将 XBRL 选定为电子化披露的格式标准。

2003 年 11 月，上海证券交易所在全国率先实施基于 XBRL 的上市公司信息披露标准。

2004 年，上海证券交易所选择了 50 家沪市上市公司开展 2003 年度报告摘要 XBRL 格式保送试点。

2005 年 1 月，深圳证券交易所颁布了 1.0 版本的 XBRL 报送系统。

2005 年 4 月和 2006 年 3 月，上海证券交易所和深圳证券交易所先后分别加入了 XBRL 国际组织。

2008 年 11 月，XBRL 中国地区组织成立。

2009 年 4 月，财政部在《关于全面推进我国会计信息化工作的指导意见》中将 XBRL 纳入会计信息化的标准。

2010 年 10 月 19 日，国家标准化管理委员会和财政部颁布了可扩展商业报告语言（XBRL）技术规范系列国家标准和企业会计准则通用分类标准。

2011 年财政部组织以在美上市公司为主的 15 家国有大型企业，以及 12 家具有证券期货相关业务资格的会计师事务所开展通用分类标准首批实施工作，取得良好成效。

2012 年财政部在 2011 年基础上扩大实施范围，增加 17 个省区市开展地方国有大中型企业实施工作，同时联合银监会组织包括全部 16 家上市银行在内的 18 家银行业金融机构开展实施工作。

我国 XBRL 的发展虽然起步相对较晚，但推进速度快，后发优势的发挥使其起点更高，避免了很多弯路。但是，XBRL 在我国的发展还处于初期阶段，实施范围十分有限，应用价值未充分拓展。展望未来我国 XBRL 的发展道路，也就是一个不断拓宽实施领域，充分挖掘应用价值的过程。

二、会计电算化的特征

会计电算化是用电子计算机代替手工记账并部分代替人脑完成对会计信息的分析、预测及决策。与手工会计相比，会计电算化具有人机结合、会计核算自动化、集中化、数据处理及时准确、内部控制多样化等特征。

1. 人机结合

在会计电算化方式下，会计人员填制电子会计凭证并审核后，执行“记账”功能，计算机将根据程序和指令在极短的时间内自动完成会计数据的分类、汇总、计算、传递及报告等工作。

尽管许多会计核算工作基本实现了自动化，但会计数据的收集、审核和输入等工作仍需人工完成，各种处理指令也需要由人发出。

2. 会计核算自动化、集中化

在会计电算化方式下，试算平衡、登记账簿等以往依靠人工完成的工作，都由计算机自动完成，大大减轻了会计人员的工作负担，提高了工作效率。

计算机网络在会计电算化中的广泛应用，使得企业能将分散的数据统一汇总到会计软件中进行集中处理，既提高了数据汇总的速度，又增强了企业集中管控的能力。

3. 数据处理及时准确

利用计算机处理会计数据，可以在较短的时间内完成会计数据的分类、汇总、计算、传递和报告等工作，使会计处理流程更为简便，核算结果更为精确。此外，在会计电算化方式下，会计软件运用适当的处理程序和逻辑控制，能够避免在手工会计处理方式下出现的一些错误。

4. 内部控制多样化

在会计电算化方式下，与会计工作相关的内部控制制度也将发生明显的变化，内部控制由过去的纯粹人工控制发展成为人工与计算机相结合的控制形式。内部控制的内容更加丰富，范围更加广泛，要求更加严格，实施更加有效。

第二节　会计软件的配备方式与功能模块

一、会计软件的配备方式

企业配备会计软件的方式主要有购买、定制开发、购买与开发相结合等方式。其中，定制开发包括企业自行开发、委托外部单位开发、企业与外部单位联合开发三种具体开发方式。选择配备会计软件的方式，应根据企业实际需要和自身的技术力量选择。

1. 购买通用会计软件

通用会计软件是指软件公司为会计工作而专门设计开发，并以产品形式投入市场的应用软件。企业作为用户，付款购买即可获得软件的使用、维护、升级以及人员培训等服务。

（1）采用这种方式的优点

企业投入少、见效快、实现信息化的过程简单；会计软件公司集中了计算机专业技术人员和会计专业人员，由这些人员共同研发的会计软件性能稳定、质量可靠、运行效率高，能够满足企业的大部分需求；软件的维护和升级由软件公司负责，企业在使用过程中遇到问题可以向软件公司求助，能够大大减轻维护软件的负担；软件安全保密性强，用户只能执行软件功能，不能访问和修改源程序，软件不易被恶意篡改，安全性高。

（2）采用这种方式的缺点

软件的针对性不强，通常针对一般用户设计，难以适应企业特殊的业务或流程；为保证通用性，软件功能设置往往过于复杂，业务流程简单的企业可能感到不易操作。

由于商品化会计软件版本众多，应在购买时考虑软件的性能特点、功能、售后服务、本单位的财会业务特点以及费用等方面的因素，选择最适合本单位的软件产品。

2. 定制开发

（1）自行开发

自行开发是指企业自行组织人员进行会计软件开发。

①采用这种方式的优点：企业能够在充分考虑自身生产经营特点和管理要求的基础上，设计最有针对性和适用性的会计软件。由于企业内部员工对系统充分了解，当会计软件出现问题或需要改进时，企业能够及时高效地纠错和调整，保证系统使用的流畅性。

②采用这种方式的缺点：系统开发要求高、周期长、成本高，系统开发完成后，还需要较长时间的试运行。自行开发软件系统需要大量的计算机专业人才，普通企业难以维持一支稳定的高素质软件人才队伍。

（2）委托外部单位开发

委托外部单位开发是指企业通过委托外部单位进行会计软件开发。

①采用这种方式的优点：企业开发的会计软件针对性较强，降低了用户的使用难度。对企业自身技术力量的要求不高。

②采用这种方式的缺点：委托开发费用较高，开发人员需要花大量的时间了解企业的业务流程和客户需求，会延长开发时间。开发系统的实用性差，常常不适用于企业的业务处理流程。外部单位的服务与维护承诺不易做好。因此，这种方式目前已很少使用。

（3）企业与外部单位联合开发

企业与外部单位联合开发是指企业联合外部单位进行软件开发，由本单位财务部门和网络信息部门进行系统分析，外部单位负责系统设计和程序开发工作，开发完成后，对系统的重大修改由网络信息部门负责，日常维护工作由财务部门负责。

①采用这种方式的优点：企业开发工作既考虑了企业的自身需求，又利用了外部单位的软件开发力量，开发的系统质量较高。企业内部人员参与开发，对系统的结构和流程较熟悉，有利于企业日后进行系统维护和升级。

②采用这种方式的缺点：软件开发工作需要外部技术人员和内部技术人员、会计人员充分沟通，系统开发的周期较长。企业支付给外单位的开发费用相对较高。

3. 购买与开发相结合

购买与开发相结合是指通用会计软件与定制开发会计软件相结合的方式。

对于本单位特殊的需求，在通用会计软件不能满足的情况下，可以定制开发，然后利用通用会计软件提供的接口将二者连接起来。因此使用商品化会计软件加上自行开发会计软件，既省时间又省费用，是实现会计电算化的有效途径。

二、会计软件的功能模块

1. 会计软件各模块的功能描述

完整的会计软件的功能模块包括账务处理模块、固定资产管理模块、工资管理模块、应收管理模块、应付管理模块、成本管理模块、报表管理模块、存货核算模块、财务分析模块、预算管理模块、项目管理模块、其他管理模块等 11 个功能模块，如图 8-1 所示。

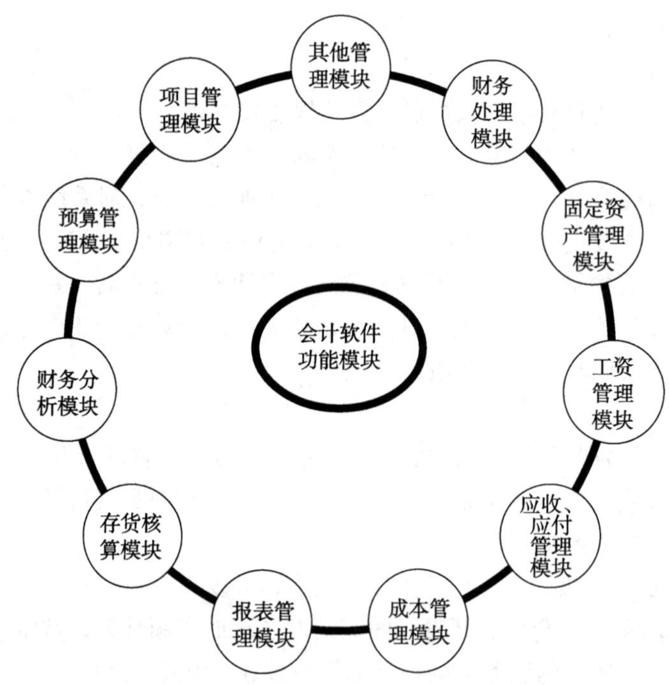

图 8-1　会计软件的功能模块

（1）账务处理模块

账务处理模块是整个会计软件的核心部分，以凭证为数据处理起点，通过会计凭证输入和处理，完成记账、银行对账、结账、账簿查询及打印输出等工作，可以与其他功能模块和业务模块无缝对接，实现数据共享，其他功能模块与会计处理相关的数据最终要归集到账务处理模块。

目前，许多商品化的账务处理模块还包括往来款管理、部门核算、项目核算和管理等一些辅助核算的功能。

账务处理模块主要包括财务初始化（建账）、凭证处理、查询、对账、结账、打印输出和其他辅助功能。

账务初始化指根据程序要求和内部管理需要设置系统参数、自定义会计科目体系、设置记账凭证格式、设置账簿体系、输入期初余额的过程。

凭证处理包括凭证的输入、修改、审核、汇总和打印等内容。

查询根据自定义查找条件，快速查找需要的会计凭证、会计账簿和会计科目等相关内容。

对账包括程序的自动检查核对功能，如总账、明细账、日记账之间的账账核对。同时也提供手动核对的功能，如银行对账单核对、余额调节表编制等。

结账是指按会计制度的相关规定，由程序自动进行结账，计算并汇总各会计科目的借贷发生额和余额等数据，并结束当期核算，开始下一个会计核算循环。

打印输出是打印记账凭证、账簿等会计资料，以便以后使用和保管。

其他辅助功能指账务处理模块提供的如银行对账、往来账清理以及部门核算和项目核算等辅助核算功能。

（2）固定资产管理模块

固定资产管理模块主要是以固定资产和固定资产明细账为基础，实现固定资产的会计核算、折旧计提和分配、设备管理等功能，同时提供了固定资产按类别、使用情况、所属部门和价值结构等进行分析、统计和各种条件下的查询、打印功能，以及该模块与其他模块的数据接口管理。

使用者可根据固定资产分类管理要求设计建立固定资产卡片，确定固定资产计提折旧的方法，登记固定资产的增减变动情况；可汇总并计算固定资产原值、计提折旧额及净值；可自动编制资产增减变动和计提折旧等会计凭证，并自动转入账务处理模块，定期生产输出固定资产明细账资料卡片，反映固定资产的价值状况及变动内容。

（3）工资管理模块

工资管理模块是进行工资核算和管理的模块，该模块以人力资源管理模块提供的员工及其工资的基本数据为依据，完成员工工资数据的收集、员工工资的核算、工资发放、工资费用的汇总和分摊、个人所得税计算和按照部门、项目、个人时间等条件进行工资分析、查询和打印输出，以及该模块与其他模块的数据接口管理。

（4）应收、应付管理模块

应收、应付管理模块以发票、费用单据、其他应收单据、应付单据等原始单据为依据，记录销售、采购业务所形成的往来款项，处理应收、应付款项的收回、支付和转账，进行账龄分析和坏账估计及冲销，并对往来业务中的票据、合同进行管理，同时提供统计分析、打印和查询输出功能，以及与采购管理、销售管理、账务处理等模块进行数据传递的功能。

（5）成本管理模块

成本管理模块主要提供成本核算、成本分析、成本预测功能，以满足会计核算的事前预测、事后核算分析的需要。

此外，成本管理模块还具有与生产模块、供应链管理模块，以及账务处理、工资管理、固定资产管理和存货核算等模块进行数据传递的功能。

（6）报表管理模块

报表管理模块是按统一的会计制度，并根据会计资料编制会计报表，以向企业管理者和政府相关部门提供财务报告。

报表管理模块与其他模块相连，可以根据会计核算的数据，生成各种内部报表、外部报表、汇总报表，并根据报表数据分析报表，以及生成各种分析图等。

在网络环境下，很多报表管理模块同时提供了远程报表的汇总、数据传输、检索查询和分析处理等功能。

（7）存货核算模块

存货核算模块以供应链模块产生的入库单、出库单、采购发票等核算单据为依据，核算存货的出入库和库存金额、余额，确认采购成本，分配采购费用，确认销售收入、成本和费用，并将核算完成的数据，按照需要分别传递到成本管理模块、应付管理模块和账务处理模块。

（8）财务分析模块

财务分析模块从会计软件的数据库中提取数据，运用各种专门的分析方法，完成对企业财务活动的分析，实现对财务数据的进一步加工，生成各种分析和评价企业财务状况、经营成果和现金流量的各种信息，为决策提供正确依据。

（9）预算管理模块

预算管理模块将需要进行预算管理的集团公司、子公司、分支机构、部门、产品、费用要素等对象，根据实际需要分别定义为利润中心、成本中心、投资中心等不同类型的责任中心，然后确立各责任中心的预算方案，指定预算审批流程，明确预算编制内容，进行责任预算的编制、审核、审批，以便实现对各个责任中心的控制、分析和绩效考核。

（10）项目管理模块

项目管理模块主要是对企业的项目进行核算、控制与管理。项目管理主要包括项目立项、计划、跟踪与控制、终止的业务处理以及项目自身的成本核算等功能。

（11）其他管理模块

根据企业管理的实际需要，其他管理模块一般包括领导查询模块、决策支持模块等。

领导查询模块可以按照领导的要求从各模块中提取有用的信息并加以处理，以最直观的表格和图形显示，使得管理人员通过该模块及时掌握企业信息；决策支持模块利用现代计算机、通讯技术和决策分析方法，通过建立数据库和决策模型，实现向企业决策者提供及时、可靠的财务和业务决策辅助信息。

上述各模块既相互联系又相互独立，有着各自的目标和任务，这些模块共同构成了会计软件，实现了会计软件的总目标。

2. 会计软件的各模块的数据传递

会计软件是由各功能模块共同组成的有机整体，为实现相应功能，相关模块之间相互依赖，互通数据。

（1）存货核算模块

存货核算模块生成的存货入库、存货估价入账、存货出库、盘亏、毁损、存货销售收入、存货期初余额调整等业务的记账凭证，并传递到账务处理模块，以便用户审核登记存货账簿。

存货核算模块为成本管理模块提供材料出库核算的结果；存货核算模块将应计入外购入库成本的运费、装卸费等采购费用和应计入委托加工入库成本的加工费传递到应付管理模块。如图 8-2 所示。

图 8-2　存货核算模块与财务处理模块间的数据传递

（2）应付管理模块

应付管理模块完成采购单据处理、供应商往来处理、票据新增、付款、退票处理等业务后，生成相应的记账凭证并传递到账务处理模块，以便用户审核登记赊购往来及其相关账簿。如图 8-3 所示。

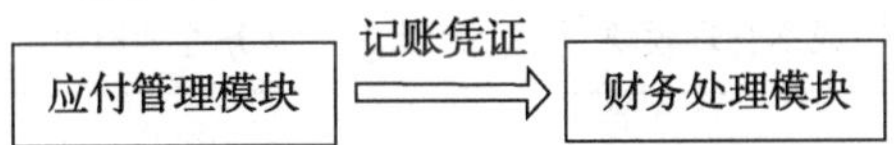

图 8-3　存货核算模块与财务处理模块间的数据传递

（3）应收管理模块

应收管理模块完成销售单据处理、客户往来处理、票据处理及坏账处理等业务后，生成相应的记账凭证并传递到账务处理模块，以便用户审核登记赊销往来及其相关账簿。如图 8-4 所示。

图 8-4　应收管理模块与账务处理模块间的数据传递

（4）固定资产管理模块

固定资产管理模块生成固定资产增加、减少、盘盈、盘亏、固定资产变动、固定资产评估和折旧分配等业务的记账凭证，并传递到账务处理模块，以便用户审核登记相关的资产账簿。

固定资产管理模块为成本管理模块提供固定资产折旧费数据。如图 8-5 所示。

图 8-5　固定资产管理模块与账务处理模块间的数据传递

（5）工资管理模块

工资管理模块进行工资核算，生成分配工资费用、应交个人所得税等业务的记账凭证，并传递到账务处理模块，以便用户审核登记应付职工薪酬及相关成本费用账簿；工资管理模块为成本管理模块提供人工费资料。如图 8-6 所示。

图 8-6　工资管理模块与账务处理模块间的数据传递

（6）成本管理模块

成本管理模块中，如果计入生产成本的间接费用和其他费用定义为来源于账务处理模块，则成本管理模块在账务处理模块记账后，从账务处理模块中直接取得间接费用和其他费用的数据；如果不使用工资管理、固定资产管理、存货核算模块，则成本管理模块还需要在账务处理模块记账后，自动从账务处理模块中取得材料费用、人工费用和折旧费用等数据；成本管理模块的成本核算完成后，要将结转制造费用、结转辅助生产成本、结转盘点损失和结转工序产品耗用等记账凭证数据传递到账务处理模块。如图 8-7 所示。

图 8-7　成本管理模块与账务处理模块间的数据传递

（7）存货核算模块

存货核算模块为成本管理模块提供材料出库核算的结果；存货核算模块将应计入外购入库成本的运费、装卸费等采购费用相应计入委托加工入库成本的加工费传递到应付管理模块。如图 8-8 所示。

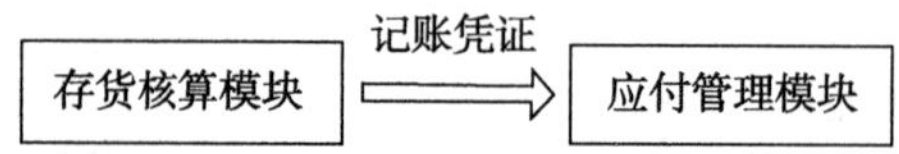

图 8-8　存货核算模块与应付管理模块的数据传递

（8）固定资产管理模块

固定资产管理模块为成本管理模块提供固定资产折旧费数据。如图 8-9 所示。

图 8-9　固定资产管理模块与成本管理模块间的数据传递

（9）报表管理和财务分析模块

报表管理和财务分析模块可以从各模块取数编制相关财务报表，进行财务分析。如图 8-10 所示。

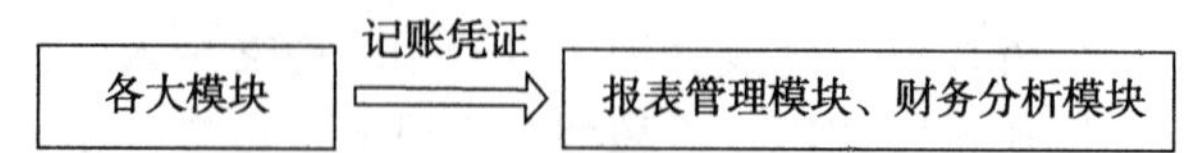

图 8-10　各大模块与报表管理模块和财务分析模块间的数据传递

（10）预算管理模块

预算管理模块编制的预算经审核批准后，生成各种预算申请单，再传递给账务处理模块、应收管理模块、应付管理模块、固定资产管理模块、工资管理模块，进行责任控制。如图 8-11 所示。

图 8-11　预算管理模块与财务处理模块间的数据传递

（11）项目管理模块

项目管理模块中发生和项目业务相关的收款业务时，可以在应收发票、收款单或者退款单上输入相应的信息，并生成相应的业务凭证传递至账务处理模块；发生和项目相关采购活动时，其信息也可以在采购申请单、采购订单、应付模块的采购发票上记录；在固定资产管理模块引入项目数据可以更详细地归集固定资产建设和管理的数据；项目的领料和项目的退料活动等数据可以在存货核算模块进行处理，并生成相应凭证传递到账务处理模块。如图 8-12 所示。

图 8-12　项目管理模块与账务处理模块间的数据处理

此外各功能模块都可以从账务处理模块获得相关的账簿信息；存货核算、工资管理、固定资产管理、项目管理等模块均可以从成本管理模块获得有关的成本数据。

第三节　企业会计信息化工作规范

企业在会计信息化的实施过程中必然存在一系列的问题，需要相关的法律及规范对会计信息化进行规范，确保会计信息化工作的合法性及合规性。

一、会计软件和供应商服务的规范

会计软件是一种特殊的软件产品，该产品不仅需要满足会计核算的功能要求，而且必须符合会计制度的规定。

1. 会计软件

会计软件应当保障企业按照国家统一会计准则制度开展会计核算，不得有违背国家统一会计准则制度的功能设计。

会计软件的界面应当使用中文并且提供对中文处理的支持，可以同时提供外国或者少数民族文字界面对照和处理支持。

会计软件应当提供符合国家统一会计准则制度的会计科目分类和编码功能。

会计软件应当提供符合国家统一会计准则制度的会计凭证、账簿和报表的显示和打印功能。

会计软件应当提供不可逆的记账功能，确保对同类已记账凭证的连续编号，不得提供对已记账凭证的删除和插入功能，不得提供对已记账凭证日期、金额、科目和操作人的修改功能。

鼓励软件供应商在会计软件中集成可扩展商业报告语言（XBRL）功能，便于企业生成符合国家统一标准的 XBRL 财务报告。

会计软件应当具有符合国家统一标准的数据接口，满足外部会计监督需要。

会计软件应当具有会计资料归档功能，提供导出会计档案的接口，在会计档案存储格式、元数据采集、真实性与完整性保障方面，符合国家有关电子文件归档与电子档案管理的要求。

会计软件应当记录生成用户操作日志，确保日志的安全、完整。

2. 会计软件供应商服务

以远程访问、云计算等方式提供会计软件的供应商，应当在技术上保证客户会计资料的安全、完整。对于因供应商原因造成客户会计资料泄露、损毁的，客户可以要求供应商承担赔偿责任。

客户以远程访问、云计算等方式使用会计软件生成的电子会计资料归客户所有。软件供应商应当提供符合国家统一标准的数据接口供客户导出电子会计资料，不得以任何理由拒绝客户导出电子会计资料的请求。

以远程访问、云计算等方式提供会计软件的供应商，应当做好本厂商不能维持服务情况下，保障企业电子会计资料安全以及企业会计工作持续进行的预案，并在相关服务合同中与客户就该预案做出约定。

软件供应商应当努力提高会计软件相关服务质量，按照合同约定及时解决用户使用中的故障问题。会计软件存在影响客户按照国家统一会计准则制度进行会计核算问题的，软件供应商应当为客户免费提供更正程序。

鼓励软件供应商采用呼叫中心、在线客服等方式为用户提供实时技术支持。

软件供应商应当就如何通过会计软件开展会计监督工作，提供专门教程和相关资料。

二、企业会计信息化建设及会计资料管理的工作规范

2013 年 12 月 6 日，财政部以财会〔2013〕20 号印发《企业会计信息化工作规范》(以下简称《规范》)。《规范》分总则、会计软件和服务、企业会计信息化、监督、附则 5 章 49 条，自 2014 年 1 月 6 日起施行。在《规范》施行前已经投入使用的会计软件不符合工作规范要求的，应当自《规范》施行之日起 3 年内进行升级完善，达到要求。即自 2017 年 1 月 6 日起，所有软件都应满足工作规范要求。

1. 企业会计信息化建设

企业应当充分重视会计信息化工作，加强组织领导和人才培养，不断推进会计信息化在本企业的应用。企业应当指定专门机构或者岗位负责会计信息化工作。未设置会计机构和配备会计人员的企业，由其委托的代理记账机构开展会计信息化工作。

企业开展会计信息化工作，应当根据发展目标和实际需要，合理确定建设内容，避免投资浪费。

企业开展会计信息化工作，应当注重信息系统与经营环境的契合，通过信息化推动管理模式、组织架构、业务流程的优化与革新，建立健全适应信息化工作环境的制度体系。

大型企业、企业集团开展会计信息化工作，应当注重整体规划，统一技术标准、编码规则和系统参数，实现各系统的有机整合，消除信息孤岛。

企业配备会计软件，应当根据自身技术力量以及业务需求，考虑软件功能、安全性、稳定性、响应速度、可扩展性等要求，合理选择购买、定制开发、购买与开发相结合等方式。

企业通过委托外部单位开发、购买等方式配备会计软件，应当在有关合同中约定操作培训、软件升级、故障解决等服务事项，以及软件供应商对企业信息安全的责任。

企业应当促进会计信息系统与业务信息系统的一体化，通过业务的处理直接驱动会计记账，减少人工操作，提高业务数据与会计数据的一致性，实现企业内部信息资源共享。

企业应当根据实际情况，开展本企业信息系统与银行、供应商、客户等外部单位信息系统的互联，实现外部交易信息的集中自动处理。

企业进行会计信息系统前端系统的建设和改造，应当安排负责会计信息化工作的专门机构或者岗位参与，充分考虑会计信息系统的数据需求。

企业应当遵循企业内部控制规范体系要求，加强对会计信息系统规划、设计、开发、运行、维护全过程的控制，将控制过程和控制规则融入会计信息系统，实现对违反控制规则情况的自动防范和监控，提高内部控制水平。

处于会计核算信息化阶段的企业，应当结合自身情况，逐步实现资金管理、资产管理、预算控制、成本管理等财务管理信息化。处于财务管理信息化阶段的企业，应当结合自身情况，逐步实现财务分析、全面预算管理、风险控制、绩效考核等决策支持信息化。

外商投资企业使用的境外投资者指定的会计软件或者跨国企业集团统一部署的会计软件，应当符合会计软件和服务规范的要求。

2. 企业会计信息化会计资料管理

会计资料可以窥探到一个机关、企业、个人在一定时期的经济及活动状况。

对于信息系统自动生成且具有明晰审核规则的会计凭证，可以将审核规则嵌入会计软件，由计算机自动审核。未经自动审核的会计凭证，应当先经人工审核再进行后续处理。

分公司、子公司数量多、分布广的大型企业、企业集团应当探索利用信息技术促进会计工作的集中，逐步建立财务共享服务中心。实行会计工作集中的企业以及企业分支机构，应当为外部会计监督机构及时查询和调阅异地储存的会计资料提供必要条件。

企业会计信息系统数据服务器的部署应当符合国家有关规定。数据服务器部署在境外的，应当在境外保存会计资料备份，备份频率不得低于每月一次。境外备份的会计资料应当能够在境外服务器不能正常工作时，独立满足企业开展会计工作的需要以及外部会计监督的需要。

企业会计资料中对经济业务事项的描述应当使用中文，可以同时使用外国或者少数民族文字对照。

企业应当建立电子会计资料备份管理制度，确保会计资料的安全、完整和会计信息系统的持续、稳定运行。

企业不得在非涉密信息系统中存储、处理和传输涉及国家秘密、关系国家经济信息安全的电子会计资料；未经有关主管部门批准，不得将其携带、寄运或者传输至境外。

企业内部生成的会计凭证、账簿和辅助性会计资料，同时满足下列条件的，可以不输出纸面资料：

所记载的事项属于本企业重复发生的日常业务；由企业信息系统自动生成；可及时在企业信息系统中以人类可读形式查询和输出；企业信息系统具有防止相关数据被篡改的有效机制；企业对相关数据建立了电子备份制度，能有效防范自然灾害、意外事故和人为破坏的影响；企业对电子和纸面会计资料建立了完善的索引体系。

企业获得的需要外部单位或者个人证明的原始凭证和其他会计资料，同时满足下列条件的，可以不输出纸面资料：

会计资料附有外部单位或者个人的、符合《中华人民共和国电子签名法》 的可靠的电子签名；电子签名符合《中华人民共和国电子签名法》的第三方认证；所记载的事项属于本企业重复发生的日常业务；可及时在企业信息系统中以人类可读形式查询和输出；企业对相关数据建立了电子备份制度，能有效防范自然灾害、意外事故和人为破坏的影响；企业对电子和纸面会计资料建立了完善的索引体系。

企业会计资料的归档管理，遵循国家有关会计档案管理的规定。

实施企业会计准则通用分类标准的企业，应当按照有关要求向财政部报送 XBRL 财务报告。

- 会计电算化的概念可以从广义和狭义两个层面理解。
- 会计电算化具有人机结合，会计核算自动化、集中化，数据处理及时准确等特征。
- 企业配备会计软件的方式主要有购买、定制开发、购买与开发相结合等方式。
- 定制开发包括企业自行开发、委托外部单位开发、企业与外部单位联合开发三种具体开发方式。选择配备会计软件的方式，应根据企业实际需要和自身的技术力量选择。
- 完整的会计软件的功能模块包括：账务处理模块、固定资产管理模块、工资管理模块、应收应付管理模块、成本管理模块、报表管理模块、存货核算模块、财务分析模块、预算管理模块、项目管理模块、其他管理模块 11 个功能模块。

本章习题

扫描此码
自学自测

9 第九章 电算化实训

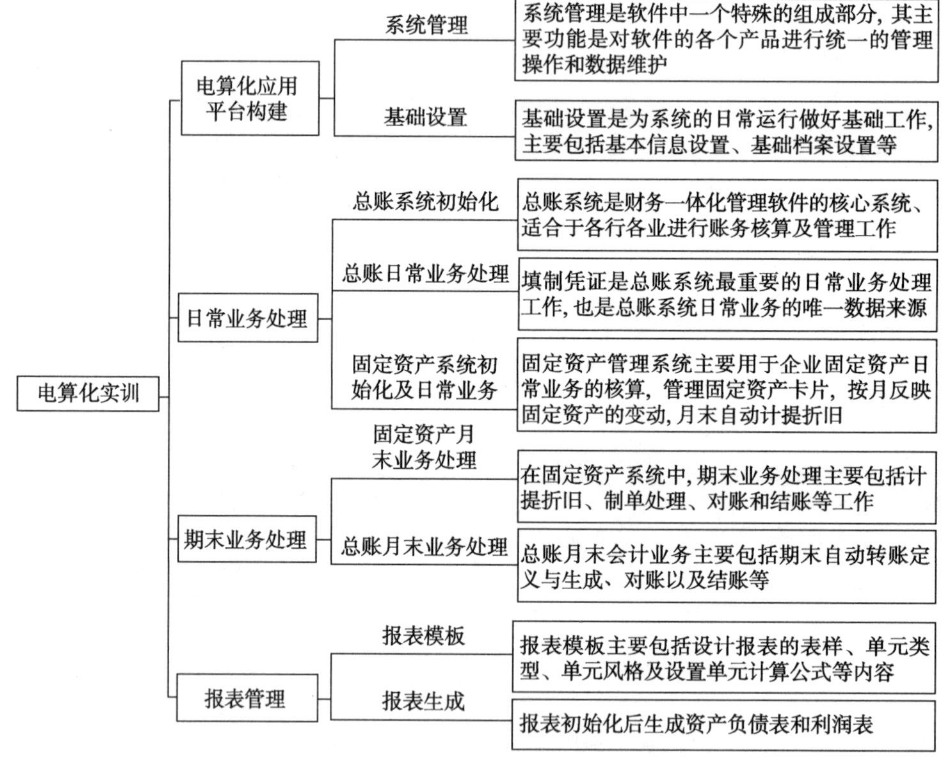

本章以北京卡米服装销售有限公司为案例背景，以用友 U8 财务软件为实训平台，开启会计电算化实训。

- 掌握系统管理期初设置；
- 掌握总账系统期初设置；
- 掌握总账系统中记账凭证的填制与审核技能；
- 掌握总账系统记账技能；

- 掌握总账系统期末结转账务处理；
- 理解反记账和反结账等特殊业务处理；
- 掌握固定资产系统期初设置；
- 掌握固定资产系统期末账务处理；
- 掌握资产负债表和利润表的编制。

第一节　电算化应用平台构建

用友 ERP-U8 服务于中国企业管理软件的中端应用市场，可以满足不同的竞争环境，不同的制造、商务模式，以及不同运营模式下的企业经营，提供从企业日常运营、人力资源到办公事务等全方位的企业管理解决方案。

用友 ERP-U8 是一个企业综合运营平台，用以满足各级管理者对信息化的不同需求：为高层管理者提供大量有关风险和收益的决策信息，辅助企业制定长远发展战略；为中层管理者提供企业各个运作层面的经营状况，帮助企业进行各种事件的监控、发展、分析、解决、反馈等处理流程，力求做到投入产出最优配比；为基层管理者提供便利的作业环境、实用的操作方式，帮助管理者有效履行工作职能。

一、系统管理

系统管理是软件中一个特殊的组成部分，其主要功能是对软件的各个产品进行统一的管理操作和数据维护，具体包括账套管理、年度账管理、操作员及权限的管理等。

1. 账套管理

账套管理功能一般包括账套的建立、修改、删除、引入和输出等。

（1）账套概述

账套指的是一组相互关联的数据，通常可以为企业中的每一个独立核算的单位建立一个账套。

①建立账套是以系统管理员“admin”的身份进入系统管理窗口。

系统管理员负责整个系统的总体控制和维护工作，可以管理该系统中所有的账套，进入系统管理界面，如图 9-1 所示。

以系统管理员“admin”的身份注册进入系统管理，可以进行账套的建立、恢复和备份，增加操作员、设置账套主管，修改操作员的密码及权限等。

第一次运行电算化系统，以系统管理员“admin”登录，密码为空，但实际工作中，为保证系统的安全，必须设置密码，注册如图 9-2 所示。

以系统管理员“admin”身份登录系统管理界面，如图 9-3 所示。

登录系统管理后的界面，如图 9-4 所示。

②账套主管负责所选账套的维护工作。

账套的维护工作主要是指对所选账套进行修改、功能模块启用及对年度账的管理，

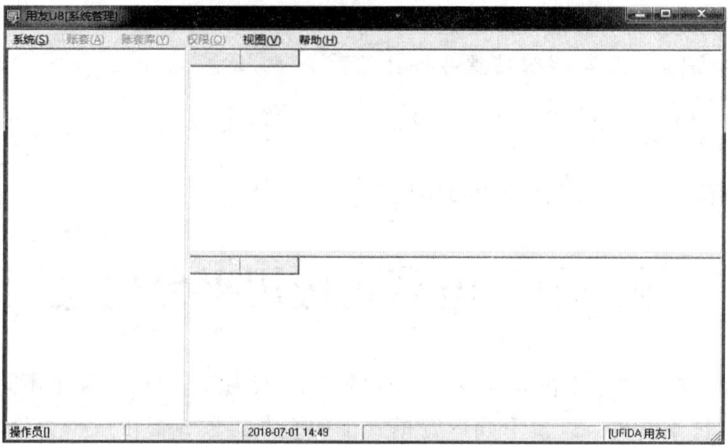

图 9-1 系统管理对话框

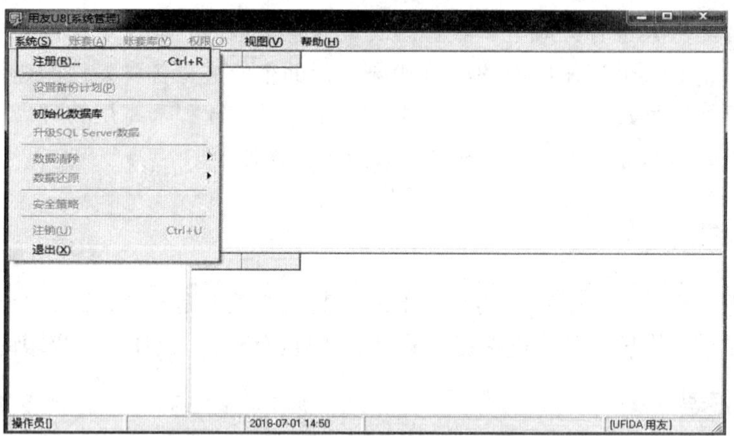

图 9-2 系统管理注册对话框

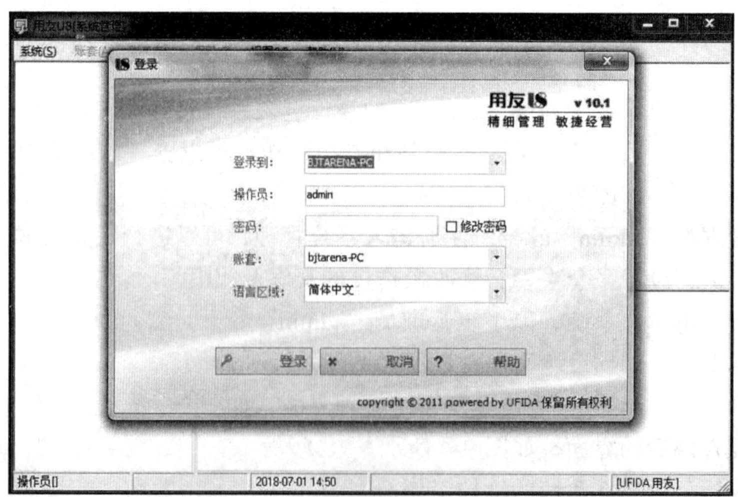

图 9-3 系统管理登录对话框

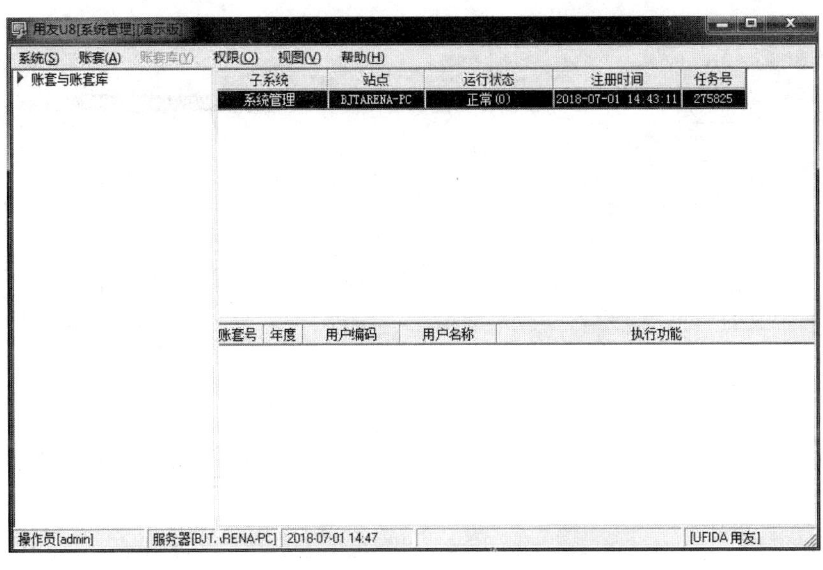

图 9-4　登录系统管理后的对话框

包括建立、清空、恢复、备份以及各子系统的年末结转和所选账套的数据备份等。系统默认的账套主管是 demo，默认密码为 DEMO，如果需要修改建账参数，必须以账套主管 demo 的身份注册进入系统管理进行修改。在系统管理窗口，单击账套中的修改，进入账套信息，灰色的不能修改，黑色的可以修改。单击【下一步】按钮，可以修改账套的其他信息，修改完成后，确定即可。

以账套主管 demo 的身份，登录系统管理界面，如图 9-5 所示。

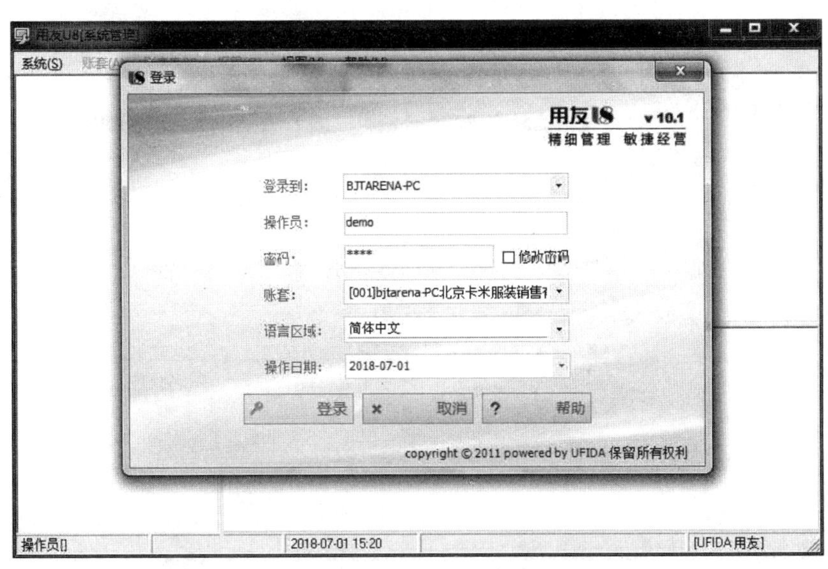

图 9-5　系统管理登录对话框

单击菜单栏中的【账套】—【修改】选项，可以修改部分账套信息，如图 9-6 所示。

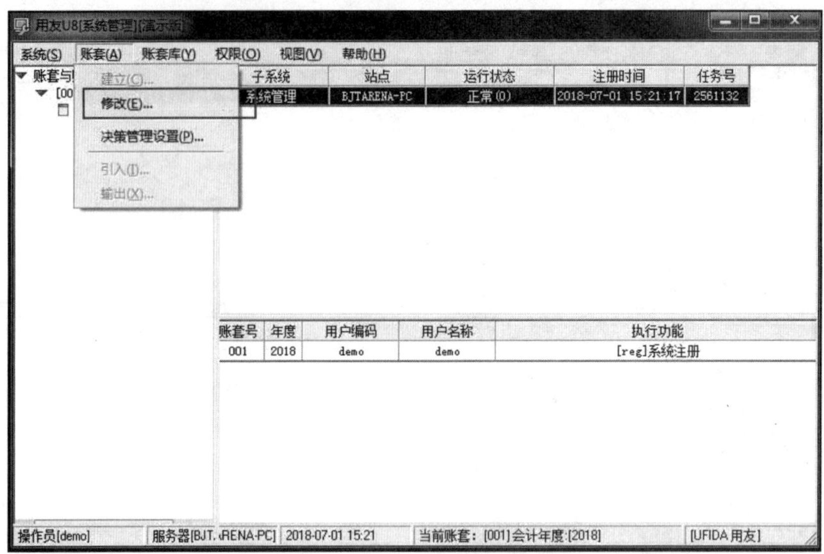

图 9-6　登录系统管理后的对话框

（2）案例实操演练——建立账套

①账套信息。

账套号：001；账套名称：北京卡米服装销售有限公司，采用默认账套路径，启用会计期间为当前系统日期所在的月份 2018 年 7 月。

操作步骤：以系统管理员“admin”的身份，登陆系统管理，单击菜单栏中的【账套】—【建立】选项，如图 9-7 所示。

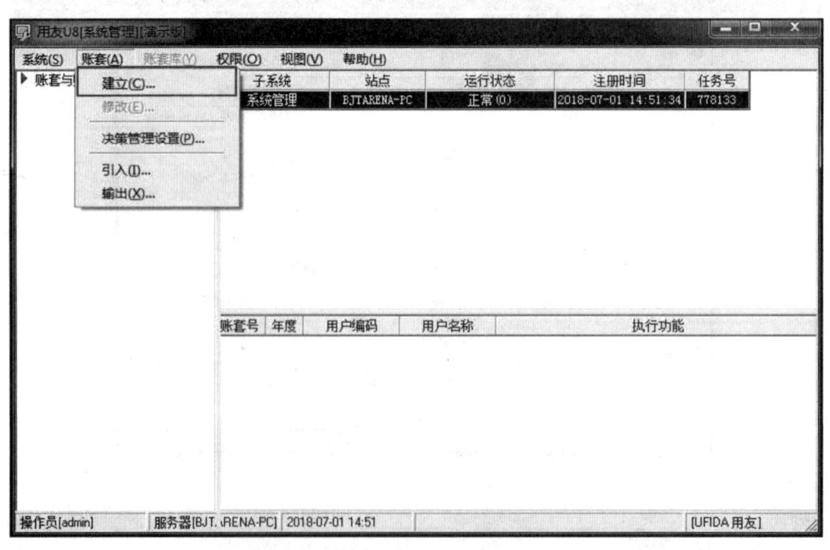

图 9-7　“建立账套—进入”对话框

进入创建账套界面，如图 9-8 所示。

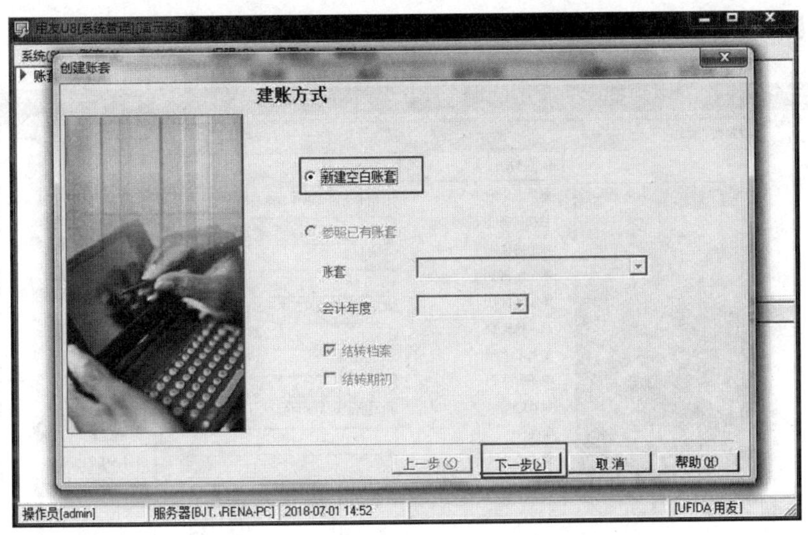

图 9-8 “建立账套—创建方式”对话框

②单位信息。

表 9-1 企业基本信息

单位名称	北京卡米服装销售有限公司	单位名称	北京卡米服装销售有限公司
单位简称	卡米服装	注册资本	200 万元
纳税人识别号	910102198008118	公司类型	有限责任公司
公司地址	北京市亦庄经济技术开发区 98 号	开户银行	中国工商银行北京市分行开发区支行
公司电话	010-87654321	银行账号	6222 3134 2486 5550

单击【下一步】按钮，进入账套信息界面，如图 9-9 所示。

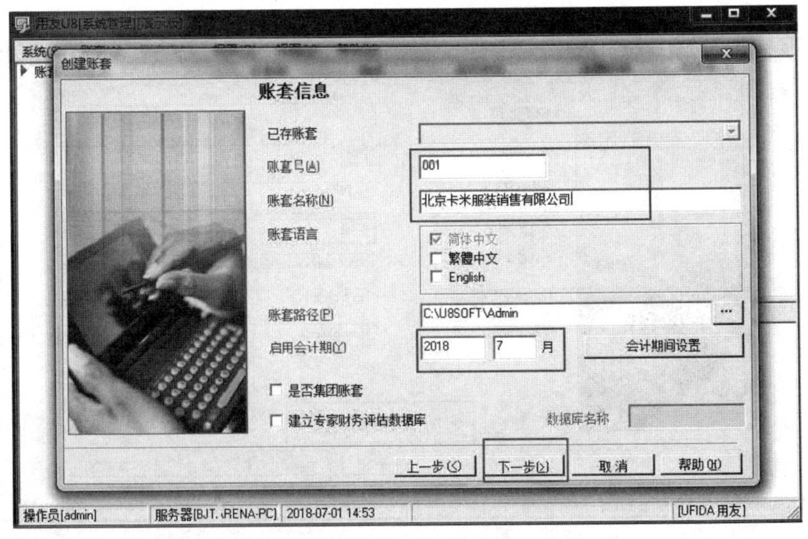

图 9-9 “建立账套—账套信息”对话框

单击【下一步】按钮，进入录入单位信息界面，如图 9-10 所示。

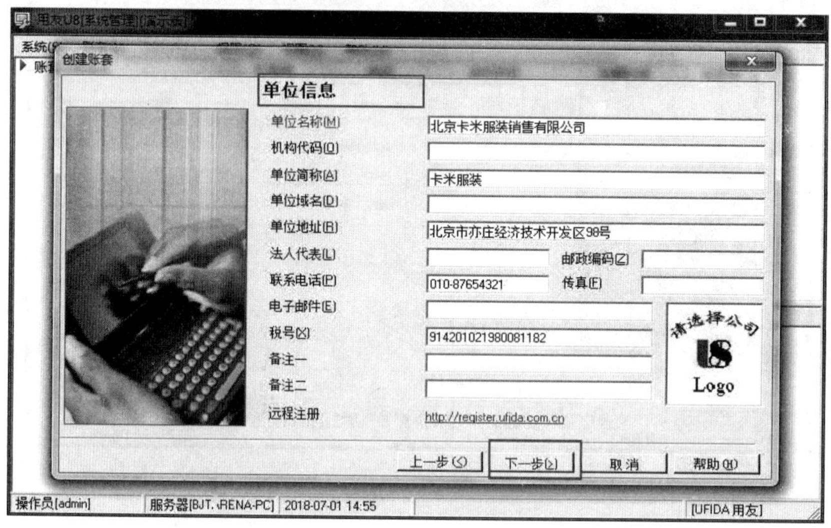

图 9-10 “建立账套—单位信息”对话框

③核算类型。

表 9-2 企业核算方式

本币代码	RMB	本币代码	RMB
记账本位币	人民币	科目预置语言	中文
行业类别	商业	账套主管	demo
行业性质	2007 新会计制度	是否按行业性质预设科目	是

单击【下一步】按钮，进入录入核算类别界面，如图 9-11 所示。

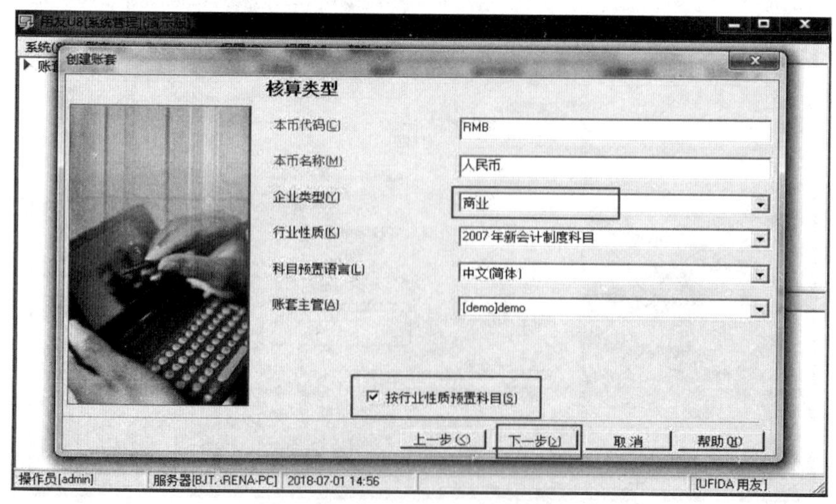

图 9-11 “建立账套—核算类型”对话框

④基础信息。

该企业存货无分类，客户无分类，无外币核算，进行经济业务处理时，需要对供应商进行分类。单击【下一步】按钮，进入基础信息是否分类界面，如图 9-12 所示。

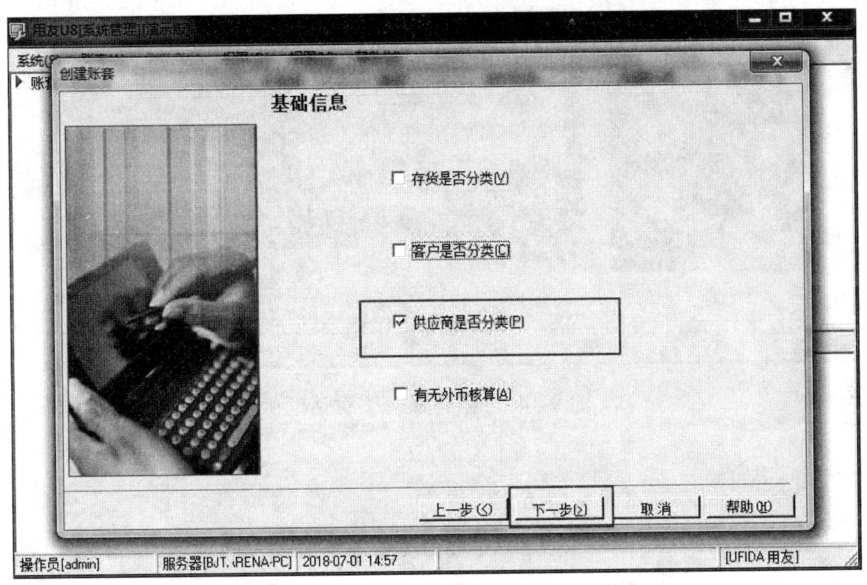

图 9-12 “建立账套—基础信息”对话框

单击【下一步】按钮，进入开始创建账套界面，单击【完成】按钮，如图 9-13 所示。

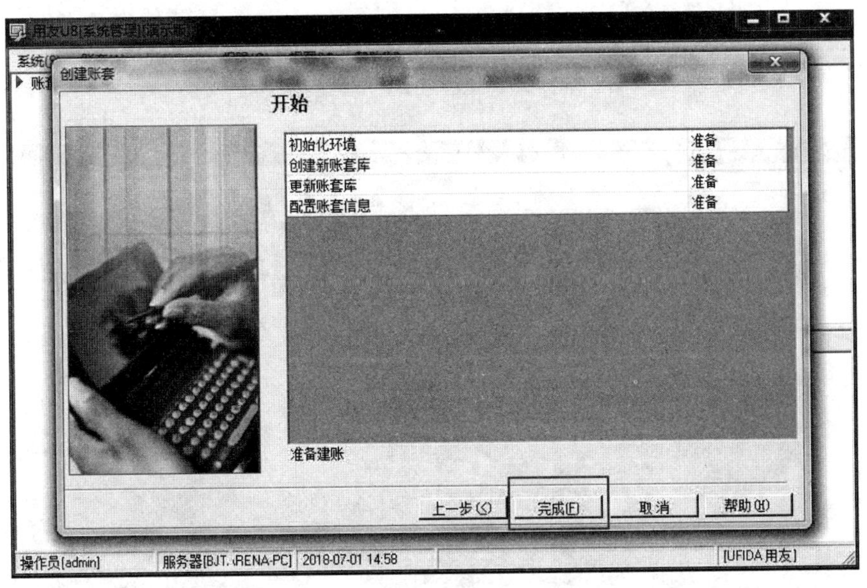

图 9-13 “开始创建账套”对话框

系统弹出“可以创建账套了么？”对话框，单击【是】按钮，如图 9-14 所示。

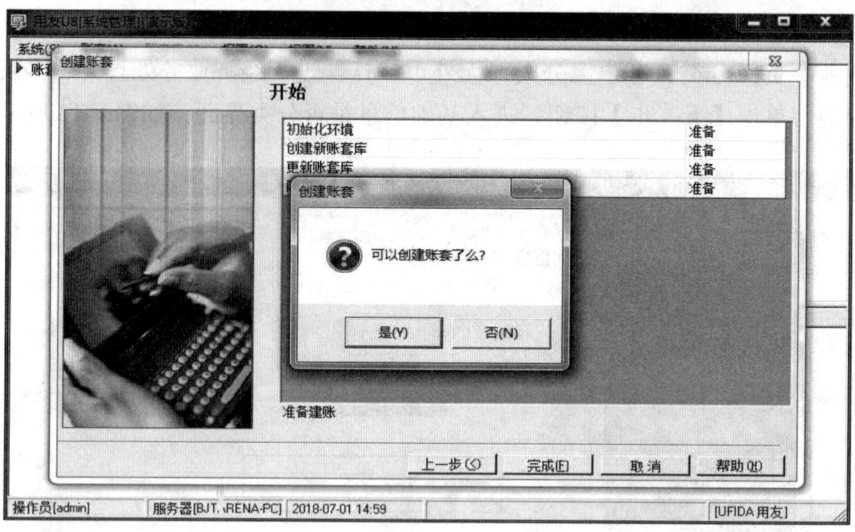

图 9-14 “创建账套”对话框

⑤企业分类编码。

表 9-3 企业分类编码级次

科目编码级次	4222
供应商编码级次	23
存货编码级次	1223
结算方式编码级次	12
其他编码级次	默认

建账完成后，进入企业分类编码界面，如图 9-15 所示。

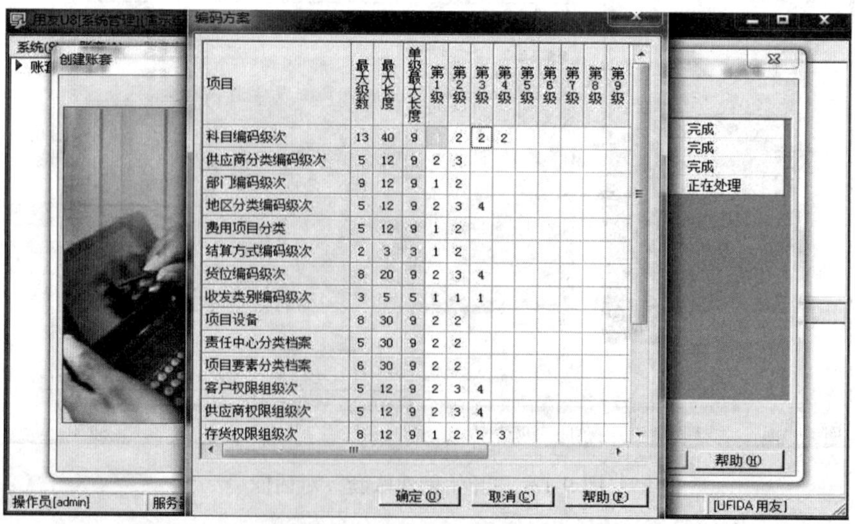

图 9-15 企业分类编码级次

⑥数据精度都保持默认值。

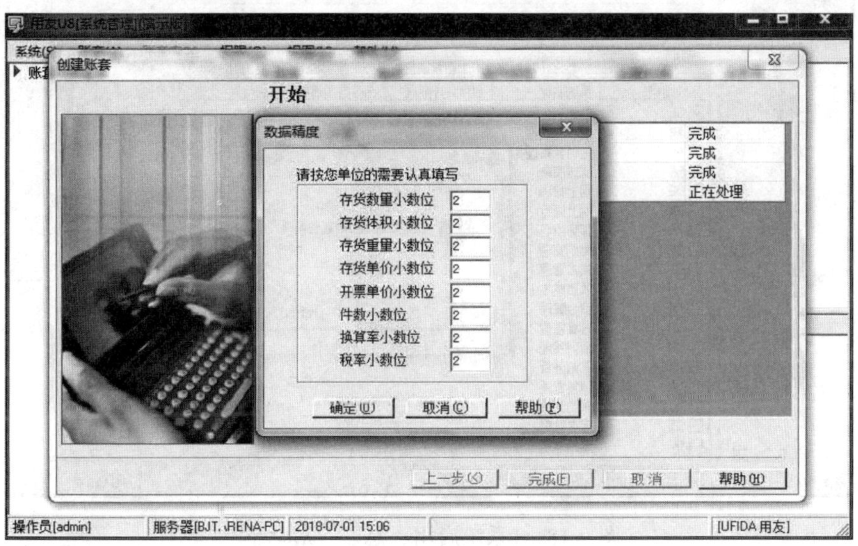

图 9-16　企业数据精度

系统弹出“建账成功”对话框，进入系统启用界面，单击【是】按钮，如图 9-17 所示。

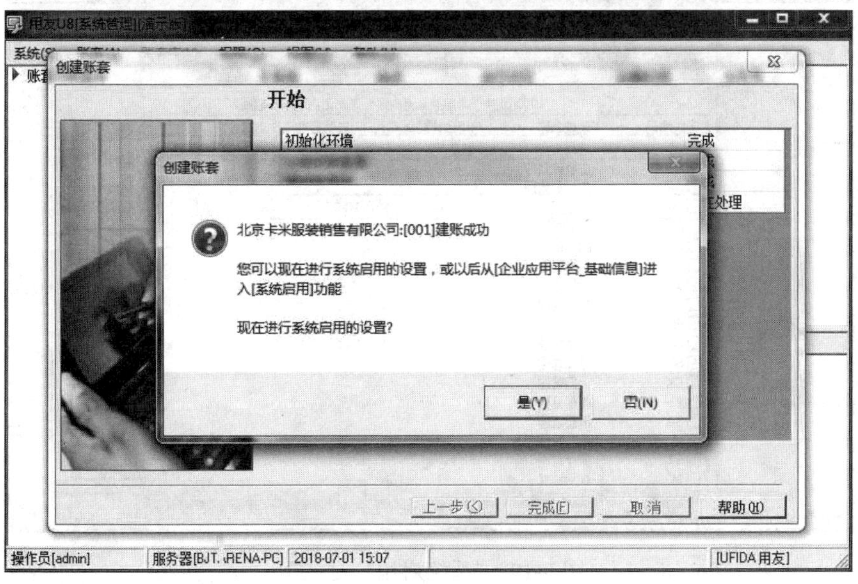

图 9-17　建账成功对话框

⑦系统启用。

启用总账模块和固定资产模块，启用日期为“2018 年 7 月”，勾选总账，启用日期选择“2018 年 7 月 1 日”。在弹出的“确实要启用当前系统吗？”提示对话框中，单击【是】按钮，如图 9-18 所示。

图 9-18 “系统启用—总账”对话框

启用总账和固定资产系统，单击【退出】按钮，如图 9-19 所示。

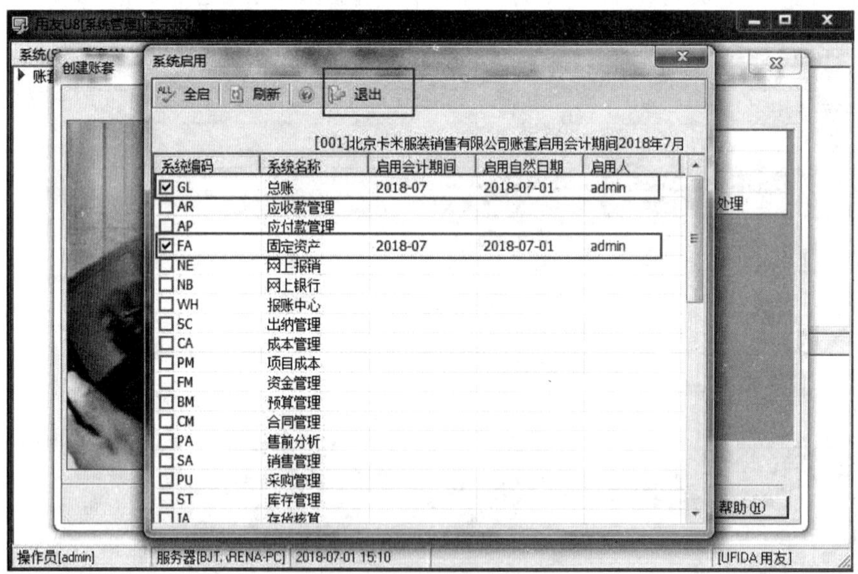

图 9-19 “系统启用”对话框

2. 年度账管理

年度账和账套是两个不同的概念，一个账套中包含了企业所有的数据；而年度账则是将企业数据按年度进行划分。用户不仅可以建立多个账套，而且每个账套中还可以存放不同的年度账。这样对不同的核算单位、不同时期的数据，就可以方便地进行操作。

年度账管理包括年度账的建立、清空、引入、输出和结转上年数据等。

3. 操作员权限管理

操作员权限的管理包括操作员权限的增加、修改、删除等操作。

（1）操作员权限设置

为了保证系统数据的安全与保密，系统管理提供了操作员及操作权限的集中管理功能。通过对系统操作分工和权限的管理，一方面可以避免与业务无关的人员进入系统，另一方面可以对系统所含的各个模块的操作进行协调，以保证各司其职，流程顺畅。操作员管理包括操作员的增加、修改、删除等操作。

操作员权限管理界面，如图 9-20 所示。

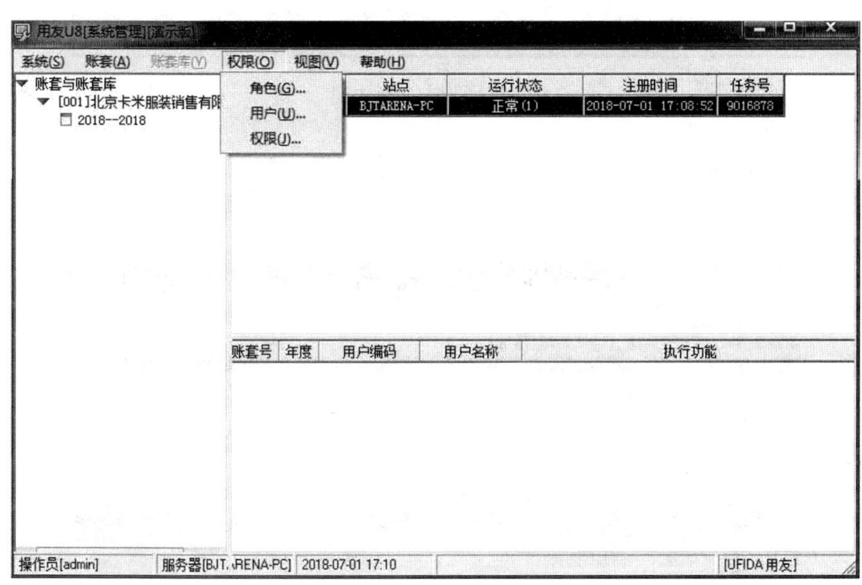

图 9-20　操作员权限管理对话框

（2）案例实操演练—设置权限

操作员权限如表 9-4 所示。

表 9-4　操作员姓名及权限

编号	姓名	口令	职务描述	权限设置
01	杨萍	1	财务经理	账套主管
02	于玉丽	2	会计	基本信息、总账、固定资产
03	李天	3	出纳	出纳，总账—凭证—出纳签字、查询凭证

操作步骤：

①根据给定资料以系统管理员“admin”的身份登录系统管理窗口。单击菜单栏中的【权限】—【用户】选项，增加操作员界面，如图 9-21 所示。

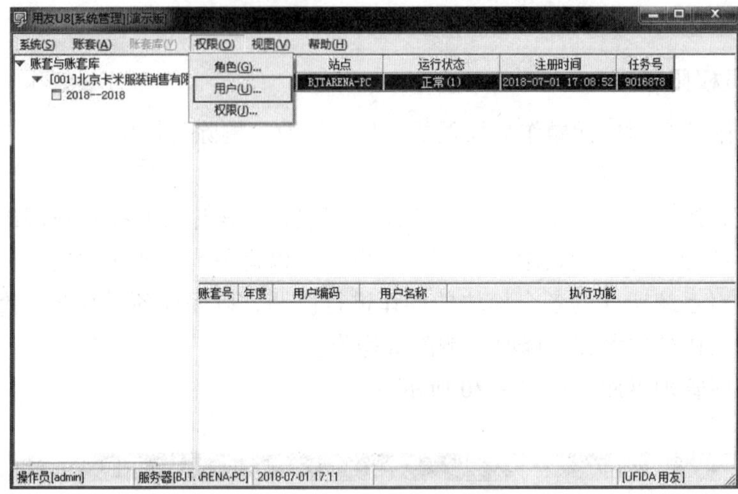

图 9-21　增加操作员

②在用户管理界面，单击工具栏中的【增加】按钮，增加三个用户，如图 9-22、图 9-23 所示。

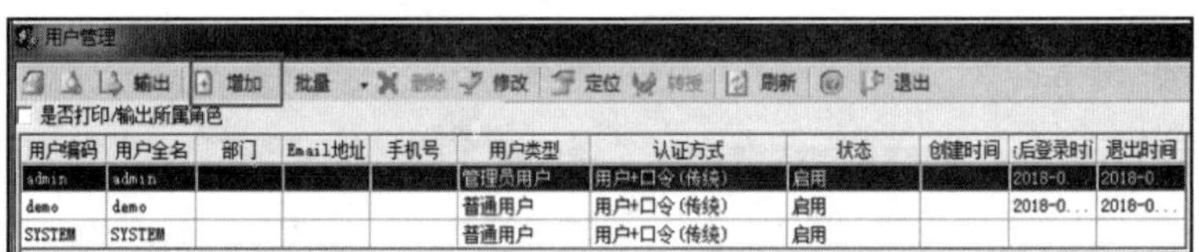

图 9-22　“用户管理增加”对话框

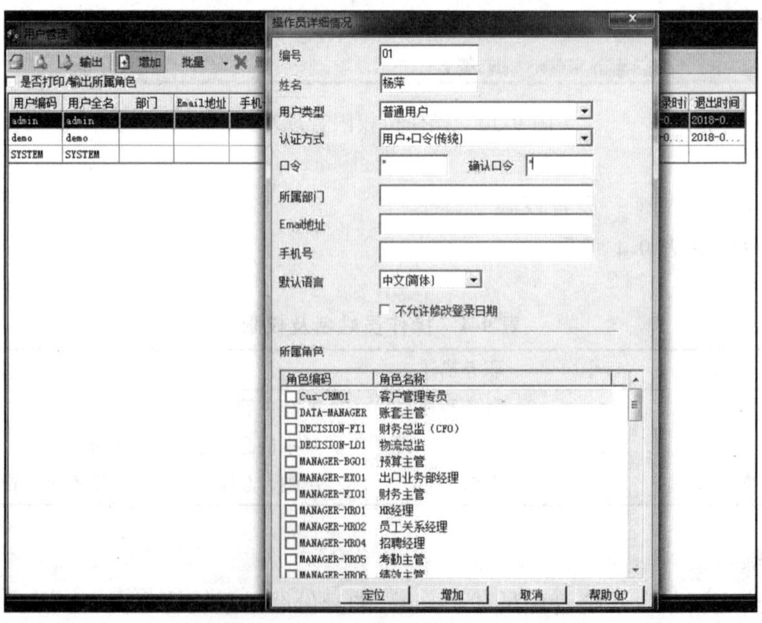

图 9-23　“操作员详细情况”对话框

在用户管理界面，以同样方式增加另外两个用户，如图 9-24 所示。

用户管理

输出 增加 批量 删除 修改 定位 转授 刷新 退出

是否打印/输出所属角色

用户编码	用户全名	部门	Email地址	手机号	用户类型	认证方式	状态	创建时间	后登录时	退出时间
01	杨萍				普通用户	用户+口令(传统)	启用	2018-0...	2018-0...	2018-0...
02	于玉丽				普通用户	用户+口令(传统)	启用	2018-0...		
03	李天				普通用户	用户+口令(传统)	启用	2018-0...		
admin	admin				管理员用户	用户+口令(传统)	启用		2018-0...	2018-0...
demo	demo				普通用户	用户+口令(传统)	启用		2018-0...	2018-0...
SYSTEM	SYSTEM				普通用户	用户+口令(传统)	启用			

图 9-24 “用户管理”对话框

③在用户管理界面，单击菜单栏中的【权限】—【权限】选项，为三个操作员分别设置权限，进入操作员权限界面如图 9-25 所示。

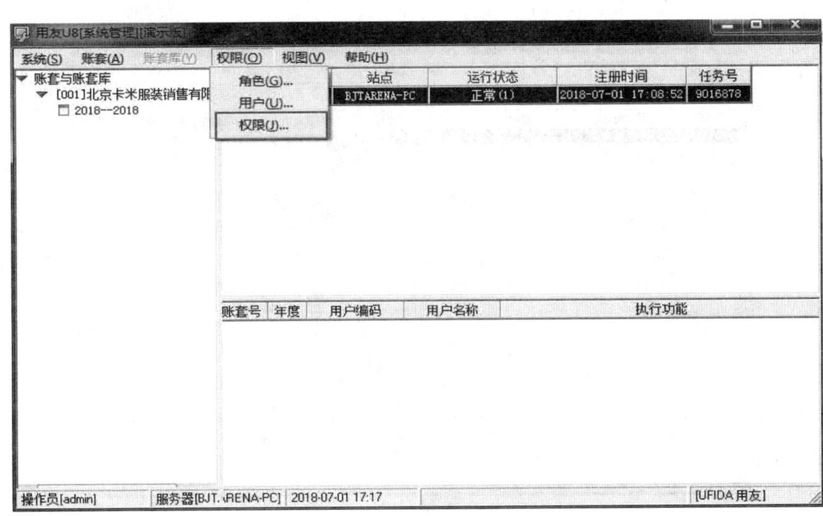

图 9-25 “操作员权限”对话框

设置 01 杨萍为账套主管。

操作步骤：单击选中操作员编码显示区中的“01 杨萍”所在行，单击对话框右上角的“账套主管”栏右侧下三角按钮，选择“[001]北京卡米服装销售有限公司”及“2018”选项，并勾选“账套主管”左侧的复选框，如图 9-26 所示。

设置 02 于玉丽为会计。

操作步骤：在操作员权限界面，单击对话框右上角的“账套主管”栏右侧下三角按钮，选择“[001]北京卡米服装销售有限公司”及“2018”选项，单击工具栏中的【修改】按钮勾选相应权限，如图 9-27 所示。

设置李天为出纳。

操作步骤：在操作员权限界面，单击对话框右上角的“账套主管”栏右侧下三角按钮，选择“[001]北京卡米服装销售有限公司”及“2018”选项，单击工具栏中的【修改】按钮勾选相应权限，如图 9-28 所示。

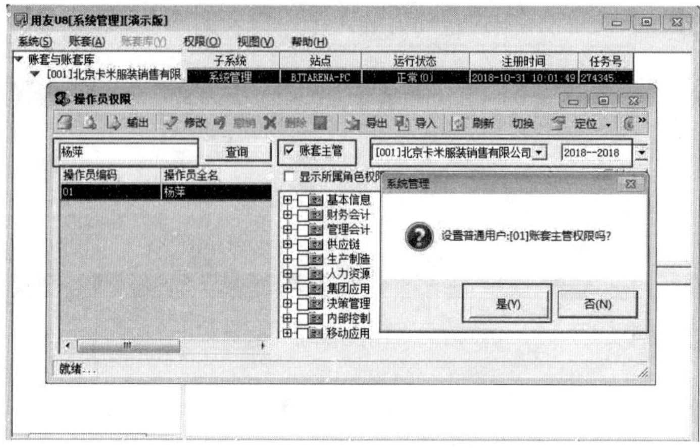

图 9-26 “杨萍权限”对话框

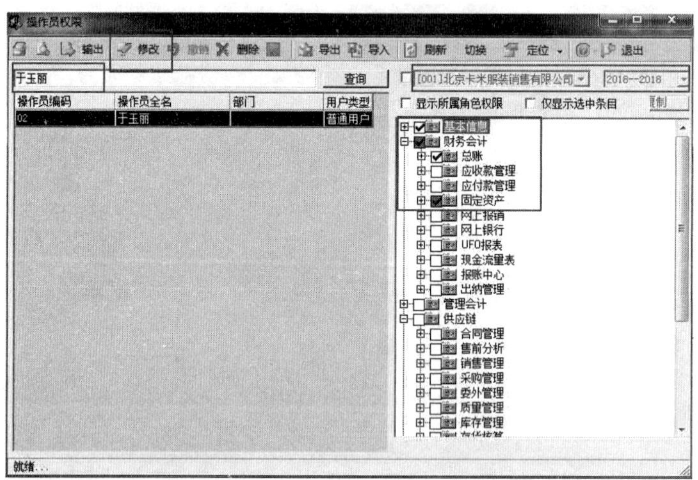

图 9-27 “于玉丽权限”对话框

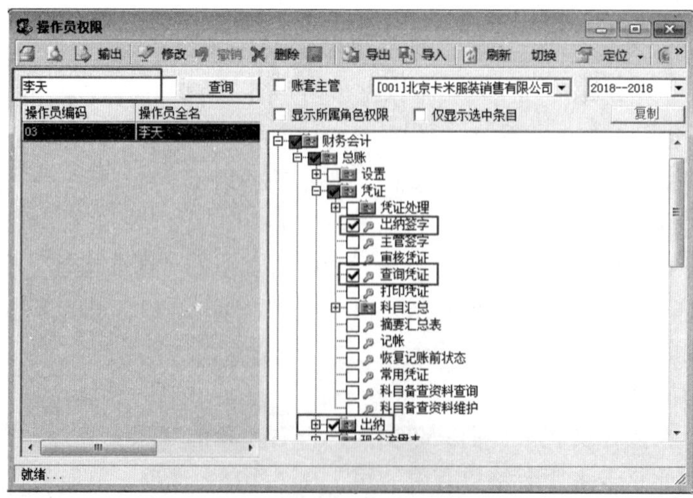

图 9-28 “李天权限”对话框

二、基础设置

基础设置是系统日常运行的基础，主要包括基本信息设置、基础档案设置等。

1. 基本信息设置

在基本信息设置中，可以对建账过程中确定的编码方案和数据精度进行修改，并进行系统启用设置，如图 9-29 所示。

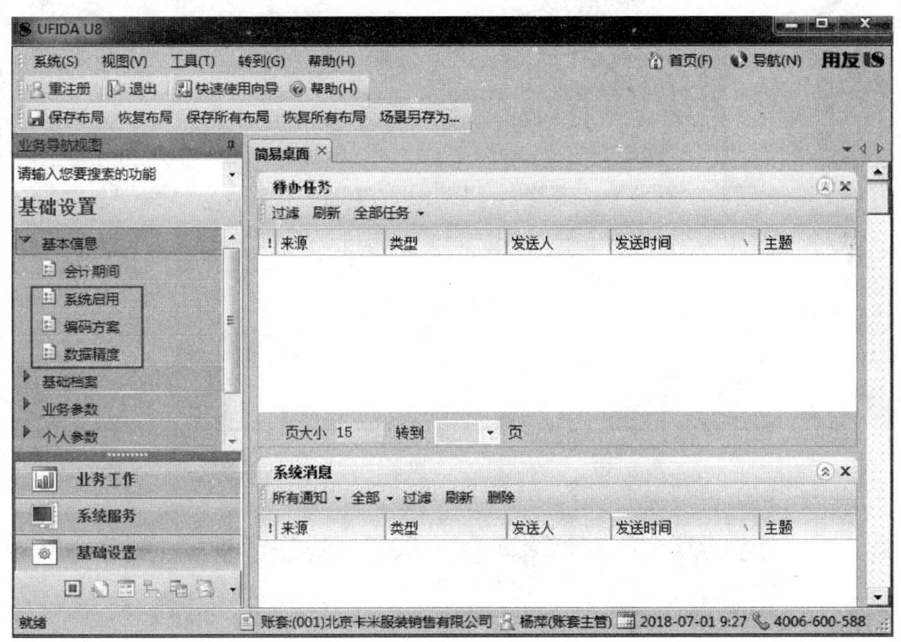

图 9-29 “基础设置—基本信息”对话框

2. 基础档案设置

（1）基础档案的内容

基础档案是系统日常处理必须的基础资料，是系统运行的基石。一个账套总是由若干个子系统构成，这些子系统共享公用的基础档案信息。在启用新账套之前，应根据企业的实际情况，结合系统基础档案设置的要求，做好基础数据的准备工作。

基础档案设置包括部门档案、职员档案、供应商档案、客户档案、凭证类别、结算方式、凭证类别、会计科目设置等，如图 9-30 所示。

（2）案例实操演练—设置基础档案

操作步骤：单击任务栏【开始】—【程序】—【用友 U8 企业应用平台】选项，或者直接双击桌面上的【U8】图标，打开“注册控制台”对话框，以账套主管“01 杨萍”的身份登录企业应用平台，如图 9-31 所示。

①部门档案。各部门名称如表 9-5 所示。

操作步骤：单击业务导航视图中的【基础设置】—【基础档案】—【机构人员】—

【部门档案】选项，单击工具栏中的【增加】按钮，增加部门编码和部门名称，如图 9-32 所示。

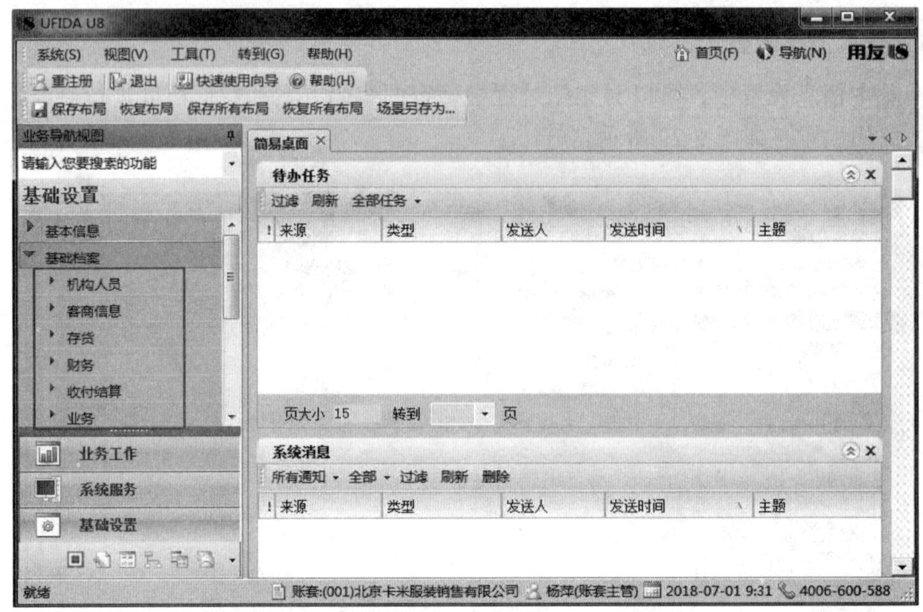

图 9-30 “基础设置—基本档案”对话框

图 9-31 “U8 登录”对话框

表 9-5 部 门 名 称

编码	部门名称	编码	部门名称
1	总经理办公室	4	采购部
2	财务部	5	销售部
3	行政部	6	仓库

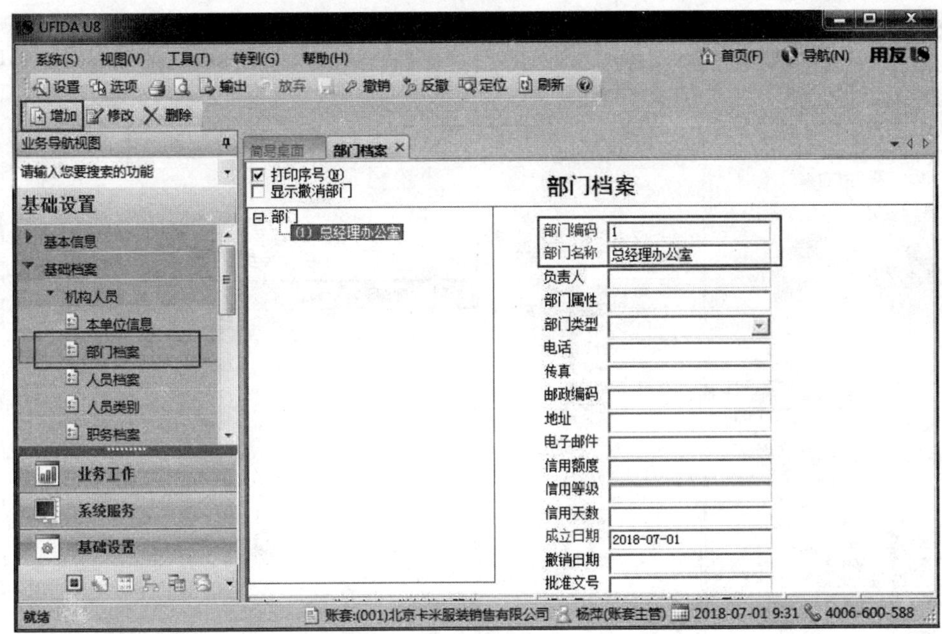

图 9-32 “基础档案—部门档案”对话框

②职员档案。各部门各职员档案如表 9-6 所示。

表 9-6 职员档案

总经办	总经理	101	肖明	男	销售部	销售经理	501	杨云	男
财务部	财务经理	201	杨萍	女		销售组长	502	王佳	女
	会计	202	于玉丽	女		销售组长	503	李璐	女
	出纳	203	李天	女		销售员	504	刘涛	男
行政部	行政经理	301	何洋	男		销售员	505	吴静仪	女
	文员	302	杨超	女		销售员	506	张云	男
	文员	303	谢小莉	女		销售员	507	李想	男
	司机	304	李平	男	仓库	主管	601	王莉	女
采购部	采购经理	401	何建	男		保管员	602	张小新	男
	采购员	402	杨明莉	女		保管员	603	刘玲	女
	采购员	403	张龙	男		保管员	604	宋毅	男
	采购员	404	李茹	女		保管员	605	权伟	男

操作步骤：单击业务导航视图中的【基础设置】—【基础档案】—【机构人员】—【人员档案】选项，单击工具栏中的【增加】按钮，输入编码、名称、性别、所属部门、人员类别、是否业务员等信息，如图 9-33、图 9-34 所示。

③供应商分类。供应商分类名称如表 9-7 所示。

操作步骤：单击业务导航视图中的【基础设置】—【基础档案】—【客商信息】—【供应商分类】选项，单击工具栏中的【增加】按钮，输入编码和名称，如图 9-35 所示。

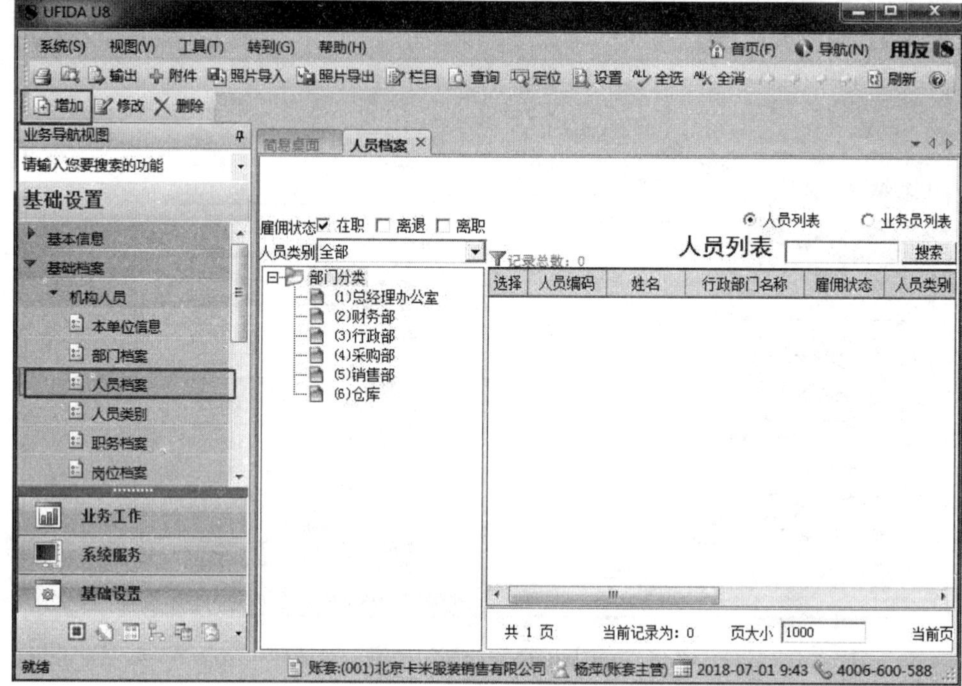

图 9-33 “基础档案—人员档案”对话框

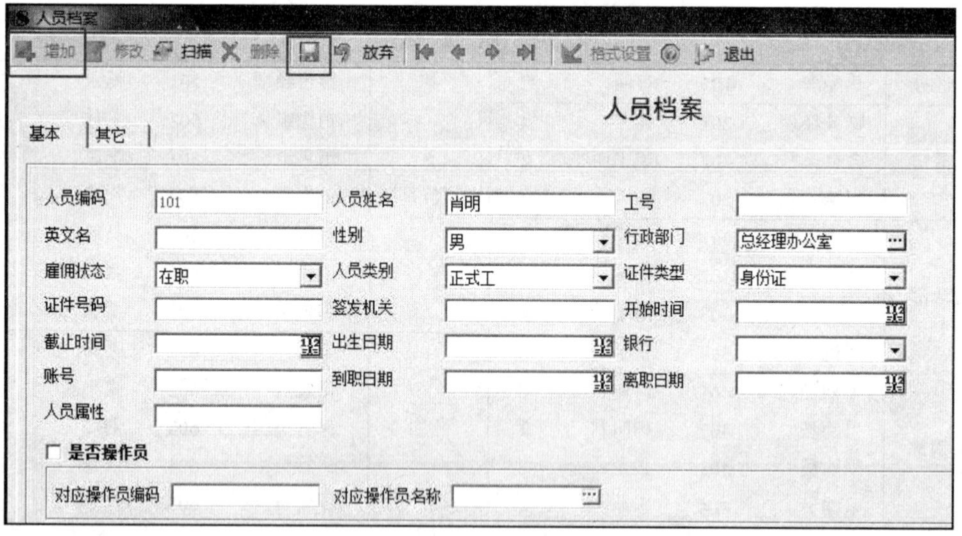

图 9-34 “增加人员档案”对话框

表 9-7 供应商分类名称

分类编码	分类名称
01	服装供应商
02	鞋帽供应商
03	其他供应商

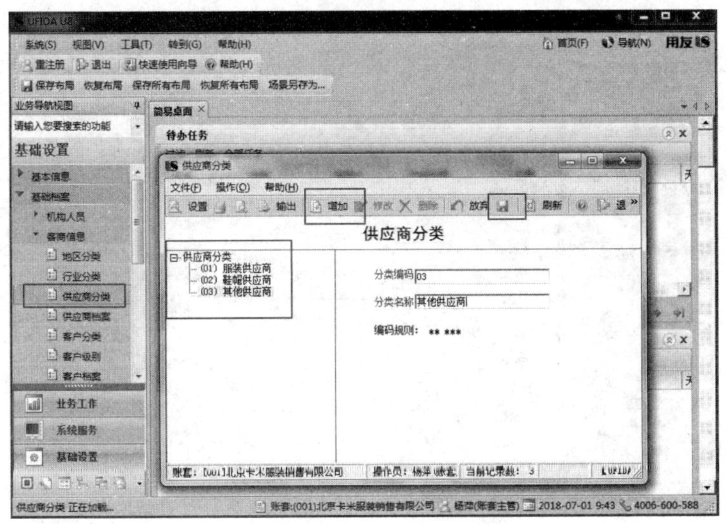

图 9-35 “基础档案—供应商分类”对话框

④供应商档案。供应商档案如表 9-8 所示。

表 9-8 供应商档案

供应商编码	供应商名称	供应商简称	供应商类别
001	上海洛施服饰有限公司	洛施服饰	01 服装供应商
002	北京微树云科技有限公司	微树云科技	03 其他供应商

操作步骤：单击业务导航视图中的【基础设置】—【基础档案】—【客商信息】—【供应商档案】选项，单击工具栏中的【增加】按钮，按表格中的内容输入供应商，如图 9-36、图 9-37 所示。

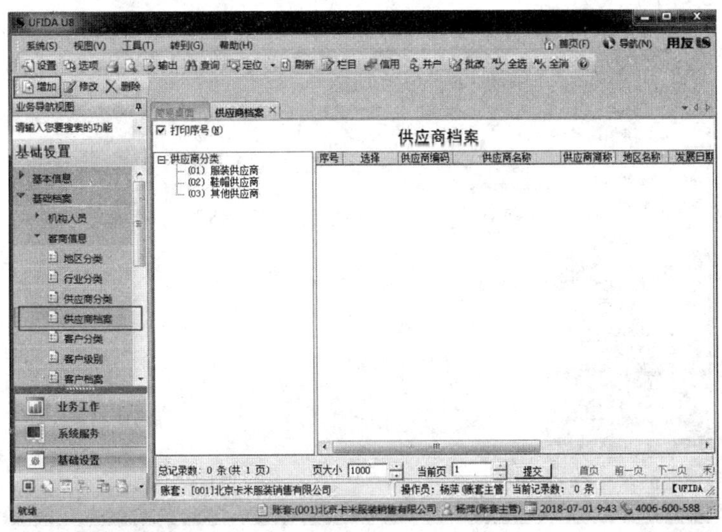

图 9-36 “基础档案—供应商档案”对话框

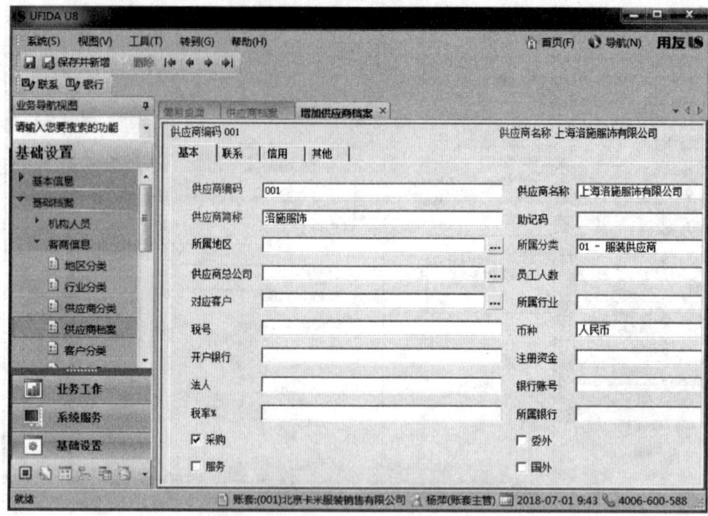

图 9-37 “增加供应商档案”对话框

⑤客户档案。客户档案如表 9-9 所示。

表 9-9 客 户 档 案

客户编码	客户名称	客户简称
001	艾弗森商贸有限公司	艾弗森商贸
002	德胜百货	德胜
003	宏胜服装城	宏胜

操作步骤：单击业务导航视图中的【基础设置】—【基础档案】—【客商信息】—【客户档案】选项，单击工具栏中的【增加】按钮，按表格中的内容输入增加客户，如图 9-38、图 9-39 所示。

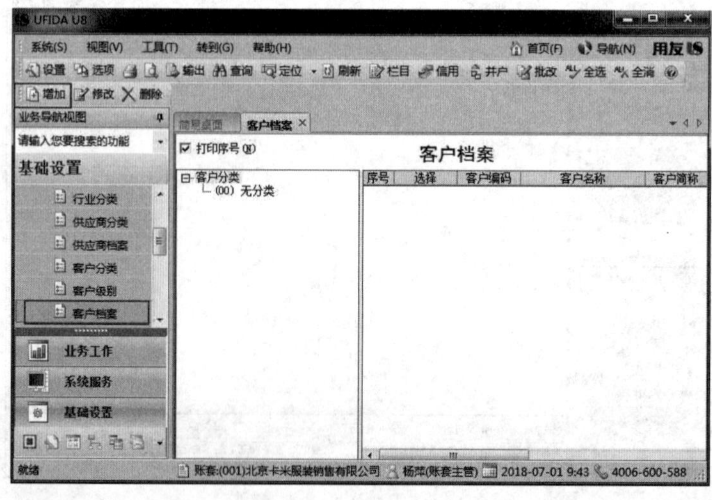

图 9-38 “基础档案—客户档案”对话框

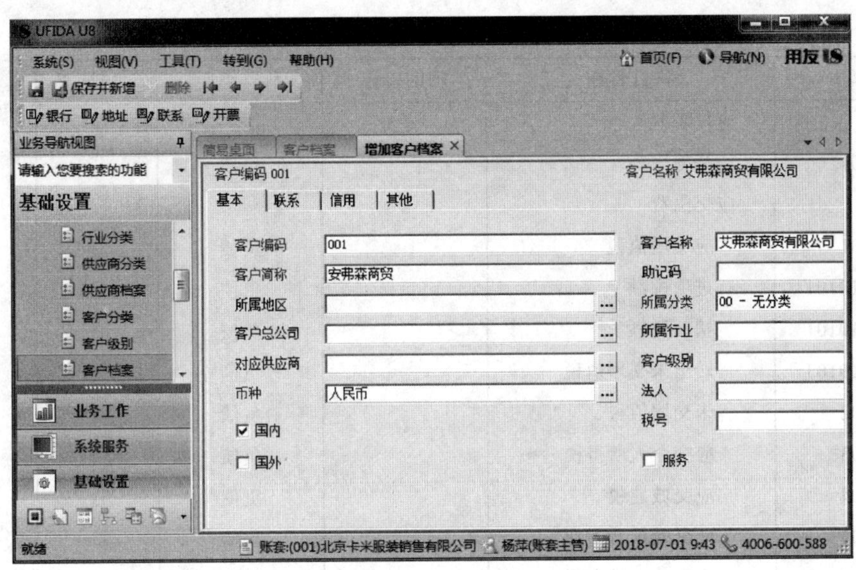

图 9-39 “增加客户档案”对话框

⑥会计科目。会计科目如表 9-10 所示。

表 9-10 会计科目表

科目编码	科目名称	辅助核算	科目类型	方向	计量
1001	库存现金	日记账	资产	借	
1002	银行存款				
100201	工行存款	银行账	资产	借	
1122	应收账款				
112201	艾弗森商贸		资产	借	
112202	德胜百货		资产	借	
112203	宏胜服装		资产	借	
1221	其他应收款				
122101	个人社保		资产	借	
122102	个人公积金		资产	借	
1123	预付账款				
112301	微树云科技		资产	借	
1405	库存商品				
140501	女士连衣裙	数量核算	资产	借	套
140502	男士西装	数量核算	资产	借	套
1601	固定资产				
160101	大众轿车		资产	借	
160102	联想电脑		资产	借	
1602	累计折旧				
160201	运输设备		资产	贷	
160202	办公设备		资产	贷	

续表

科目编码	科目名称	辅助核算	科目类型	方向	计量
2202	应付账款				
220201	洛施服饰		负债	贷	
2221	应交税费				
222101	应交增值税		负债	贷	
22210101	进项税额		负债	贷	
22210101	销项税额		负债	贷	
22210103	转出未交增值税		负债	贷	
222102	未交增值税		负债	贷	
222103	应交个人所得税		负债	贷	
222104	应交城建税		负债	贷	
222105	应交教育费附加		负债	贷	
222106	应交地方教育附加		负债	贷	
2211	应付职工薪酬				
221101	工资		负债	贷	
221102	社保		负债	贷	
221103	住房公积金		负债	贷	
6001	主营业务收入				
600101	女士连衣裙		损益	贷	
600102	男士西装		损益	贷	
6401	主营业务成本				
640101	女士连衣裙		损益	借	
640102	男士西装		损益	借	
6601	销售费用				
660101	工资		损益	借	
660102	社保		损益	借	
660103	住房公积金		损益	借	
660104	折旧		损益	借	
6602	管理费用				
660201	工资		损益	借	
660202	社保		损益	借	
660203	公积金		损益	借	
660204	折旧		损益	借	

操作步骤：单击业务导航视图中的【基础设置】—【基础档案】—【财务】—【会计科目】选项，单击工具栏中的【增加】或【修改】按钮，按表中的内容增加或修改科目，设置辅助核算，如图 9-40、图 9-41、图 9-42 所示。

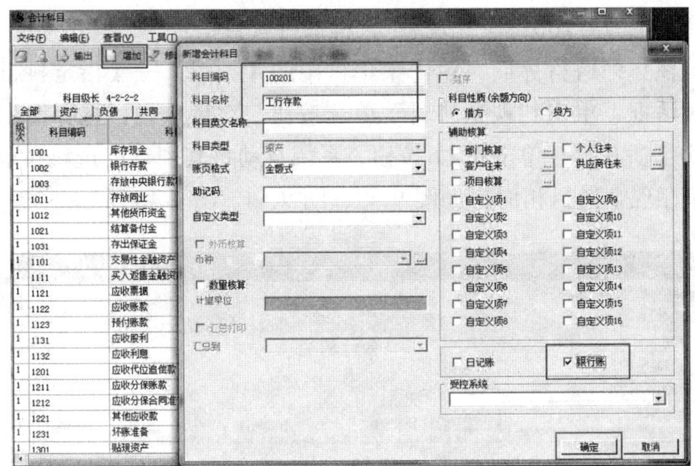

图 9-40 “基础档案—新增工行存款”对话框

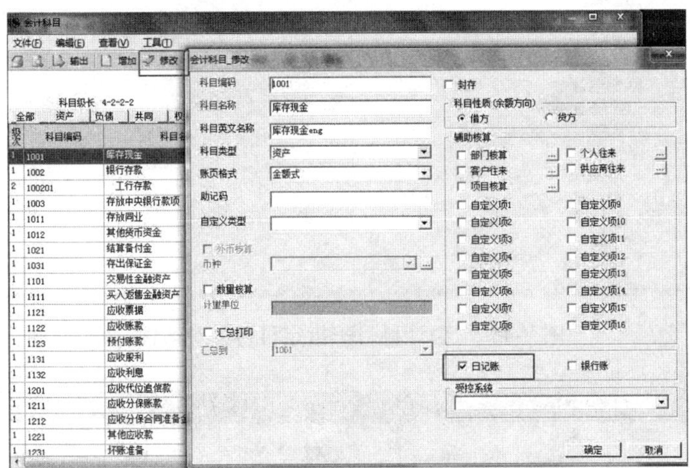

图 9-41 “基础档案—修改会计科目”对话框

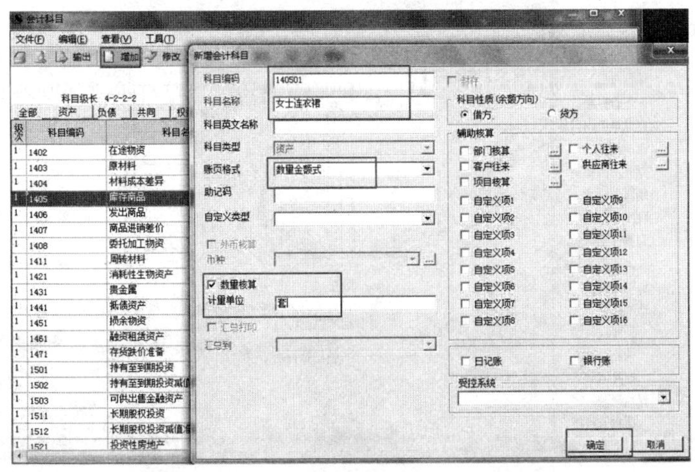

图 9-42 “基础档案—新增库存商品二级明细”对话框

将现金科目指定为“1001 库存现金”，将银行科目指定为“1002 银行存款”。

操作步骤：在会计科目界面，单击菜单栏中的【编辑】—【指定科目】选项，打开“指定科目”对话框，单击“现金科目”单选按钮，在待选科目选择框中，将光标移到“1001 库存现金”所在行，单击【>】按钮，系统自动将其列于已选科目框中；银行存款科目的指定与库存现金科目相同，如图 9-43、图 9-44、图 9-45 所示。

会计科目

文件(F) 编辑(E) 查看(V) 工具(T)

增加 F5
复制 Ctrl+I
成批复制
删除 Ctrl+D
指定科目

查找 退出

会计科目

科目个数 191

全部 损益

级次	科目编码	科目名称	外币币种	辅助核算	银行科目	现金科目	计量单位
1	1001	库存现金					
1	1002	银行存款					
2	100201	工行存款					
1	1003	存放中央银行款项					
1	1011	存放同业					
1	1012	其他货币资金					
1	1021	结算备付金					
1	1031	存出保证金					
1	1101	交易性金融资产					
1	1111	买入返售金融资产					
1	1121	应收票据					
1	1122	应收账款					
2	112201	艾弗森商贸					
2	112202	德胜百货					
2	112203	宏胜服装					
1	1123	预付账款					
2	112301	微树云科技					

图 9-43 “会计科目—指定科目”对话框

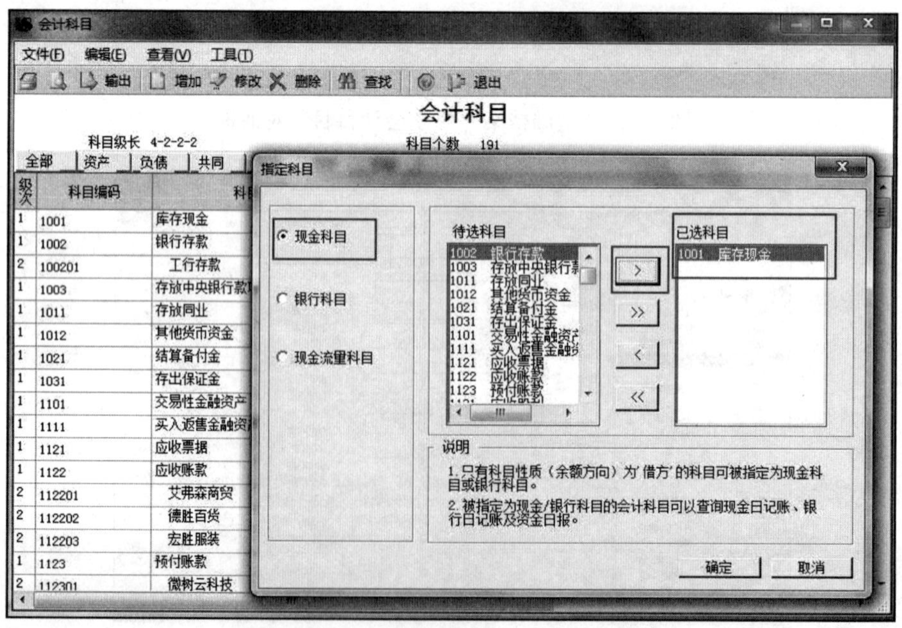

图 9-44 “指定库存现金”对话框

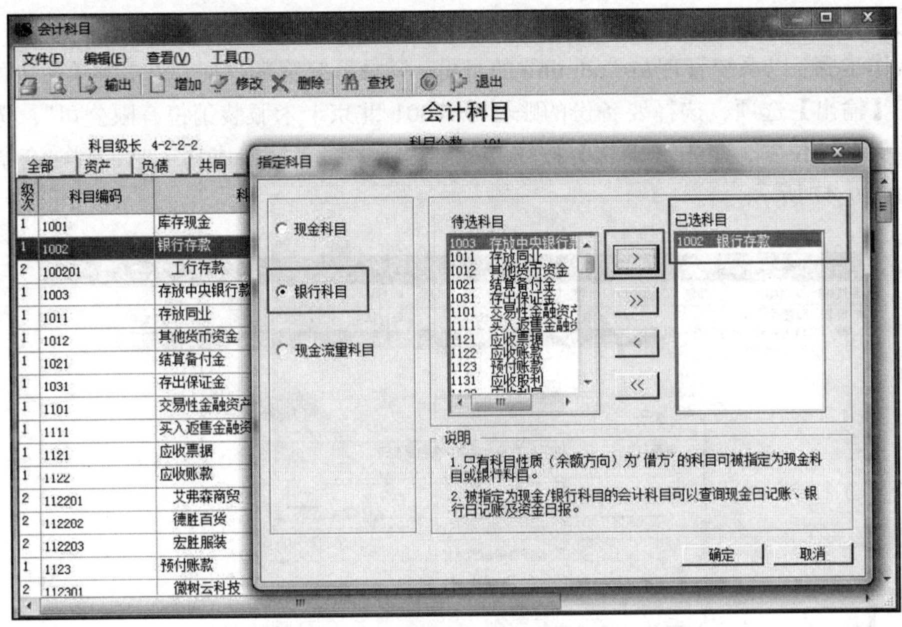

图 9-45 “指定银行存款”对话框

⑦凭证类别。

操作步骤：单击业务导航视图中的【基础设置】—【基础档案】—【财务】—【凭证类别】选项，单击选择“记账凭证”单选按钮，单击【确定】按钮，如图 9-46 所示。

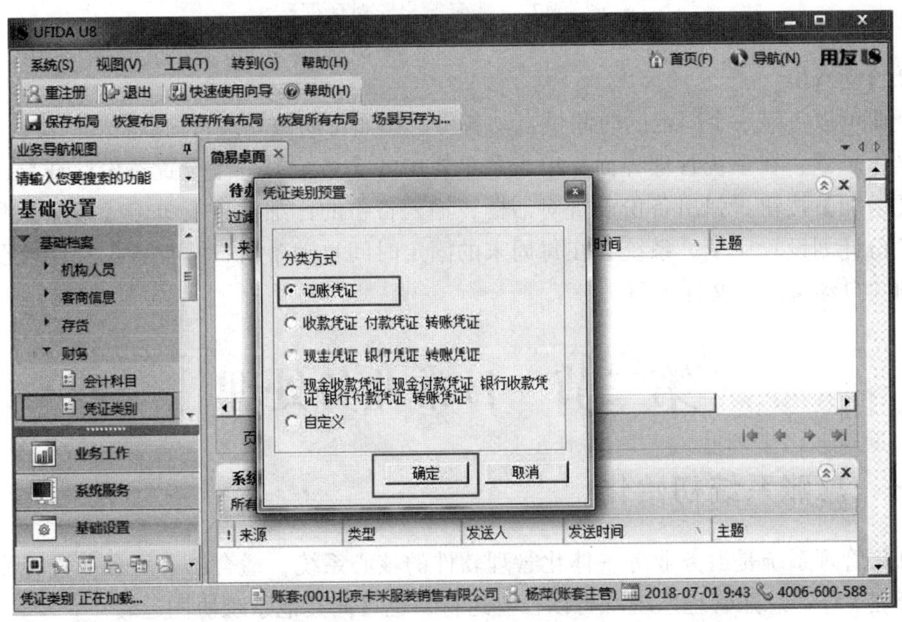

图 9-46 “基础档案—凭证类别”对话框

（3）案例实操演练—备份账套

建立账套、期初设置后需备份账套。

①手工备份。

操作步骤：以系统管理员“admin”的身份，登录系统管理界面，单击菜单栏中的【账套】—【输出】选项，选择要备份的账套号“001 北京卡米服装销售有限公司”，选择备份文件保存的位置，单击【确认】按钮，等到提示“账套输出成功”时，则账套备份成功，如图 9-47 所示。

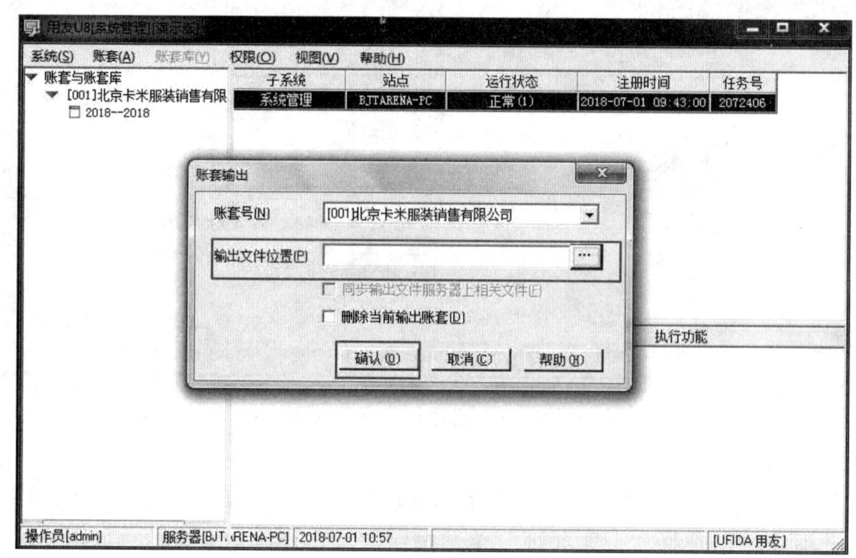

图 9-47 “账套输出”对话框

②自动备份。

企业可以每隔一个固定的时间做自动备份，比如每周做一次备份。

操作步骤：在系统管理界面，单击菜单栏中的【系统】—【设置备份计划】选项，单击【增加】按钮，弹出备份设置对话框，输入备份的详细信息，单击【增加】按钮，自动备份计划设置完毕。系统会在每周末的固定时间自动备份，并把备份文件放在已选硬盘的“自动备份”文件夹里。

第二节 日常业务处理

一、总账系统初始化

总账管理系统是财务业务一体化管理软件的核心系统，适合于各行各业进行账务核算及管理工作，总账管理系统既可以独立运行，也可同其他系统协同运转。

1. 总账期初余额录入

（1）卡米服装期初余额

在开始使用总账系统时，应将期初余额录入计算机。期初余额如表 9-11 所示。

表 9-11 期初余额

科目名称	单位	数量	单价	期初余额	
				借方	贷方
库存现金				1 000.00	
银行存款				2 225 661.64	
工行				2 225 661.64	
应收账款				700 000.00	
艾弗森商贸有限公司				410 000.00	
德胜百货				50 000.00	
宏胜服装城				240 000.00	
其他应收款				16 142.40	
个人（社保）				10 190.40	
个人（住房公积金）				5 952.00	
预付账款				85 000.00	
北京微树云科技有限公司				85 000.00	
库存商品				468 000.00	
女士连衣裙	套	1 500	120	180 000.00	
男士西装	套	1 800	160	288 000.00	
固定资产				216 000.00	
大众轿车				200 000.00	
联想电脑				16 000.00	
累计折旧					140 177.92
运输设备					126 666.56
办公设备					13 511.36
应付账款					80 000.00
上海洛施服饰有限公司					80 000.00
应交税费					7 054.12
应交个人所得税					697.00
未交增值税					5 676.00
应交城建税					397.32
应交教育附加费					170.28
应交地方教育费附加					113.52
应付职工薪酬					136 003.20
工资					99 200.00
社保					30 851.20
住房公积金					5 952.00
实收资本					2 000 000.00
盈余公积					260 087.00
本年利润					350 047.00
利润分配					738 434.80
合计				3 711 804.04	3 711 804.04

（2）案例实操演练—录入期初余额

操作步骤：以会计“02 于玉丽”的身份，登录【U8 企业应用平台】，录入期初余额。单击业务导航视图中的【业务工作】—【财务会计】—【总账】—【设置】—【期初余额】选项，按表中内容输入期初余额；带辅助核算项的科目，例如“应收账款”科目，双击“应收账款”科目期初余额录入的空白格，单击【往来明细】按钮，进入往来明细输入界面，单击【增行】按钮，按照应收账款期初余额表将信息输入，单击【退出】按钮，回到期初余额录入界面，如图 9-48 所示。

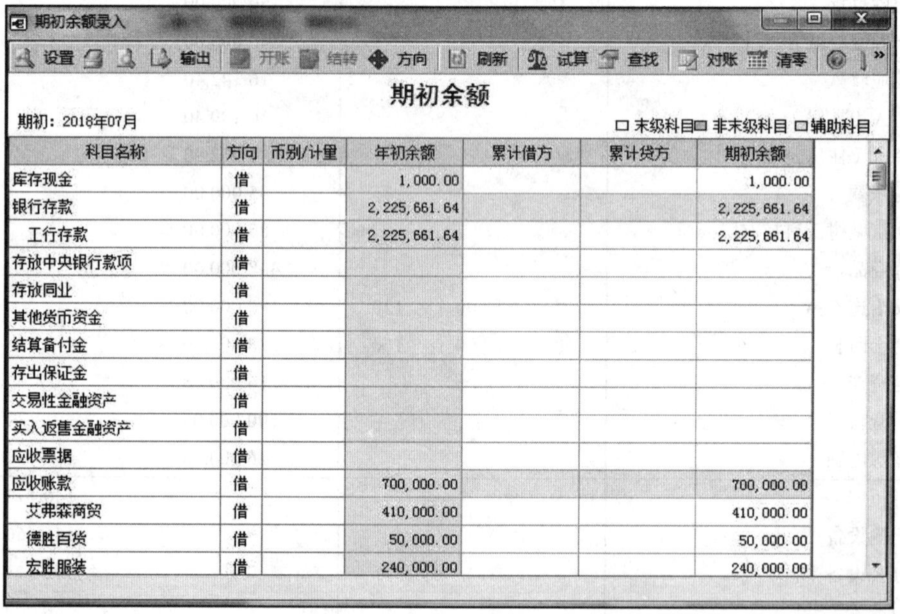

期初余额录入

设置 输出 开账 结转 方向 刷新 试算 查找 对账 清零

期初余额

期初：2018年07月　　□末级科目□非末级科目□辅助科目

科目名称	方向	币别/计量	年初余额	累计借方	累计贷方	期初余额
库存现金	借		1,000.00			1,000.00
银行存款	借		2,225,661.64			2,225,661.64
工行存款	借		2,225,661.64			2,225,661.64
存放中央银行款项	借					
存放同业	借					
其他货币资金	借					
结算备付金	借					
存出保证金	借					
交易性金融资产	借					
买入返售金融资产	借					
应收票据	借					
应收账款	借		700,000.00			700,000.00
艾弗森商贸	借		410,000.00			410,000.00
德胜百货	借		50,000.00			50,000.00
宏胜服装	借		240,000.00			240,000.00

图 9-48 “录入期初余额”对话框

2. 试算平衡

（1）试算平衡规则

试算平衡，是指根据借贷记账法的记账规则和资产与权益（负债和所有着权益）的恒等关系，在全部账户借方期初余额合计与全部账户贷方期初余额合计保持平衡的基础上，通过对所有账户的发生额和余额汇总计算和比较，来检查账户记录是否正确的一种方法。

（2）案例实操演练—试算平衡

操作步骤：在“期初余额录入”对话框，单击工具栏中的【试算】按钮，出现试算平衡界面。如果期初余额试算不平衡，可以填制凭证但不能记账，如图 9-49 所示。

3. 修改总账参数

在具体操作中，凭证录入日期填写与实际业务发生时间可能不一致，“制单序时控制”和“系统编号”选项联用，系统默认制单时凭证编号必须按日期顺序排列，可取消勾选。

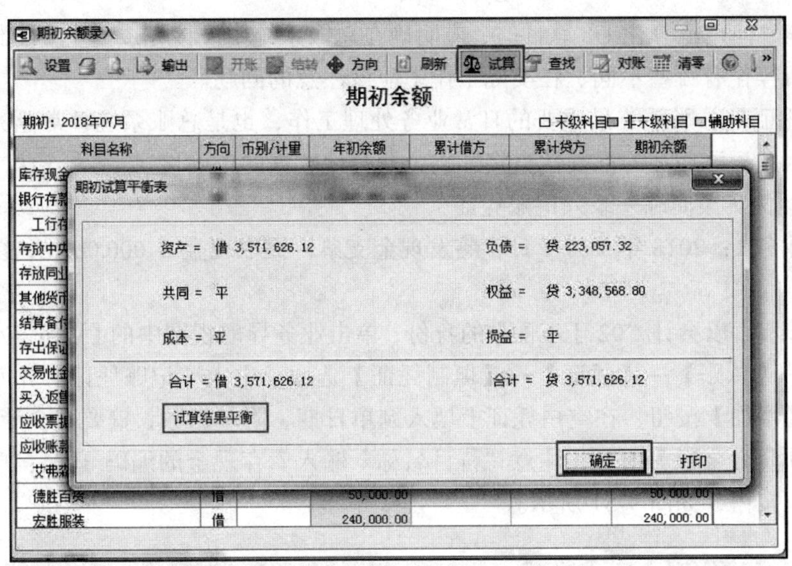

图 9-49 试算平衡

操作步骤：单击业务导航视图中的【业务工作】—【财务会计】—【总账】—【设置】—【选项】选项，取消“制单序时控制”，单击【确定】按钮，如图 9-50 所示。

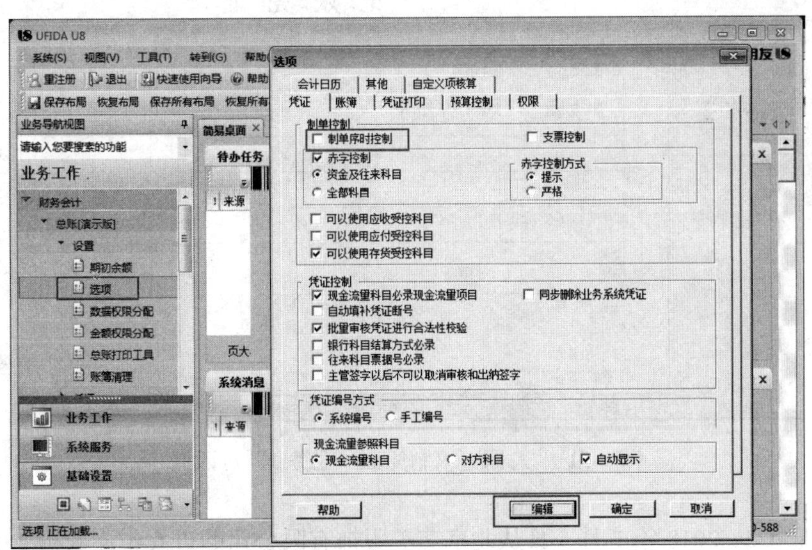

图 9-50 “总账—选项”对话框

二、总账日常业务处理

1. 填制凭证

（1）记账凭证

会计人员的主要工作是记账和出具报表，做到手续完备、数字准确、账目清楚、按时出具报表。使用电算化 U8 软件时，应明确在总账系统中应该完成的主要工作、手工操作与计算机操作有哪些不同、在实际工作中应该注意的问题。

填制凭证是总账系统最重要的日常业务处理工作，也是总账系统日常业务的唯一数据来源，因此记账凭证的准确性直接影响企业会计数据的正确性。

（2）案例实操演练—录入记账凭证

经济业务 1：2018 年 7 月 1 日，签发现金支票，提取现金 2 000.00 元，以备日常开支之需。

操作步骤：以会计“02 于玉丽”的身份，单击业务导航视图中的【业务工作】—【财务会计】—【总账】—【凭证】—【填制凭证】选项，进入“记账凭证”界面，单击工具栏中的【增加】按钮，在空白凭证上填入制单日期、附单据数、摘要、会计科目名称、借方金额和贷方金额等项目，注意“科目名称”输入库存现金的编码 1001，单击工具栏中【保存】按钮，如图 9-51 所示。

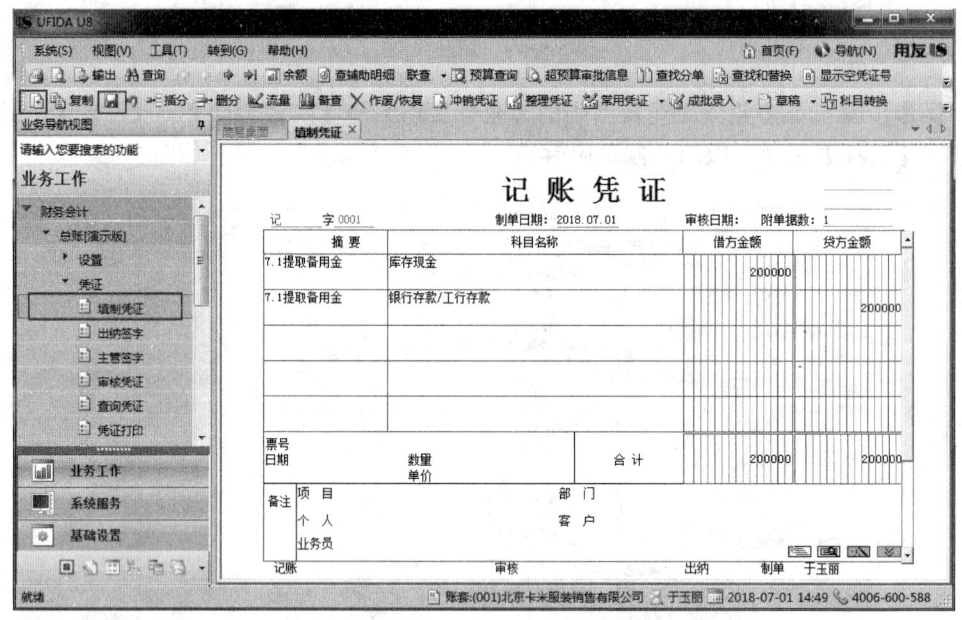

图 9-51 “总账—填制凭证—业务 1”对话框

经济业务 2：2018 年 7 月 5 日从北京艾美服饰有限公司购进女士连衣裙 2 000.00 套，单价 100.00 元/套；男士西装 3 000.00 套，单价 180.00 元/套，单到货到款未付。

操作步骤：以会计“02 于玉丽”的身份，单击业务导航视图中的【业务工作】—【财务会计】—【总账】—【凭证】—【填制凭证】选项，进入“记账凭证”界面，单击工具栏中的【增加】按钮，在空白凭证上填入制单日期、附单据数、摘要、会计科目名称、借方金额和贷方金额等项目。注意 “库存商品”科目需要填入数量和金额，“应付账款”需要增加二级明细科目北京艾美服装销售有限公司，单击工具栏中的【保存】按钮，如图 9-52 所示。

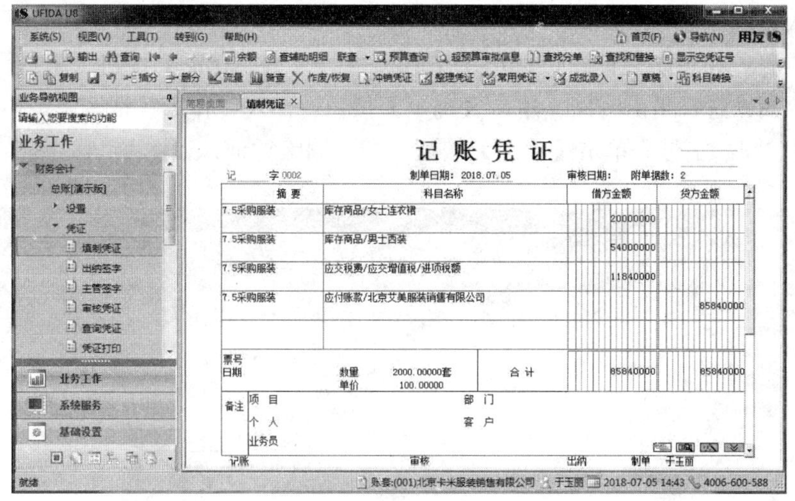

图 9-52 “总账—填制凭证—业务 2”对话框

以同样的方法完成业务 3 至业务 7 的凭证填制工作。

2. 修改及删除凭证

（1）修改凭证

操作步骤：在填制凭证窗口，通过上张、下张，找到需要修改的凭证，进行修改，单击工具栏中的【保存】按钮，对已经输入但是未审核的记账凭证可以直接修改，已通过审核但还未记账的凭证不能直接修改，需要先取消审核再修改。

（2）删除凭证

①在填制凭证窗口，通过上张、下张，找到需要删除的记账凭证。

操作步骤：在填制凭证窗口，单击工具栏中的【作废/恢复】按钮，在凭证左上角显示“作废”字样，如图 9-53 所示。

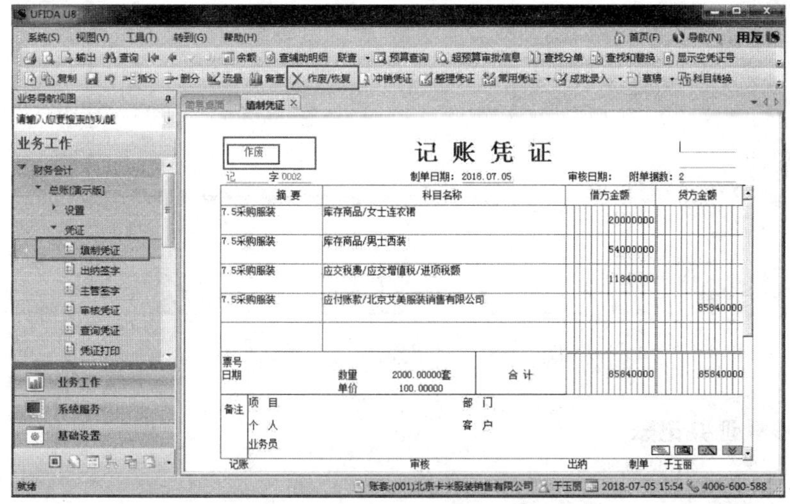

图 9-53 “作废凭证”对话框

②进入整理凭证界面。

操作步骤：在填制凭证窗口，单击工具栏中的【整理凭证】按钮，出现“请选择凭证期间”界面，选择当前时间，单击【确定】按钮，出现“作废凭证表”，在“删除？”栏双击录入“Y”字母，单击【确定】按钮，即可删除凭证，如图 9-54、图 9-55 所示。

图 9-54 “作废凭证期间”对话框

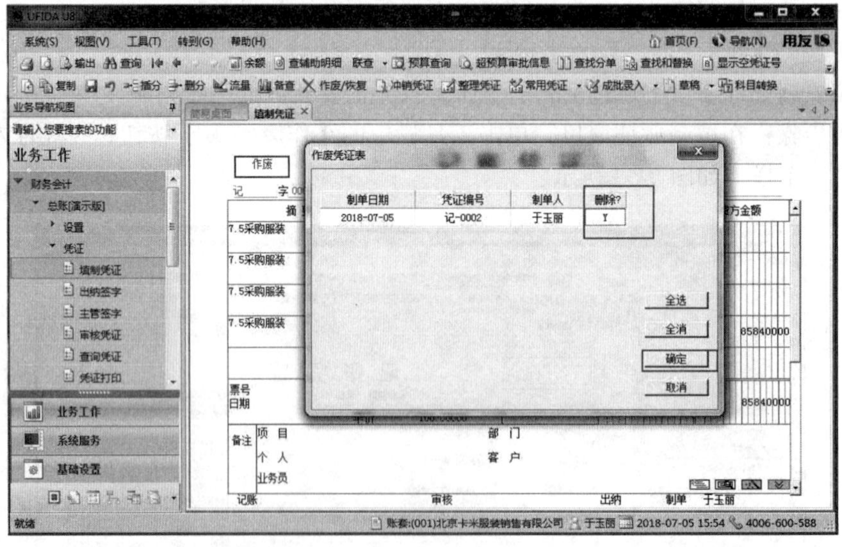

图 9-55 “作废凭证表”对话框

3. 审核凭证并记账

（1）审核凭证及记账

凭证审核是确保会计工作正确性、及时性和合法合规性的前提。在电算化方式下，按照会计基础工作规范的要求，软件中约定当凭证填制后必须经由有权限的操作员对凭证进行审核签字，否则系统将不允许记账；在电算化方式下，记账是由有记账权限的操作员发出记账指令，由计算机按照预先设计的记账程序自动进行合法性检查、科目汇总及登记账簿等操作。

（2）案例实操演练—审核凭证并记账

①审核凭证实操。

操作步骤：因为审核与制单不能为同一人，所以审核凭证时更换有审核权限的操作员登录，单击菜单栏中的【系统】—【重注册】选项，以账套主管“01 杨萍”的身份登录【U8 企业应用平台】，单击业务导航视图【业务工作】—【财务会计】—【总账】—【凭证】—【审核凭证】选项，如图 9-56、图 9-57 所示。

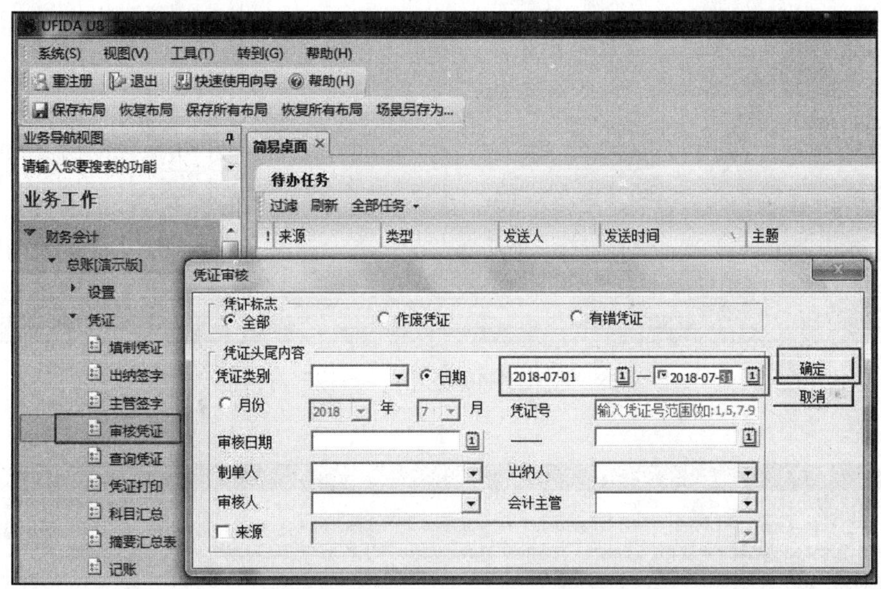

图 9-56 “总账—审核凭证—选择凭证期间”对话框

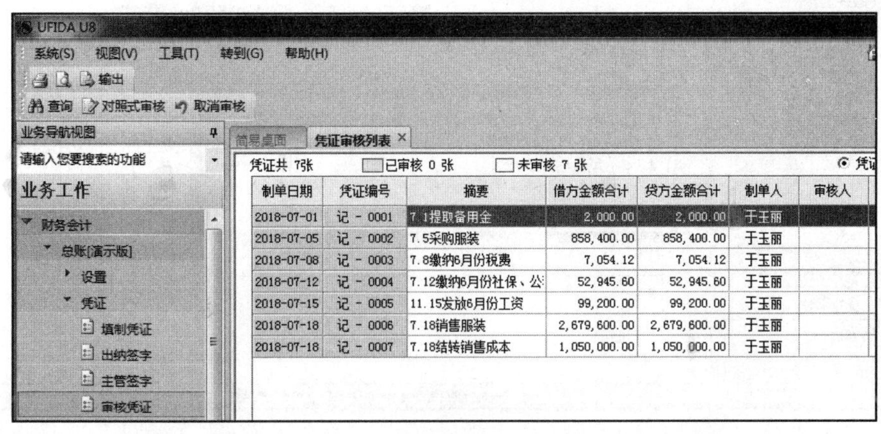

制单日期	凭证编号	摘要	借方金额合计	贷方金额合计	制单人	审核人
2018-07-01	记 - 0001	7.1提取备用金	2,000.00	2,000.00	于玉丽	
2018-07-05	记 - 0002	7.5采购服装	858,400.00	858,400.00	于玉丽	
2018-07-08	记 - 0003	7.8缴纳6月份税费	7,054.12	7,054.12	于玉丽	
2018-07-12	记 - 0004	7.12缴纳6月份社保、公	52,945.60	52,945.60	于玉丽	
2018-07-15	记 - 0005	11.15发放6月份工资	99,200.00	99,200.00	于玉丽	
2018-07-18	记 - 0006	7.18销售服装	2,679,600.00	2,679,600.00	于玉丽	
2018-07-18	记 - 0007	7.18结转销售成本	1,050,000.00	1,050,000.00	于玉丽	

图 9-57 “总账—审核凭证—列表”对话框

在凭证审核列表界面，双击要审核的凭证，进入记账凭证审核界面，单击工具栏中的【审核】按钮，或单击工具栏中的【成批审核凭证】按钮；若凭证有错，则单击工具栏中的【标错】按钮，输入错误原因，审核步骤如图9-58、图9-59、图9-60所示。

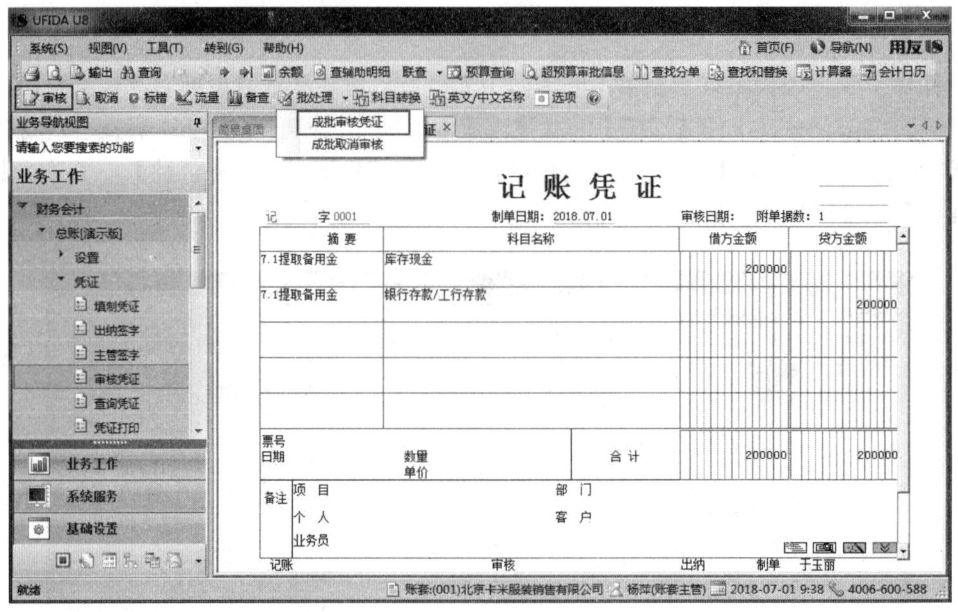

图9-58 “总账—审核凭证—审核”对话框

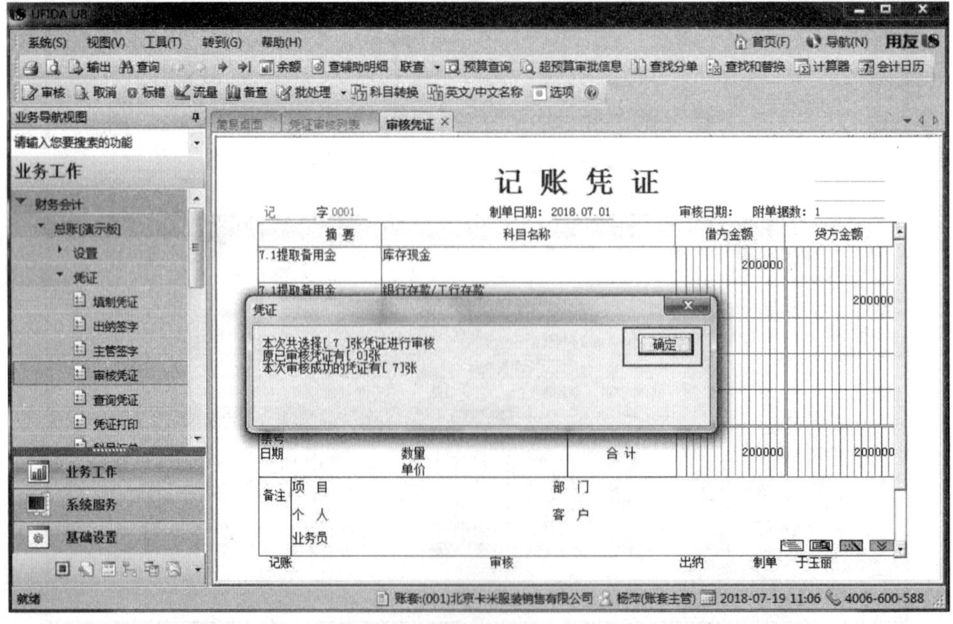

图9-59 “总账—审核凭证—成批审核”对话框

图 9-60 “总账—审核凭证—刷新列表”对话框

②记账实操。

操作步骤：以账套主管“01 杨萍”的身份登录【U8 企业应用平台】，单击业务导航视图中的【业务工作】—【财务会计】—【总账】—【凭证】—【记账】选项，如图 9-61 所示。

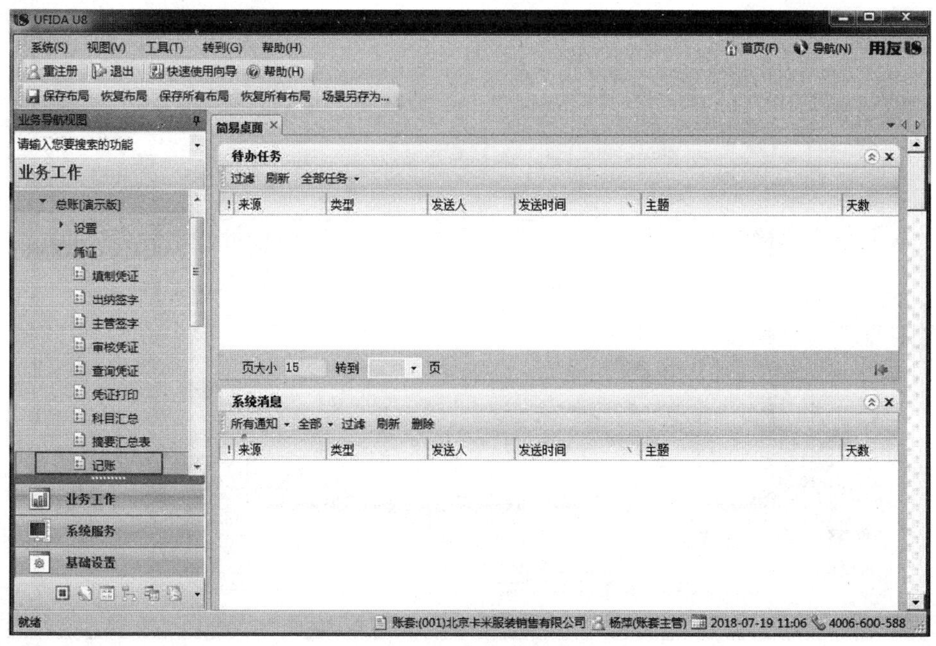

图 9-61 “总账—记账”对话框

根据弹出的记账范围进行选择，单击【全选】按钮，记账范围出现所要记账的凭证号，单击【记账】按钮，出现试算结果平衡时，单击【确定】按钮，完成整个记账流程，如图 9-62、图 9-63、图 9-64 所示。

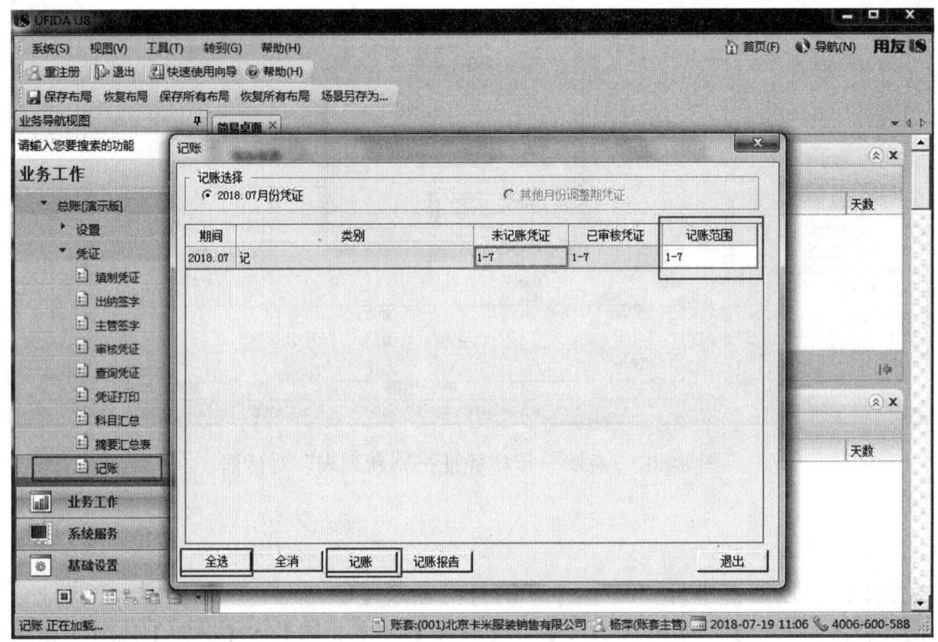

图 9-62“总账—记账范围选择”对话框

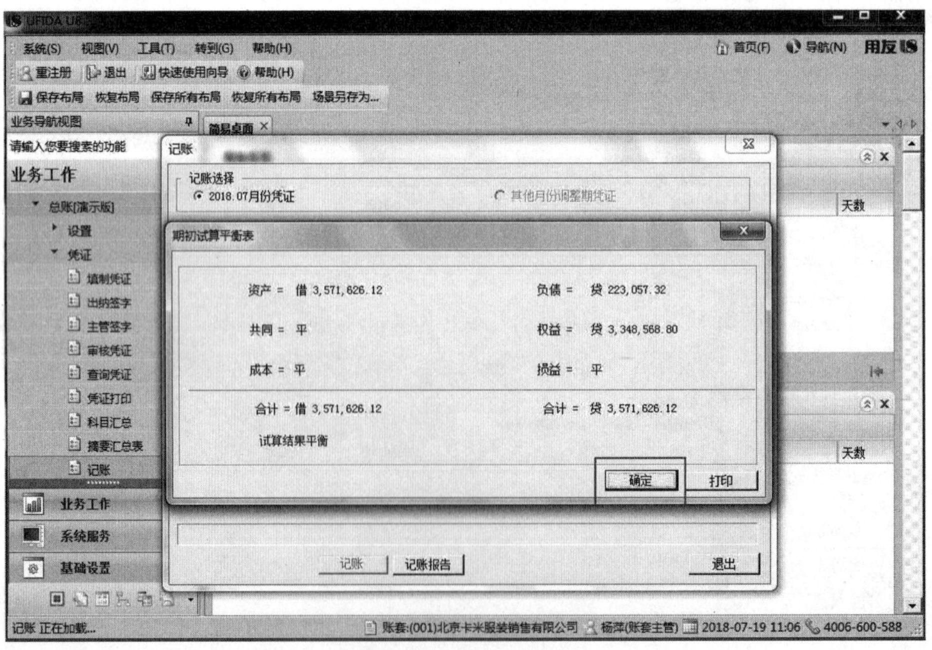

图 9-63“总账—记账前试算平衡”对话框

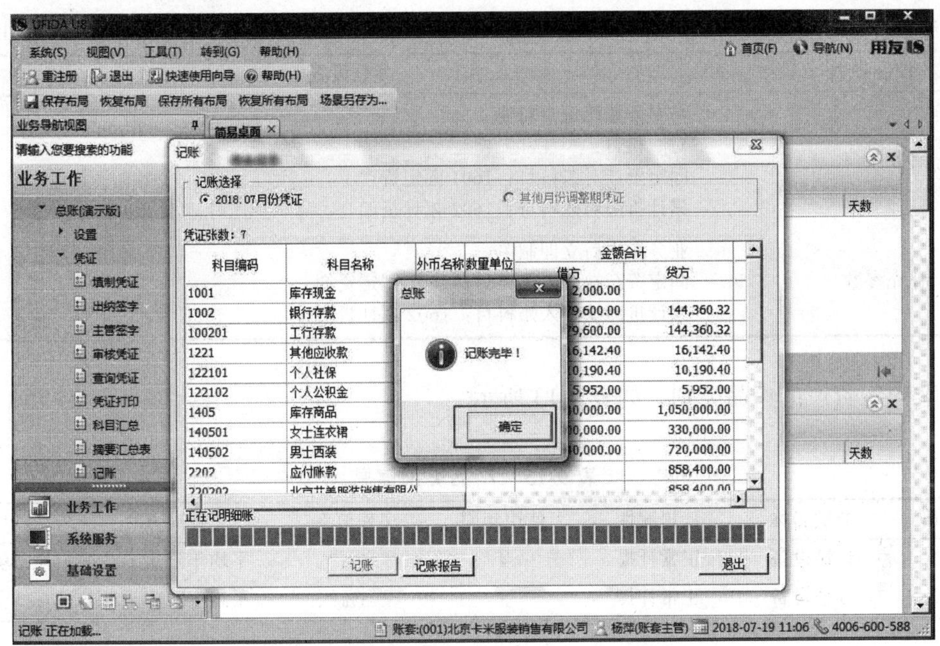

图 9-64 “总账—记账完毕”对话框

三、固定资产系统初始化及日常业务

固定资产管理系统主要用于企业固定资产日常业务的核算与管理。处理固定资产卡片，按月反映固定资产的增加、减少、原值变动及其他变动，输出相应的增减变动明细账，按月自动计提折旧，生成折旧分配凭证，同时输出一些设备管理相关的报表和账簿。

固定资产初始化的内容包括建立固定资产账套、设置固定资产类别、设置折旧对应科目及录入固定资产原始卡片等。

1. 建立固定资产账套

（1）固定资产账套及折旧信息

①固定资产账套启用信息，如表 9-12 所示。

表 9-12 固定资产账套信息

控制参数	参数设置
约定与说明	我同意
启用月份	2018 年 7 月
折旧信息	本账套计提折旧；折旧方法：平均年限法（二） 折旧汇总分配周期：1 个月；当（月初已计提月份=可使用月份－1）时，将剩余折旧全部提足。
编码方式	资产类别编码方式：2-1-1-2 固定资产编码方式：“按类别编码+部门编码+序号”自动编码，卡片序号长度为“3”

续表

控制参数	参数设置
财务接口	与财务系统进行对账 对账科目： 固定资产对账科目：1601 固定资产 累计折旧对账科目：1602 累计折旧
补充参数	业务发生后立即制单 固定资产缺省入账科目：1601 固定资产 累计折旧缺省入账科目：1602 累计折旧

②固定资产的产品类别，如表 9-13 所示。

表 9-13　产品类别信息

编码	类别名称	计提属性	使用年限	净残值率	折旧方法	单位
01	运输设备	正常计提	4	5%	平均年限法（二）	辆
02	办公设备	正常计提	3	5%	平均年限法（二）	台

③部门及对应折旧科目，如表 9-14 所示。

表 9-14　部门对应折旧科目信息

部门	对应折旧科目
总经理办公室	管理费用 660204
财务部	管理费用 660204
行政部	管理费用 660204
采购部	管理费用 660204
仓库	管理费用 660204
销售部	销售费用 660104

④固定资产折旧信息，如表 9-15 所示。

表 9-15　固定资产折旧计算表

名称	类别	使用部门	数量	预计使用年限	原值	残值率	已使用月份	累计折旧	当月折旧
大众轿车	运输设备	行政部	1	4	200 000.00	5%	32	126 666.56	3 958.34
联想电脑	办公设备	行政部	1	3	2 000.00	5%	32	1 688.96	52.76
		财务部	3		6 000.00			5 066.56	158.36
		销售部	2		4 000.00			3 377.92	105.52
		仓库	1		2 000.00			1 688.96	52.76
		采购部	1		2 000.00			1 688.96	52.76
合计									4 380.50

（2）案例实操演练—固定资产初始化

①固定资产建账。

操作步骤：以账套主管“01 杨萍”的身份，登录【U8 企业应用平台】，单击业务导航视图中的【业务工作】—【财务会计】—【固定资产】选项，出现固定资产第一次打开提示，如图 9-65 所示。

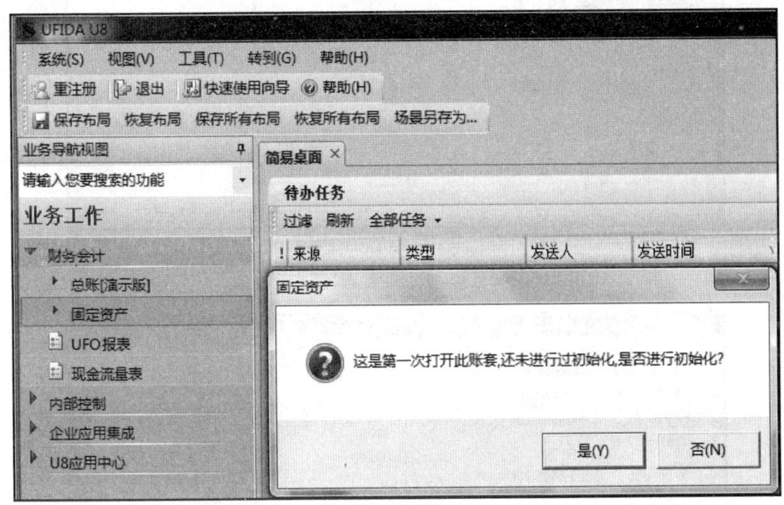

图 9-65 “固定资产初始化”对话框

在固定资产界面，单击【是】按钮，进入系统初始化，按照账套初始化向导逐步完成固定资产系统初始化工作，如图 9-66、图 9-67、图 9-68、图 9-69、图 9-70、图 9-71、图 9-72、图 9-73 所示。

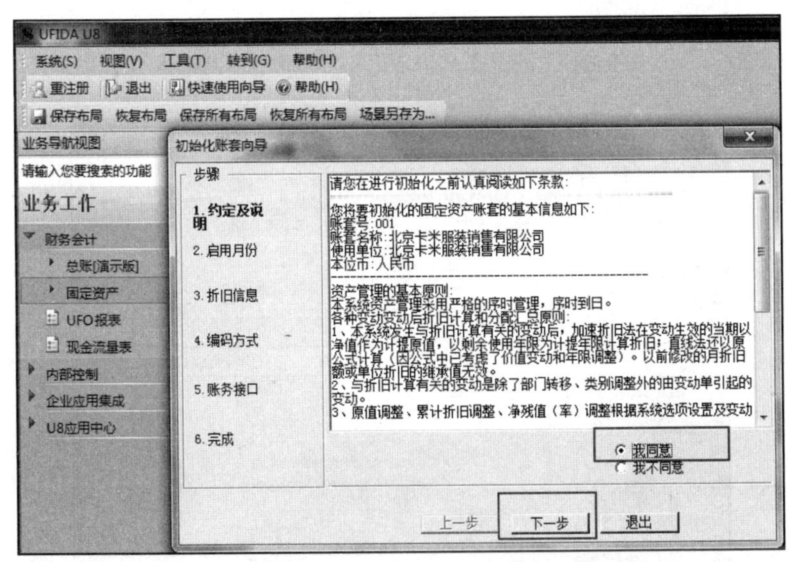

图 9-66 “固定资产初始化—约定及说明”对话框

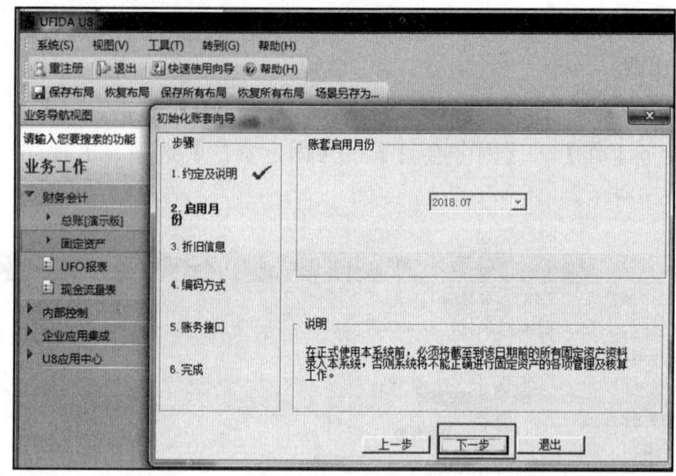

图 9-67 “固定资产初始化—启用月份”对话框

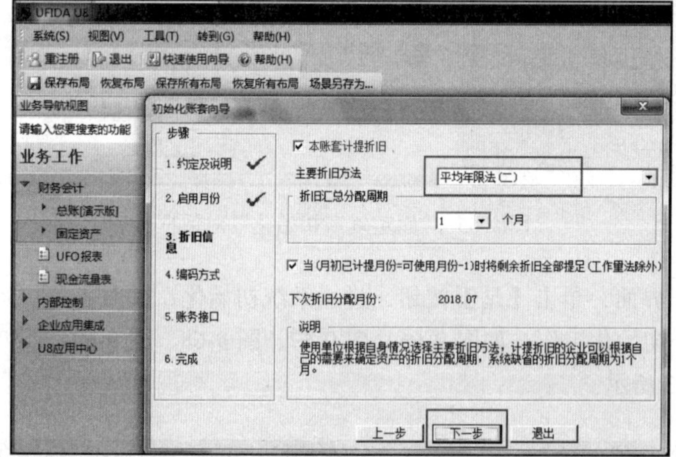

图 9-68 “固定资产初始化—折旧信息”对话框

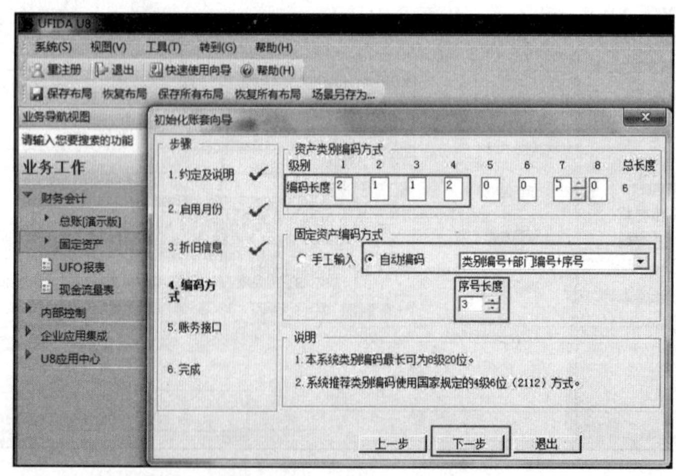

图 9-69 “固定资产初始化—编码方式”对话框

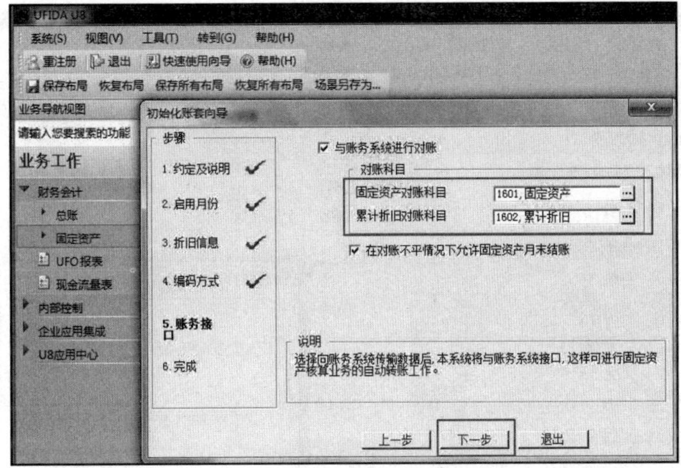

图 9-70 “固定资产初始化—对账科目”对话框

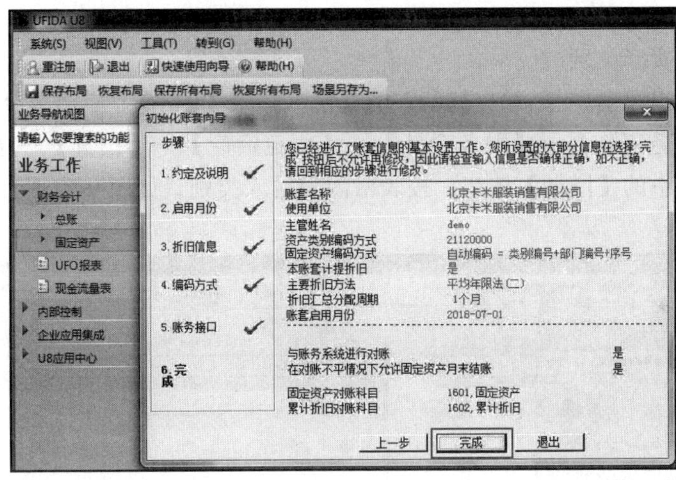

图 9-71 “固定资产初始化—建账完成”对话框

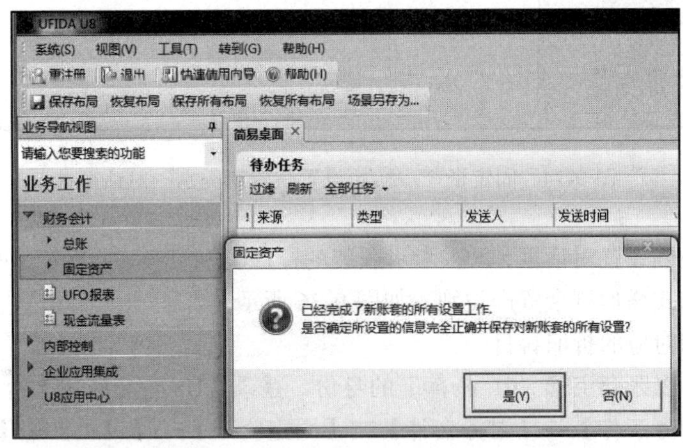

图 9-72 “固定资产初始化保存提示”对话框

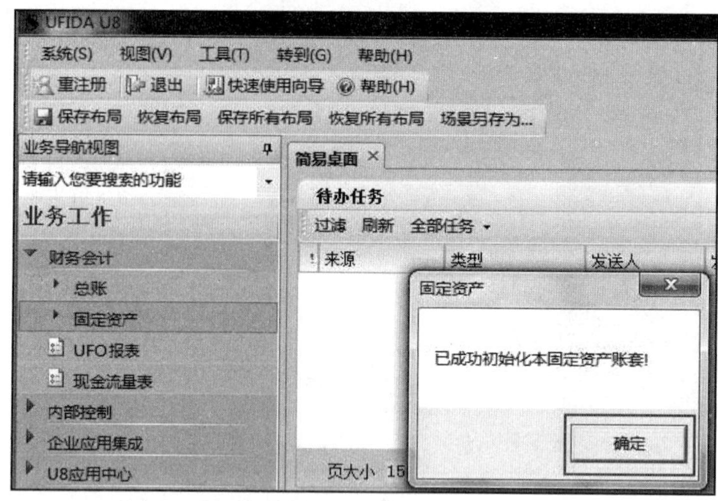

图 9-73 “固定资产初始化完成提示”对话框

②设置固定资产类别。

操作步骤：以账套主管“01 杨萍”的身份，登录【U8 企业应用平台】，单击业务导航视图中的【业务工作】—【财务会计】—【固定资产】—【设置】—【资产类别】选项，单击工具栏中的【增加】按钮，按表格内容输入类别，如图 9-74 所示。

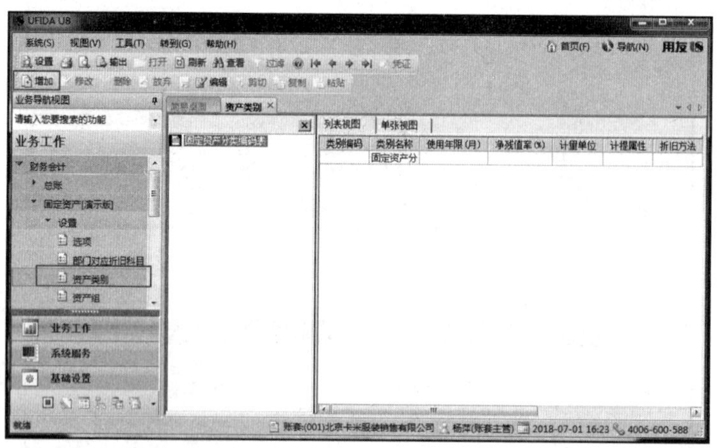

图 9-74“固定资产—初始设置—资产类别”对话框

进入资产类别设置对话框，录入卡米服装的资产类别资料，并保存，如图 9-75 所示。以同样的方式增加剩余资产类别，如图 9-76 所示。

③设置部门对应的折旧科目。

操作步骤：以账套主管“01 杨萍”的身份，登录【U8 企业应用平台】，单击业务导航视图中的【业务工作】—【财务会计】—【固定资产】—【设置】—【部门对应折旧科目】选项，如图 9-77 所示。

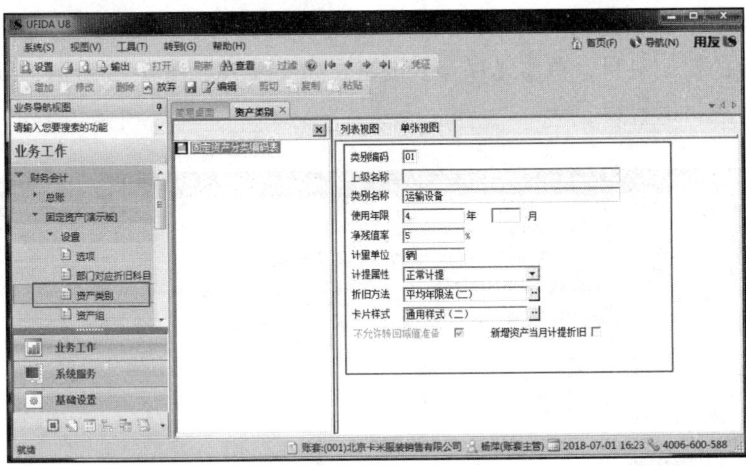

图 9-75 “固定资产—设置资产类别”对话框

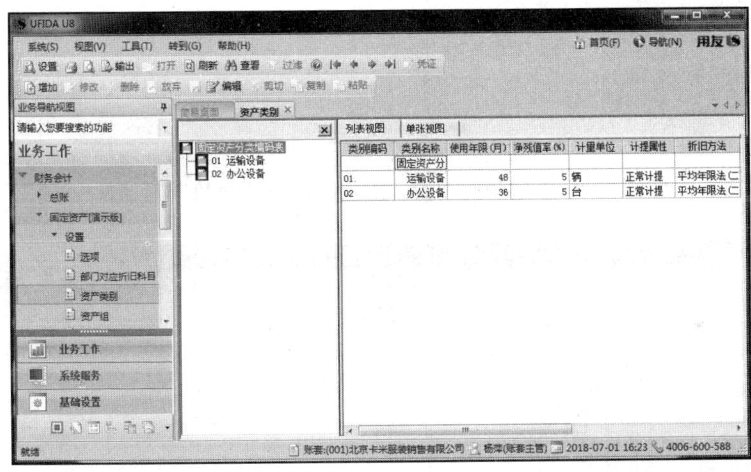

图 9-76 “固定资产—资产类别设置完成”对话框

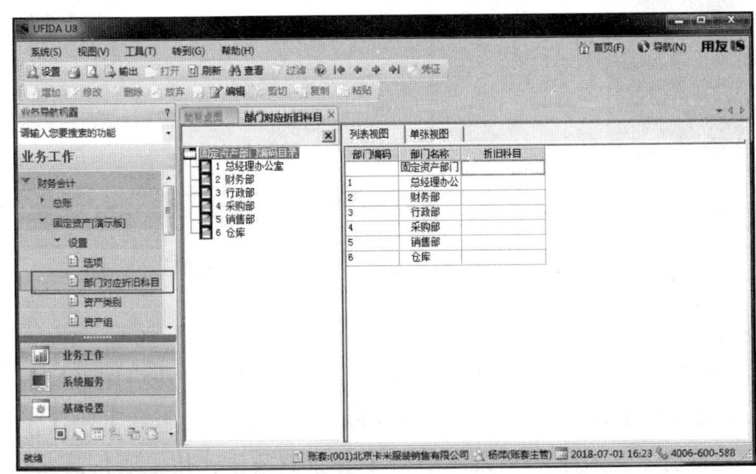

图 9-77 “固定资产—初始设置—部门对应折旧科目”对话框

在“部门对应折旧科目”对话框，选中对应部门，单击工具栏中的【修改】按钮，输入部门对应的折旧科目，单击【保存】按钮，如图 9-78、图 9-79 所示，以同样方式增加各部门的对应折旧科目。

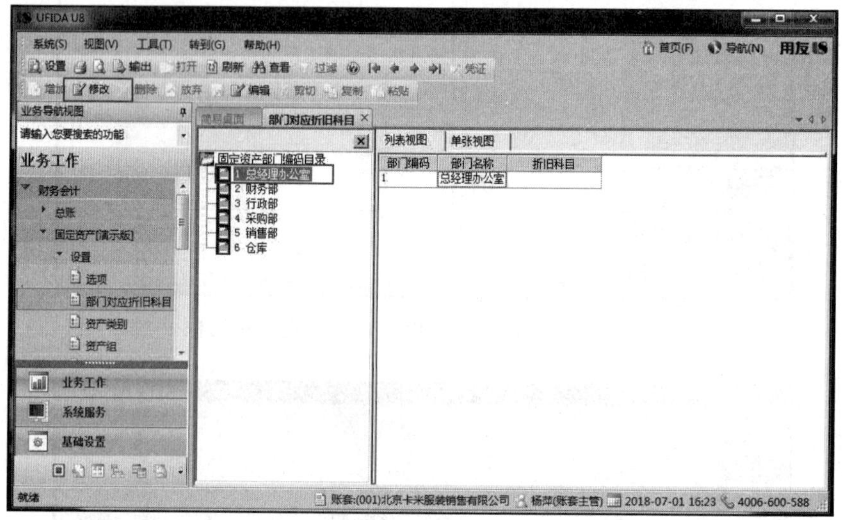

图 9-78 “固定资产—设置部门对应折旧科目”对话框

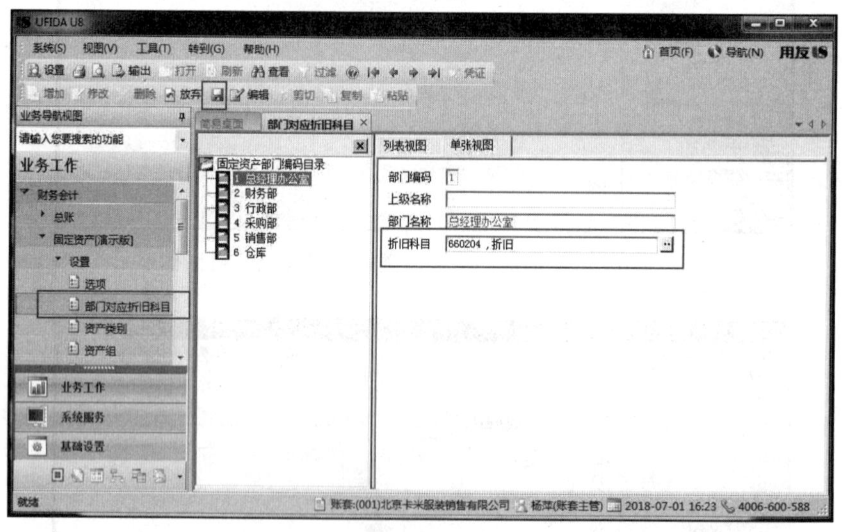

图 9-79 “固定资产—部门对应折旧科目设置完成”对话框

（3）案例实操演练—录入原始卡片

操作步骤：以账套主管“01 杨萍”的身份，登录【U8 企业应用平台】，单击业务导航视图中的【业务工作】—【财务会计】—【固定资产】—【卡片】—【录入原始卡片】选项，选择资产类别，然后单击工具栏中的【增加】按钮，按上表信息录入卡片内容，如图 9-80、图 9-81、图 9-82 所示。

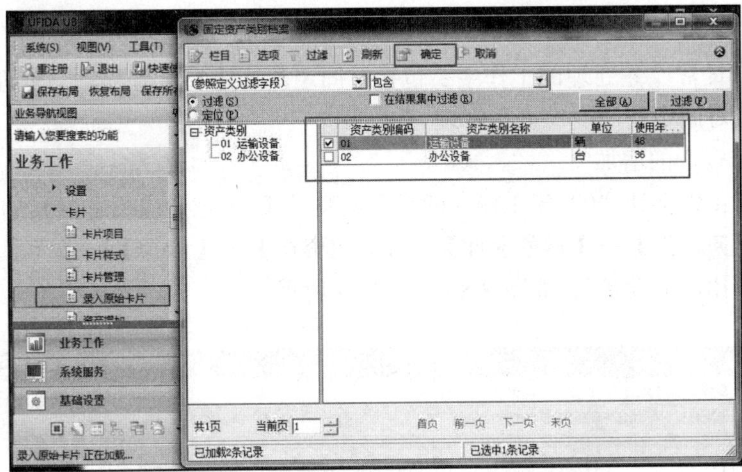

图 9-80 “固定资产—录入原始卡片”对话框

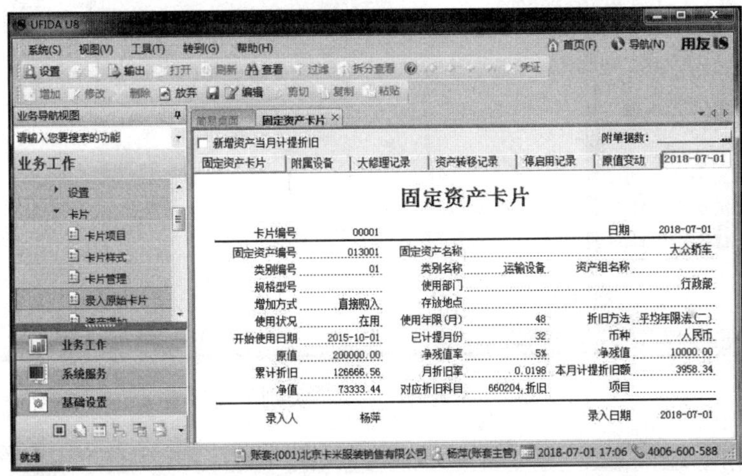

图 9-81 “固定资产—录入运输设备”对话框

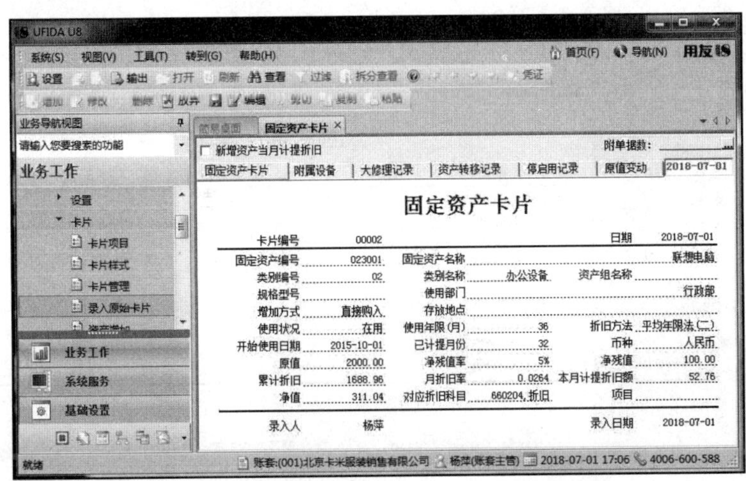

图 9-82 “固定资产—录入办公设备”对话框

2. 固定资产日常业务

固定资产日常业务处理的工作主要包括对固定资产进行卡片处理、处理固定资产的增减业务以及对固定资产变动进行管理。

（1）固定资产的增加

操作步骤：以会计“02 于玉丽”的身份，登录【U8 企业应用平台】，单击业务导航视图中的【业务工作】—【财务会计】—【固定资产】—【卡片】—【资产增加】选项，选择资产类别“运输设备”，如图 9-83、图 9-84 所示。

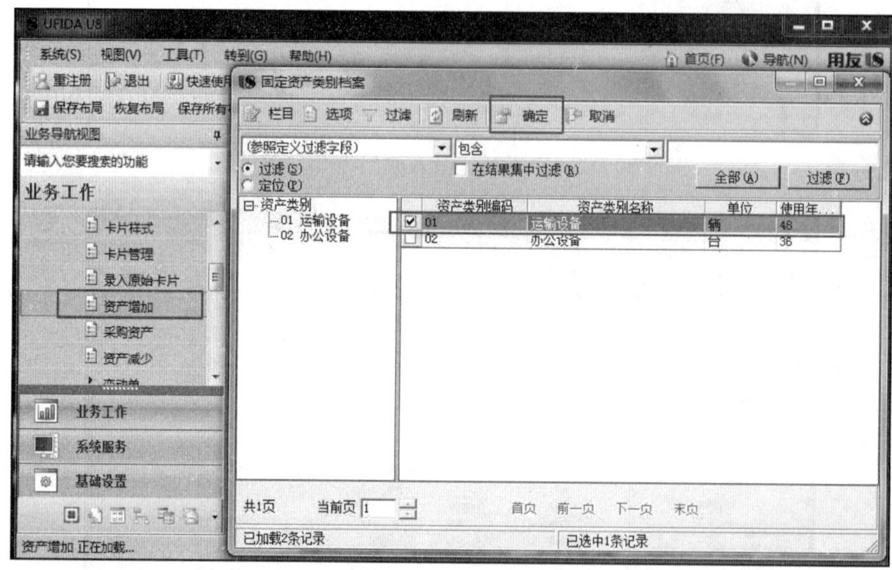

图 9-83 “固定资产—资产类别”对话框

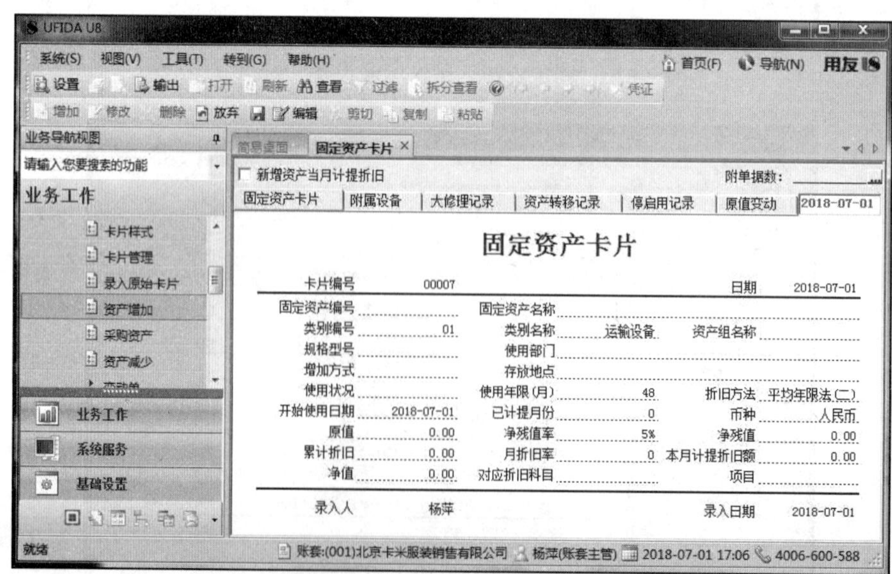

图 9-84 “固定资产—固定资产卡片增加”对话框

（2）固定资产的减少

操作步骤：以会计“02 于玉丽”的身份，登录【U8 企业应用平台】，单击业务导航视图中的【业务工作】—【财务会计】—【固定资产】—【卡片】—【资产减少】选项，如图 9-85 所示。

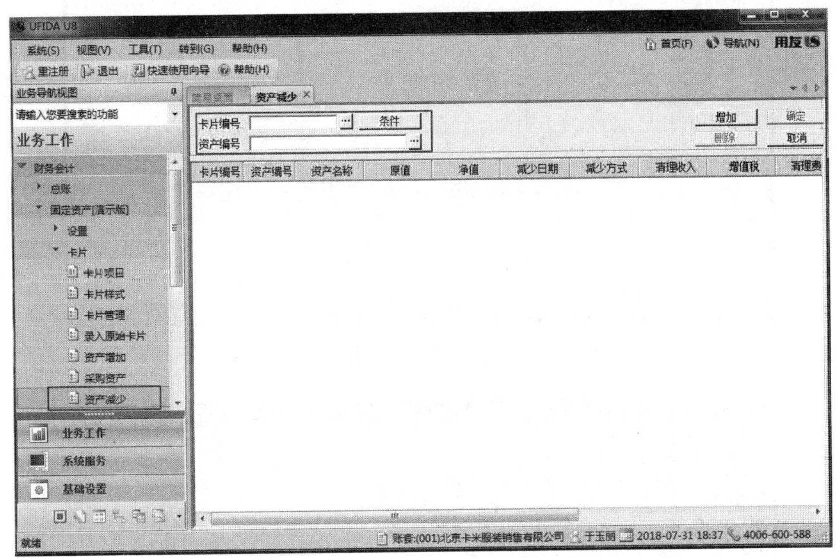

图 9-85 “固定资产—固定资产卡片减少”对话框

第三节 期末业务处理

一、固定资产月末业务处理

在固定资产系统中，期末业务处理的工作主要包括计提折旧、制单处理、对账和结账的处理工作。

1. 计提折旧

（1）固定资产折旧

固定资产折旧是在使用过程中逐渐损耗而转移到商品或费用中去的那部分价值，也是企业在生产经营过程中由于使用固定资产而在其使用年限内分摊的固定资产耗费。在电算化操作过程中固定资产的折旧处理是固定资产模块期末处理的重要环节。

（2）案例实操演练—计提折旧

业务 8：月末企业按平均年限法计提固定资产折旧。

操作步骤：以会计“02 于玉丽”的身份，登录【U8 企业应用平台】，单击业务导航视图中的【业务工作】—【财务会计】—【固定资产】—【处理】—【计提折旧】选项，进入查看折旧清单对话框计提折旧，如图 9-86、图 9-87、图 9-88、图 9-89 所示。

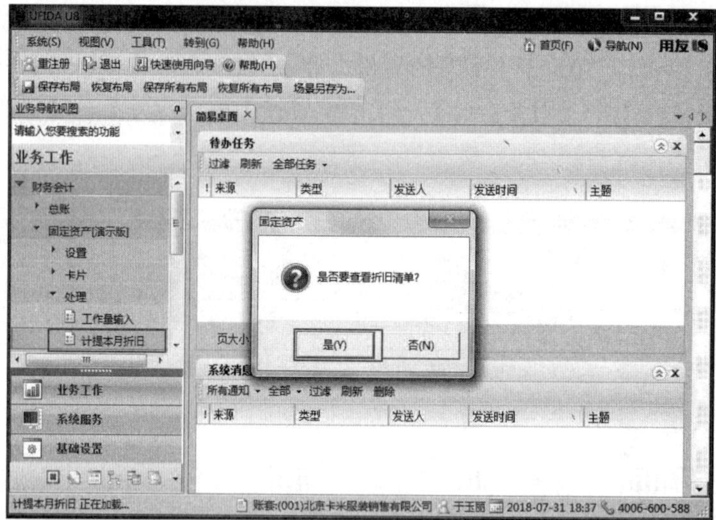

图 9-86 “固定资产—折旧清单”对话框

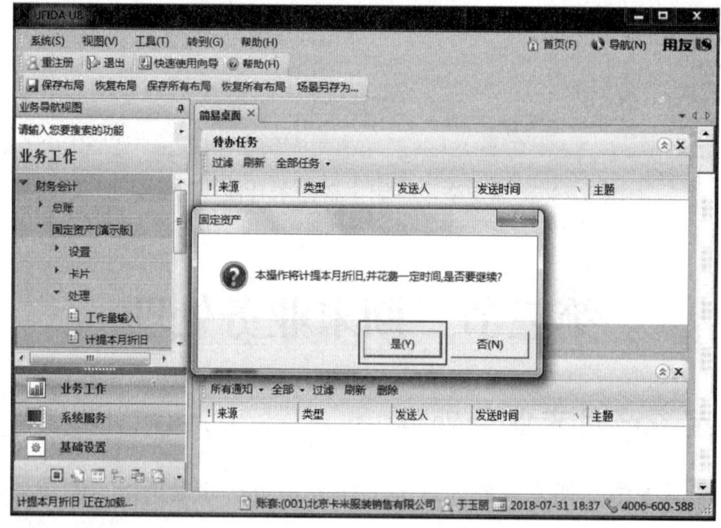

图 9-87 “固定资产—计提折旧”对话框

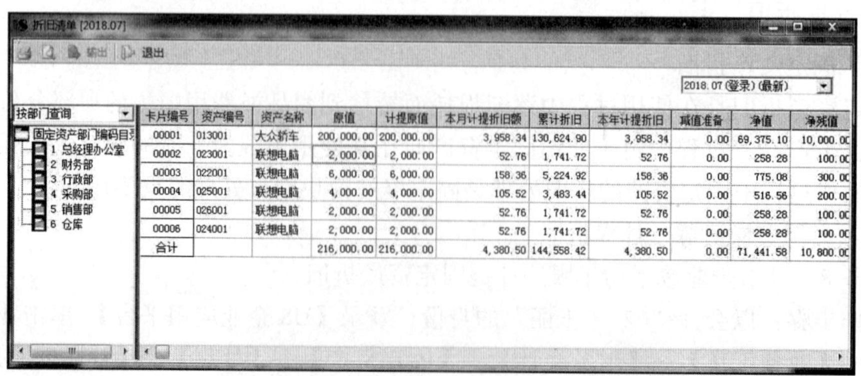

卡片编号	资产编号	资产名称	原值	计提原值	本月计提折旧额	累计折旧	本年计提折旧	减值准备	净值	净残值
00001	013001	大众轿车	200,000.00	200,000.00	3,958.34	130,624.90	3,958.34	0.00	69,375.10	10,000.0
00002	023001	联想电脑	2,000.00	2,000.00	52.76	1,741.72	52.76	0.00	258.28	100.0
00003	022001	联想电脑	6,000.00	6,000.00	158.36	5,224.92	158.36	0.00	775.08	300.0
00004	025001	联想电脑	4,000.00	4,000.00	105.52	3,483.44	105.52	0.00	516.56	200.0
00005	026001	联想电脑	2,000.00	2,000.00	52.76	1,741.72	52.76	0.00	258.28	100.0
00006	024001	联想电脑	2,000.00	2,000.00	52.76	1,741.72	52.76	0.00	258.28	100.0
合计			216,000.00	216,000.00	4,380.50	144,558.42	4,380.50	0.00	71,441.58	10,800.0

图 9-88 “固定资产—折旧清单”对话框

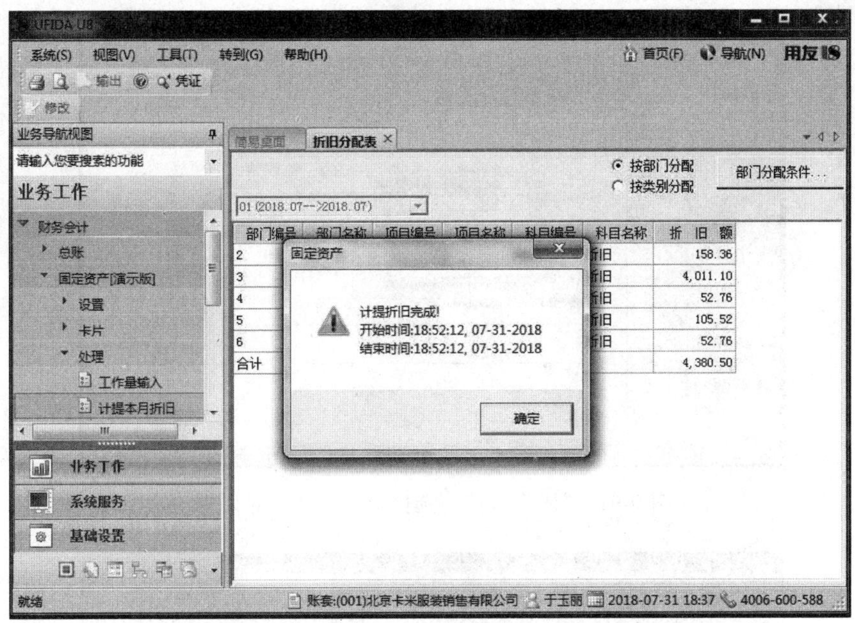

图 9-89 “固定资产—折旧计提完成”对话框

2. 制单处理

(1)制单操作

操作步骤：在“折旧分配表”对话框，单击工具栏中的【凭证】按钮，生成记账凭证，完善凭证信息，如图 9-90、图 9-91、图 9-92、图 9-93 所示。

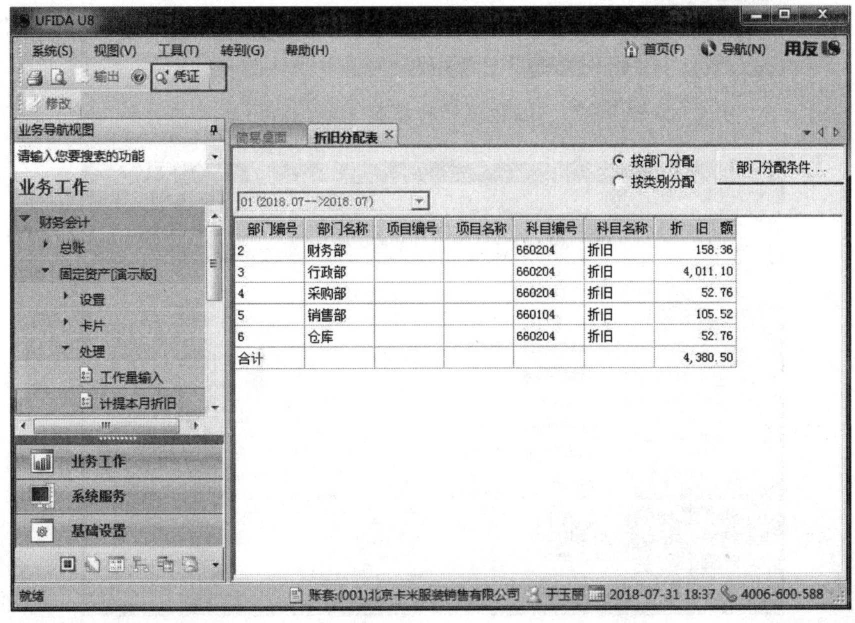

图 9-90 “固定资产—生成凭证”对话框

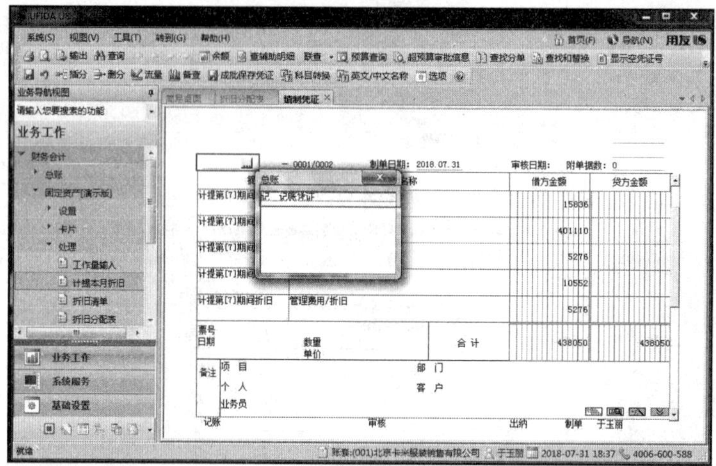

图 9-91 “固定资产—选择记账凭证”对话框

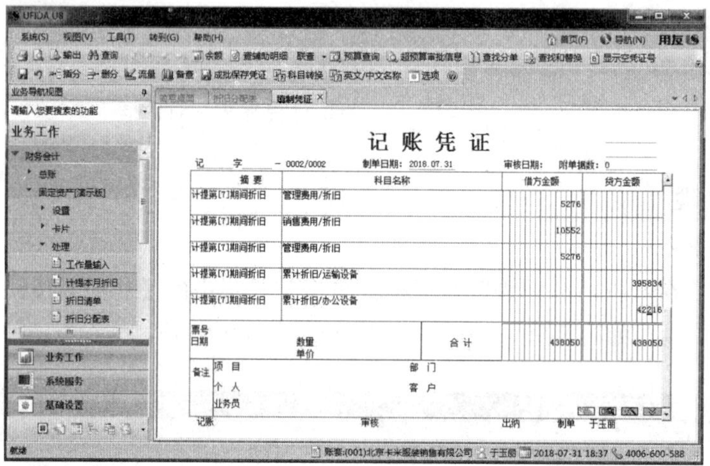

图 9-92 “固定资产—填制凭证”对话框

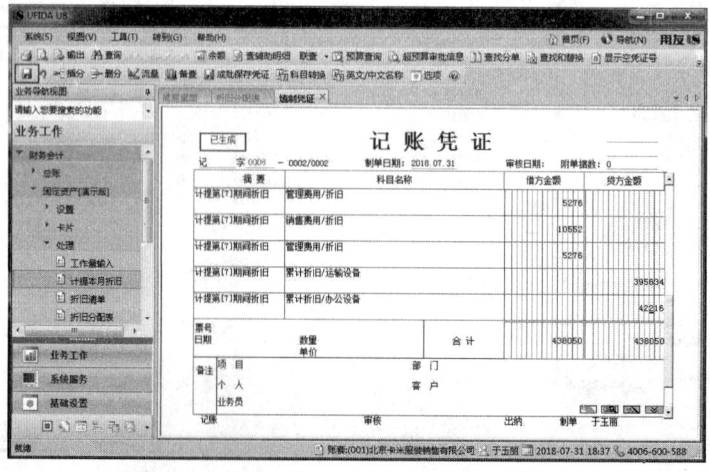

图 9-93 “固定资产—生成凭证”对话框

（2）批量制单

操作步骤：以操作员“02 于玉丽”的身份，登录【U8 企业应用平台】，单击业务导航视图中的【业务工作】—【财务会计】—【固定资产】—【处理】—【批量制单】选项，选择折旧计提，单击【确定】按钮，进入批量制单对话框，单击工具栏中的【制单】按钮，填入详细信息生成记账凭证，如图 9-94、图 9-95 所示。

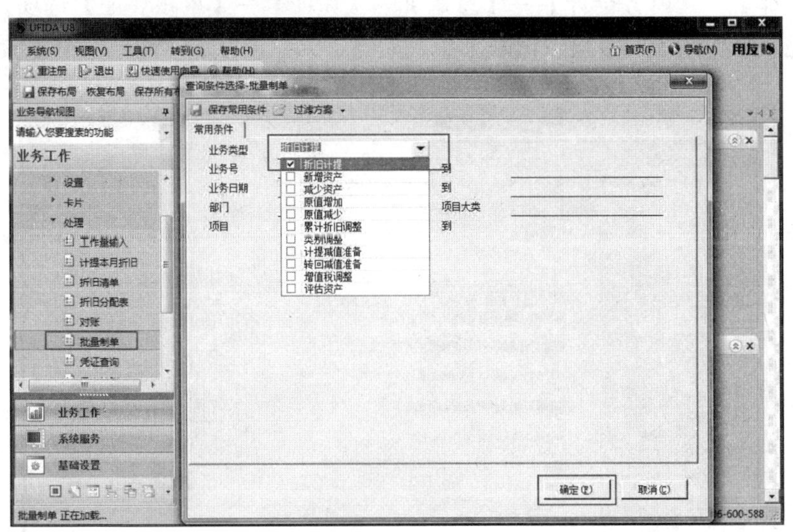

图 9-94 “固定资产—批量制单”对话框

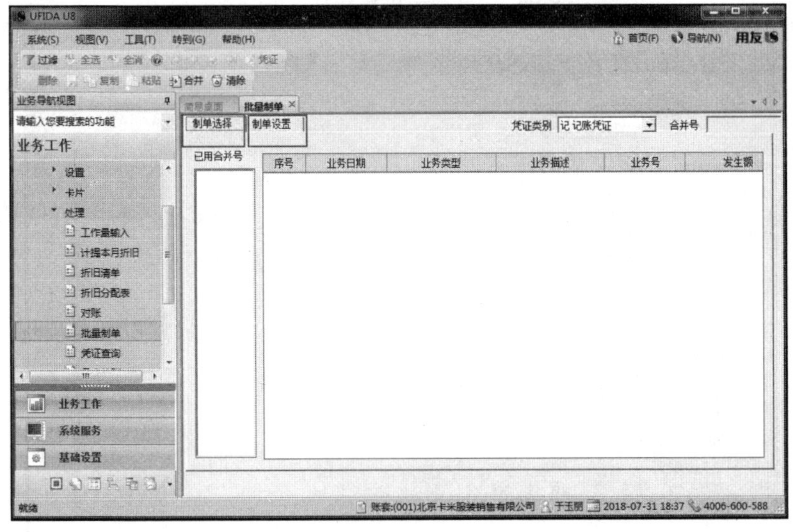

图 9-95 “固定资产—制单设置”对话框

3. 对账和结账

（1）对账和结账

固定资产系统对账是将固定资产账套原值和总账账套原值核对，将固定资产系统账套累计折旧和总账系统账套累计折旧核对，因此固定资产系统计提折旧生成的记账凭证需要总账系统审核和记账。

（2）案例实操演练—固定资产对账和结账

操作步骤：

①以账套主管“01 杨萍”的身份，登录【U8 企业应用平台】，单击业务导航视图中的【业务工作】—【财务会计】—【总账】—【凭证】—【审核凭证】选项，在审核凭证对话框完成总账系统的审核与记账工作，如图 9-96、图 9-97 所示。

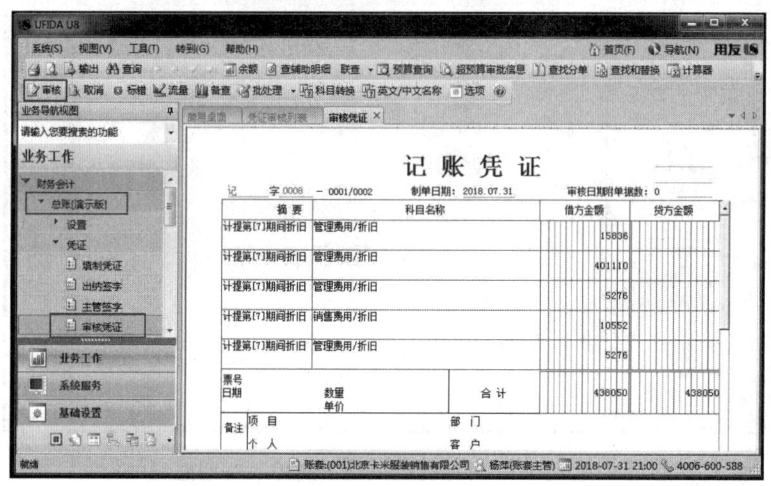

图 9-96 “总账—审核凭证”对话框

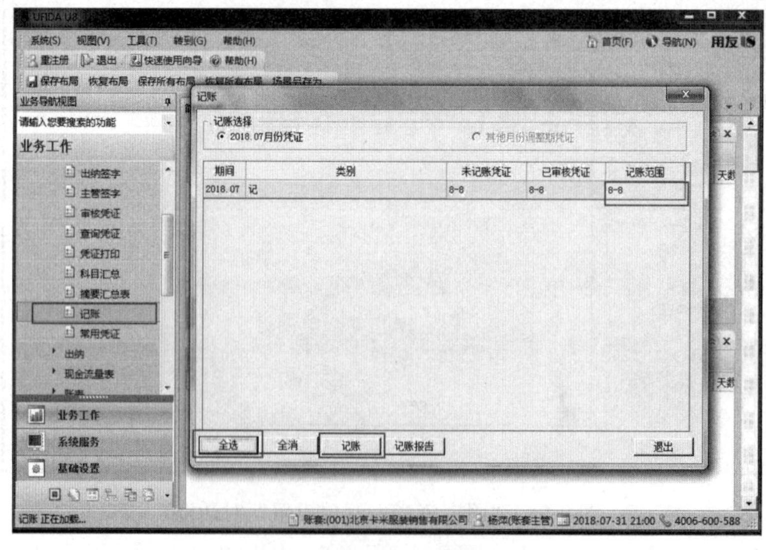

图 9-97 “总账—记账”对话框

②以账套主管“01 杨萍”的身份，登录【U8 企业应用平台】，单击业务导航视图中的【业务工作】—【财务会计】—【固定资产】—【处理】—【对账】选项，出现与账

务对账结果核对对话框，如图 9-98 所示。

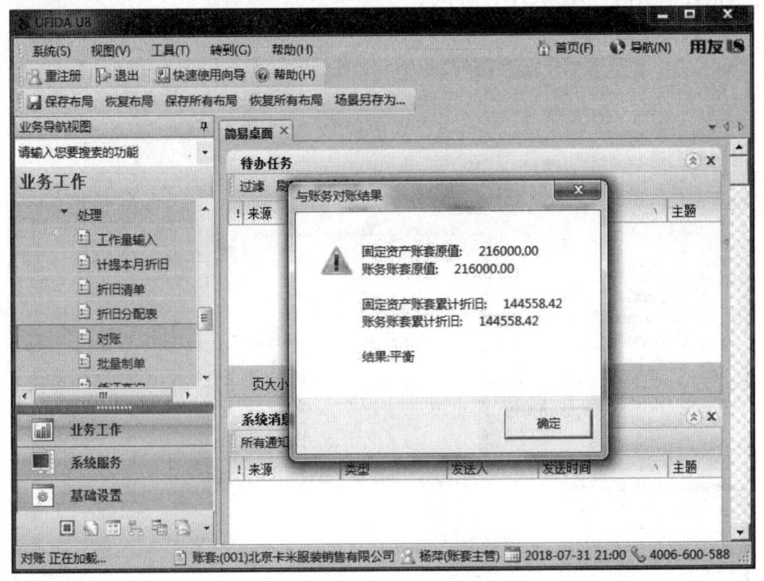

图 9-98 “固定资产—对账”对话框

③固定资产系统结账

本月固定资产业务处理完毕，月末进行结账处理。

操作步骤：以账套主管“01 杨萍”的身份登录【U8 企业应用平台】，单击业务导航视图中的【业务工作】—【财务会计】—【固定资产】—【处理】—【月末结账】选项，打开月末结账对话框，单击【开始结账】按钮，如图 9-99 所示。

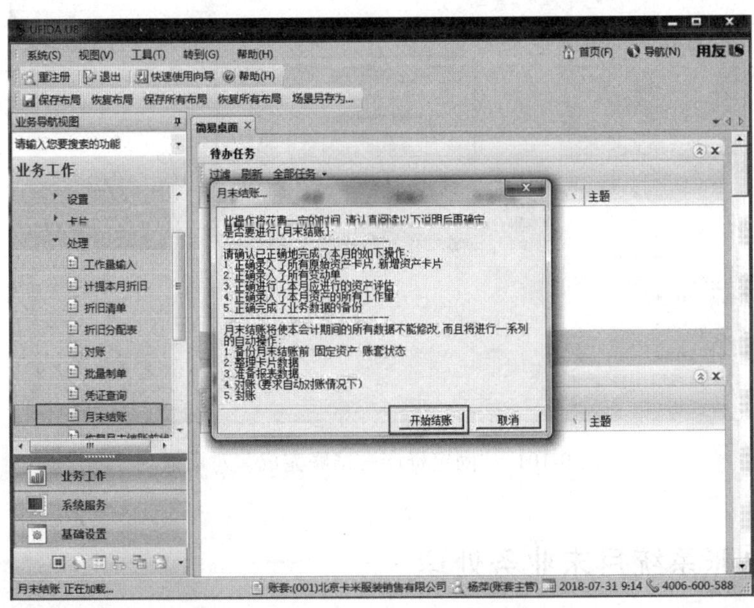

图 9-99 “固定资产—月末结账”对话框

在月末结账界面，出现与总账账套对账平衡时，单击【确定】按钮，出现月末结账完成对话框，如图9-100、图9-101所示。

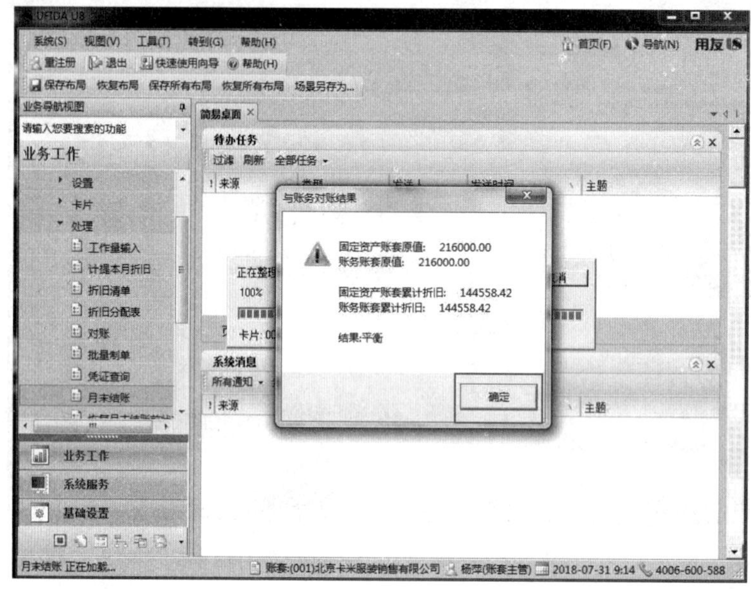

图9-100 “固定资产—结账—对账平衡”对话框

图9-101 “固定资产—结账完成”对话框

二、总账系统月末业务处理

在电算化方式下的期末会计业务主要包括生成期末自动转账凭证、进行对账以及结账等。在计算机环境下，由于各会计期间的许多期末业务具有较强的规律性，且方法很少改变，由计算机来处理这些业务，不但可以减少会计人员的工作量，也可以加强财务核算的规范性。

1. 总账月末计提业务

（1）每月月末税、费计提业务

对于每月固定发生的计提业务，如固定资产计提折旧、无形资产摊销、水电费计提、工资计提以及以工资为基数计提的福利费、教育经费、工会经费等，做到不漏提也不多提；对存在需要摊销的费用如开办费、材料成本差异等每月摊销的费用，及时做好摊销分配凭证。

为了核算企业应交增值税的发生、抵扣、进项转出、计提、交纳、退还等情况，在“应交税费”科目下设置“应交增值税”和“未交增值税”两个明细科日。

月度终了自“应交税费——应交增值税”明细科目转入的未交增值税额，下月缴纳。

税金及附加核算企业经营活动发生的消费税、城市维护建设税、资源税、教育费附加及房产税、土地使用税、车船税、印花税等相关税费，月末需要计提本月发生的税金及附加，下月缴纳。

（2）案例实操演练—月末计提业务

①月末计提工资薪酬。

业务 9：月末计提当月职工薪酬。

操作步骤：以会计“02 于玉丽”的身份登录【U8 企业应用平台】，单击业务导航视图中的【业务工作】—【财务会计】—【总账】—【凭证】—【填制凭证】选项，在填制凭证界面，逐项填列各项内容，填制完成单击工具栏中的【保存】按钮，如图 9-102 所示。（本实训案例未启用薪酬管理模块，在实际处理中，也可在薪酬管理系统完成。）

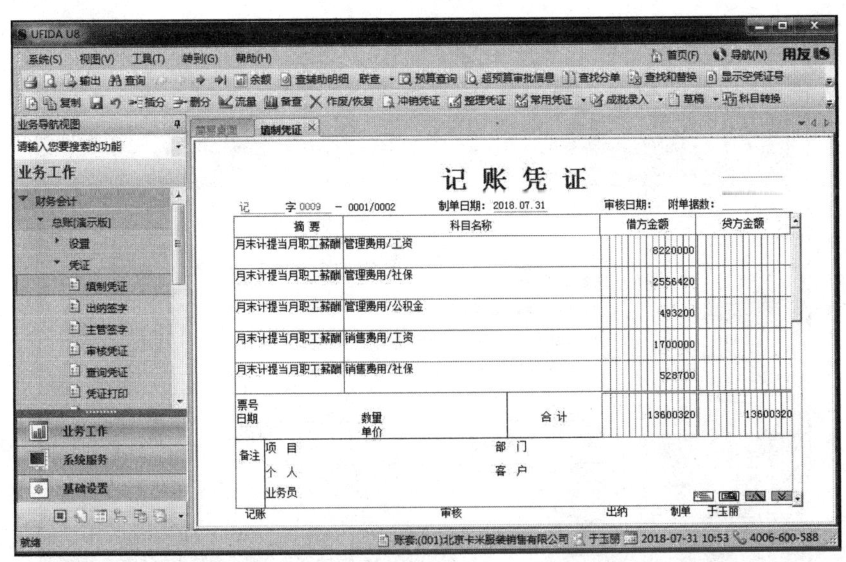

图 9-102 “总账—月末计提工资、福利费”对话框

②月末结转增值税。

业务 10：结转当月应交增值税。

操作步骤：以会计“02 于玉丽”的身份登录【U8 企业应用平台】，单击业务导航视图中的【业务工作】—【财务会计】—【总账】—【凭证】—【填制凭证】选项，在填制凭证界面，逐项填列各项内容，填制完成单击工具栏中的【保存】按钮，如图 9-103 所示。

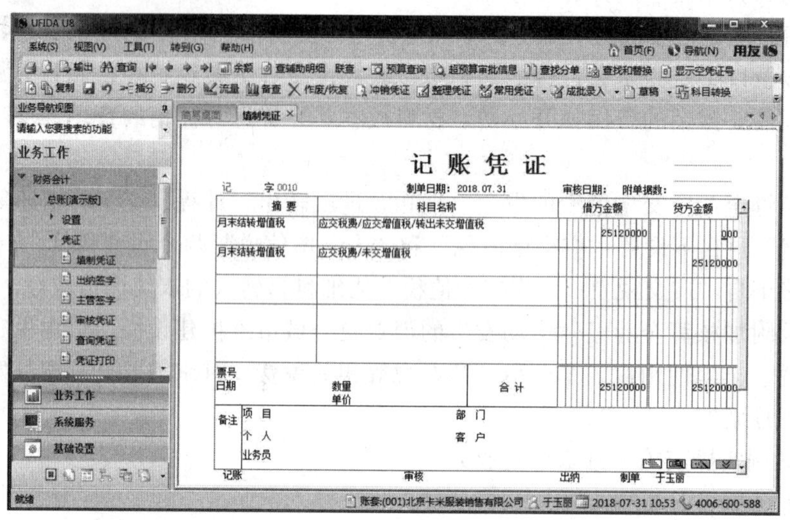

图 9-103 “固定资产—结转增值税”对话框

③月末计提税金及附加。

业务 11：月末计提税金及附加

操作步骤：以会计“02 于玉丽”的身份登录【U8 企业应用平台】，单击业务导航视图中的【业务工作】—【财务会计】—【总账】—【凭证】—【填制凭证】选项，在填制凭证界面，逐项填列各项内容，填制完成单击工具栏中的【保存】按钮，如图 9-104 所示。

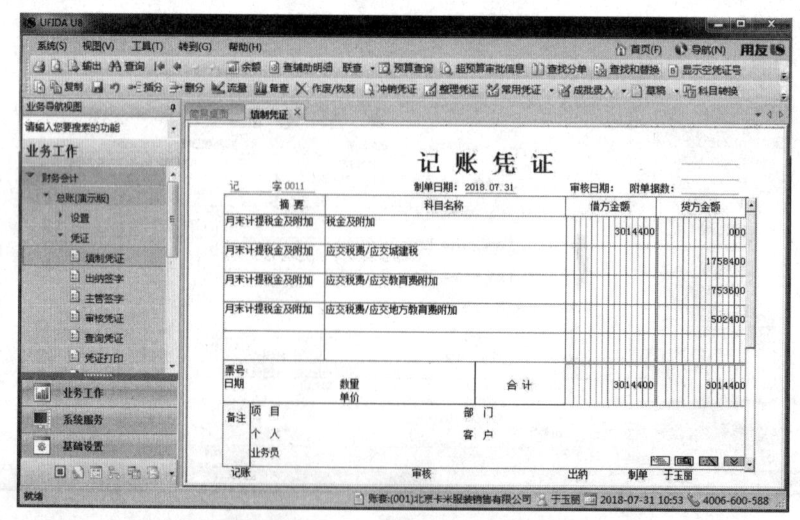

图 9-104 “固定资产—计提税金及附加”对话框

2. 总账月末结转业务

（1）期末转账定义和转账生成

总账的期末结转业务包括结转损益类会计科目，若在季末还需要计提所得税，在年末，如有净利润还需要按规定计提法定盈余公积、任意盈余公积金及利润分配等。

本账套是 7 月份的账，所以期末只结转损益类会计科目。

（2）案例实操演练—总账系统月末业务

业务 12：完成期末结转业务。

操作步骤：以账套主管“01 杨萍”的身份，登录【U8 企业应用平台】，单击业务导航视图中的【业务工作】—【财务会计】—【总账】—【凭证】—【审核凭证】选项，将所有子系统和总账系统生成的凭证进行审核，如图 9-105 所示。（以同样的方式完成出纳签字）

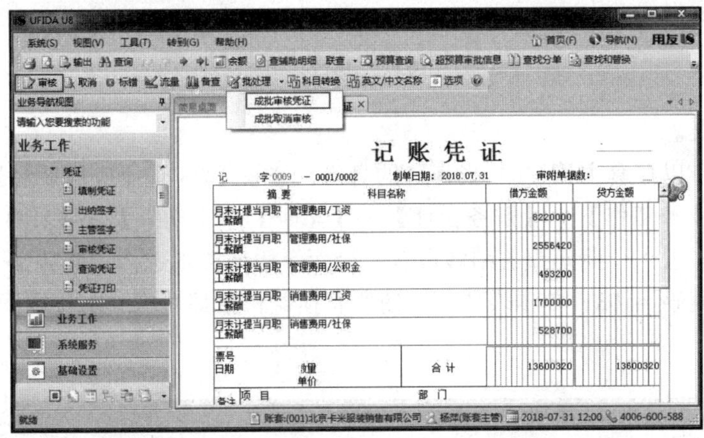

图 9-105 “总账—审核凭证”对话框

以账套主管“01 杨萍”的身份登录【U8 企业应用平台】，单击业务导航视图中的【业务工作】—【财务会计】—【总账】—【凭证】—【记账】选项，将所有已审核的凭证记账，如图 9-106、图 9-107 所示。

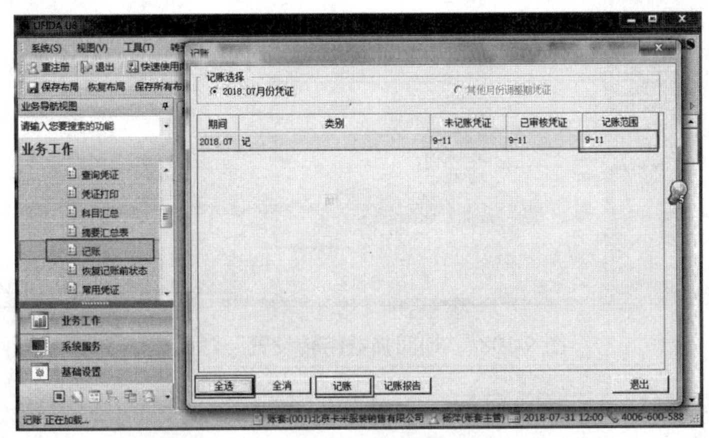

图 9-106 “总账—记账范围选择”对话框

图 9-107 “总账—记账完毕”对话框

①转账定义。

操作步骤：以账套主管“01 杨萍”的身份，登录【U8 企业应用平台】，单击业务导航视图中的【业务工作】—【财务会计】—【总账】—【期末】—【转账定义】—【期间损益】选项，进入“期间损益结转设置”界面，凭证类别选择记账凭证，“本年利润”科目选择科目编码 4103，单击表体行，使所有损益科目都对应“本年利润”科目，如图 9-108 所示。

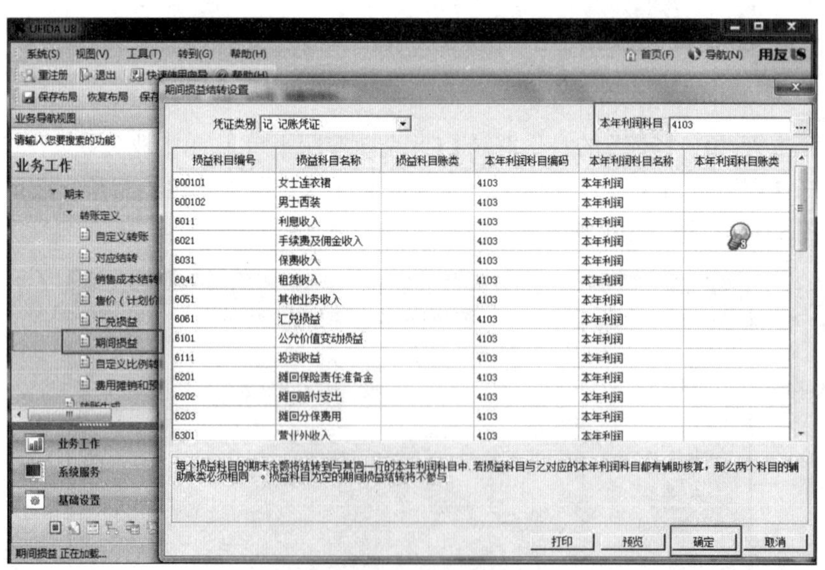

图 9-108 “期间损益结转设置”对话框

②转账生成。

操作步骤：以会计“02 于玉丽”的身份登录【U8 企业应用平台】，单击业务导航视图中的【业务工作】—【财务会计】—【总账】—【期末】—【转账生成】选项，进入“转账生成”界面，选择“期间损益结转”，类型选择“收入”，单击【全选】按钮，单击【确定】按钮，如图 9-109 所示。

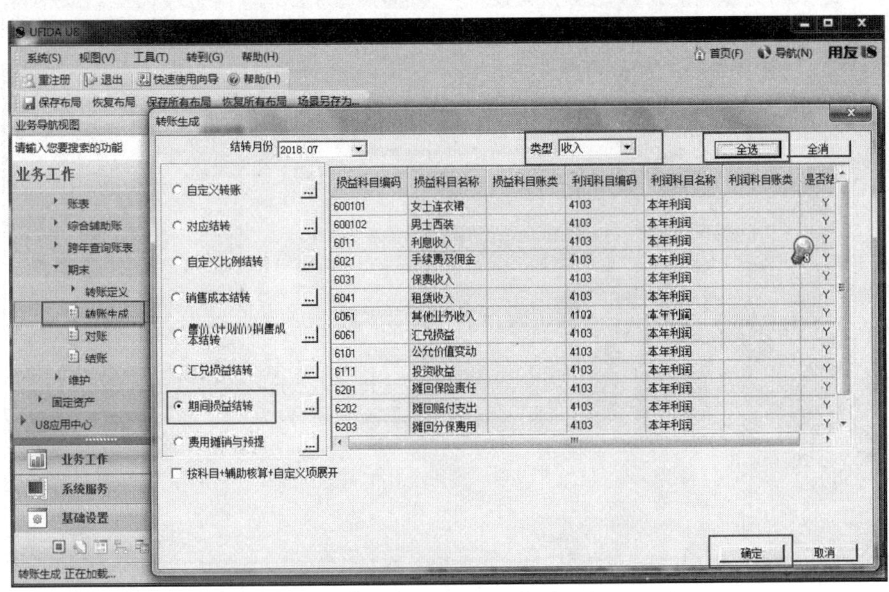

图 9-109 “期间损益—收入转账生成”对话框

自动转账生成的收入类科目结转凭证，如图 9-110 所示，单击工具栏中的【保存】按钮，完成凭证的填制工作。

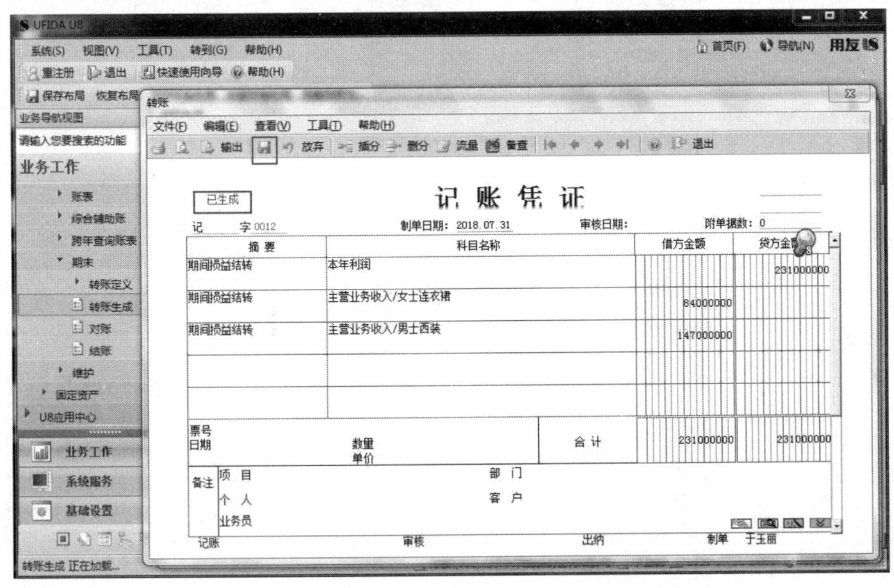

图 9-110 “总账—生成收入类凭证”对话框

再次进入“转账生成”界面，选择“期间损益结转”，类型选择“支出”，跳出有未记账凭证，单击【是】按钮，如图 9-111 所示。

图 9-111 “期间损益—支出类转账生成”对话框

自动转账生成的支出类科目结转凭证，如图 9-112 所示，单击工具栏中的【保存】按钮，完成凭证的填制工作。

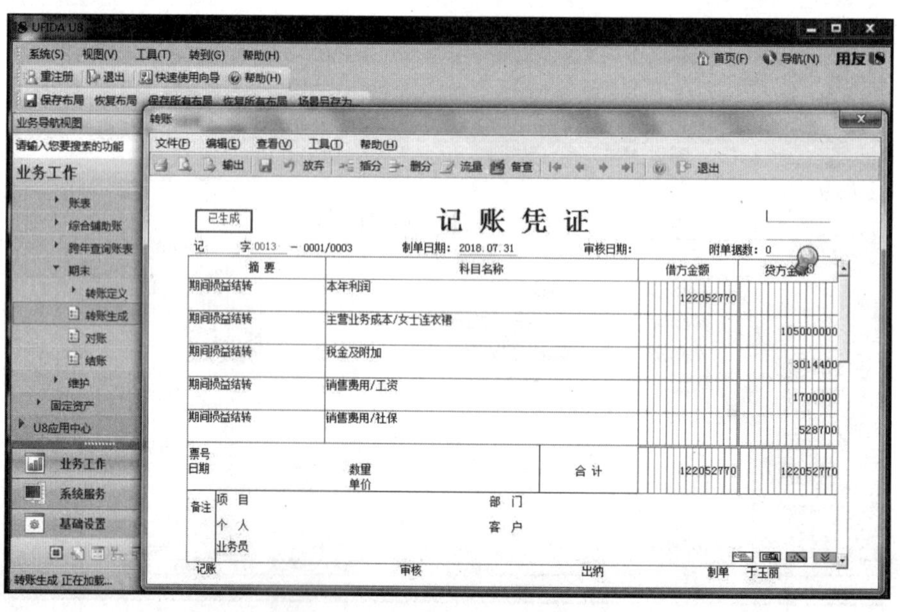

图 9-112 “总账—生成支出类凭证”对话框

③审核记账。

操作步骤：以账套主管“01 杨萍”的身份登录【U8 企业应用平台】，单击业务导航视图中的【业务工作】—【财务会计】—【总账】—【凭证】—【审核凭证】选项，完成凭证审核及记账工作，如图 9-113、图 9-114、图 9-115 所示。

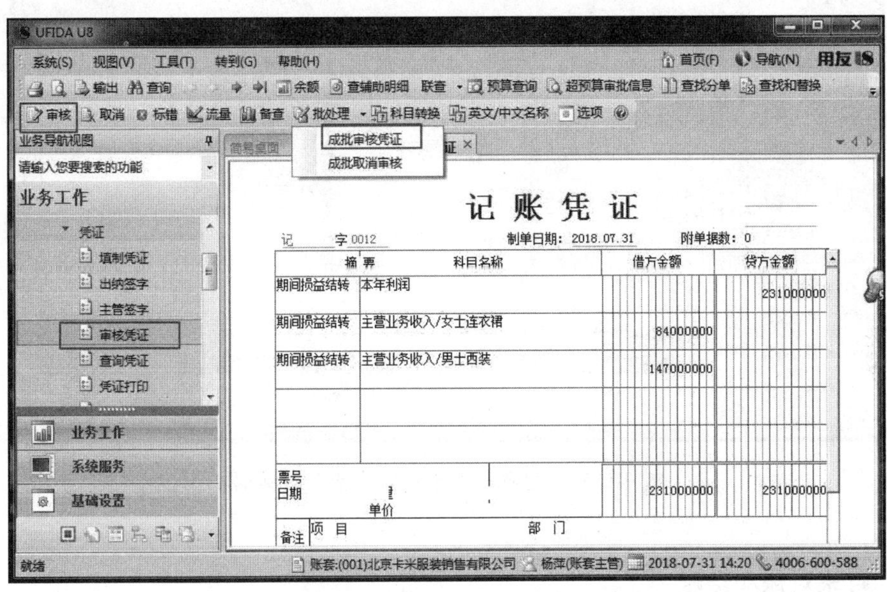

图 9-113 “总账—期末审核凭证”对话框

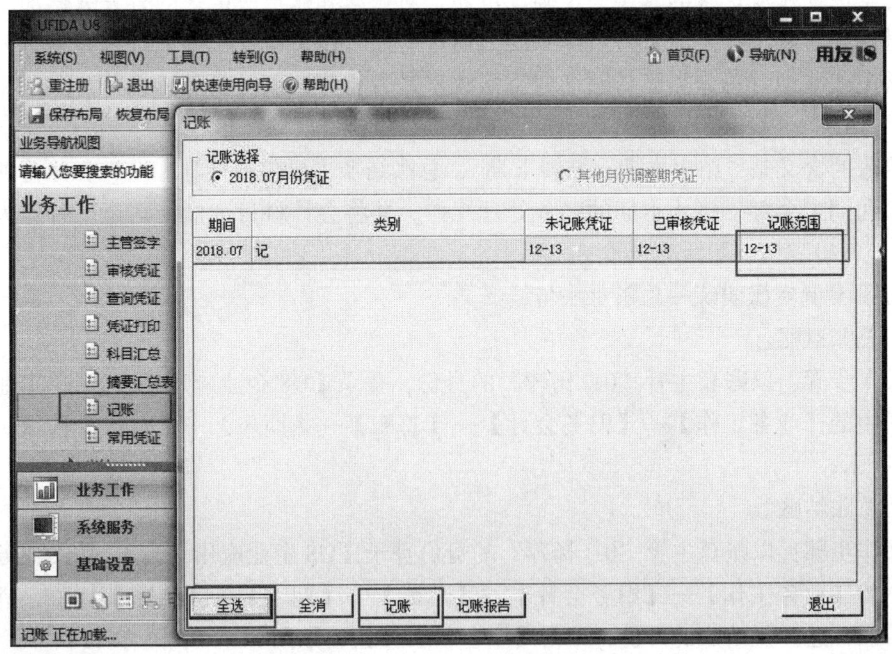

图 9-114 “总账—期末记账”对话框

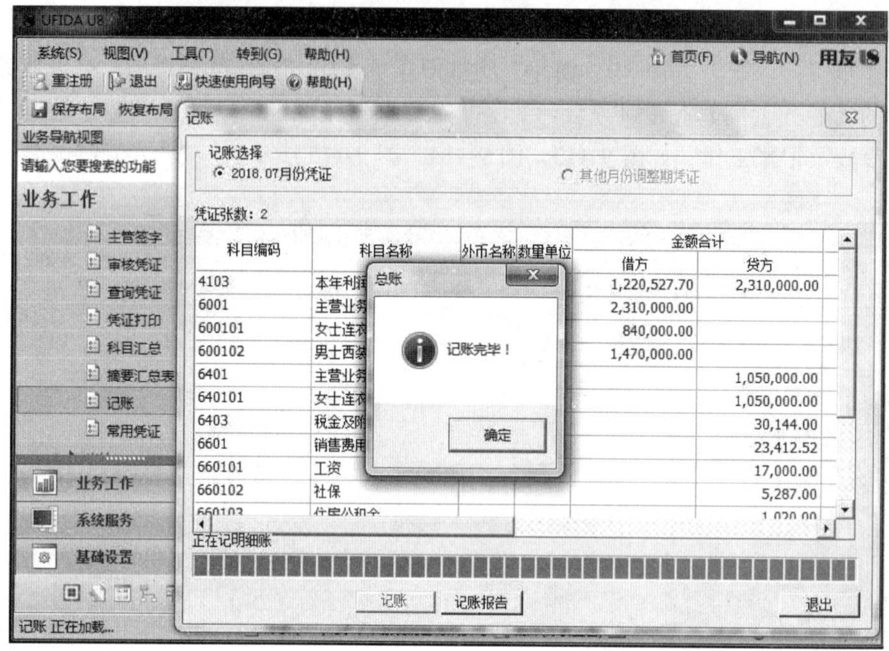

图 9-115 “总账—期末记账完毕”对话框

3. 月末对账和结账

（1）对账和结账

为了保证账簿记录的真实、正确、可靠，对账簿和账户所记录的有关数据加以检查和核对就是对账工作。应坚持对账制度，通过对账工作，检查账簿记录内容是否完整，有无错记或漏记，总分类账与明细分类账数字是否相等，以做到账证相符、账账相符、账实相符。

结账的含义是“结束本期，结转下期”，总账结账主要包括计算和结转各账簿的本期发生额和期末余额，终止本期的账务处理工作，并将会计科目余额结转至下月作为月初余额。

（2）案例实操演练—总账对账与结账

①总账对账。

操作步骤：以账套主管“01 杨萍”的身份，登录【U8 企业应用平台】，单击业务导航视图中的【业务工作】—【财务会计】—【总账】—【期末】—【对账】选项，如图 9-116 所示。

②总账结账。

操作步骤：以账套主管“01 杨萍”的身份登录【U8 企业应用平台】，单击业务导航视图中的【业务工作】—【财务会计】—【总账】—【期末】—【结账】选项，进入结账对话框，选择要结账的月份，单击【下一步】按钮，如图 9-117、图 9-118、图 9-119 所示。

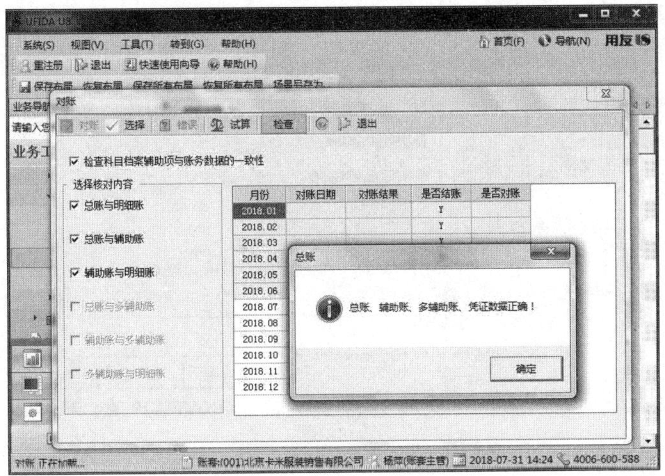

图 9-116 “总账—对账”对话框

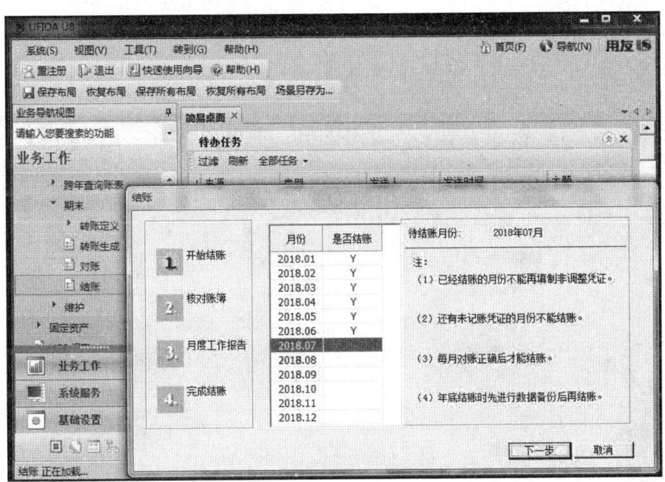

图 9-117 “总账—开始结账”对话框

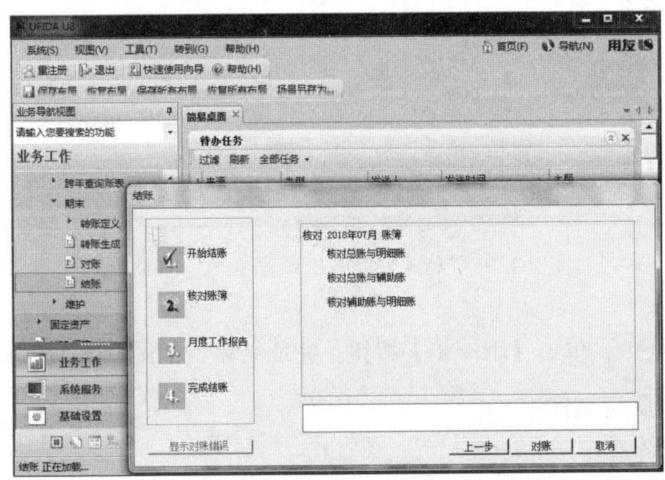

图 9-118 “总账—核对账簿”对话框

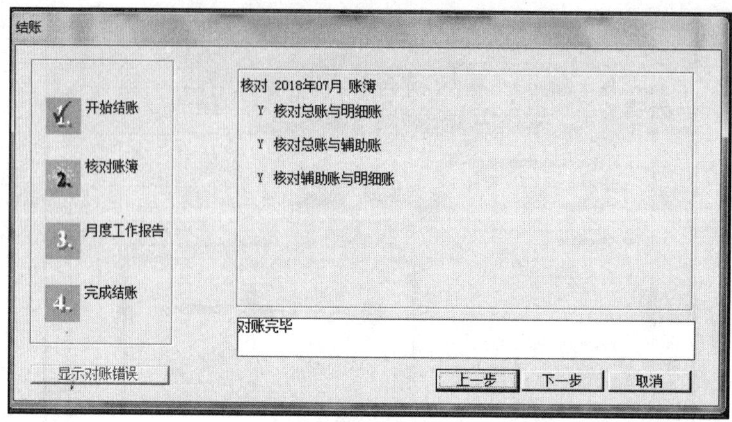

图 9-119 “总账—对账完毕”对话框

逐项检查本月影响结账的项目，主要看损益类科目是否结转和其他子系统是否全部结账完毕，如图 9-120 所示。

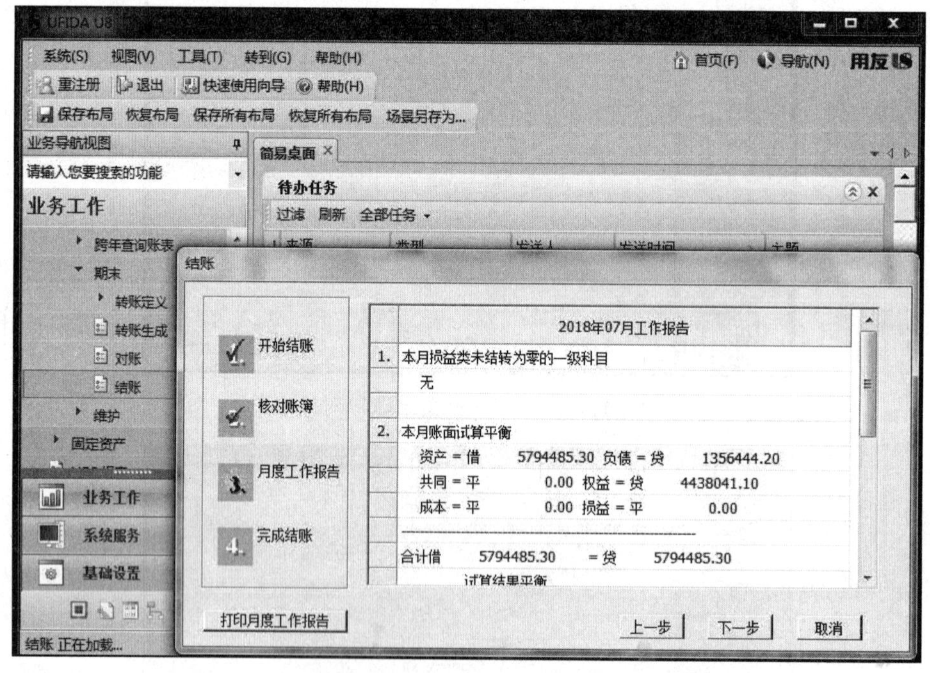

图 9-120 “总账—结账中试算平衡”对话框

在结账对话框中，单击【下一步】按钮，完成结账，如图 9-121 所示。

4. 反记账和反记结账

（1）反记账

操作步骤：以账套主管“01 杨萍”的身份登录【U8 企业应用平台】，单击业务导航视图中的【业务工作】—【财务会计】—【总账】—【期末】—【对账】选项，进入对账对话框，选择反记账的月份，同时按下“CTRL+H”键，弹出“恢复记账前状态功能已被激活”对话框，单击【确定】按钮，如图 9-122、图 9-123 所示。

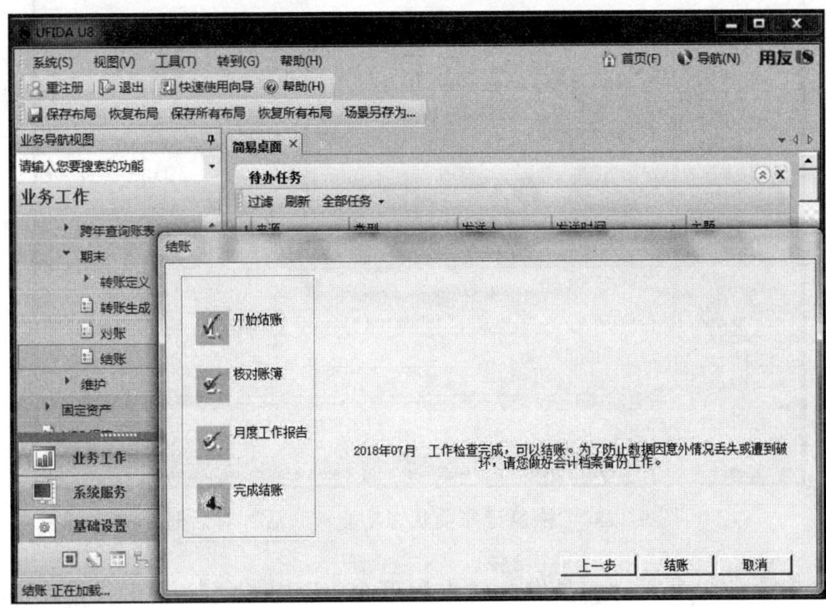

图 9-121“总账—完成结账”对话框

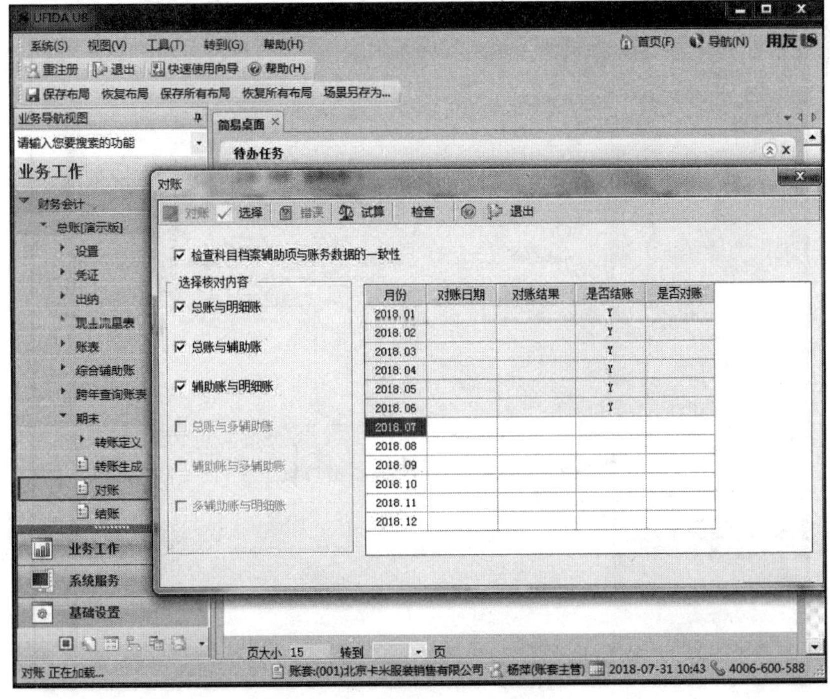

图 9-122 “期末对账”对话框

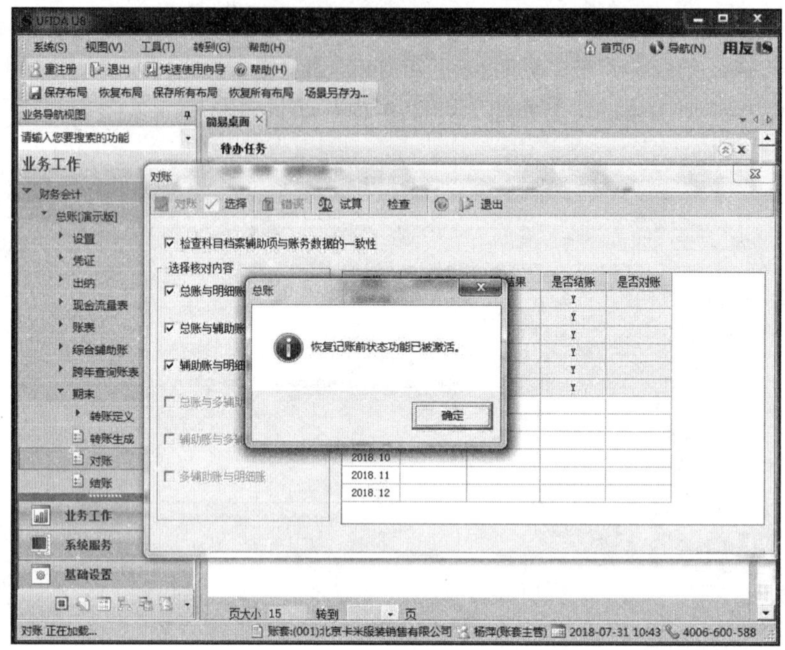

图 9-123 “恢复记账前状态功能被激活”对话框

以账套主管“01 杨萍”的身份，登录【U8 企业应用平台】，单击业务导航视图中的【业务工作】—【财务会计】—【总账】—【凭证】—【恢复记账前状态】选项，进入反记账界面，如图 9-124 所示。

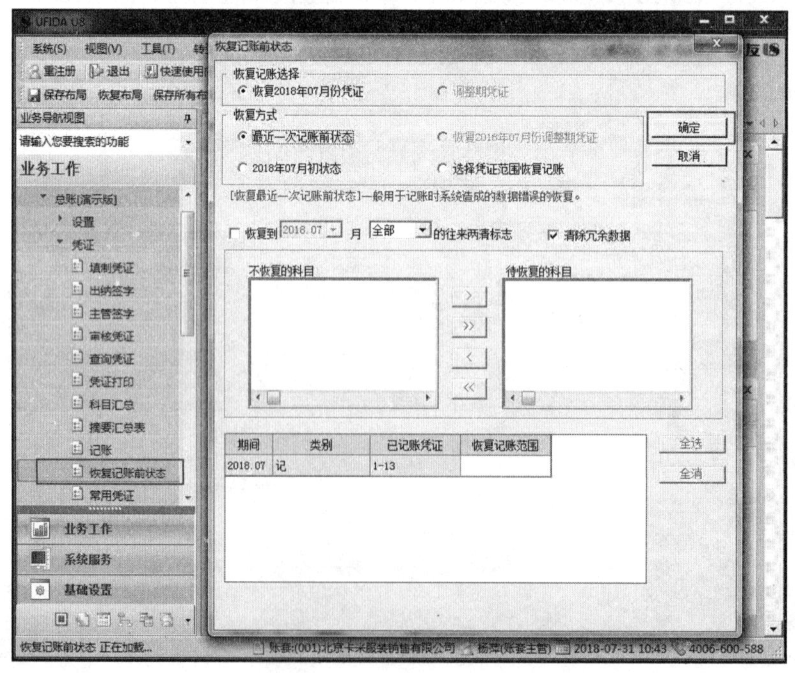

图 9-124 “恢复记账前状态”对话框

选择“2018 年 7 月初状态”，则是将 7 月份已记账的凭证全部反记账。输入账套主管口令，单击【确定】按钮，反记账完毕，如图 9-125、图 9-126 所示。

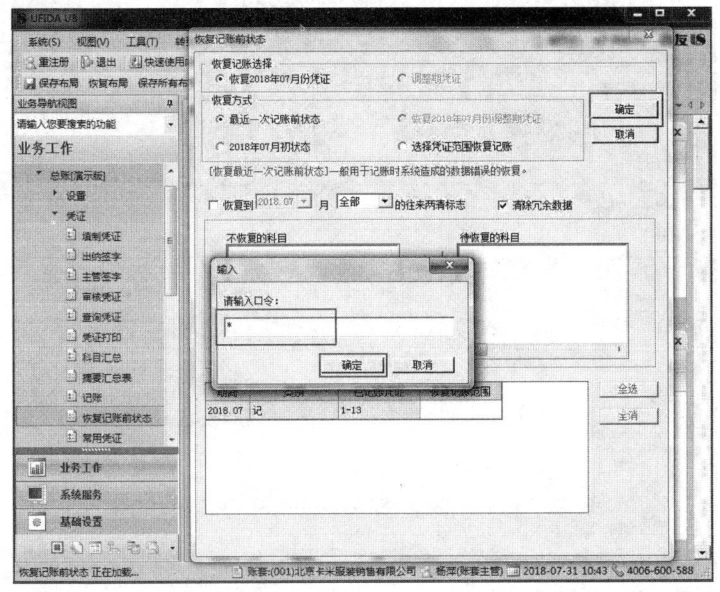

图 9-125 “输入反记账操作员口令”对话框

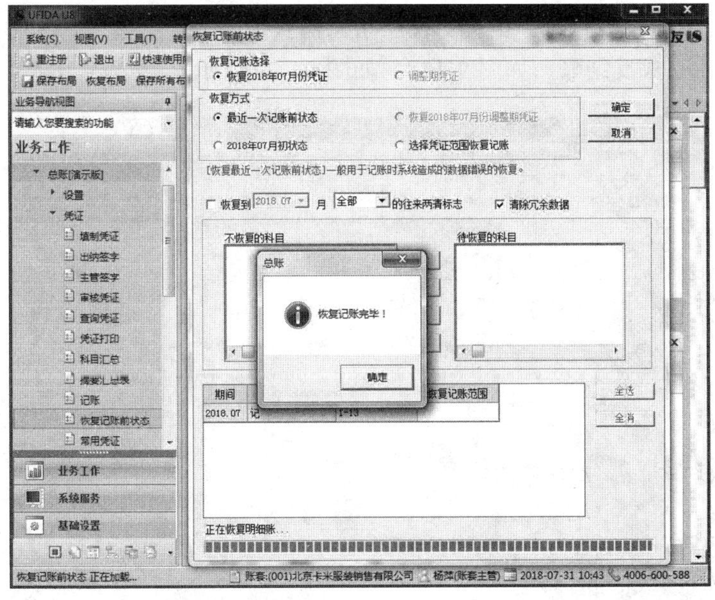

图 9-126 “反记账完毕”对话框

（2）反结账

操作步骤：以账套主管“01 杨萍”的身份登录【U8 企业应用平台】，单击业务导航视图中的【业务工作】—【财务会计】—【总账】—【期末】—【结账】选项，进入结账界面，选择月份，单击【下一步】按钮，如图 9-127 所示。

图 9-127 “期末结账”对话框

同时按住“Ctrl+Shift+F6”键，出现反结账输入密码界面。输入账套主管密码，单击【确定】按钮，完成反结账，如图 9-128、如图 9-129 所示。

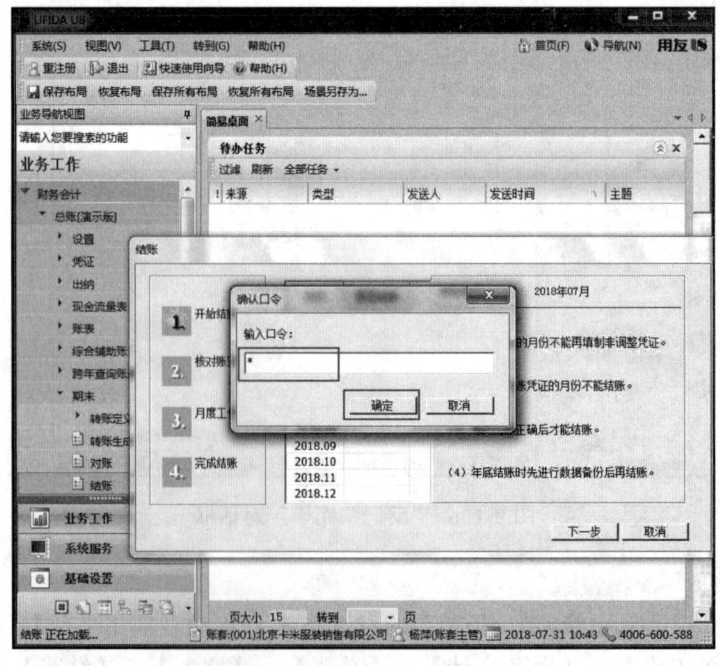

图 9-128 “输入反结账操作员口令”对话框

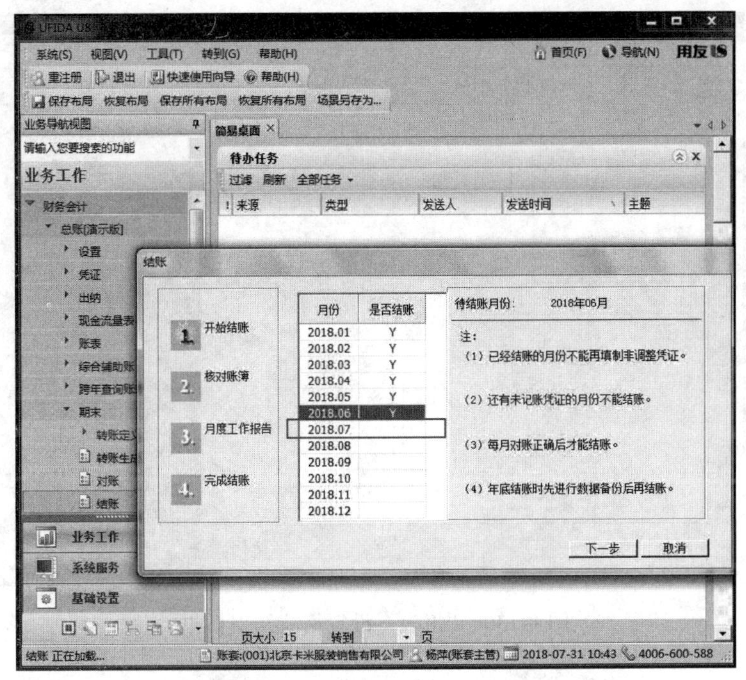

图 9-129 “反结账完毕”对话框

第四节 报 表 管 理

报表管理系统与其他系统相连，可以根据会计核算的数据生成各种内部报表、外部报表及汇总报表，并根据报表数据生成各种分析图等。

报表系统在 U8 中被称为 UFO 报表，是用友 ERP-U8 管理软件中的报表处理工具。报表系统块与用友财务管理软件等各系统有完善的接口，具有方便的自定义报表功能、数据处理功能、内置多个行业的常用会计报表模板。报表系统也可以独立运行，用于企业处理日常办公事务。

一、报表模板

1. 报表模板

报表模板主要包括设计报表的表样、单元类型、单元风格及设置单元计算公式等内容。

2. 报表模板设计

报表模板设计包括新建，设计格式，表尺寸，设置行数，行高、列宽，增加或减少行和列，行高和列宽的定义，可以通过菜单操作，也可以直接利用鼠标拖动某行或某列来调整行高和列宽，如图 9-130 所示。

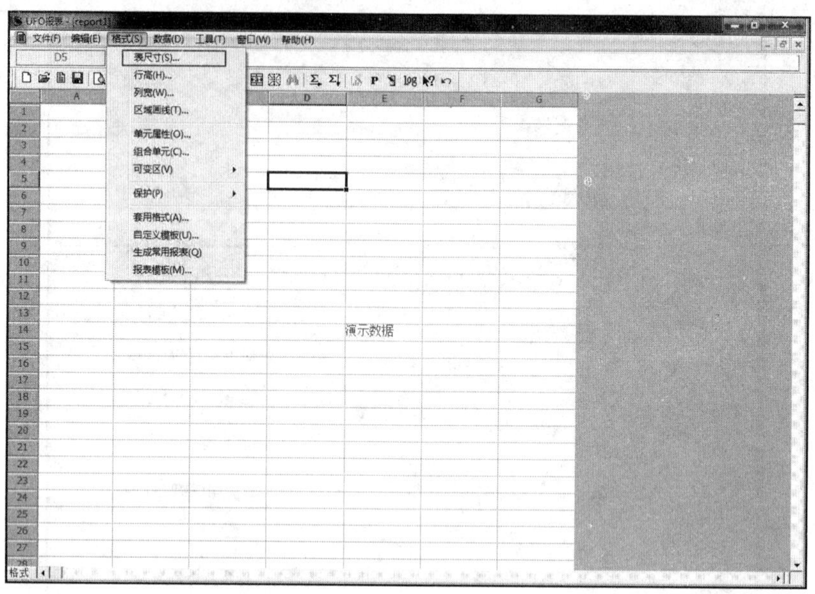

图 9-130 “报表—设置格式”对话框

二、报表生成

1. 案例实操演练—报表初始化

操作步骤：以账套主管“01 杨萍”的身份登录【U8 企业应用平台】，单击业务导航视图中的【业务工作】—【财务会计】—【UFO 报表】选项，进入“UFO 报表”界面，如图 9-131、图 9-132 所示。

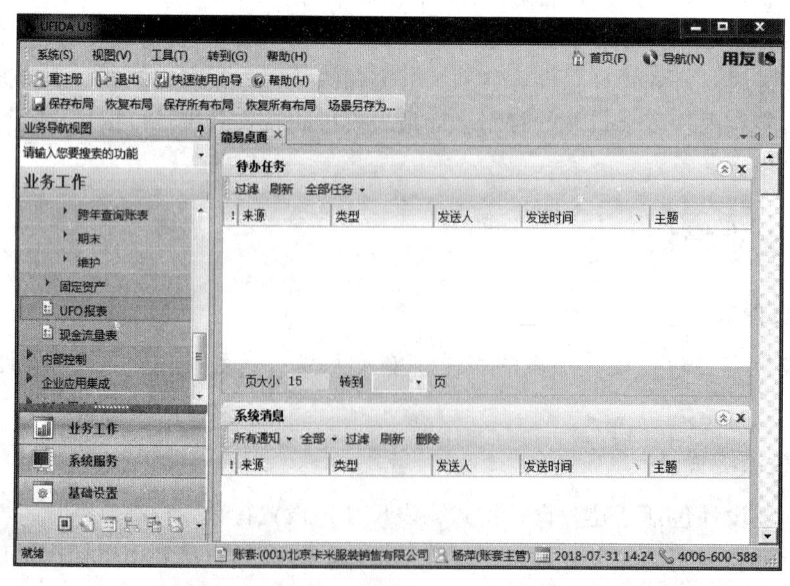

图 9-131 “报表—打开 UFO 报表”对话框

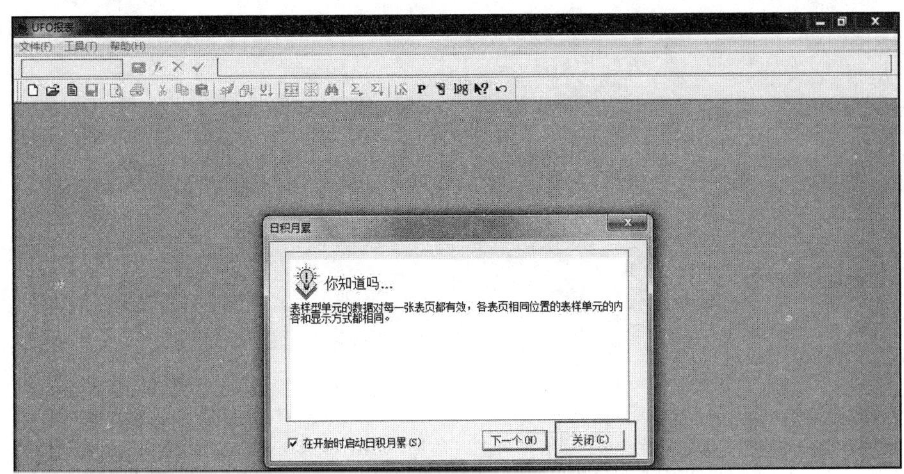

图 9-132 “报表—进入报表”对话框

单击菜单栏中的【文件】—【新建】选项，进入报表新建界面，如图 9-133 所示。

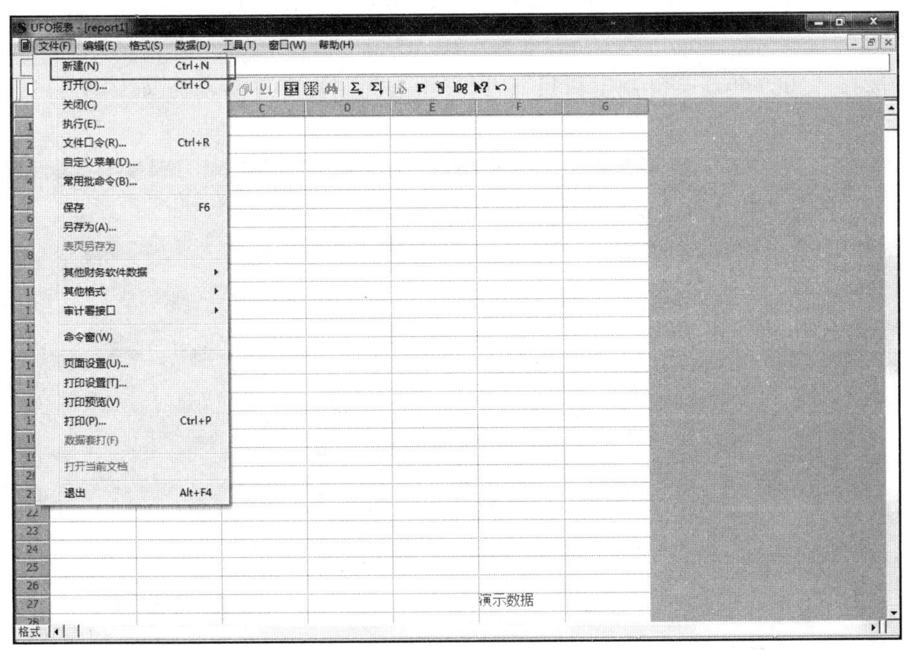

图 9-133 “报表—新建报表”对话框

2. 案例实操演练—生成资产负债表

（1）操作步骤

①以账套主管“01 杨萍”的身份登录【U8 企业应用平台】，在报表新建界面，单击菜单栏中的【格式】—【报表模板】选项，如图 9-134 所示。

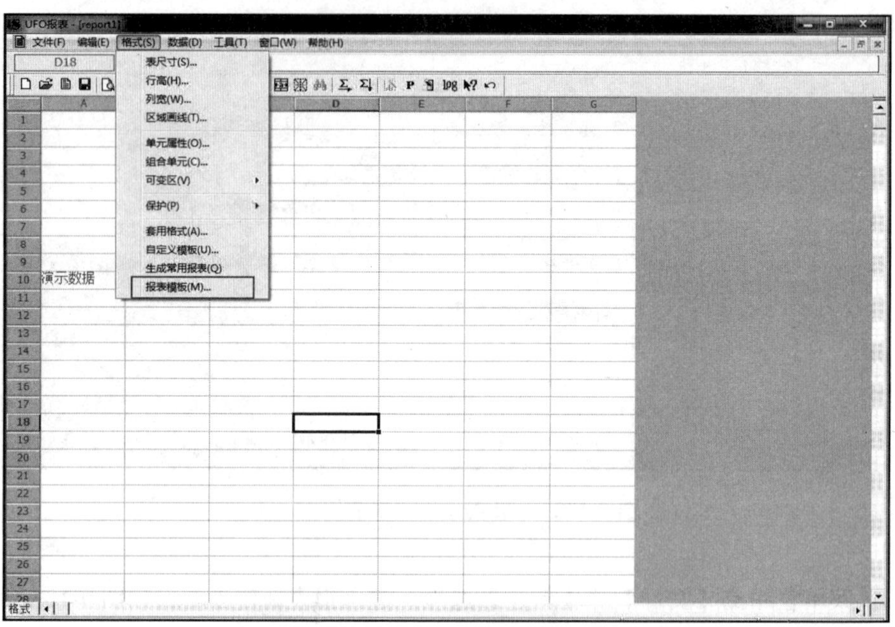

图 9-134 “报表—进入格式选择”对话框

②选择“2007 年新会计制度科目”，财务报表为“资产负债表”，如图 9-135 所示。

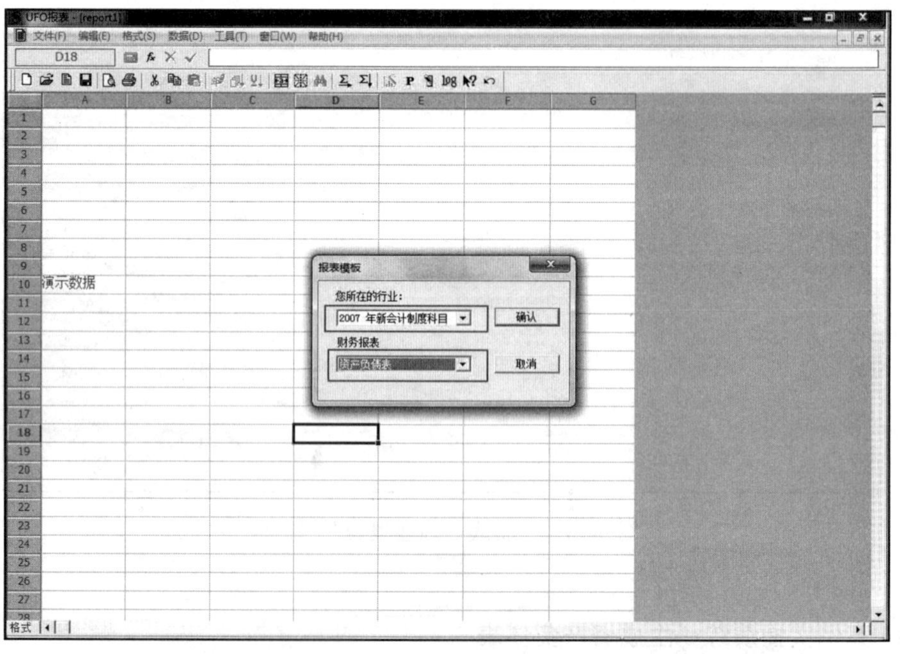

图 9-135 “报表—选择资产负债表模板”对话框

根据提示，单击【确定】按钮，进入资产负债表，如图 9-136、图 9-137 所示。

图 9-136 “报表—进入提示覆盖”对话框

资产负债表

会企01表

编制单位: xxxx 年 xx 月 xx 日 单位:元

资产	行次	期末余额	年初余额	负债和所有者权益（或股东权益）	行次	期末余额	年初余额
流动资产：				流动负债：			
货币资金	1	公式单元	公式单元	短期借款	32	公式单元	公式单元
交易性金融资产	2	公式单元	公式单元	交易性金融负债	33	公式单元	公式单元
应收票据	3	公式单元	公式单元	应付票据	34	公式单元	公式单元
应收账款	4	公式单元	公式单元	应付账款	35	公式单元	公式单元
预付款项	5	公式单元	公式单元	预收款项	36	公式单元	公式单元
应收利息	6	公式单元	公式单元	应付职工薪酬	37	公式单元	公式单元
应收股利	7	公式单元	公式单元	应交税费	38	公式单元	公式单元
其他应收款	8	公式单元	公式单元	应付利息	39	公式单元	公式单元
存货	9	公式单元	公式单元	应付股利	40	公式单元	公式单元
一年内到期的非流动资产	10			其他应付款	41	公式单元	公式单元
其他流动资产	11			一年内到期的非流动负债	42		
流动资产合计	12	公式单元	公式单元	其他流动负债	43		
非流动资产：		演示数据		流动负债合计	44	公式单元	公式单元
可供出售金融资产	13	公式单元	公式单元	非流动负债：			
持有至到期投资	14	公式单元	公式单元	长期借款	45	公式单元	公式单元
长期应收款	15	公式单元	公式单元	应付债券	46	公式单元	公式单元
长期股权投资	16	公式单元	公式单元	长期应付款	47	公式单元	公式单元

图 9-137 “报表—资产负债表”对话框

③单击左下角的【格式】按钮，由格式状态变为数据状态。

单击菜单栏中的【数据】—【关键字】—【录入】选项，输入单位名称北京卡米服装销售有限公司，录入 2018 年 7 月 31 日，如图 9-138 所示。

资产负债表

编制单位:北京卡米服 年 月 日

资	行次	期末余额	年初余额	负债和所有者权益（或股东权益）	行次	期末余额
流动资产：				流动负债：		
货币资金		4,763,901.32	2,226,661.64	短期借款	32	
交易性金融资产				交易性金融负债	33	
应收票据				应付票据	34	
应收账款		700,000.00	700,000.00	应付账款	35	938,400.00
预付款项	5	85,000.00	85,000.00	预收款项	36	
应收利息	6			应付职工薪酬	37	136,003.20
应收股利	7			应交税费	38	282,041.00
其他应收款	8	16,142.40	16,142.40	应付利息	39	
存货	9	158,000.00	468,000.00	应付股利	40	
一年内到期的非流动资产	演示数据			其他应付款	41	
其他流动资产	11			一年内到期的非流动负债	42	
流动资产合计	12	5,723,043.72	3,495,804.04	其他流动负债	43	
非流动资产：				流动负债合计	44	1,356,444.20
可供出售金融资产	13			非流动负债：		
持有至到期投资	14			长期借款	45	
长期应收款	15			应付债券	46	
长期股权投资	16			长期应付款	47	

图 9-138 “报表—资产负债表取数”对话框

（2）利用报表模板自动生成的资产负债表数据，如表 9-16 所示。

表 9-16　资产负债表

资产	行次	期末余额	年初余额	负债和所有者权益（或股东权益）	行次	期末余额	年初余额
流动资产：				流动负债：			
货币资金	1	4 763 901.32	2 226 661.64	短期借款	32		
交易性金融资产	2			交易性金融负债	33		
应收票据	3			应付票据	34		
应收账款	4	700 000.00	700 000.00	应付账款	35	938 400.00	80 000.00
预付款项	5	85 000.00	85 000.00	预收款项	36		
应收利息	6			应付职工薪酬	37	136 003.20	136 003.20
应收股利	7			应交税费	38	282 041.00	7 054.12
其他应收款	8	16 142.40	16 142.40	应付利息	39		
存货	9	158 000.00	468 000.00	应付股利	40		
一年内到期的非流动资产	10			其他应付款	41		
其他流动资产	11			一年内到期的非流动负债	42		
流动资产合计	12	5 723 043.72	3 495 804.04	其他流动负债	43		
非流动资产：				流动负债合计	44	1 356 444.20	223 057.32
可供出售金融资产	13			非流动负债：			
持有至到期投资	14			长期借款	45		
长期应收款	15			应付债券	46		
长期股权投资	16			长期应付款	47		
投资性房地产	17			专项应付款	48		
固定资产	18	71 441.58	75 822.08	预计负债	49		
在建工程	19			递延所得税负债	50		
工程物资	20			其他非流动负债	51		
固定资产清理	21			非流动负债合计	52		
生产性生物资产	22			负债合计	53	1 356 444.20	223 057.32
油气资产	23			所有者权益（或股东权益）：			
无形资产	24			实收资本（或股本）	54	2 000 000.00	2 000 000.00
开发支出	25			资本公积	55		
商誉	26			减：库存股	56		
长期待摊费用	27			盈余公积	57	260 087.00	260 087.00
递延所得税资产	28			未分配利润	58	2 177 954.10	1 088 481.80
其他非流动资产	29			所有者权益（或股东权益）合计	59	4 438 041.10	3 348 568.80
非流动资产合计	30	71 441.58	75 822.08				
资产总计	31	5 794 485.30	3 571 626.12	负债和所有者权益（或股东权益）总计	60	5 794 485.30	3 571 626.12

3. 案例实操演练—生成利润表

操作步骤：以账套主管“01 杨萍”的身份登录【U8 企业应用平台】，在报表新建界面，单击菜单栏中的【格式】—【报表模板】选项，打开“报表模板”对话框，选择“2007 年新会计制度科目”，财务报表为“利润表”，如图 9-139 所示。

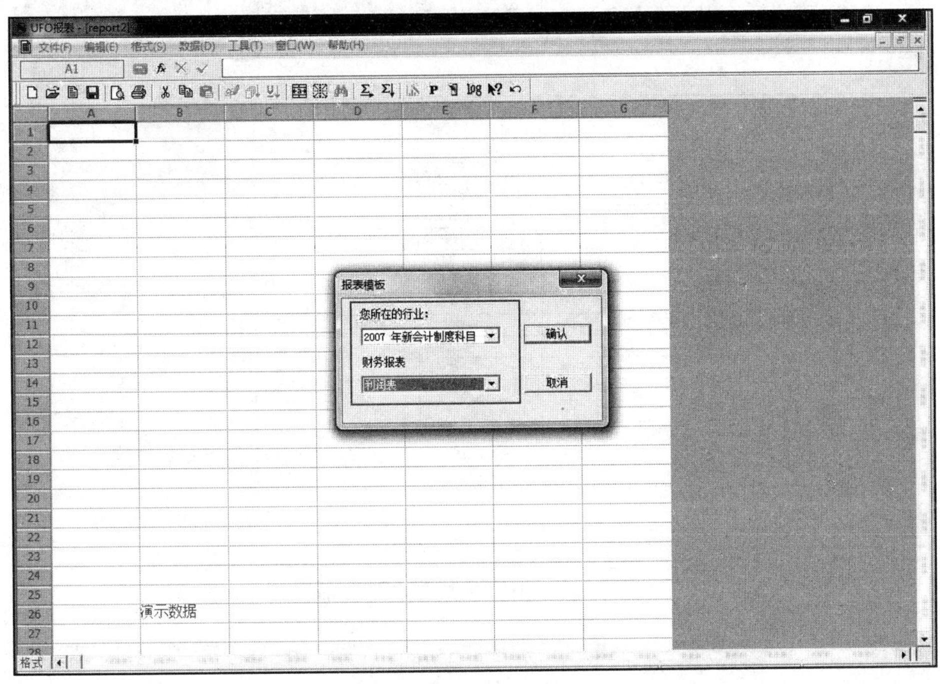

图 9-139 “报表—进入格式选择”对话框

在报表模板界面，单击【确认】按钮，弹出“模板格式将覆盖本表格式！是否继续？”，单击【是】按钮，进入“利润表”报表模板，如图 9-140、图 9-141 所示。

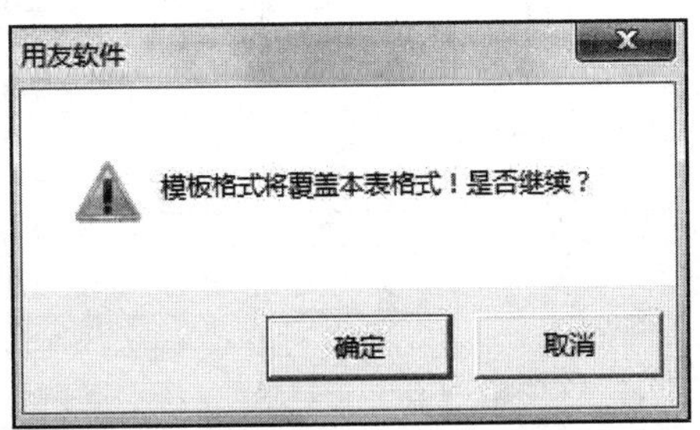

图 9-140 “报表—进入提示覆盖”对话框

在 UFO 报表界面，单击窗口左下角的【格式】按钮，由格式状态变为数据状态；单击菜单栏中的【数据】—【关键字】—【录入】选项，输入单位名称北京卡米服装销售有限公司，录入 2018 年 7 月，单击【确认】按钮，利用报表模板自动生成的利润表数据，如图 9-142、图 9-143 所示。

利润表

编制单位:	xxxx 年	xx 月	会企02表 单位:元
项　　目	行数	本期金额	上期金额
一、营业收入	1	公式单元	公式单元
减：营业成本	2	公式单元	公式单元
营业税金及附加	3	公式单元	公式单元
销售费用	4	公式单元	公式单元
管理费用	5	公式单元	公式单元
财务费用	6	公式单元	公式单元
资产减值损失	7	公式单元	公式单元
加：公允价值变动收益（损失以“-”号填列）	8	公式单元	公式单元
投资收益（损失以“-”号填列）	9	公式单元	公式单元
其中:对联营企业和合营企业的投资收益	10		
二、营业利润（亏损以“-”号填列）	11	公式单元	公式单元
加：营业外收入	12	公式单元	公式单元
减：营业外支出	13	公式单元	公式单元
其中：非流动资产处置损失	14		
三、利润总额（亏损总额以“-”号填列）	15	公式单元	公式单元
减：所得税费用	16	公式单元	公式单元
四、净利润（净亏损以“-”号填列）	17	公式单元	公式单元
五、每股收益：	18		
（一）基本每股收益	19		

图 9-141　“报表—利润表”对话框

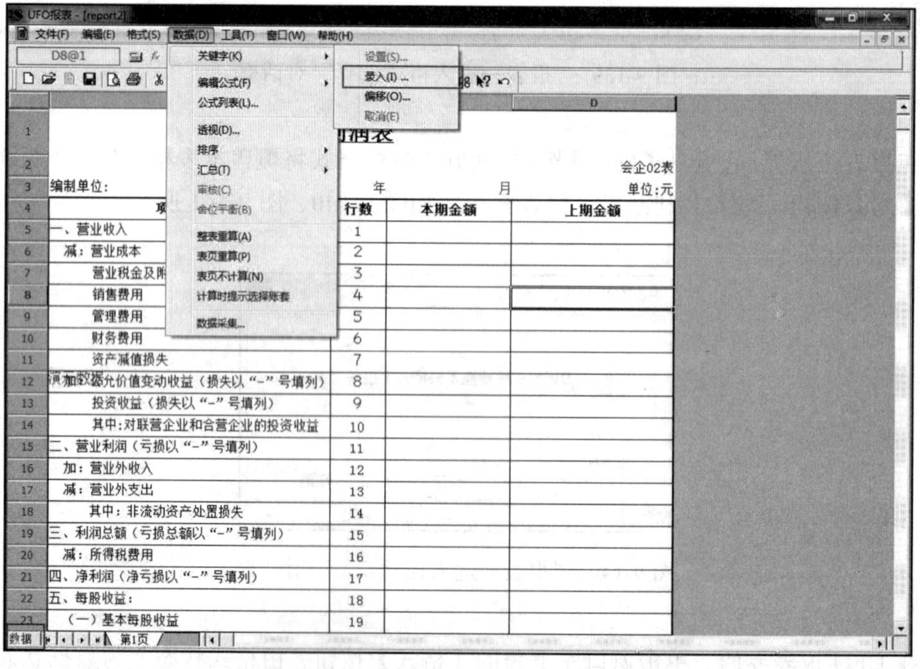

利润表

编制单位:	年	月	会企02表 单位:元
项　　目	行数	本期金额	上期金额
一、营业收入	1		
减：营业成本	2		
营业税金及附加	3		
销售费用	4		
管理费用	5		
财务费用	6		
资产减值损失	7		
加：公允价值变动收益（损失以“-”号填列）	8		
投资收益（损失以“-”号填列）	9		
其中:对联营企业和合营企业的投资收益	10		
二、营业利润（亏损以“-”号填列）	11		
加：营业外收入	12		
减：营业外支出	13		
其中：非流动资产处置损失	14		
三、利润总额（亏损总额以“-”号填列）	15		
减：所得税费用	16		
四、净利润（净亏损以“-”号填列）	17		
五、每股收益：	18		
（一）基本每股收益	19		

图 9-142　“报表—利润表取数”对话框

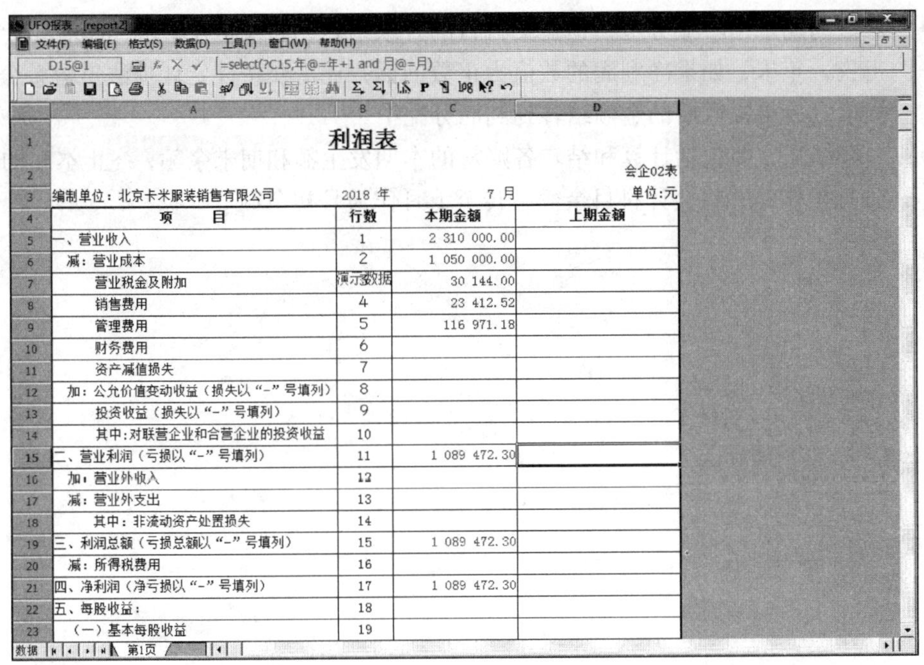

UFO报表 - [report2]

文件(F) 编辑(E) 格式(S) 数据(D) 工具(T) 窗口(W) 帮助(H)

D15@1 =select(?C15,年@=年+1 and 月@=月)

利润表

会企02表

编制单位：北京卡米服装销售有限公司 2018 年 7 月 单位:元

项 目	行数	本期金额	上期金额
一、营业收入	1	2 310 000.00	
减：营业成本	2	1 050 000.00	
营业税金及附加	演示数据	30 144.00	
销售费用	4	23 412.52	
管理费用	5	116 971.18	
财务费用	6		
资产减值损失	7		
加：公允价值变动收益（损失以“-”号填列）	8		
投资收益（损失以“-”号填列）	9		
其中：对联营企业和合营企业的投资收益	10		
二、营业利润（亏损以“-”号填列）	11	1 089 472.30	
加：营业外收入	12		
减：营业外支出	13		
其中：非流动资产处置损失	14		
三、利润总额（亏损总额以“-”号填列）	15	1 089 472.30	
减：所得税费用	16		
四、净利润（净亏损以“-”号填列）	17	1 089 472.30	
五、每股收益：	18		
（一）基本每股收益	19		

图 9-143 “报表—生成利润表”对话框

本章总结

- 账套管理功能一般包括账套的建立、修改、删除、引入和输出等。
- 操作员权限的管理包括操作员权限的增加、修改、删除等。
- 基础档案设置包括部门档案、职员档案、供应商档案、客户档案、凭证类别、结算方式、凭证类别和会计科目设置等。
- 如果期初余额试算不平衡，可以填制凭证但不能记账。
- 填制凭证是总账系统最重要的日常业务处理工作，也是总账系统日常业务的唯一数据来源。
- 凭证审核是确保会计工作正确性、及时性和合法合规性的前提。
- 固定资产初始化的内容包括建立固定资产账套、设置固定资产类别、设置折旧对应科目及录入固定资产原始卡片等。
- 固定资产日常业务处理的工作主要包括对固定资产进行卡片处理、处理固定资产的增减业务以及对固定资产变动进行管理。
- 在电算化操作过程中固定资产的折旧处理是固定资产模块期末处理的重要环节。
- 固定资产模块计提的折旧生成记账凭证，需要总账模块审核和记账。
- 在电算化方式下的总账期末会计业务主要包括生成期末自动转账凭证、进行对账以及结账等。

- 总账的期末结转业务包括损益类科目的月末结转，如果是在季末，还需要计提所得税，年末，如果净利润的数值为正数的话，还需要按规定计提法定盈余公积，提取之后将提取后的金额结转到利润分配中。
- 总账结账主要包括计算和结转各账簿的本期发生额和期末余额，终止本期的账务处理工作，并将会计科目余额结转至下月作为月初余额。

参考文献

[1] 会计从业资格考试辅导材料编写组. 会计基础[M]. 北京：人民出版社，2017

[2] 财政部. 企业会计准则（合订本）2018 中国企业会计准则[M]. 北京：经济科学出版社，2017

[3] 财政部注册会计师考试委员会办公室. 会计[M]. 北京：中国财政经济出版社，2018

[4] 怀尔德著，崔学刚译. 会计学原理（第 21 版）[M]. 北京：中国人民大学出版社，2015

[5] 沃健，赵敏. 基础会计学（第二版）[M]. 北京：高等教育出版社，2016

[6] 李海波，蒋瑛. 新编会计学原理——基础会计(第 18 版)[M]. 上海：立信会计出版社，2017

[7] 唐国平. 会计学基础（第三版）[M]. 北京：高等教育出版社，2017

[8] 许延明，李雄飞，王颖驰. 基础会计学（第 2 版）[M]. 北京：清华大学出版社，2018

[9] 神龙工作室. Excel2013 在会计和财务管理日常工作中的应用[M]. 北京：人民邮电出版社，2015

[10] 崔婕. Excel 在会计和财务中的应用（第六版）[M]. 北京：清华大学出版社，2017

[11] 史宁宁，刘松颖. 基础会计实训教程（第 3 版）[M]. 南京：南京大学出版社，2017

[12] 陈国辉，陈文铭，傅丹. 基础会计实训教程（第 5 版）[M]. 大连：东北财经大学出版社，2018

[13] 杨明，李萍，常茹. 会计学原理模拟实训[M]. 北京：中国财政经济出版社，2018

[14] 王新玲，殷云飞. 用友 U8（V10.1）财务业务体化应用[M]. 北京：人民邮电出版社，2016

[15] 孙莲香，李天宇. 会计电算化技能实训教程（畅捷通 T3 10.8 版）[M]. 北京：清华大学出版社，2017

[16] 王新玲，刘春梅. 会计信息化应用教程（用友 ERP-U8 V10.1 版）[M]. 北京：清华大学出版社，2017

[17] 刘丽丽，陈耀敏. 基础会计[M]. 郑州：河南科学技术出版社，2008

参考网站

[1] 国家税务总局. 财政部 税务总局关于调整增值税税率的通知. 财税〔2018〕32 号 http://www.chinatax.gov.cn/n810341/n810765/n3359382/n3359454/c3545207/content.html

[2] 中华人民共和国财政部令第 76 号-财政部关于修改《企业会计准则——基本准则》的决定 http://tfs. mof. gov. cn/zhengwuxinxi/caizhengbuling/201407/t20140729_1119494. html

[3] 中华人民共和国财政部. 中华人民共和国会计法 http://www.mof.gov.cn/mofhome/kjs/zhengwuxinxi/zhengcefabu/201711/t20171129_2762381.html

附录A　第七章手工实训参考答案

实训一　填制记账凭证

（1）分析业务 1，填制记账凭证如下：

记账凭证

2018 年 7 月 1 日　　　　记字第 01 号

摘要	总账科目	明细科目	借方										√	贷方										√
			千	百	十	万	千	百	十	元	角	分		千	百	十	万	千	百	十	元	角	分	
7.1财务部提现备用	库存现金						2	0	0	0	0	0												
7.1财务部提现备用	银行存款	工商银行																2	0	0	0	0	0	
合计						¥	2	0	0	0	0	0					¥	2	0	0	0	0	0	

附件 1 张

会计主管：杨萍　　记账：于玉丽　　出纳：李天　　审核：杨萍　　制单：于玉丽

（2）分析业务 2，填制记账凭证如下：

记账凭证

2018 年 7 月 5 日　　　　记字第 02 号

摘要	总账科目	明细科目	借方										√	贷方										√
			千	百	十	万	千	百	十	元	角	分		千	百	十	万	千	百	十	元	角	分	
7.5采购部采购商品款项	库存商品	女士连衣裙			2	0	0	0	0	0	0	0												
尚未支付	库存商品	男士西装			5	4	0	0	0	0	0	0												
7.5采购部采购商品款项	应交税费	应交增值税（进项税额）			1	1	8	4	0	0	0	0												
尚未支付	应付账款															8	5	8	4	0	0	0	0	
合计				¥	8	5	8	4	0	0	0	0			¥	8	5	8	4	0	0	0	0	

附件 2 张

会计主管：杨萍　　记账：于玉丽　　出纳：　　审核：杨萍　　制单：于玉丽

（3）分析业务 3，填制记账凭证如下：

记账凭证

2018 年 7 月 8 日　　　　记字第 03 号

摘要	总账科目	明细科目	借方										√	贷方										√
			千	百	十	万	千	百	十	元	角	分		千	百	十	万	千	百	十	元	角	分	
7.8缴纳6月税款	应交税费	未交增值税					5	6	7	6	0	0												
7.8缴纳6月税款	应交税费	应交城建税						3	9	7	3	2												
7.8缴纳6月税款	应交税费	应交教育费附加						1	7	0	2	8												
7.8缴纳6月税款	应交税费	应交地方教育费附加						1	1	3	5	2												
7.8缴纳6月税款	应交税费	应交个人所得税						6	9	7	0	0												
7.8缴纳6月税款	银行存款	工商银行																7	0	5	4	1	2	
合计						¥	7	0	5	4	1	2					¥	7	0	5	4	1	2	

附件 2 张

会计主管：杨萍　记账：于玉丽　出纳：李天　审核：杨萍　制单：于玉丽

（4）分析业务 4，填制记账凭证如下：

记账凭证

2018 年 7 月 12 日　　　　记字第 04 号

摘要	总账科目	明细科目	借方										√	贷方										√
			千	百	十	万	千	百	十	元	角	分		千	百	十	万	千	百	十	元	角	分	
7.12缴纳6月社保公积金	应付职工薪酬	社保（公司）				3	0	8	5	1	2	0												
7.12缴纳6月社保公积金	应付职工薪酬	公积金（公司）					5	9	5	2	0	0												
7.12缴纳6月社保公积金	其他应收款	社保（个人）				1	0	1	9	0	4	0												
7.12缴纳6月社保公积金	其他应收款	公积金（个人）					5	9	5	2	0	0												
7.12缴纳6月社保公积金	银行存款	工商银行															5	2	9	4	5	6	0	
合计					¥	5	2	9	4	5	6	0				¥	5	2	9	4	5	6	0	

附件 3 张

会计主管：杨萍　记账：于玉丽　出纳：李天　审核：杨萍　制单：于玉丽

（5）分析业务 5，填制记账凭证如下：

记账凭证

2018 年 7 月 15 日　　　　记字第 05 号

摘要	总账科目	明细科目	借方										√	贷方										√
			千	百	十	万	千	百	十	元	角	分		千	百	十	万	千	百	十	元	角	分	
7.15发放6月工资	应付职工薪酬	工资				9	9	2	0	0	0	0												
7.15发放6月工资	银行存款	工商银行															8	2	3	6	0	6	0	
7.15发放6月工资	应交税费	应交个人所得税																	6	9	7	0	0	
7.15发放6月工资	其他应收款	社保（个人）															1	0	1	9	0	4	0	
7.15发放6月工资	其他应收款	公积金（个人）																5	9	5	2	0	0	
合计					¥	9	9	2	0	0	0	0				¥	9	9	2	0	0	0	0	

附件 1 张

会计主管：杨萍　记账：于玉丽　出纳：李天　审核：杨萍　制单：于玉丽

（6）分析业务 6，填制记账凭证如下：

记账凭证

2018 年 7 月 18 日　　　　记字第 06 号

摘要	总账科目	明细科目	借方										√	贷方										√	
			千	百	十	万	千	百	十	元	角	分		千	百	十	万	千	百	十	元	角	分		
7.18向天蓝国际销售服装	银行存款	工商银行		2	6	7	9	6	0	0	0	0													附
款项网银收取	主营业务收入	女士连衣裙														8	4	0	0	0	0	0	0		件
7.18向天蓝国际销售服装	主营业务收入	男士西装													1	4	7	0	0	0	0	0	0		3
款项网银收取	应交税费	应交增值税（销项税额）														3	6	9	6	0	0	0	0		
																									张
合计			¥	2	6	7	9	6	0	0	0	0		¥	2	6	7	9	6	0	0	0	0		

会计主管：杨萍　　记账：于玉丽　　出纳：李天　　审核：杨萍　　制单：　于玉丽

（7）分析业务 7，填制记账凭证如下：

记账凭证

2018 年 7 月 19 日　　　　记字第 07 号

摘要	总账科目	明细科目	借方										√	贷方										√	
			千	百	十	万	千	百	十	元	角	分		千	百	十	万	千	百	十	元	角	分		
7.19结转销售产品的成本	主营业务成本	女士连衣裙			3	3	0	0	0	0	0	0													附
7.19结转销售产品的成本	主营业务成本	男士西装			7	2	0	0	0	0	0	0													件
7.19结转销售产品的成本	库存商品	女士连衣裙														3	3	0	0	0	0	0	0		1
7.19结转销售产品的成本	库存商品	男士西装														7	2	0	0	0	0	0	0		
																									张
合计			¥	1	0	5	0	0	0	0	0	0		¥	1	0	5	0	0	0	0	0	0		

会计主管：杨萍　　记账：于玉丽　　出纳：　　审核：杨萍　　制单：　于玉丽

（8）分析业务 8，填制记账凭证如下：

记账凭证

2018 年 7 月 31 日　　　　记字第 08 号

摘要	总账科目	明细科目	借方										√	贷方										√	
			千	百	十	万	千	百	十	元	角	分		千	百	十	万	千	百	十	元	角	分		
7.31计提折旧	管理费用	折旧					4	2	7	5	0	0													附
7.31计提折旧	销售费用	折旧						1	0	5	5	6													件
7.31计提折旧	累计折旧	运输工具																3	9	5	8	3	3		1
7.31计提折旧	累计折旧	办公设备																	4	2	2	2	3		
																									张
合计						¥	4	3	8	0	5	6					¥	4	3	8	0	5	6		

会计主管：杨萍　　记账：于玉丽　　出纳：　　审核：杨萍　　制单：　于玉丽

（9）分析业务 9，填制记账凭证如下：

记账凭证

2018 年 7 月 31 日　　　　记字第09 1/3 号

摘要	总账科目	明细科目	借方（千百十万千百十元角分）	√	贷方（千百十万千百十元角分）	√
7.31计提工资	管理费用	工资	8220000			
7.31计提工资	销售费用	工资	1700000			
7.31计提工资	应付职工薪酬	工资			9920000	
合计			¥9920000		¥9920000	

附件1张

会计主管：杨萍　记账：于玉丽　出纳：　审核：杨萍　制单：于玉丽

记账凭证

2018 年 7 月 31 日　　　　记字第09 2/3号

摘要	总账科目	明细科目	借方（千百十万千百十元角分）	√	贷方（千百十万千百十元角分）	√
7.31计提社保（公司）	管理费用	社保（公司）	2556420			
7.31计提社保（公司）	销售费用	社保（公司）	528700			
7.31计提社保（公司）	应付职工薪酬	社保（公司）			3085120	
合计			¥3085120		¥3085120	

附件1张

会计主管：杨萍　记账：于玉丽　出纳：　审核：杨萍　制单：于玉丽

记账凭证

2018 年 7 月 31 日　　　　记字第09 3/3号

摘要	总账科目	明细科目	借方（千百十万千百十元角分）	√	贷方（千百十万千百十元角分）	√
7.31计提公积金（公司）	管理费用	公积金（公司）	493200			
7.32计提公积金（公司）	销售费用	公积金（公司）	102000			
7.33计提公积金（公司）	应付职工薪酬	公积金（公司）			595200	
合计			¥595200		¥595200	

附件1张

会计主管：杨萍　记账：于玉丽　出纳：　审核：杨萍　制单：于玉丽

（10）分析业务 10，填制记账凭证如下：

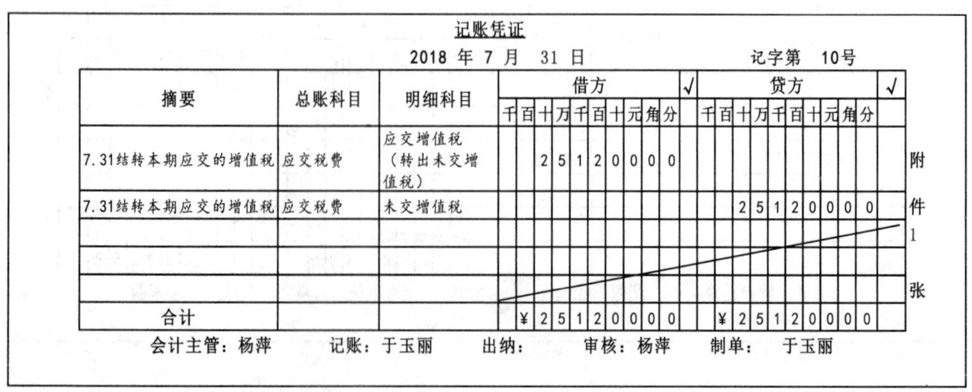

记账凭证

2018 年 7 月 31 日　　　　记字第 10号

摘要	总账科目	明细科目	借方（千百十万千百十元角分）	√	贷方（千百十万千百十元角分）	√
7.31结转本期应交的增值税	应交税费	应交增值税（转出未交增值税）	25120000			
7.31结转本期应交的增值税	应交税费	未交增值税			25120000	
合计			¥25120000		¥25120000	

附件1张

会计主管：杨萍　记账：于玉丽　出纳：　审核：杨萍　制单：于玉丽

（11）分析业务 11，填制记账凭证如下：

记账凭证

2018 年 7 月 31 日　　　　记字第 11号

摘要	总账科目	明细科目	借方										√	贷方										√
			千	百	十	万	千	百	十	元	角	分		千	百	十	万	千	百	十	元	角	分	
7.31计提税金及附加	税金及附加					3	0	1	4	4	0	0												
7.31计提税金及附加	应交税费	应交城建税															1	7	5	8	4	0	0	
7.31计提税金及附加	应交税费	应交教育费附加																7	5	3	6	0	0	
7.31计提税金及附加	应交税费	应交地方教育费附加																5	0	2	4	0	0	
合计					¥	3	0	1	4	4	0	0				¥	3	0	1	4	4	0	0	

附件 1 张

会计主管：杨萍　记账：于玉丽　出纳：　审核：杨萍　制单：　于玉丽

（12）分析业务 12，填制记账凭证如下：

记账凭证

2018 年 7 月 31 日　　　　记字第12 1/2号

摘要	总账科目	明细科目	借方										√	贷方										√
			千	百	十	万	千	百	十	元	角	分		千	百	十	万	千	百	十	元	角	分	
7.31结转当期损益	主营业务收入	女士连衣裙			8	4	0	0	0	0	0	0												
7.31结转当期损益	主营业务收入	男士西装		1	4	7	0	0	0	0	0	0												
7.31结转当期损益	本年利润														2	3	1	0	0	0	0	0	0	
合计			¥	2	3	1	0	0	0	0	0	0		¥	2	3	1	0	0	0	0	0	0	

附件 张

会计主管：杨萍　记账：于玉丽　出纳：　审核：杨萍　制单：　于玉丽

记账凭证

2018 年 7 月 31 日　　　　记字 12 2/2号

摘要	总账科目	明细科目	借方										√	贷方										√
			千	百	十	万	千	百	十	元	角	分		千	百	十	万	千	百	十	元	角	分	
7.31结转当期损益	本年利润			1	2	2	0	5	2	7	7	6												
7.31结转当期损益	主营业务成本	女士连衣裙														3	3	0	0	0	0	0	0	
7.31结转当期损益	主营业务成本	男士西装														7	2	0	0	0	0	0	0	
7.31结转当期损益	管理费用	折旧																4	2	7	5	0	0	
7.31结转当期损益	管理费用	工资															8	2	2	0	0	0	0	
7.31结转当期损益	管理费用	社保（公司）															2	5	5	6	4	2	0	
7.31结转当期损益	管理费用	公积金（公司）																4	9	3	2	0	0	
7.31结转当期损益	销售费用	折旧																	1	0	5	5	6	
7.31结转当期损益	销售费用	工资															1	7	0	0	0	0	0	
7.31结转当期损益	销售费用	社保（公司）																5	2	8	7	0	0	
7.31结转当期损益	销售费用	公积金（公司）																1	0	2	0	0	0	
7.31结转当期损益	税金及附加																3	0	1	4	4	0	0	
合计			¥	1	2	2	0	5	2	7	7	6		¥	1	2	2	0	5	2	7	7	6	

附件 张

会计主管：杨萍　记账：于玉丽　出纳：　审核：杨萍　制单：　于玉丽

实训二　编制科目汇总表

（1）资产类账户 T 型账户如下：

库存现金

借方		贷方	
期初余额	1000	期初余额	
记01	2000		
本期发生额合计	2000	本期发生额合计	
期末余额	3000		

银行存款

借方		贷方	
期初余额	2225661.64	期初余额	
记06	2679600	记01	2000
		记03	7054.12
		记04	52945.6
		记05	82360.6
本期发生额合计	2679600	本期发生额合计	144360.32
期末余额	4760901.32		

应收账款

借方		贷方	
期初余额	700000	期初余额	
本期发生额合计		本期发生额合计	
期末余额	700000		

库存商品

借方		贷方	
期初余额	468000	期初余额	
记02	740000	记07	1050000
本期发生额合	740000	期发生额合计	1050000
期末余额	158000		

其他应收款

借方		贷方	
期初余额	16142.4	期初余额	
记04	16142.4	记05	16142.4
本期发生额合计	16142.4	本期发生额合计	16142.4
期末余额	16142.4		

预付账款

借方		贷方	
期初余额	85000	期初余额	
本期发生额合计		本期发生额合计	
期末余额	85000		

固定资产

借方		贷方	
期初余额	216000		
本期发生额合计	0	本期发生额合计	0
期末余额	216000		

累计折旧

借方		贷方	
期初余额		期初余额	140177.92
		记08	4380.56
本期发生额合计	0	本期发生额合计	4380.56
期末余额			144558.48

（2）负债及所有者权益类账户 T 型账户如下：

①负债类账户 T 型账户

应付账款

借方	贷方
期初余额	期初余额 80000
	记02 858400
本期发生额合计	本期发生额合计 858400
期末余额	938400

应交税费

借方	贷方
期初余额	期初余额 7054.12
记02 118400	记05 697
记03 7054.12	记06 369600
记10 251200	记10 251200
	记11 30144
本期发生额合计 376654.12	本期发生额合计 651641
期末余额	282041

应付职工薪酬

借方	贷方
期初余额	期初余额 136003.2
记04 36803.20	记09 136003.2
记05 99200.00	
本期发生额合计 136003.20	本期发生额合计 136003.2
期末余额	136003.2

②所有者权益账户 T 型账户

实收资本

借方	贷方
期初余额	期初余额 2000000
本期发生额合计	本期发生额合计
期末余额	2000000

本年利润

借方	贷方
期初余额	期初余额 350047
记13 1220527.76	记12 2310000
本期发生额合计 1220527.76	本期发生额合计 2310000
期末余额	1439519.24

利润分配

借方	贷方
期初余额	期初余额 738434.8
本期发生额合计	本期发生额合计
期末余额	738434.8

盈余公积

借方	贷方
期初余额	期初余额 260087
本期发生额合计	本期发生额合计
期末余额	260087

（3）损益类账户 T 型账户如下：

主营业务成本

借方		贷方	
记07	1050000	记13	1050000
本期发生额合计	1050000	本期发生额合计	1050000

主营业务收入

借方		贷方	
记12	2310000	记06	2310000
本期发生额合计	2310000	本期发生额合计	2310000

管理费用

借方		贷方	
记08	4275	记13	116971.2
记09	112696.2		
本期发生额合计	116971.2	本期发生额合计	116971.2

销售费用

借方		贷方	
记08	105.56	记13	23412.56
记09	23307		
本期发生额合计	23412.56	本期发生额合计	23412.56

税金及附加

借方		贷方	
记11	30144	记13	30144
本期发生额合计	30144	本期发生额合计	30144

（4）科目汇总表答案已在教材正文列示，此处不再赘述。

实训三　登记会计账簿

1. 日记账

库存现金日记账

月	日	凭证号数	摘要	借方	贷方	方向	余额
7	1		上期结转			借	1000.00
	1	记01	签发现金支票提现	2000.00		借	3000.00
	31		本月合计	2000.00	0.00	借	3000.00

银行存款-工行日记账

月	日	凭证号数	摘要	借方	贷方	方向	余额
7	1		上期结转			借	2225661.64
	1	记01	签发现金支票提现		2000.00	借	2223661.64
	8	记03	缴纳6月税款		5676.00	借	2217985.64
	8	记03	缴纳6月税款		1378.12	借	2216607.52
	12	记04	缴纳6月份社保		41041.60	借	2175565.92
	12	记04	缴纳6月份公积金		11904.00	借	2163661.92
	15	记05	发放上月工资		82360.60	借	2081301.32
	18	记06	向天蓝国际销售服装	2679600.00		借	4760901.32
	31		本月合计	2679600.00	144360.32	借	4760901.32

2. 明细账

（1）三栏式明细账

①资产类账户

应收账款明细账-艾弗森商贸有限公司

月	日	凭证号数	摘要	借方	贷方	方向	余额
7	1		上期结转			借	410000.00

应收账款明细账-德胜百货

月	日	凭证号数	摘要	借方	贷方	方向	余额
7	1		上期结转			借	50000.00

应收账款明细账-宏胜服装城

月	日	凭证号数	摘要	借方	贷方	方向	余额
7	1		上期结转			借	240000.00

其他应收款明细账-个人（社保）

月	日	凭证号数	摘要	借方	贷方	方向	余额
7	1		上期结转			借	10190.40
	12	记04	缴纳6月份社保	10190.40		借	20380.80
	15	记05	发放6月份工资		10190.40	借	10190.40
	31		本月合计	10190.40	10190.40	借	10190.40

其他应收款明细账-个人（公积金）

月	日	凭证号数	摘要	借方	贷方	方向	余额
7	1		上期结转			借	5952.00
	12	记04	缴纳6月份公积金	5952.00		借	11904.00
	15	记05	发放6月份工资		5952.00	借	5952.00
	31		本月合计	5952.00	5952.00	借	5952.00

预付账款明细账-北京微树云科技

月	日	凭证号数	摘要	借方	贷方	方向	余额
7	1		上期结转			借	85000.00

固定资产明细账

月	日	凭证号数	摘要	借方	贷方	方向	余额
7	1		上期结转			借	216000.00

累计折旧明细账

月	日	凭证号数	摘要	借方	贷方	方向	余额
7	1		上期结转			贷	140177.92
	30	记08	计提折旧	0.00	4380.56	贷	144558.48
	31		本月合计	0.00	4380.56	贷	144558.48

②负债类账户

应付账款明细账-上海洛施服装销售有限公司

月	日	凭证号数	摘要	借方	贷方	方向	余额
7	1		上期结转			贷	80000.00

应付账款明细账-北京艾美服装销售有限公司

月	日	凭证号数	摘要	借方	贷方	方向	余额
7	5	记02	采购商品款项尚未支付		858400.00	贷	858400.00
	31		本月合计	0.00	858400.00	贷	858400.00

应交税费明细账-应交城建税

月	日	凭证号数	摘要	借方	贷方	方向	余额
7	1		上期结转			贷	397.32
	8	记03	缴纳月份税款	397.32		贷	0.00
	30	记11	计提7月税金及附加		17584.00	贷	17584.00
	31		本月合计	397.32	17584.00	贷	17584.00

应交税费明细账-应交增值税（进项税额）

月	日	凭证号数	摘要	借方	贷方	方向	余额
7	5	记02	采购商品款未付	118400.00		借	118400.00
	31		本月合计	118400.00	0.00	借	118400.00

应交税费明细账-应交增值税（销项税额）

月	日	凭证号数	摘要	借方	贷方	方向	余额
7	18	记06	向天蓝国际销售服装款已收		369600.00	贷	369600.00
	31		本月合计	0.00	369600.00	贷	369600.00

应交税费明细账-应交增值税（转出未交增值税）

月	日	凭证号数	摘要	借方	贷方	方向	余额
7	31	记10	结转本月应交增值税	251200.00	0.00	借	251200.00
	31		本月合计	251200.00	0.00	借	251200.00

应交税费明细账-未交增值税

月	日	凭证号数	摘要	借方	贷方	方向	余额
7	1		上期结转			贷	5676.00
	8	记03	缴纳6月份税款	5676.00		贷	0.00
	31	记10	结转本期应交增值税		251200.00	贷	251200.00
	31		本月合计	5676.00	251200.00	贷	251200.00

应交税费明细账-应交教育费附加

月	日	凭证号数	摘要	借方	贷方	方向	余额
7	1		上期结转			贷	170.28
	8	记03	缴纳6月份税款	170.28		贷	0.00
	31	记11	计提6月税金及附加		7536.00	贷	7536.00
	31		本月合计	170.28	7536.00	贷	7536.00

应交税费明细账-应交地方教育附加

月	日	凭证号数	摘要	借方	贷方	方向	余额
7	1		上期结转			贷	113.52
	8	记03	缴纳6月份税款	113.52		贷	0.00
	31	记11	计提6月税金及附加		5024.00	贷	5024.00
	31		本月合计	113.52	5024.00	贷	5024.00

应交税费明细账-应交个人所得税

月	日	凭证号数	摘要	借方	贷方	方向	余额
7	1		上期结转			贷	697.00
	8	记03	缴纳6月份税款	697.00		贷	0.00
	15	记05	发放6月份工资		697.00	贷	697.00
	31		本月合计	697.00	697.00	贷	697.00

应付职工薪酬明细账-工资

月	日	凭证号数	摘要	借方	贷方	方向	余额
7	1		上期结转			贷	99200.00
	15	记05	发放6月份工资	99200.00		贷	0.00
	31	记09	计提6月份工资社保		99200.00	贷	99200.00
	31		本月合计	99200.00	99200.00	贷	99200.00

应付职工薪酬明细账-社保

月	日	凭证号数	摘要	借方	贷方	方向	余额
7	1		上期结转			贷	30851.20
	12	记04	发放6月份社保	30851.20		贷	0.00
	31	记09	计提6月份工资社保		30851.20	贷	30851.20
	31		本月合计	30851.20	30851.20	贷	30851.20

应付职工薪酬明细账-公积金

月	日	凭证号数	摘要	借方	贷方	方向	余额
7	1		上期结转			贷	5952.00
	12	记04	发放6月份公积金	5952.00		贷	0.00
	31	记09	计提6月份工资社保		5952.00	贷	5952.00
	31		本月合计	5952.00	5952.00	贷	5952.00

③所有者权益类账户

实收资本明细账

月	日	凭证号数	摘要	借方	贷方	方向	余额
7	1		上期结转			贷	2000000.00

本年利润明细账

月	日	凭证号数	摘要	借方	贷方	方向	余额
7	1		上期结转			贷	350047.00
	31	记12	结转损益		2310000.00	贷	2660047.00
	31	记12	结转损益	1220527.76		贷	1439519.24
	31		本月合计	1220527.76	2310000.00	贷	1439519.24

利润分配明细账

月	日	凭证号数	摘要	借方	贷方	方向	余额
7	1		上期结转			贷	738434.80

盈余公积明细账

月	日	凭证号数	摘要	借方	贷方	方向	余额
7	1		上期结转			贷	260087.00

④损益类账户

税金及附加明细账

月	日	凭证号数	摘要	借方	贷方	方向	余额
7	31	记11	计提税金及附加	30144.00		借	30144.00
	31	记12	结转损益		30144.00	借	0.00
	31		本月合计	30144.00	30144.00	平	0.00

（2）数量金额式明细账

库存商品-男士西装

2018年		凭证号数	摘要	借方			贷方			余额		
月	日			数量	单价	金额	数量	单价	金额	数量	单价	金额
7	1		上期结转							1800	160.00	288000.00
	5	记02	采购商品款项尚未支付	3000	180.00	540000.00				1800 3000	160.00 180.00	828000.00
	19	记07	结转销售产品成本				1800 2400	160.00 180.00	720000.00	600	180.00	108000.00
	31		本月合计	3000	180.00	540000.00	4200		720000.00	600	180.00	108000.00

库存商品-女士连衣裙

2018年		凭证号数	摘要	借方			贷方			余额		
月	日			数量	单价	金额	数量	单价	金额	数量	单价	金额
7	1		上期结转							1500	120.00	180000.00
	5	记02	采购商品款项尚未支付	2000	100.00	200000.00				1500 2000	120.00 100.00	380000.00
	19	记07	结转销售产品成本				1500 1500	120.00 100.00	330000.00	500	100.00	50000.00
	31		本月合计	2000	100.00	200000.00	3000		330000.00	500	100.00	50000.00

（3）多栏式明细账

主营业务收入明细账

月	日	凭证号数	摘要	借方	贷方	方向	余额	收入项目		
								男士西装	女士连衣裙	
7	18	记06	向天蓝国际销售服装款已收		1470000.00	贷	1470000.00	1,470,000.00		
	18	记06	向天蓝国际销售服装款已收		840000.00	贷	2310000.00		840000.00	
	31	记12	结转期间损益	840000.00		贷	1470000.00		840000.00	
	31	记12	结转期间损益	1470000.00		平	0.00	1,470,000.00		
	31		本月合计	2310000.00	2310000.00	平	0.00	-	0.00	

主营业务成本明细账

月	日	凭证号数	摘要	借方	贷方	方向	余额	成本项目		
								男士西装	女士连衣裙	
7	19	记07	结转销售成本	330000.00		借	330000.00		330000.00	
	19	记07	结转销售成本	720000.00		借	1050000.00	720000		
	31	记12	结转期间损益		330000.00	借	720000.00		330000.00	
	31	记12	结转期间损益		720000.00	平	0.00	720000.00		
	31		本月合计	1050000.00	1050000.00	平	0.00	0	0.00	

管理费用明细账

月	日	凭证号数	摘要	借方	贷方	方向	余额	费用项目			
								折旧费	工资	社保	公积金
7	31	记08	计提折旧	4275.00		借	4275.00	4275.00			
	31	记09	计提工资社保	82200.00		借	86475.00		82200.00		
	31	记09	计提工资社保	25564.20		借	112039.20			25564.20	
	31	记09	计提工资社保	4932.00		借	116971.20				4932.00
	31	记12	结转期间损益		4275.00	借	112696.20	4275.00			
	31	记12	结转期间损益		82200.00	借	30496.20		82200.00		
	31	记12	结转期间损益		25564.20	借	4932.00			25564.20	
	31	记12	结转期间损益		4932.00	平	0.00				4932.00
	31		本月合计	116971.20	116971.20	平	0.00	-	0.00	-	-

销售费用明细账

月	日	凭证号数	摘要	借方	贷方	方向	余额	贷方项目			
								折旧费	工资	社保	公积金
7	31	记08	计提折旧	105.56		借	105.56	105.56			
	31	记09	计提工资社保	17000.00		借	17105.56		17000.00		
	31	记09	计提工资社保	5287.00		借	22392.56			5287.00	
	31	记09	计提工资社保	1020.00		借	23412.56				1020.00
	31	记12	结转期间损益		105.56	借	23307.00	105.56			
	31	记12	结转期间损益		17000.00	借	6307.00		17000.00		
	31	记12	结转期间损益		5287.00	借	1020.00			5287.00	
	31	记12	结转期间损益		1020.00	平	0.00				1020.00
			本月合计	23412.56	23412.56	平	0.00	-	0.00	-	-

3. 总账

（1）资产类账户

库存现金

月	日	摘要	借方	贷方	方向	余额
7	1	期初余额			借	1,000.00
	31	科汇01	2,000.00	-	借	3,000.00
	31	本月合计	2,000.00	-	借	3,000.00

银行存款

月	日	摘要	借方	贷方	方向	余额
7	1	期初余额			借	2,225,661.64
	31	科汇01	2,679,600.00	144,360.32	借	4,760,901.32
	31	本月合计	2,679,600.00	144,360.32	借	4,760,901.32

应收账款

月	日	摘要	借方	贷方	方向	余额
7	1	期初余额			借	700,000.00

其他应收款

月	日	摘要	借方	贷方	方向	余额
7	1	期初余额			借	16,142.40
	31	科汇01	16,142.40	16,142.40	借	16,142.40
	31	本月合计	16,142.40	16,142.40	借	16,142.40

预付账款

月	日	摘要	借方	贷方	方向	余额
7	1	期初余额			借	85,000.00

库存商品

月	日	摘要	借方	贷方	方向	余额
7	1	期初余额			借	468,000.00
	31	科汇01	740,000.00	1,050,000.00	借	158,000.00
	31	本月合计	740,000.00	1,050,000.00	借	158,000.00

固定资产

月	日	摘要	借方	贷方	方向	余额
7	1	期初余额			借	216,000.00

累计折旧

月	日	摘要	借方	贷方	方向	余额
7	1	期初余额			贷	140,177.92
	31	科汇01		4,380.56	贷	144,558.48
	31	本月合计	-	4,380.56	贷	144,558.48

（2）权益类账户

① 负债类账户

应付账款

月	日	摘要	借方	贷方	方向	余额
7	1	期初余额			贷	80,000.00
	31	科汇01		858,400.00	贷	938,400.00
	31	本月合计	-	858,400.00	贷	938,400.00

应交税费

月	日	摘要	借方	贷方	方向	余额
7	1	期初余额			贷	7,054.12
	31	科汇01	376,654.12	651,641.00	贷	282,041.00
	31	本月合计	376,654.12	651,641.00	贷	282,041.00

应付职工薪酬

月	日	摘要	借方	贷方	方向	余额
7	1	期初余额			贷	136,003.20
	31	科汇01	136,003.20	136,003.20	贷	136,003.20
	31	本月合计	136,003.20	136,003.20	贷	136,003.20

② 所有者权益类账户

实收资本

月	日	摘要	借方	贷方	方向	余额
7	1	期初余额			贷	2,000,000.00

本年利润

月	日	摘要	借方	贷方	方向	余额
7	1	期初余额			贷	350,047.00
	31	科汇01	1,220,527.76	2,310,000.00	贷	1,439,519.24
	31	本月合计	1,220,527.76	2,310,000.00	贷	1,439,519.24

利润分配

月	日	摘要	借方	贷方	方向	余额
7	1	期初余额			贷	738,434.80

盈余公积

月	日	摘要	借方	贷方	方向	余额
7	1	期初余额			贷	260,087.00

（3）损益类账户

主营业务收入

月	日	摘要	借方	贷方	方向	余额
7	31	科汇01	2,310,000.00	2,310,000.00	平	0.00
	31	本月合计	2,310,000.00	2,310,000.00	平	0.00

主营业务成本

月	日	摘要	借方	贷方	方向	余额
7	31	科汇01	1,050,000.00	1,050,000.00	平	0.00
	31	本月合计	1,050,000.00	1,050,000.00	平	0.00

税金及附加

月	日	摘要	借方	贷方	方向	余额
7	31	科汇01	30,144.00	30,144.00	平	0.00
	31	本月合计	30,144.00	30,144.00	平	-

管理费用

月	日	摘要	借方	贷方	方向	余额
7	31	科汇01	116,971.20	116,971.20	平	-
	31	本月合计	116,971.20	116,971.20	平	-

销售费用

月	日	摘要	借方	贷方	方向	余额
7	31	科汇01	23,412.56	23,412.56	平	-
	31	本月合计	23,412.56	23,412.56	平	-

实训四　出具会计报表

会计报表答案已在教材正文列示，此处不再赘述。

附录 B　北京卡米服装有限公司业务原始凭证

业务 1-1：

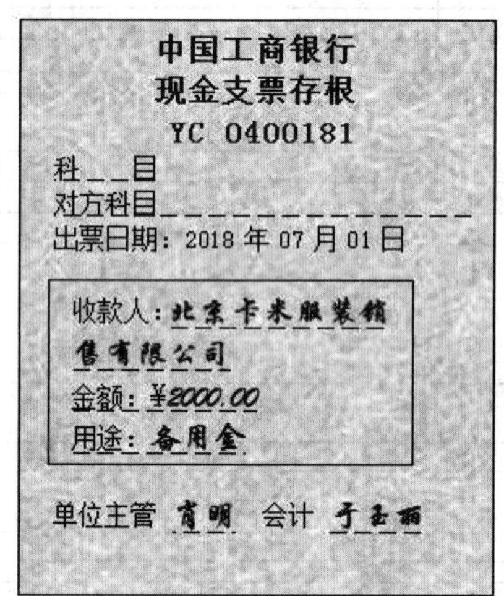

中国工商银行
现金支票存根
YC 0400181
科＿＿目
对方科目＿＿＿＿＿＿＿＿＿＿＿＿＿
出票日期：2018 年 07 月 01 日

收款人：北京卡米服装销售有限公司
金额：¥2000.00
用途：备用金

单位主管 肖明　会计 于玉丽

业务 2-1：

2190212321　　北京增值税专用发票　　№05178390

发票联

开票日期：2018 年 07 月 5 日

购货单位	名　　称：北京卡米服装销售有限公司 纳税人识别号：914201021980081182 地址、电话：北京市亦庄经济技术开发区 98 号 开户行及账号：中国工商银行北京市分行开发区支行 6222313424865550	密码区	0*62>38<<>+1266</1027 2<+54>*100*<*860-29*11* >9628*305541*7*54/-11028< 220/+>>9+590//4>>+99100	加密版本：02 2190212321 05178390

货物或应税劳务名称	规格型号	单位	数量	单价	金额	税率	税额
女士连衣裙		套	2000	100.00	200000.00	16%	32000.00
男士西装		套	3000	180.00	540000.00	16%	86400.00
合计					¥740000.00		¥118400.00
价税合计(大写)	⊗捌拾伍万捌仟肆佰元整（小写）¥858400.00						

销货单位	名　　称：北京艾美服装销售有限公司 纳税人识别号：913201146865228912 地址、电话：北京市海淀区知春路 178 号 025-81626970 开户行及账号：中国建设银行北京市分行知春路支行 12189001240010515	备注	北京艾美服装销售有限公司 913201146865228912 发票专用章

收款人：李岩　　复核：杨建　　开票人：李红　　销货单位（章）

第二联：发票联　购货方记账凭证

业务 2-2：

2190212321　　北京[illegible]用发票　　№ 05178390

发票联

开票日期：2018 年 07 月 05 日

购货单位	名　　称：北京卡米服装销售有限公司 纳税人识别号：914201021980081182 地址、电话：北京市亦庄经济技术开发区 98 号 开户行及账号：中国工商银行北京市分行开发区支行 6222313424865550	密码区	0*62>38< < >+1266</1027 2<+54>*100*<*860-29*11* >9628*305541*7*54/-11028< 220/+>>9+590//4>>+99100	加密版本：02 2190212321 05178390

货物或应税劳务名称	规格型号	单位	数量	单价	金额	税率	税额
女士连衣裙		套	2000	100.00	200000.00	16%	32000.00
男士西装		套	3000	180.00	540000.00	16%	86400.00
合计					¥740000.00		¥118400.00
价税合计(大写)	⊗捌拾伍万捌仟肆佰元整				（小写）¥858400.00		

销货单位	名　　称：北京艾美服装销售有限公司 纳税人识别号：913201146855228912 地址、电话：北京市海淀区知春路178号 025-81626970 开户行及账号：中国建设银行北京市分行知春路支行 0218900124001 0515	备注	（印章）北京艾美服装销售有限公司 913201146865228912 发票专用章

收款人：李岩　　复核：杨建　　开票人：李红　　销货单位（章）

第三联：抵扣联　购货方记账凭证

业务 2-3：

入 库 单　　№:R201512001

供货单位：北京艾美服装销售有限公司　　2018 年 07 月 05 日

名称	单位	应收数量	实收数量	单价	金额 百	十	万	千	百	十	元	角	分	附注
女士连衣裙	套	2000	2000	100.00			2	0	0	0	0	0	0	
男士西装	套	3000	3000	180.00			5	4	0	0	0	0	0	
合计						¥	7	4	0	0	0	0	0	

仓库主管：王莉　　保管员：张小新　　采购：李茹

业务 3-1：

中 华 人 民 共 和 国
税 收 通 用 缴 款 书

隶属关系：区属企业　　9201978 号
注册类型：私营有限责任公司　　（201807）京
日期：2018 年 07 月 08 日　　征税机关：开发区国税

缴款单位	代码	12759631	预算科目	编码	710017
	全称	北京卡米服装销售有限公司		名称	增值税，所得税
	开户银行	中国工商银行北京市分行开发区支行		级次	地（市）级
	账号	6222313424865550	收缴国库		

税款所属时期：2018 年 06 月 1 日-2018 年 06 月 30 日　　税款限缴日期：2018 年 07 月 08 日

品目名称	课程数量	计税金额或销售收入	税率或单位税额	已缴或扣除额	实缴金额
企业增值税			16%		5676.00
金额合计（大写）伍仟陆佰柒拾陆圆零角零分					¥5676.00

缴款单位（人）（盖章） 经办人（章） （印章）北京市开发区国家税务局 征税专用章	税务机关（盖章） 填票人：王霞	上列款项已收妥并划转收款单位账户 国库（银行）盖章　年 贰零壹捌年柒月捌日	行号：223446780 工行开发区支行 6222313424865550

逾期不缴按税法规定加收滞纳金

业务 3-2：

隶属关系：区属企业
注册类型：私营有限责任公司

中华人民共和国
税收通用缴款书

日期：2018 年 07 月 08 日

9108256 号
（201807）京地缴
征税机关：开发区地税

缴款单位			预算科目		
缴款单位	代码	12759631	预算科目	编码	710015
缴款单位	全称	北京卡米服装销售有限公司	预算科目	名称	附加税
缴款单位	开户银行	中国工商银行北京市分行开发区支行	预算科目	级次	地（市）级
缴款单位	账号	6222313424865550	收缴国库		
税款所属时期：		2018 年 06 月 01 日-2018 年 06 月 30 日	税款限缴日期：		2018 年 07 月 08 日

品目名称	课程数量	计税金额或销售收入	税率或单位税率	已缴或扣除额	实缴金额
城建税			7%		397.32
教育费附加			3%		170.28
地方教育附加			2%		113.52
个人所得税					697.00
金额合计（大写）壹仟叁佰柒拾捌元壹角贰分					¥1378.12
缴款单位（盖章） 经办人： （北京市大兴区地方税务局 征税专用章）	税务机关（盖章） 填票人：李然	上列款项已收妥并划转收款单位账户 贰零壹捌年柒月捌日 国库（银行）盖章 年		行号：223446780 工行开发区支行 6222313424865550	

逾期不缴按税法规定加收滞纳金

业务 4-1：

记账回执

业务类型：社保缴费业务记账日期：2018.07.12 转账借方
收款人全称：北京市大兴区社会保险事业管理中心
付款人全称：北京卡米服装销售有限公司
付款方式：批量付款付款人账号：6222313424865550
付款人组织机构代码：914201021980081182 社保登记号：112102005645
币种：人民币金额（小写）：41,041.60　　（大写）：肆万零玖佰柒拾贰元陆角

摘要：五险+月报
缴费年月：　　　　2018 年 07 月
医疗信息（元）：四险信息（元）：
统筹基金：8,928.00　　　　险种一养老：26,784.00
个人缴纳：1,984.00 险种二失业：992.00
大额互助（单位）：992.00　　　　险种三工伤：496.00
大额互助（个人）：72.00　　　　险种四生育：793.60
公费医疗单位补充：

业务 4-2：

定期借记业务付款成功凭证（回单）

记账日期　　20180712

付款行行号：6222313424865550
付款行名称：中国工商银行北京市分行开发区支行
付款人名称：北京卡米服装销售有限公司
收款行行号：10412226687
收款行名称：中国工商银行北京朝阳营业部
收款人账号：11530035254700554
收款人名称：北京住房公积金管理中心
货币符号及金额：CNY11,904.00 元
多方协议号：20180712245
附言：大兴区公积金扣款

银行盖章

自助设备打印，注意避免重复自助打印次数：1

业务 4-3：

2018 年 6 月份公司社保、公积金明细表

单位：元

序号	缴纳基数	项目	单位	个人	合计
1	99,200.00	养老保险	18,848.00	7,936.00	26,784.00
2	99,200.00	医疗保险	9,920.00	2,056.00	11,976.00
3	99,200.00	失业保险	793.60	198.40	992.00
4	99,200.00	工伤保险	496.00	—	496.00
5	99,200.00	生育保险	793.60	—	793.60
6	99,200.00	住房公积金	5,952.00	5,952.00	11,904.00
	合计		36,803.20	16,142.40	52,945.60

业务 5-1：

中国工商银行
转账支票存根
YC 0960182
科　目
对方科目
出票日期：2018 年 07 月 15 日
收款人：北京卡米服装销售有限公司
金额：¥82360.60
用途：工资
单位主管 肖明　会计 于玉丽

业务 5-2：

北京卡米服装销售有限公司

2018 年 6 月份工资明细表

单位：元

序号	部门	工资	养老保险	医疗保险	失业保险	住房公积金	个人所得税	实发工资
1	总经理	10,200.00	816.00	207.00	20.40	612.00	453.92	8,090.68
2	财务部	18,500.00	1,480.00	379.00	37.00	1,110.00	185.00	15,309.00
3	行政部	19,000.00	1,520.00	392.00	38.00	1,140.00	43.48	15,866.52
4	采购部	17,500.00	1,400.00	362.00	35.00	1,050.00	14.60	14,638.40
5	销售部	17,000.00	1,360.00	361.00	34.00	1,020.00	—	14,225.00
6	仓库	17,000.00	1,360.00	355.00	34.00	1,020.00	—	14,231.00
		99,200.00	7,936.00	2,056.00	198.40	5,952.00	697.00	82,360.60

业务 6-1：

出 库 单

№C20151201

购货单位：北京市天蓝国际有限公司　　2018 年 07 月 18 日

编号	名称	规格	单位	应发数量	实发数量
01	女士连衣裙	全码	套	3000	3000
02	男士西装	全码	套	4200	4200
	合计			7200	7200

仓库主管：王莉　　保管：张小新

业务 6-2：

1003213256　　**北京增值税专用发票**　　№ 10623101

开票日期：2018 年 07 月 18 日

购货单位	名称：北京市天蓝国际有限公司 纳税人识别号：910110181888092003 地址、电话：北京市朝阳南路 1036 号 010-88645172 开户行及账号：中国建设银行朝阳支行 101000877920756	密码区	9*32>3128 > +12776 < /34534 7 < 033 > *888* < *23660-+*11* 加密版本：02 > 9——*304341*6*71/-108 < 1003213256 ++8/+ > > 3+0090//4 > 5+12980 10623101

货物或应税劳务名称	规格型号	单位	数量	单价	金额	税率	税额
女士连衣裙	全码	套	3000	280.00	840000.00	16%	134400.00
男士西装	全码	套	4200	350.00	1470000.00	16%	235200.00
合计					¥2310000.00		¥369600.00
价税合计（大写）	⊗贰佰陆拾柒万玖仟陆佰元整（小写）¥2679600.00						

销货单位	名称：北京卡米服装销售有限公司 纳税人识别号：914201021980081182 地址、电话：北京市亦庄经济技术开发区 98 号，010-87654321 开户行及账号：中国工商银行北京市分行开发区支行 6222313424865550	备注	北京卡米服装销售有限公司 914201021980081182 发票专用章

收款人：李天　　复核：于嘉丽　　开票人：李天　　销货单位：（章）

第一联：记账联 销货方记账凭证

业务 6-3：

ICBC 中国工商银行　　凭证

业务回单（收款）

付款日期：2018-07-18 回单编号：1115477009
付款人户名：北京市天蓝国际有限公司
付款人账号：012457546221532
付款人开户行/发报行：中国工商银行北京市分行开发区支行
收款人户名：北京卡米服装销售有限公司
收款人账号：6222313424865550
收款人开户行：
币种：　人民币（本位币）　金额（小写）：　2679600.00
金额（大写）：　贰佰陆拾柒万玖仟陆佰元整
凭证种类：　凭证号码：
业务（产品）种类：往来户转账　摘要：　划拨
交易机构号：0020009980　记账柜员号：　0015　交易代码：00321　用途：
客户备注：　指令编号：HQP77055771　提交人：林红
最终授权人：

中国工商银行北京市分行开发区支行 2018.07.18 核算用章 15

打印次数：1　次　机打回单注意重复　打印日期：2018-07-18　打印柜员：03662

业务 7-1：

出库汇总表

2018年07月19日　　单位：元

编号	名称	规格	单位	实发数量	单价	金额
01	女士连衣裙	155-170	套	1500	120.00	180000.00
02	女士连衣裙	155-170	套	1500	100.00	150000.00
03	男士西装	170-185	套	1800	160.00	288000.00
04	男士西装	170-185	套	2400	180.00	432000.00
	合计					1050000.00

仓库主管：王莉　　保管：张小新

业务 8-1：

固定资产折旧计算表

单位：元

名称	类别	使用部门	数量	预计使用年限	原值	残值率	已使用月数	累计折旧	当月折旧
别克	运输设备	行政部	1	4	200,000.00	5%	32	126,666.56	3,958.33
联想电脑	办公设备	行政部	1	3	2,000.00	5%	32	1,688.96	52.78
		财务部	3		6,000.00			5,066.56	158.33
		销售部	2		4,000.00			3,377.92	105.56
		仓库	1		2,000.00			1,688.96	52.78
		采购部	1		2,000.00			1,688.96	52.78
合计					**216,000.00**			**140,177.92**	**4,380.56**

业务 9-1：

北京卡米服装销售有限公司

2018 年 7 月份工资明细表　　单位：元

序号	部门	工资	公司承担的社保、公积金						
			养老保险	医疗保险	失业保险	工伤保险	生育保险	五险合计	住房公积金
1	总经理	10,200.00	1,938.00	1,020.00	81.60	51.00	81.60	3,172.20	612.00
2	财务部	18,500.00	3,515.00	1,850.00	148.00	92.50	148.00	5,753.50	1,110.00
3	行政部	19,000.00	3,610.00	1,900.00	152.00	95.00	152.00	5,909.00	1,140.00
4	采购部	17,500.00	3,325.00	1,750.00	140.00	87.50	140.00	5,442.50	1,050.00
5	销售部	17,000.00	3,230.00	1,700.00	136.00	85.00	136.00	5,287.00	1,020.00
6	仓库	17,000.00	3,230.00	1,700.00	136.00	85.00	136.00	5,287.00	1,020.00
		99,200.00	18,848.00	9,920.00	793.60	496.00	793.60	30,851.20	5,952.00

业务 10-1：

应交税金计算表

2018年07月31日　　单位：元

项目	金额	备注
期初留抵税额		
增值税（进项）		
增值税（销项）		
应交增值税		
应交城建税		
应交教育费附加		
应交地方教育费附加		
应交税金合计		

会计：于玉丽　　制表人：李天

教学支持说明

▶▶课件申请

尊敬的老师：

您好！感谢您选用清华大学出版社的教材！为更好地服务教学，我们为采用本书作为教材的老师提供教学辅助资源。鉴于部分资源仅提供给授课教师使用，请您直接手机扫描下方二维码实时申请教学资源。

任课教师扫描二维码
可获取教学辅助资源

▶▶样书申请

为方便教师选用教材，我们为您提供免费赠送样书服务。授课教师扫描下方二维码即可获取清华大学出版社教材电子书目。在线填写个人信息，经审核认证后即可获取所选教材。我们会第一时间为您寄送样书。

任课教师扫描二维码
可获取教材电子书目

清华大学出版社

E-mail: tupfuwu@163.com
电话：8610-62770175-4506/4340
地址：北京市海淀区双清路学研大厦B座509室
网址：http://www.tup.com.cn/
传真：8610-62775511
邮编：100084